与未来“链爱”

——走进**区块链**王国

马方业　张志伟　徐天晓　编著

中国财经出版传媒集团
中国财政经济出版社

图书在版编目（CIP）数据

与未来“链爱”：走进区块链王国 / 马方业，张志伟，徐天晓编著．--北京：中国财政经济出版社，2020.6

ISBN 978-7-5095-9838-2

Ⅰ.①与…　Ⅱ.①马…②张…③徐…　Ⅲ.①电子商务—支付方式—研究　Ⅳ.①F713.361.3

中国版本图书馆CIP数据核字（2020）第090370号

责任编辑：尉　敏　　　　责任印制：史大鹏

封面设计：卜建辰

YU WEILAI LIANAI：ZOUJIN QUKUAILIAN WANGGUO

与未来“链爱”：走进区块链王国

中国财政经济出版社 出版

URL：http：//www.cfeph.cn

E-mail：cfeph @cfemg.cn

社址：北京市海淀区阜成路甲28号　邮政编码：100142

营销中心电话：010-88191537

北京时捷印刷有限公司印刷　各地新华书店经销

787×1092毫米　16开　24.75印张　352 000字

2020年6月第1版　2020年7月北京第2次印刷

定价：88.00元

ISBN 978-7-5095-9838-2

（图书出现印装问题，本社负责调换）

本社质量投诉电话：010-88190744

打击盗版举报热线：010-88191661　QQ：2242791300

推荐语

马方业等所著的这本书，是截至目前我看到的最通俗的关于区块链技术和应用的读物。希望区块链“三圈”和金融圈、企业圈的人士都能通过阅读本书获得裨益。

高坚

中国资本市场债券之父

自2013年起，区块链在中国纷纷攘攘好多年了，并没有形成什么气候，尽管偶尔有专家、学者发表点独到见解，但区块链是什么，大多数人仍是一头雾水。2019年10月份，中央将区块链上升为国家战略，区块链行业迎来了新的春天。就我知道的情况而言，马方业副总编其实几年前就洞察到了这种新变化，并着手对金融科技和区块链进行深度研究，他对区块链如此深刻的理解和通俗易懂的论述，令我佩服。本书从提纲拟订到最后成稿，我有幸都看过了。他提出的“区”动信任、“块”用数据、“链”向未来的观点，令人回味。本书的一大特点是，以风趣比拟的手法，迎呼社众口语的调侃，宽深金融经济知识的穿连，把区块链是什么说得清清楚楚。可以说，这是一本科普级教材，是一部让不同层次的人都能认识区块链、掌握区块链、进而运用区块链的好书！

王光坤

财政部综合司原司长

全国预算与会计研究会常务副会长

当人类社会进入数字化时代的时候，人们会对区块链无比依赖，就像机械化时代依赖汽车、电气化时代依赖电灯、信息化时代依赖网络一样，一旦拥有就不想舍去。区块链是构建诚信社会的重要工具，未来人类的标配。数字化时代大门即将开启之际，马方业副总编等把区块链以通俗易懂的形式呈献给大家，这是对人类进步的贡献。

陈伟钢

原中国银监会党校副校长

国有重点金融机构监事会正局级监事

马方业和他的团队们厚积薄发，在疫情期间修成此书，难能可贵。如果您希望全面了解和及时把握区块链在中国的理论研究、技术进展和应用实践，本书不可多得！

肖风

万向控股副董事长

万向区块链实验室创始人

随着区块链技术逐渐上升为国家战略，越来越多相关方进入到区块链领域，概念和理解上的共识已成为当前迫切的焦点问题。大多数区块链书籍都是从技术视角出发，非专业的普通大众无法了解其真正价值。本书旁征侧引、源古溯今、深入浅出，既从时间轴上完整地介绍了区块链的发展历程和主要事件，也创新性地采用“演义”式表达法描绘了区块链技术、应用、政策、产业等重要内容。让更多人用“通俗易懂”的方式理解区块链的内涵和外延，引导更多资源融入区块链产业生态，因而是一本为数不多的佳作。

李鸣

中国电子技术标准化研究院区块链研究室主任

IEEE计算机协会区块链和分布式记账标准化委员会主席

这是区块链领域相关书籍中非常具有可读性的一本书。

贲圣林

浙江大学管理学院教授

国际联合商学院院长、互联网金融研究院院长

世界的发展与变化，实在是太快。我们认识这个世界、改造这个世界的方式也一直随之而变。技术与应用，是其最大的推动力。区块链和其他新技术一样，在其广泛被应用前需要深刻理解。该书借鉴日常生活与凡人工作的方方面面，文字通俗且易懂，故事风趣又幽默。读者可从该书精妙的语言所描述的生活工作中的浅显故事，悠然获得与世俗完全非同一般的气息：让区块链离自己更近些，让区块链变得更可亲可爱些。尤其是马方业先生提出的“区块链首先要加教育”的观点，更是高屋建瓴，令人为之一振。作为教育工作者，特此强烈推荐本书。

齐德昱教授
华南理工大学计算机系统研究所所长
广东省可信数字身份与密码区块链应用联盟理事长

何程教授
国家标准《教育卡应用规范》工作组副组长
粤港澳可信数字身份密码区块链应用智库联合组长
教育卡应用大数据湖南省工程研究中心首席专家

互联网的广泛应用带来了各行各业深层次的变革，区块链不仅仅是新技术、新基建，也将带来全新的产业应用、商业模式和组织形态，更会引发公共服务、社会治理、全球协作的范式跃迁。甚至可以预测，“区块链+”对产业影响的速度、广度和深度将是“互联网+”的十倍以上，产业互联网时代也就是产业区块链时代！

因此，区块链将在未来三年之内成为每一个人必备的基本知识，“区块链思维”将成为未来最重要的思维方式。欲知未来果，观其现在因。要想洞察区块链的未来，必先了解区块链的历史。

马方业先生和他的团队凭借着对经济金融极为深刻的洞察力，以及多年形成的广泛社会人脉影响力，密切追踪中国区块链产业的发展，深度访谈多位行业一线大咖，掌握了中国区块链产业发展最真实、最宝贵、最鲜活的一手资料。

本书将这些宝贵的一手材料深度编辑，伴之以对区块链发展历史大事的细致梳理和精细描绘，最终形成了一本有料、好读、生动、深刻的好书，甚至可以堪称为区块链产业发展的“世界地图”和“编年史”，全面深刻地描绘了区块链的过去和现在，更预示了这个行业的广阔未来。对于任何希望掌握区块链思维、分享数字经济时代红利的朋友，都是一本不可多得的好书。

于佳宁

火币大学校长

原工信部信息中心工业经济研究所所长

要发挥区块链技术更大的价值，就需要推动区块链和实体经济深度融合、推动区块链底层技术服务和新型智慧城市建设相结合，在城市管理、公共服务以及行业应用中寻找区块链的更多落地场景。本书旁征博引、通俗诙谐地从政策、技术、实践等多个层面阐述了区块链发展历程，对读者更全面系统地认知区块链、用好区块链十分有用。

唐斯斯

国家信息中心智慧城市发展研究中心副主任

区块链服务网络发展联盟常务副秘书长

区块链技术已上升为国家战略，大众对其了解和深入学习的需求日益高涨，但市面上关于区块链系统性的读物并不多见。本书是马方业等和多位专家沟通探讨后，全面、客观、专业、多维度地反映中国区块链行业发展历程的一部好书。它不仅有扎实的基础知识，还涵盖了各种实用性、技巧性知识，相信本书定能助您快速入门，轻松读懂区块链！

张晓媛

工信区块链产业人才研究所负责人

区块链产业人才智库秘书长

马方业等人深厚的文字功底加上对区块链的深度理解，造就了本书准确、全面、通俗又易懂的特点。这对大家加深对区块链的认知与应用有着非常大的促进作用，适合各阶层人士重点阅读。

高斌

中国通信工业协会区块链专业委员会副主任委员

旗点区块链生态创始人

有人说，区块链技术将改变世界、改变一切；也有人说，互联网金融的终极形态是区块链。这个被一些人认为是继蒸汽机、电力、互联网之后，下一代颠覆性的核心技术，所有人都在高度重视这个蕴藏着无限可能的新兴技术。可是中本聪是哪根“葱”？比特币是如何起源与发展的？区块链是什么？区块链何时初露头角？比特币和区块链谁“父”谁“子”？区块链发展前景如何？从这本书中，我们可以了解到中本聪背后神秘的面纱、比特币从“疯牛”到坠落悬崖的循环历史、区块链的存在和本质以及区块链产业的未来趋势。本书真实事例、生动故事和经典名句信手拈来，以举重若轻之势，把一个复杂、前沿、迷幻的问题讲得清晰生动。

王世文
苏州科技大学商学院院长

马方业和他的伙伴们不仅是极为敏锐的财经金融观察者，更是立于潮头的时代洞察者和区块链行业的布道者。令人敬佩的是，本书始终秉持着“科技向善”的理念，并将其贯穿始终。任何新技术都不能脱离增进社会福祉的宗旨。在互联互通程度越来越高的年代，“薅得快、薅得广”是监管者和公众都应该特别防范的。本书十分有助于读者们炼就区块链思维慧眼。

陶春生
中央民族大学经济学院教授

区块链作为划时代的组合型技术发明，重构了人类的信任共识产生机制，历经了数字资产为代表的1.0阶段，以智能合约为特征的2.0阶段和现在进行中的“可编程社会”3.0阶段。本书系统地阐释了区块链的历史演进轨迹，视角新颖，通俗易懂，展示了作者对区块链技术的深入理解和趋势解读，是一本优秀的区块链读物。

刘晓星
东南大学金融系主任、教授、博导
教育部金融学类教指委委员

区块链世界里，如果没有“信”，人类是无法“连接”起来的。正因为有了“信”人类才有了共识、共建、共治、共享的平衡与和谐生态。区块链恰是人类“信”越来越缺失后的必然产物。学习区块链、掌握区块链、运用区块链就是基于“信”的敬畏和对人类命运共同体的最大认同。马方业和他的小伙伴们疫情期间的这本呕心力作，堪称区块链的编年史，既有行业“时间戳”、又有“三圈”态势，既有独思妙想、又有大咖观点，既有洞察穿透、又有跨学科阐释。总之，本书用通俗的语言、趣味的故事把区块链纵横交错多维度的复杂性，描绘得浅显易懂。这对了解、学习、研究区块链的人们来说是一本难得的没有门槛的普及读物！

李银科

中国电子商会区块链专委会副理事长、秘书长

本书沿着区块链历史发展脉络娓娓道来，有趣闻，有科普，有典故，有新知，有正反多方观点，中西合璧，系统地勾勒出区块链发展全貌，妙趣横生，又不乏严肃科学，十分值得一读。

曹锋

中国首个区块链国际专利发明人、派链科技CEO

本书堪称区块链行业的一部编年简史，从加密数字币到产业赋能再到数字新基建，凸显了区块链技术的核心价值。一口气读完，感觉每一篇都是雄文，令人振奋。书中各个层面通俗易懂的阐述，体现了党中央将区块链上升到国家战略高度的根本原因和重要意义！

作为区块链一线从业者，赋能实体，服务社会，造福百姓，是我们的执着与信仰。愿大家能从本书中汲取营养，共同前行。

罗骁

宇链科技 创始人兼CEO

一部浓浓中国味儿的区块链宏大叙事之佳作。

何晓宇

国投信达首席经济学家

中国政信研究院院长

推荐序一

“区块链+”还是“+区块链”？

近年来，区块链的火热程度一直处于逐年增温的状态。在大众的理解中，有将区块链等同于比特币等加密币的误区，甚至也有一些污名化、妖魔化的认知。目前市面上区块链的书籍非常多，但能够让大家读懂的并不多。本书对比特币、区块链及其应用场景等都有深入浅出的描述，并且将其发展的来龙去脉都进行了清晰的刻画。可以说这是区块链领域相关书籍中非常具有可读性的一本书。同时，本书还有助于普及区块链知识，消除一系列误解，读者也可以从本书中一窥区块链商业价值和社会价值的内涵。

本书主要编著者马方业副总编辑是我中国人民大学的校友。方业校友十多年来勤勉执笔，虽然在学校时攻读的是国际政治，但他在金融领域同样有不少专业的个人精彩见解。在此，向他和他的新书出版表示祝贺。

区块链技术落地离不开场景。我们正在经历的这场抗击新冠肺炎疫情的战役中，各行各业积极运用区块链、大数据、人工智能等新一代信息技术，以科技的“巧劲”统筹兼顾疫情防控和经济社会发展。这场抗击疫情的特殊实战也正在引发中国经济新一轮数字化转型潮。本书中介绍了诸多区块链与实体经济、上市公司、民生、新冠肺炎疫情期间社会治理等相结合的实践和案例，这意味着区块链能够成为中国新一轮科技革命和产业变革的又一利器。但是，利器也要善用。“+区块链”时代下，如何用好区块链？令人欣慰的是，本书提出，以区块链为代表的技术创新应该向善，为实体经济赋能、为民生服务，我由衷点赞。

在我看来，“区块链+”是以区块链技术为中心，而当前这种技术的发展和社会认知都不成熟，甚至在实践中出现了借区块链之名进行非法融资和诈骗的现象，对社会的“颠覆性”和“破坏性”较强。而“+区块链”则更强调区块链作为一门技术赋能实体行业的店小二定位和造福社会大众的神圣使命，所以，服务好金融、征信、社会公益、电子政务、医疗健康等更多行业。

近年来，我和我的团队一直关注金融与科技的深度融合。我所在的浙江大学互联网金融研究院对全球金融科技中心城市系列研究表明，需求、技术和制度是全球金融科技发展的核心驱动力，也分别大致对应着中国、美国、英国三种不同的发展模式，造就了目前中、美、英三足鼎立的全球金融科技格局。区块链等技术驱动的金融科技业态在全球范围内受到重视，也是未来发展的主要方向，推进金融科技基础设施建设、加速传统金融科技化进程势在必行。

浙江省是国内较早重视区块链技术的省份之一，杭州更是全国乃至全球金融科技重镇，阿里系的区块链专利数领先全球，而以陈纯院士领衔的“浙大系”多学科组团也是区块链赛道上不可小觑的力量。2017年3月，浙江大学互联网金融研究院率先成立区块链技术及应用研究室。2018年4月，浙大区块链研究中心成立。同年，浙江大学计算机学院和软件学院在全国首次面向部分高年级本科生和研究生开设《区块链与数字货币》课程，并已出版了区块链技术教材《区块链技术进阶与实战》。同时，“浙大系”的学院派基因也造就了以趣链科技为代表的一批技术企业，推动区块链快速步入技术商业化应用的轨道。

下一个区块链巨头会在哪里诞生呢？下一个区块链的应用风口在哪里？当全世界都在讨论区块链如何实现产业应用落地时，无论是区块链技术业者去赋能社会，即“区块链+”，还是现有社会去主动拥抱区块链技术，即“+

区块链”，我们都希望区块链能成为“有温度有情怀的技术”，可以改善社会、赋能世界、链接未来。

贲圣林

浙江大学管理学院教授

国际联合商学院院长、互联网金融研究院院长

2020年3月

推荐序
二

区块链将彻底改变社会经济形态

马方业副总编主持编著的这部区块链主题的大作终于出版了，可喜可贺！作为他多年的老朋友，作为能亲自见证本书艰辛创作之人，在此非常高兴地向各位关注区块链发展的读者朋友隆重推荐本书。

马总编写作本书，属于厚积薄发。他作为中国财经金融界的一员老兵，资深财经金融专家级记者和编辑，能够调动区块链、金融等领域的众多大咖专家群策群力，组织一个由年富力强的青年记者编辑团队利用春节假期前后短短的时间内撰写出这样一本书，既在意料之中，又有些出乎意料。

意料之中的是，马总编的坚持和执着以及财经新闻人的敏锐。三年前，马总编开始分管《证券日报》金融机构中心工作。当时他就敏感地认识到金融科技和区块链正孕育着金融世界的新曙光，力主推出了全新板块——“金融科技板块”，并将其中的“区块链”视作至关重要的报道方向。有公开数据显示，经过短短几年的努力，《证券日报》在区块链报道领域的影响力已位居全国主流传统财媒前列。

在成书过程中，马总编时常与我探讨一些内容和细节，他收集的很多资料即使让我这位长期研究区块链者都受益匪浅。这些足以奠定本书的新视角和新高度；同时，本书的文字相当细腻，感情充沛，擅长于细节入手。这是马总编长期以来形成的写作特点和优点。而这又为本书添色不少，其中的故事性相当强，而且本土人物和例子不少，很多就是我们身边的同仁和朋友。可以说，中国元素突出，而这又拉近了与我们中国读者的距离。在拜读过的一些章节中，有些内容就连我这个“行内人”都是头一次读到，甚至会纳闷，这样的内容处理能力确实像谜一样的梦幻，颇出乎意料。这是值得我学习的地方，虽然本人也尝试写过一本区块链的“通俗读物”，但是通俗的包装似乎无法掩盖那种经济、金融和技术的硬核。很高兴马总编能够认同笔者在《区块链+时代：从区块链1.0到3.0》一书中的不少观点，并将部分观点纳入到本书之中。

《区块链+时代：从区块链1.0到3.0》是我在担任全球金融实验室专家顾问期间出版的。该书梳理了区块链在社会经济等方面的影响，“区块链+”这个观点的提出，也许这是第一次。书稿写作时，比特币还在叠创新高，但我明确提出“比特币等虚拟加密币不是货币”的观点，而这本书正式出版时，加密数字币的市场行情已经进入了低潮。作为经济学家，我能够从理论上证明我的这个观点，后来我提出了一个更大胆的说法，即“比特币没有前途”。当然，这不意味着比特币再也引不起炒家的兴趣，而是意指其承载的价值是非常有限的。加密数字币起到了启发民智的作用，让区块链更快在民众间得到了普及和关注，这是值得肯定的。

2019年10月24日，随着习近平总书记强调区块链的意义，全国重新掀起了一波区块链推广浪潮。这本书重新引起了重视，被认为“对区块链技术发展脉络和比特币、ICO等热点问题做了清晰完整的论述，其中很多观点与习近平总书记的提法是高度吻合的。”（《北京日报》，2019-11-20）为了加强这方面的研究，我在香港国际新经济研究院牵头成立了数字经济研究中心，目前在区块链通证经济方面做出了一些研究成果。

我认为区块链将是一个全面改造社会生产关系的技术，尽管这个技术目前尚未成熟，还需要不断优化和迭代，但是其去中心化思想将深刻改变我们的社会生态环境。通过加密和时间戳以及共享信息，可以建立个体信用，从而实现良币驱逐劣币的正向淘汰机制。区块链技术本身的特质还可以为数字经济赋能，使得数据能够真正归属于产生数据的个体，真正使数据这一数据经济时代的生产力要素能够清晰其所有权属关系，由此创造的财富归相关个体所有。从这些具有颠覆性革命意义的角度评估，区块链技术现在碰到的所有障碍都算不上是太大问题，终将被克服。这种先进的生产关系必然催生更先进的生产力，成为第四次工业革命的驱动性技术。换言之，如果我们将人工智能、大数据、云计算、物联网、5G等作为下一次康波的驱动性技术的话，将这些技术建构在区块链之上，将会获得指数增长的成果。区块链技术是倍加器，做的是乘法，而不是1+1=2的加法。

有人说，区块链的今天就像互联网初期，当年也有很多人抱有怀疑态度，但是不到十年，互联网彻底改变了我们的生活。目前，中国在区块链领域和世界最强国家的差距是最小的，这是一次难得的弯道超车机会，大家应该尽快了解和补充这方面的知识。

马总编领衔编著的新书《与未来“链爱”——走进区块链王国》的出版，可以说恰逢其时。同时要说明的是，马总编也是我们香港国际新经济研究院特聘的高级研究员。我作为研究院的副院长也由衷地为他高兴。是为序。

郑磊

香港宝新金融首席经济学家

香港国际新经济研究院副院长

2020年3月

前言

对应用场景的理解是区块链未来发展之关键

我长期在财政部和国家开发银行工作，对于新兴科技是外行。2016年，我在财政部的朋友刘建平邀请我做智慧能源集团荣誉董事长并兼任刚刚成立的区块链产业联盟的理事长时，我完全不知道什么是区块链。我说，我有兴趣，可以学习。那时在智慧能源集团下面有一个区块链科技子公司，由北京航空航天大学区块链实验室主任、千人计划朱教授负责。后来清华大学博士李渝加盟，在链圈很有地位和影响。我有机会参加了一些区块链的活动。这给了我很多接触和学习的机会。后来我的同事和学生许博士及林华翻译了几本这方面的书，也送给了我。这使我对这个领域有了初步的了解。

在新兴科技领域，区块链具有特殊的地位。这主要由于它和金融的天然关系。金融是从货币和支付发展起来的。支付之前必须有账户，确定所有权。早期商品交易从以物易物，发展到有货币支付的商品交换。当交易通过贵金属实现货币支付时，一般等价物方便了交易的完成。但是在商品市场发展的长期过程中，贵金属运输、保管、分割是影响商品交易的主要问题，这就催生了最早的金融业，即货币经营业。马克思在《资本论》中已经讲到了货币经营业的出现和作用。中世纪意大利的西亚那出现了最早的银行，就是在货币经营业的基础上发展起来的。

2015年上半年，我在欧洲的第一所大学博洛尼亚大学访问时，见到了管理科学院的卢卡教授，他当时正在研究中世纪威尼斯武器仓库的复式记账。

这被认为是最早的复式记账法，是管理科学发展的里程碑。复式记账是会计科学的基础，是金融领域的最基本的基础设施。

1982年，我到财政部综合计划司工作时，明白财政部就是国家的总会计。财政部的基本功就是会计、财务、账务、科目。1983年，司领导交待我一项工作，就是研究“复式预算”的问题。当时的想法是财政不仅要做“吃饭财政”，也要做“建设财政”。改革开放初期，缺少建设资金，财政要拿出一部分资金搞经济建设，这涉及到了经常性预算和建设预算两笔账的预算安排。

1991年开始到1996年实现的国债市场化改革，最主要的是要解决国债进入市场，建立一级市场和二级市场。这样国债的登记、托管、结算就成为首先要解决的问题。无记名国债在这方面不需要登记，但是有丢失的风险。当时纸制的代保管单曾经导致的一个后果是金融机构超发行国债为自己融资的问题。1994年的储蓄债券就是采取记名方式，采取三联单的形式，所以也称为凭证式国债。1993年国债进行了无纸化改革的试点，1996年全部实行无纸化发行，市场化国债就转变为记账式国债。在无纸化的过程中，最重要的是解决DVP，即券款对应的问题。正是因此，1993年国债无纸化试点时，我提出来建立并在以后几年推动建立专门进行国债登记托管结算的中央国债登记公司。由于国债改革初期和“联办”合作，最早想利用“联办”的系统。当时人民银行吴晓灵向财政部刘积斌副部长提出来希望财政部使用人民银行的系统。后来刘部长和我商量，我表示赞成和人民银行合作建立国债的登记托管系统。这就是现在中央国债登记公司成立的背景。当时我认为国债市场化改革的基础是无纸化，而无纸化的基础是登记、托管、清算和结算系统这个基础设施。1993年，中国政府重返国际资本市场，财政部代表中国政府发行全球债、扬基债等，当时国债款涉及跨境支付，支付主要是通过CEDEL和Euroclear进行的。同时1990年中期中国债券资本市场的国际化问题也提到日程上来，当时重点要解决的就是国际清算和结算的问题。就是要实现中国自己的系统与国际系统的对接。

互联网技术出现以后，银行信用卡和互联网技术结合，支付业务和电商业务结合。在交易结算方面有了很大进步。这一方式体现到国际贸易和支付上，就是跨行结算，信息通过SWIFT交换。但是结算的流程并没有革命性的变化。2010年前后，人民币国际化发展很快，当时遇到的问题是跨境结算，国家开发银行帮助国家外汇管理局推动在东南亚一些国家的跨境结算。

金融的发展过程自身的风险主要来自支付，因此中心化的监管很早就出现了，早期是欧洲各种形式的商会管理，后来出现了代表国家的中央银行。中心化的管理显然增加了交易成本。过去以信用为基础的民间金融，有自己的交易结算方式。

不管发明者是谁，比特币和区块链技术出现的最初努力是想解决没有中心和监管的交易支付，其主要目的是通过现代技术解决参与人自我监督管理的交易方式。这就是比特币所使用的区块链技术的初衷。这种尝试显然是具有深远意义的。分布式、可留痕、可溯源、解决信用和监督的问题，这和互联网解决信息交流的问题具有本质的不同。

区块链技术可能带来的革命性变革，一方面可能会被一些人用来欺诈，另一方面也会冲击现有的监管体制。因此，区块链一开始就分出来矿圈、币圈和链圈。国家支持区块链技术的应用，链圈在中国独立地发展起来了。

显然，一切市场交易，账户是关键，因为它是所有权的体现，是交易的结点。因而是全部市场交易的最基本的基础设施。为了保证这个账户的安全，历史上就是通过不断中心化的管理来解决的。而这样不仅大大增加了交易成本，而且中心本身也必须有自己的监管，这样就增加了一层一层的中心化。金融演化为一个官僚体系。这些年自金融的发展就是希望摆脱这个体系。如民间借贷，供应链金融，企业财务公司等，都是向这个方向发展。这是金融的一个痛点，因此，区块链技术从点对点的分布式账本出发，实际上就是从金融痛点出发的。

2017年以后，区块链在中国如雨后春笋般地发展起来了。中国的年轻一代有创新精神，善于发现应用场景，区块链技术很快在金融、通讯、医疗等领域发展起来。我国有矿机的生产，软件开发，算法和智能合约的开发，区块链技术的应用很快走到了世界前列。2018年，我在新加坡国立大学商学院访问时，学校邀请我介绍中国区块链技术的应用，新加坡此时也出现了区块链热。但是新加坡和中国相比，中国在区块链技术领域的优势是应用的广泛性，在世界上排第一。我记得在《董事会》主办的一次研讨会上，参会者有一位从斯洛伐克来的区块链专家。他表示，在他们国家，人们没有发展这项技术的积极性，这是因为开发场景的成本会大于技术应用的回报，因为需求的领域小。这可能就是中国的优势。

在我国专业领域的矿圈、币圈和链圈向场景进军时，取得了一些成绩，但是也遇到了各种各样的问题。我认为区块链领域中各个圈的人对于应用场景理解是未来发展的关键，而懂得应用场景痛点的“圈”外的人却不懂得区块链技术。因此普及区块链知识成为当务之急。自从习总书记肯定和支持区块链技术以来，地方政府、科技领域、金融领域出现了区块链热。一个区块链技术普及的热浪正迎面扑来。

马方业等所编写的这本著作，是我目前看到的最通俗的关于区块链技术和应用的读物。据了解，疫情期间，方业副总编用了1个多月时间，没白没黑地写了约11万字的有关比特币和区块链章节部分。我想这是他探索和追求几年的结果。这篇通俗读物深入浅出地介绍了区块链技术的发明者中本聪和智能合约之父尼克·萨博。说明从比特币到以太币，区块链技术不断发展和完善，是很多人努力的结果。人们进入币圈和链圈，首先对于金融学，特别是货币银行学有了兴趣。区块链币圈和链圈的人多数不是金融专业的，他们开始对神奇的货币表现出了浓厚兴趣。和其他区块链书籍不同的是，本书讲到了金融和货币。虽然金融科技是从科技向金融的进军。区块链技术也是从金融领域以外向金融领域以内渗透的，但是以区块链技术为基础的金融科技，重点还是金融应用场景。方业副总编深深地了解这一点。基于对区块链币圈和链圈的深刻理解，他从技术开始，先讲到币圈，再讲到链圈，再讲到地方政府的重视，最后讲到了场景应用。我认为，这是一本通俗易懂，喜闻乐见的好书。我希望区块链“三圈”内的人和金融圈、企业圈的人都能够从阅读本书中有所裨益。

高坚

中国资本市场债券之父

2020年3月

目录

1 中本聪与“儿子”比特币①

流水下山非有意，片云归洞本无心。
人生若得如云水，铁树开花遍界春。

——释守净（宋）

1.1 了解比特币必先了解中本聪

1.1.1 “中本聪”本尊是哪根“葱”？

中本聪是何方神圣？还是先让我们问问“百度”吧。

百度答曰：“中本聪（英语：Satoshi Nakamoto），自称日裔美国人，日本媒体常译为中本哲史。此人是比特币协议及其相关软件Bitcoin-Qt的创造者，但真实身份未知。”

一句“真实身份未知”，的确让人心里有点凉凉，有点失望。岂不是让人问了白问？到底谁是中本聪？究竟有多少个中本聪？有人说，中本聪就是“中国人本来就很聪明”的缩写语，真的是这样吗？

“要想拥有不曾拥有的事物，就要去做不曾做过的事”，用这句很励志的

---

① 文/《证券日报》副总编辑 马方业

话来形容中本聪，应该是非常贴切的。

花开两朵，各表一枝。让我们先表一下阿拉伯寓言故事中那个快乐青年阿里巴巴吧。相信大家对他与40个大盗的传奇故事都耳熟能详。

当阿里巴巴喊出“芝麻，开门”时，洞门立刻顺从又乖乖地打开了。令阿里巴巴目瞪口呆的是，洞中堆满了各种各样的财物。一堆堆的丝绸、锦缎和绣花衣服，一堆堆彩色毡毯，还有多得难以计数的、明晃晃金灿灿沉甸甸的金币银币。

当然，这是神话寓言故事，然而现实中，中本聪就像阿里巴巴这个小青年一样，仿佛学着阿里巴巴的样子，对着眼前的计算机屏幕，用手击打着键盘并轻声又甜甜地喊道：“亲爱的比特币，快从电脑里给我跳出来吧”。不可思议的是，50个比特币转瞬间就跳到了中本聪的钱包里去了。笔者可不是在编故事、写小说，中本聪在此“导演”的，的确是一次现实版的“芝麻开门”！

2008年11月1日，这是一个平凡却又伟大的日子。这一天，中本聪在“www.metzdowd.com”网站的密码学邮件列表中发表了一篇现在看来十分重要且长达9页的论文，即《比特币：一种点对点的电子现金系统》(或者称作“比特币‘白皮书’”)。

发布白皮书的地方叫“密码朋克(Cypherpunk)”，即一套加密的电子邮件系统。当天，密码学邮件列表中的上百个密码学爱好者都收到了“中本聪”的电子邮件。在邮件中，中本聪告诉大家说：“我一直在研究一个新的电子现金系统，这完全是点对点的，无需任何可信的第三方。”但中本聪投下的这粒石子并没有引起圈子内多大的涟漪，反而引来了不少怀疑的眼光。这些是密码朋克核心成员、全球首笔比特币交易接收者——哈尔·芬尼(Finney)回忆时所讲的情景。2013年3月19日下午，芬尼在“比特币论坛”上刊发一篇有关《比特币和我》的回忆文章。文章中称，“当中本聪在密码学邮件组发布比特币时，迎接他的都是怀疑的目光。密码学家们已经经历了太多眼高手低的菜鸟了。他们本能地做出这一反应。我稍微积极一些，我一直对密码支付方案感兴趣”。芬尼，是一位传奇的密码学家。他完成了许多比特币的“第一次”：第一个接触到中本聪的人并开始与其进行了长达三年的通信，第一个帮助调试比特币原始代码的人，第一个在网络上交易比特币的人。非常遗憾的是，2014年，哈尔·芬尼这位中本聪的志同道合者因渐冻症去世。

在此我们还要提起的是，英特尔早期的首席科学家Timothy C. May。1992年，他发起了密码朋克邮件列表组织。此人不仅是一位技术大咖，解决过集成芯片上的Alpha粒子问题，而且也是一位激情四射的加密无政府主义者和《加密无政府主义者宣言》的创作者，2018年12月不幸去世。生前，他对分布式账本技术非常看好，并且全力支持，并表示说，软件是无法在网络上被摧毁的，因为彻底的分布式系统是永不停机的。作为密码朋克教父的Timothy C. May及其领衔的旨在强调电脑空间下的个体精神，使用强加密技术保护个人隐私，旨在“输入世界，输出自由”的组织，可能连自己都没有想到，正是这个弱小的组织通过中本聪的比特币打开了数字资产的神秘财富之门。

“密码朋克”内的高端极客们经常讨论数学、加密技术、计算机技术、政治和哲学等。在其早期成员中，可谓精英云集，比如智能合约概念提出者Nick Szabo、Facebook创始人之一Sean Parker、“维基解密”创始人Julian Assange、BT下载支付Bram Cohen、万维网发明者Tim Berners-Lee，当然还包括比特币的发明者中本聪（无论其是一个人还是一伙人）等。正是这个很不起眼的组织却在未来引发了一场数字货币革命，着实令人惊叹。

2009年1月3日，中本聪开发出全球首个实现了比特币算法的客户端程序并进行了首次“采矿”（Mining），即创造了比特币世界的首个区块（创世区块），获得了第一批共计50个比特币的奖励。没过几天，中本聪发布了第一版比特币客户端软件（Bitcoin Software Client），并通过邮件列表与其他人一起参与该项目。其实，此时与其说是“该项目”还不如说成“该游戏”更为恰当。尽管如此，虚拟的互联网世界里自此有了自己的“货币”；作为新交换媒介和新记账单位的比特币金融体系从此诞生。

为什么“神秘”的中本聪要在11月1日这一天发布比特币白皮书呢？难道11月1日也是“神秘”日？还是让我们先查一查历史上的这一天都有什么大事发生过吧。

- 1512年11月1日，意大利文艺复兴画家米开朗基罗在梵蒂冈西斯廷礼拜堂完成绘制天顶壁画《创世纪》。壁画由“上帝创造世界”“人间的堕落”“不应有的牺牲”三部分组成，共绘有343个人物。
- 1755年11月1日，发生人类史上破坏性最大和死伤人数最多的地震之一——里斯本大地震。
- 1919年11月1日，美国历史上第一次工人运动高潮。
- 1948年11月1日，中国人民解放军发布《惩处战争罪犯命令》。
- 1949年11月1日，中国人民解放战争“西南战役”开始；同日，中国科学院在北京成立。
- 1952年11月1日，美国第一颗氢弹爆炸成功。
- 1984年11月1日，改革开放总设计师邓小平提出裁军100万。
- 1993年11月1日，欧洲共同体《马斯特里赫特条约》正式生效，欧洲联盟正式成立。

……

不查不知道，一查吓一跳！“11月1日”，历史上竟然发生了这么多大事。这一天真是不平凡的日子。中本聪在该日发布白皮书，也多多少少给比特币平添了一丝“神秘”色彩。更神秘的是，中本聪极少透露自己的真实信息，留给世人的总是一个“背影”或是一个“谜”。

2010年12月5日，在维基解密泄露美国外交电报事件期间，比特币社区呼吁维基解密接受比特币捐款以打破金融封锁。对此，中本聪坚决反对，并表示说比特币还是摇篮中的“婴儿”，经不起任何的冲突与争议。这一表态，犹如一位父亲或母亲对待自己刚出生的孩子一样，彰显了中本聪对比特币这一“得意作品”的厚爱与希望。七天后的12月12日，中本聪在比特币论坛中又发表了一篇文章提及最新版本软件中存在的一些小问题，此后便不再露面，电子邮件通讯也逐渐终止，这篇文章似乎成了中本聪告别世人的“遗嘱”篇。尽管中本聪说过要回避对其“神秘创始人”的说法，但当中本聪真地神秘“消失”后，比特币爱好者和中本聪粉丝们却表现出对其“失踪”的悲伤和难以释怀。于是有人为了“纪念”中本聪转而开发出了一种以其名字命名且以比特币作投注筹码的博彩小游戏：“中本聪骰子（Satoshi Dice）”。该款游戏可以让玩家们选择不同的赢面概率下注，完全随机，无法作弊，因而受到比特币爱好者和中本聪粉丝们的热捧，也算是对大家的一种安慰。

有关中本聪的传说，如徐明星等人在其所著的《图说区块链》一书中所说，中本聪是一个“永远的背影”，在其身上有着“99种传说”，包括有2次婚姻，有6个小孩等等。

中本聪从不愿意透露哪怕一丁点有关自己的个人信息，难道说这是比特币区块链的匿名规则决定的？不过，也有人发现其在P2P基金会网站即P2P Foundation上，曾留下过自己注册的个人信息：“1975年4月5日出生，日本人，男性。”中本聪，这个名字听起来就像个日本人。因此，这些发现和感觉对那些疯狂“人肉”并力求找到中本聪真身的人们而言，仿佛是抓住了一根救命稻草。然并卵。正如不少人所解释的那样，4月5日，这一天正巧是1933年美国总统富兰克林签署政府法令6102并规定公民持有黄金非法的日子。这一天是世界货币史上具有重要意义的一天，更是美国政府不经过民主程序对民众最直接的盗窃行为和违宪行为的一天。因此，这个日子大有“政治隐意”。而1975年则是美国总统福特先生再次签署法令规定公民持有黄金合法的年份。两大时间点巧合的组成这组信息，令人怀疑中本聪只是用来表达自己对当今中心化金融体制的不满而已。毕竟，其在创世区块中就写上的那句永恒的话，表达的就是自己的这种不满。

有人说，中本聪英文书写如母语般纯熟地道，也从未用过日语，而且根据对其语言使用习惯和时间统计分析后发现，中本聪是一位居住在美国中部或西部的英国人或爱尔兰人。还有人认为中本聪是都柏林三一学院密码学的研究生，也有人认为其是芬兰经济社会学家，甚至有人还认为中本聪就是一个三人团队……。对中本聪身份的猜测，可以说是五花八门，云里雾里，实在难以说明中本聪究竟是哪国人，是男是女，有多大岁数，以致我们在写作时不知道是用他还是她，是一个人还是一群人，无奈之下笔者在文中也只能尽量用“其”指代了。这真是画鬼易，画人难，画中本聪难上加难！

对于中本聪，全世界的媒体在寻，业内玩家们在找、美国联邦调查局（FBI）在查，但是结果呢？总是大海捞针，甚至“诺贝尔经济学奖候选人”这种诱人的“寻人启示”都难以奏效。直到如今，即使全世界的人再怎么千呼万唤，中本聪始终“犹抱琵琶全遮面”，就是不露面。无奈之下，人们在报道中本聪时，也不得不用一个所谓的“蒙面人像”示之。

中本聪是在作“犹抱琵琶全遮面”状，但是十多年来却有人不仅扔掉了“琵琶”而且根本不“遮面”，甚至还谎称自己就是“中本聪”。最早的几位“中本聪”则是被人指认并“黄袍加身”的，望月新一就是这样的一位。

1.1.2 首位新“聪”望月新一

日本京都大学教授望月新一
（图片来源：百度百科）

最早出场的新“聪”是日本人望月新一（Shinichi Mochizuki）。原因可能有二：一是传说中的中本聪可能是位日本人；二是，日本政府对比特币持开放态度，而且在日常生活中也允许人们作为支付工具使用。现在只要大家去日本旅行，会轻易地发现大街小巷内，不少地方悬挂着接受比特币（Bitcoin）支付的指示牌。人们把寻找中本聪先放在日本人身上也是有充分理由的。

“百度”告诉大家：望月新一，1969年3月29日出生于日本东京，16岁进入美国普林斯顿大学就读本科，三年后进入研究生院，师从著名德国数学家——1986年菲尔茨奖得主法尔廷斯，1992年在他23岁时获得数学博士学位。“百度”还说，他曾任京都大学数理解析研究所的研究助理，几个月后又前往美国哈佛大学从事了近两年的研究，然后重返京都大学。2002年，33岁的望月新一成为了京都大学数理解析研究所的教授。他曾获得过日本学术奖章等荣誉。看来，望月新一也是一个“人物”。

望月新一成为“中本聪”，其实是被动的，他只是由计算机科学家特德·尼尔森（Ted Nelson，HTTP之父）于2013年5月20日，（也有文章说是2012年5月）在Youtube上爆出的料而已，并"举报"中本聪就是京都大学的数学教授望月新一。然而既没有编程经验，也不是密码学专家的望月新一丝毫不想搅这滩浑水，直接否认了。这让中本聪的粉丝们十分失望。

1.1.3 "智能合约之父"登场

接下来出场的这位新"聪"，则是一位传奇的存在。之所以传奇，是因为无论在加密币圈子还是在密码学界，他都是"大神"级的存在。他不仅是计算机科学家，也是著名的法律学者。可贵的是，他将这两门学科中的关键要素耦合在一起时，奇迹发生了——"智能合约（Smart contract）"概念从他的手中诞生了。他因此也被誉为"智能合约之父"。几年之后，智能合约成为以太坊区块链协议的核心特性，并以此拓展了互联网商务的全新模式。重要的是，这标志着区块链2.0时代的来临。说到"智能合约"不能不提一下北京互联网法院。前些日子笔者还亲自采访了该院院长张雯。吸引笔者的就是"智能合约"这4个字。正是借助这4字真功，北京互联网法院实现了全国和全球法院的首例执行"一键立案"。这对今后电子证据存取证具有指标意义。

特别要提到，也是非常重要的一点是，这位"新聪"关于比特黄金（Bit Gold）的论文还被许多人认为是比特币（BTC）的起源。该论文明确指出，"依赖受信第三方"这个现代金融系统缺陷问题，并设想了一种替代方案即"比特黄金"。遗憾的是，这个去中心化的数字加密币机制因缺少广泛支持最终失败。不管怎样，智能合约与比特黄金的提出事实上也对比特币的问世产生了一定的影响。

各位看官，等急了吧？好，答案来了，他就是"智能合约之父"——前乔治华盛顿大学教授尼克·萨博（Nick Szabo），下面就是他的真容：

既然是真人真容，所以他并没有隐于市，相反，作为加密币的先驱和知名的密码学家，他常常对加密市场作评论、写文章、发论文，同时作为主讲嘉宾也经常出席各种峰会。总地来看，尼克·萨博算得上是个活跃分子，给

前乔治华盛顿大学教授尼克·萨博
（图片来源：巴比特资讯）

人感觉不像神秘的中本聪。之所以人们把他当作中本聪，看来主要是因为上述我们所讲的他的那些重要功绩，比如智能合约、比特黄金等等。

不过，尼克·萨博和望月新一一样，也是被人“举报”出来的。知名博客作家斯凯·格雷（Skye Grey）在2013年12月通过对中本聪论文的计量文体学分析得出一个惊人结论：前乔治华盛顿大学教授尼克·萨博就是中本聪。然而，和望月新一一样，尼克·萨博也对这种说法予以了否认：“我不是中本聪。”

其实有关尼克·萨博的精彩故事，真的有很多很多，比如他用自动售货机作为例子来说明“智能合约”就十分有趣。这个在后面的章节中我们还要介绍。不过，由他引起的另一个令中国人特别感兴趣的故事，更值得特别一说。

在被“举报”为中本聪之前的2011年5月，尼克·萨博就曾撰文讲过几句被业内常常引用的话：“在我认识的人里面，对这个想法足够感兴趣，并且能付诸实施的，本来只有我自己、戴维（Wei Dai）、哈尔·芬尼三个人，后来中本聪出现了（假定中本聪不是芬尼也不是戴维）。”

这句话的确包含了许多让人回味的信息。话中出现的两个著名人物，一个是前面我们刚说过的重要人物哈尔·芬尼。中本聪为了测试比特币的交易功能，曾转给他10个比特币。正因为这是比特币史上的首次转账，芬尼也成为了历史性的标志人物，后来也有人认为芬尼就是中本聪本人。另一位就是戴维（Wei Dai）。因为戴维的美籍华人身份，所以这位天才如果是中本聪的话，中国人自然也就特别感兴趣了。

为什么说戴维是中本聪呢？还是让我们先看看这位天才级人物在数字加密币方面的突出亮点吧。

戴维的父亲戴习为，也是一个“能人”，一度曾是微软最高级别的华人

戴维（图片来源：界面新闻）

工程师。在戴维9岁时，这位父亲将他接到了美国。戴维的数学天赋特别突出，同学们甚至将其视为“数学怪物”。当戴维刚刚上大学时，他就敏感地注意到了一个叫做“密码朋克”的组织。业余时间他创建了一个叫Crypto++ library的开源代码库，并一直维护至今。大学期间，戴维也曾在微软密码学小组内实习过。1998年11月，在密码朋克邮件列表中，戴维发布了B-money的白皮书。“数字加密币”概念横空出世，并对比特币后来的产生有不小的影响。不过“天才”的戴维却回应说，“在我看来，中本聪在独立发明比特币之前，应该没有读过我的文章。他是后来才将其放进比特币白皮书的，我与比特币的联系非常有限。”这里，我们特别要说的是，比特币最小的单位是“聪（Satoshi）”，1亿个聪相当于一个比特币。“聪”作为最小单位，无疑是为了纪念中本聪的。而一直位于加密币市场“老二”地位的以太币（ETH）的最小单就是“Wei”。1个Eth相当于10的18次方Wei。这也是人称“V神”的维塔利克·布特林（Vitalik Buterin）向戴维致敬的一种特殊方式，可见戴维在加密数字币业内的地位。

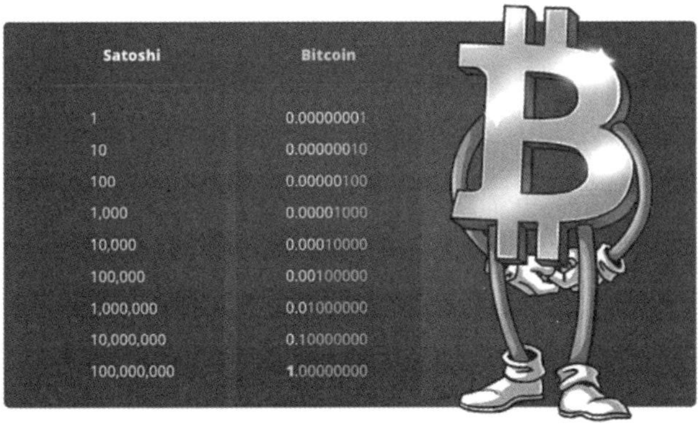

Satoshi	Bitcoin
1	0.00000001
10	0.00000010
100	0.00000100
1,000	0.00001000
10,000	0.00010000
100,000	0.00100000
1,000,000	0.01000000
10,000,000	0.10000000
100,000,000	1.00000000

聪（Satoshi）的价值（图片来源：搜狐网）

以太币的地位可以说是仅次于比特币。早在2013至2014年间，V神就提出了以太坊概念，并以此开发出了以太坊（Ethereum）这个开源的带智能合约功能的公共区块链平台。该平台通过专用加密币以太币（ETH）提供去中心化的以太虚拟机来处理点对点合约。

很显然，戴维不可能是中本聪。关于这一点，他本人也确实作过否认。不过，也有不死心的好事者，据此引申称，戴维不是中本聪，但他是华人，“中本聪”极有可能是“中国人本来就聪明”的意思，所以戴维还是中本聪。就笔者看来，这种说法显得十分可笑，是不合逻辑的一句笑谈而已。

1.1.4 本名就叫中本聪的新“聪”

时间一晃到了2014年。当年3月6日，又一位新“聪”现身了！这位仁兄和望月新一一样也是日本人，不过确切地说是日裔美国人，名字就叫多利安•中本（Dorian Satoshi Nakamoto）。

报道称，多利安·中本毕业于美国加州州立理工大学，1973年他将自己的名字从中本聪（Satoshi Nakamoto）更改为多利安·普伦蒂斯·中本聪（Dorian Prentice Satoshi Nakamoto），从此之后他便一直使用多利安·中本作为签名。

巧合的是，他也是被动“揪出”的中本聪，是被黑客通过破解中本聪的邮箱密码“找到”的。

多利安•中本（图片来源：游久网）

好玩的是，不仅仅Satoshi Nakamoto的日语意思就是“中本聪”，重要的是他在接受美国《新闻周刊》记者莉亚·古德曼采访时说了几句下面更神秘的话，这让人深信他就是中本聪。他是这样说的，“我已经不再参与它了，不能讨论它。它已经被转交给其他人。他们现在在负责。我已经没有任何联系。”没想到，这些话仿佛像个炮弹，瞬间在业界和新闻界炸响了。不过，人们很快发现这不过是个美丽的误会。原来，多利安•中本说出的这话是针对他从事的另一件工作。随后他声称，美国《新闻周刊》的报道有误，自己从来也没有从事过与比特币有关的工作，甚至就连“比特币”这个词也是刚刚从他儿子口中得知的。同名不同身份的多利安•中本算是彻底澄清了。

1.1.5 要么是“真身”要么是“骗子”的莱特

与前面几位纯粹被“深挖”出来，然后被否认的“新聪”不同，下面即将露脸的这位“大神”却是一位先被“指认”，后又意外“主动”承认者。他就是1970年出生于澳大利亚的计算机科学家、企业家克雷格·史蒂芬·莱特（Craig Steven Wright）。人称“澳本聪”。

被称为“澳本聪”的克雷格·史蒂芬·莱特（图片来源：百度百科）

在谈莱特前还是先让我们简单地提一提美国著名的《连线》杂志（WIRED）吧。这是一份关注新经济新科技类的月刊杂志，创刊于1993年，着重于报道科学技术应用于现代和未来人类生活的各个方面，并对文化、经济和政治产生着不凡的影响。该杂志受到大批数码热血青年的热烈追捧，文化评论家们甚至把这些关注未来、崇尚科技的“技术派”热血青年等同于1960年代由《滚石》带动的一代。值得一提的是，2018年该杂志成立25周年之际，它们特意发行了周年纪念刊。纪念刊中评选了25位对过去四分之一个世纪的变革有着最重要影响的人物，并让他们提名在接下来的25年中会改变世界的一位人物或一件事。其中，大家很熟悉的风投家李开复入围，随后他提名的影响力人物则是硅谷传奇华人女博士、曾在谷歌人工智能部门任负责人的李飞飞。

莱特一时成为“中本聪”，可以说《连线》杂志功不可没，当然知名美国科技博客Gizmodo以及《经济学人》（The Economist）也出了不少力，并基本认可莱特就是“中本聪”。早在2015年12月，《连线》就已报道说，比特币的创始人真实身份是45岁的澳洲信息安全专家莱特，中本聪其实是假名。报道还说，为了发行最初的比特币，莱特抵押了3处房产、投资逾100万美元购买计算机、电源等设备。没想到，这次曝光竟然引来了十几位澳大利亚联邦警察即时跟进并搜查了莱特先生在悉尼的家。据称，莱特家的房门是请开锁公司打开的，莱特本人早已不见踪影，可能玩起了躲猫猫。不过当地警方稍后发表声明称，搜索行动与媒体报道的莱特是比特币创始人无关。奇怪的是，尽管当时莱特的“中本聪”身份已被许多媒体大量报道，但各媒体既不否认也不确认。他们的依据主要是莱特被曝光的从2008年开始后的几年时间内的博客文章和邮件记录，文章与记录中也的确很有“料”：比中本聪发布比特币的文章还早，其内容涉及类似于比特币的设想、曾透露过的一个加密通讯软件PGP的识别码，它关联的邮箱（satoshin@vistomail.com）和当年中本聪用来向密码学邮件组发送比特币白皮书的邮箱地址（satoshi@vistomail.com）比，仅多了一个字母n、个人主页显示的其曾任CEO的热线智能公司，早在2014年就提出过要建立世界上第一个比特币银行，等等。另外，还有法律文件显示，莱特持有110万个比特币，这与中本聪持有的比特币数量大体相当。不过，有关研究人员对此表示说，莱特所提供的证据还是存在不少疑点，以致《连线》杂志也不得不有所保留地说：“莱特要么真地发明了比特币，要么就是一个骗子，只不过我们认为他就是‘中本聪’。”《连线》在此的态度很明显，不管别人信不信，反正他们是信了。或许只有这样，他们才能掌握找寻中本聪这个热点话题的主动权；或者还有什么其他不为人知的原因。

2016年5月2日，莱特发表博客声称自己完全可以提供“特殊证据”以证明自己就是比特币的创造者——中本聪“本人”。他随即直接邀请BBC、GQ（Gentlemen' S Quarterly）和《经济学人》三家媒体记者过来作了“官宣”。莱特送出的这颗重磅炸弹转瞬引起了比特币粉丝、经济学者及程序开发者们的热议。《经济学人》出来表态支持，称“我们的结论是：莱特很可能是中本聪”，而反对者的代表维基解密则称，“我们认为莱特不太可能是比特币背后的主要编码者。我们说的是主要编码者，他有可能以其他重要或不重要的方式有所参与。”以太坊创立者V神即维塔利克·布特林（Vitalik Buterin）说得更难听，直接认为莱特不是个“疯子”，就是个“骗子”。

不过，执着的莱特时不时地拿出这样那样的“新”证据自证自己就是中本聪，虽然日后证实均被打脸。有人也因此戏称他为“澳本聪”，简称CSW。对此称呼，莱特的粉丝们却一点也不喜欢，还称“中本聪就是中本聪，不会因为出身在澳洲就应该叫澳本聪。”

正当大家争论不休之际，莱特本人率先“认怂”，并于2016年5月6日发表“我很抱歉”的公开信，表示已“没有勇气”证明自己是中本聪，也不再提供“特殊证据”。前后态度之差仅相隔了4天。

虽然莱特难证己为“中本聪”，但“澳本聪”的头衔却是结结实实戴在了自己头上。正因为此，他本人亦“因祸得福”，从此在币圈“名声”鹊起。他还时不时掀起一个个币圈热点，尤其是其与圈内多位“大神”级人物发生过不少冲突：比如他认为比特币的核心开发者麦克斯韦（Maxwell）是“黑客”，称以太坊的V神创造了“最大的庞氏骗局”。他甚至公开说：“我很有钱，比特大陆就是渣渣，我会用钱摧毁比特大陆，我们要维护原生比特币”。正是这话直接导致他和吴忌寒结怨等等。

有趣的是，时隔三年之后的2019年，澳本聪发文再次高调宣称自己就是中本聪“本尊”。由于闪电火炬创始人Hodlonaut看不惯其行为而出声否认。澳本聪公开悬赏诱使网友“人肉”Hodlonaut，并表示要起诉他。币安的赵长鹏对澳本聪的“人肉”行为也表达了不满，而且行动上还宣布币安下架BSV（CSW是nChain公司的首席科学家，而nChain又是发布Bitcoin SV声明的公司）以抵制这种行为。

需要说明的是，BSV是币圈中争议不断的加密数字币。由于比特币现金（即Bitcoin Cash，BCH）硬分叉，2018年11月15日，在澳本聪的领导下，BSV诞生。BSV是“Bitcoin Satoshi’s Vision”的缩写，旨在恢复最初的比特币协议，保持中本聪在白皮书中提出的愿景：比特币，一个点对点的电子现金系统。这在BSV还原词中可见一斑。2019年初，BSV曾遭加密币交易所的大规模退市。币安是第一个摘牌BSV的。不过，自其问世以来，BSV基本保持在市值前20名的加密币之列。

2020年2月20日~21日，盛大的CoinGeek大会在伦敦老比林斯盖特举行。大会的第一天，澳本聪发表了名为《中本聪愿景：对比特币的正确理解》的重要演讲。他提出的，比特币网络不支持非法交易、希望比特币能被用于小额付费服务、认为代码即规则是不对的以及去中心化是加密世界最大的谎言等观点还是值得世人思考。

1.1.6 会“算命”的“巴本聪”

2019年8月18日，一家名为中本聪复兴控股（Satoshi Nakamoto Renaissance Holdings）的区块链公司爆出猛料：匿名十年之后，“真正的”中本聪终于下凡人间了，并且答应自美国东部时间8月18日16时（北京时间8月19日4时）开始在公司网站上分三期揭开“他”作为中本聪的身份之谜。

该区块链公司网站首期介绍说，“bitcoin”名字起源于“比特”的IT术语“bit”，也代表中本聪想将BCCI（由巴基斯坦的银行家阿迦·哈桑·阿贝迪Agha Hasan Abedi创立的国际信贷银行）带回到它曾经辉煌的年代。所以基于BCCI的全名（即Bank of Credit and Commerce International），中本聪在2008年8月18日注册了域名“bitcoin.org”；同时介绍说，“中本聪”名字的由来则是基于迦勒底数字命理学，Satoshi+Nakamoto=55，一个名叫55的人被认为有能力击败“他”面对的任何敌人。

接下来的第二和第三期介绍中，这位“算命师”式的“聪哥”称其本名是比拉尔·哈立德（Bilal Khalid），并说自己在2008年11月18日用这个名字注册了域名the BCCI.net后就把其法定名字和姓氏改为詹姆斯·卡安（James

Caan)，并在the BCCI.net的域名注册中更新了名字。

“我来自巴基斯坦。我住在英国。我从未在美国居住过。我毕业于巴基斯坦的阿哈尔Al-Khair大学。我在耶鲁大学（Yale）学习财务管理的在线课程，在杜克大学（Duke）学习行为金融学，在加州大学欧文分校（University of California-Irvine）学习项目管理。我在巴基斯坦的Al-Khair大学获得硕士学位。”作为一个狂热的数字命理学和占星术爱好者，詹姆斯·卡安相信上帝是终极数学家。他认为，世界上有许多不同的语言，但是数字语言是通用的，而且数字没有口音或方言，人们的名字甚至可以转化为数字。

“我的名字，电子邮件地址，域名注册日期：一切都与数字有关。在迦勒底数字命理学中，BCCI相当于数字9，其中元音等于数字1，辅音等于数字8。正因为如此，我把2008年比特币白皮书的篇幅保持在了9页。我以迦勒底数字命理学为指导，通过两种方式确定了2100万比特币的供应上限。我丢失了最初的电子邮件，因为我的电子邮件账户被黑了；我丢失了98万比特币，因为硬盘崩溃。我正致力于比特币/区块链的下一阶段，我希望它能再次改变世界。”

对于中本聪的现身，在引起人们极大兴趣的同时，也引来了不少的质疑。特别是这家自证网站刚刚刊发这些震惊消息不久，竟然有人指出了508处错误。其宣称的第三期将推出的“Tabula Rasa”新项目，也被不少人吐槽为赚噱头引流量拉投资，认为这位巴基斯坦“中本聪”冒出来，不过是为了营销而炒作的一场戏而已。国内头部区块链自媒体深链财经还言之凿凿地说，这位“中本聪”的出现很可能是一场精心策划的营销炒作活动，背后是一家名为Ivy McLemore & Associates（IM & A）的公关营销公司，以及一家名为Satoshi Nakamoto Renaissance（SNR）Holdings的区块链公司。

看来，詹姆斯·卡安这次还是一个“赝品”，是位“忽悠”高手。如果说澳大利亚的莱特是“澳本聪”的话，我们也可以把这位巴铁朋友说成是“巴本聪”了。看来，目前为止，世人“活捉”中本聪的行动依然宣告失败。“谁是中本聪”，人们无论是暗中寻访、直接喊话，甚至授以诺奖，依然难见其真容。

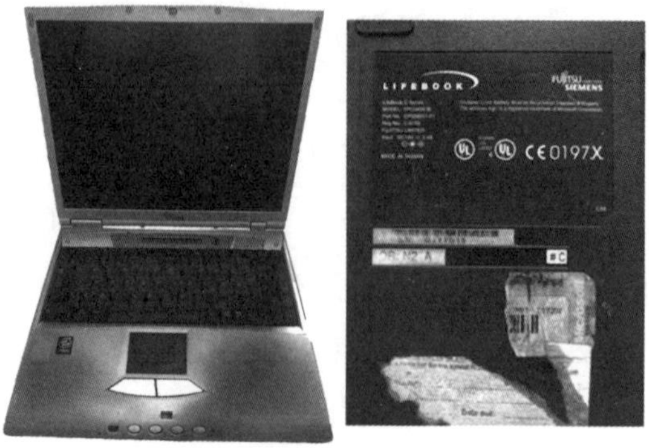

詹姆斯·卡安展示的自己在比特币挖掘过程中使用过的富士通Lifebook笔记本电脑
（图片来源：搜狐网）

1.1.7 “中本聪”为何成了难解之谜

比特币，这粒上帝之手撒向人间的种子，自2008年孕育并发芽之后，其自身顽强的生命力吸引了无数人为之折腰，吸引了众多人为之浇水、施肥、修剪，如今它已从小苗长成了参天大树，而且仍有疯狂生长的极大可能。十余年来，为什么那么多“中本聪”一直不停地“冒”出来？“神”一样存在的中本聪，为什么就是不现身？其“躲猫猫”游戏还将持续多久？

上面我们曾谈到，“巴本聪”刻意拉长时间并用三次介绍自证的方式，的确吊足了人们的胃口。问题是，当有人调查后发现这场戏极有可能是Satoshi Nakamoto Renaissance（SNR）Holdings这家区块链公司为自己的“发币”行为作秀时，就显得十分尴尬了。而且当传出“中本聪98万枚比特币已丢失”消息后，比特币还出现了小幅上涨的情况。同时，我们发现，“澳本聪”喋喋不休地自证自己就是中本聪时，背后极有可能也有巨大的利益在作怪。一旦澳本聪就是中本聪本人，其言论无疑对加密币尤其是比特币世界将产生巨大的波动性影响。2018年11月15日，“每日区块先知”发表一篇原创文章，标题更是直言不讳，“该死的澳本聪，一条推文砸穿整个币圈！”文章说，“澳本聪在自己的推特针对所有矿工发言，要卖出大量比特币。加上媒体渲染，市场情绪变得急剧恐慌。不管消息是不是真的，反正起作用了。打开恐慌指数网站一目了然，这个网站的指数从1到100，数字越小，越恐慌。昨天指数还是49，今天就变成了28。”

在这里，“天下熙熙皆为利来，天下攘攘皆为利往”的味道，是不是很浓呀！

就在人们失望之际，又传来了惊喜的消息。2019年4月1日愚人节这一天，Bitcointalk.org上发布了一个新帖：中本聪重新启动账户，传达了一个明确的信息：“I am not Craig S.Wright. See you in 2140！”（我不是澳本聪，2140年再见！）。这个消息告诉世人，那位号称中本聪的澳本聪并不是真的中本聪，而且大家都知道了真正的中本聪还像神一样，就躲在人们身边幸福地活着。

奇怪的是，这次发贴人们发现跟中本聪以前的风格不太一样。更令人不解的是，这次发的帖子附上了一张美图，图上显示的三个人，分别是BSV创始人澳本聪，Bitconnect的Carlos Matos和Theranos的Elizabeth Holmes。配文上有句话：“What do these peopel have in common？”（这些人有什么共同点？）。

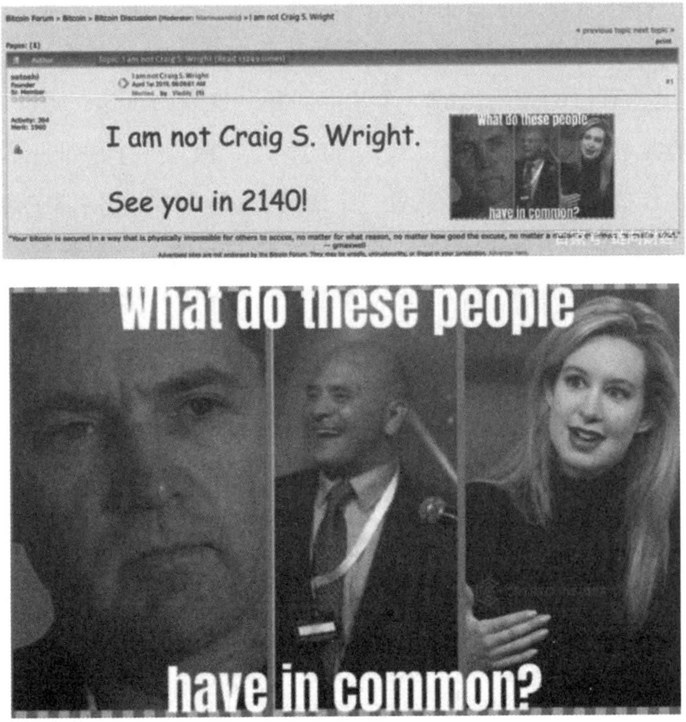

内容为“我不是澳本聪，2140年再见！”的帖子（图片来源：搜狐网）

澳本聪看后应是心理最难受也是最受打击的那个。尽管不少人纷纷猜测该帖之意，而且说法也是五花八门，结果呢？还是无法达到一致。中本聪这次就像一条调皮的鱼儿，突然冒了个泡，然后又悄无声息地消失在深不可测的大洋深处了。中本聪依旧是加密币世界最大的悬案，依旧是一个难解的世纪谜底。

中本聪究竟是一个人，还是一个组织？为什么突然说2140年再见？中国民间有言“天堂一天，人间一年”，币圈也有“币圈一天，人间一年”之说，难道中本聪是个外星人或者是一位未来穿越者？

说实在的，发源于比特币的这场“造神”运动，已经走到了前所未有的高峰。中本聪的信仰者们从不同的侧面看到了自己期望的影子，而推动这一切的人们则从中嗅到了巨大经济利益的味道。如果作为一个人，找到中本聪终究是可能的；如果作为一个“神”，中本聪是可以永远活在信徒者心中的，却是永远找不到的。如果中本聪作为“人”与“神”共体的一个符号或图腾，对数字加密币或数字加密资产界来说其实已经足够了。对此，在Bitcointalk上，有位网友给出的一个“神回复”也说明了这一点。他说，“创始者，有着足够的天赋和机会被众人推向神坛，成为一个象征，而不再作为一个人，他作为的是一个符号或者一个图腾，在以大众的信仰中传播而毫无障碍。”他接着说，不要再问你是不是中本聪的问题了。尽管自己也关心中本聪究竟是谁，但是却更关心中本聪有多少人知道，有多少人认同。

如果中本聪要自证为中本聪，很简单，也很容易。币安创始人赵长鹏就曾公开表示过，“真正的中本聪可以对任何消息进行数字签名以证明其身份。这就像呼吸一样简单。”北京大学经济学博士刘昌用也曾表示说，证明中本聪很简单，只要给其一段信息，让其用早期地址所对应的私钥签名，然后把签名结果和这个地址公布出来就能够验证。

像呼吸一样简单，像签名一样容易，可是中本聪为什么就是不显身？许多人也在网上留下了自己的真知灼见。比如，如果中本聪显身，自然会引起加密币特别是比特币的价格波动、不显身可以避免政府当局追查以避免给自身带来不必要的生活麻烦，等等。看起来，这些说法不无道理。不过，笔者更倾向于这样一种说法：即中本聪不是一棵简单的“葱”，而是加密币社会与加密经济学界的一种偶像、一种崇拜、一个图腾、一个符号。作为一个“图腾”或是“中本聪”本人的高明之处，同时这也印证了其发明比特币时的“去中心化”精神。

照你们这意思是我咯?（图片来源：搜狐网）

1.2 了解区块链必须了解比特币

1.2.1 一千个人眼中有一千个“哈姆雷特”

对于比特币的横空出世，世人有褒有贬。这就如同“一千个人眼中就有一千个哈姆雷特”一样，仁者见仁、智者见智。然而令人不可思议的是，十余年来，“比特币”这个全球最大的加密数字币的价格竟然奇迹般地上涨了逾9万倍，尽管十年间它也有过极其惨烈的超级崩盘，尽管当前9000美元左右的价格，较2017年末近2万美元的峰值已属大幅下跌，但这样的涨幅与收益足令许许多多的质疑者们感到瞠目结舌。无比较，不伤害。不要忘了过去十年间，美国标普500指数上涨了两倍，黄金的价格只是上涨了25%。美国罗素3000指数中的成份股，比如精密科学公司（Exact Sciences）及智能系统公司（Intelligence Systems）涨幅达30倍，这已经非常可观了，但30倍相较比特币的奇迹只是小巫见大巫。如果再看看A股的上证指数，十年前和现在竟然没有多大差别，均在3000点左右晃人眼睛。但话又说回来，投资比特币真地稳赚不赔吗？笔者在此特别提醒的是，投资比特币，一年亏损几千万者，同样大有人在。

那么，对于既虚拟又真实的“神奇”比特币，对于其价值和未来，可以说是众说纷纭：有人唱衰，有人看好，有人观望。接下来让我们先请出“股神”巴菲特，看看他的见解吧。

1.2.1.1 巴菲特：比特币就是“老鼠药”

巴菲特首次提及比特币是在2013年的伯克希尔股东大会上。当时比特币的价格不足130美元。他说“在我们的490亿美元中，并没有计划转向比特币。”2014年时，比特币的价格仍然比较低的时候，巴菲特则告诫世人，要远离比特币，并认为“这只是一种幻觉”。在他看来，那些“认为比特币具有巨大内在价值的想法就是一个笑话。”

2017年，比特币迎来巨大的牛市行情。几年前，比特币甚至还不值一提，2017年就突然“疯狂”蹿升至1.9万美元以上。当年12月17日，是个具有历史性的日子：当天比特币达到了历史最高价，一枚比特币的价格竟然高达2万美元。面对比特币的巨幅攀升，巴菲特对媒体说出的言论却令人颇感意外：“我对比特币并不感兴趣。”对此，美国消费者新闻与商业频道（CNBC）在当年12月28日刊发了这则报道。其实早在2017年11月，巴菲特曾在《福布斯》杂志上刊文宣称，比特币是个“不折不扣的泡沫”。“它根本就没有意义，这东西居于监管之外，居于控制之外，无论是美联储还是其他央行，都无法监测。我对这件事根本就不相信。我认为它迟早要彻底崩盘。”

2018年，“股神”似乎对比特币显示出了更浓的“有话要讲”的兴趣。

当年1月，巴菲特在接受CNBC记者采访时称：“（比特币）坏结果什么时候发生、如何发生我还不清楚，但我清楚的一点是，如果让我买长期看跌期权，我会买每一种加密数字币的五年看跌期权。我会很高兴这么做，但我不会为此投入一毛钱。我真的很抱歉发生这样的事情，因为人们希望这样的事情能改变他们的生活。我同情拥有比特币的人。”

同年4月28日，巴菲特在伯克希尔哈撒韦年度股东大会召开前夕接受雅虎财经记者采访时称，人们通常会购买两种东西，认为自己是在投资，一种是真正的投资，而另一种则不是，比特币属于后者。“如果你买了一个农场、一套公寓，或者对一家企业感兴趣……你可以基于私人基础做这些事情……

这完全符合投资。你关注投资本身，期望获得回报。如今，如果你买了比特币或一些加密币，这些东西不会产生任何东西，你只是希望下一个接盘者付出更多。”他接着说，投机“没什么不对的。如果你想赌一把，明天就会有人来并愿意付更多的钱。这就是赌博的一种。这不是投资。”

当年的伯克希尔股东大会上，股神更是直言说，比特币就是“老鼠药的平方”，并预言“数字币不会有好下场”，属于没有生产力的投机资产，价值取决于有没有更多人接盘。

2019年的伯克希尔股东大会上，巴菲特又没有“放过”比特币，并继续“抹黑”之，并称它就是一种“赌博设备”，不生产任何实质性的东西。其“那点儿有限的用处”与欺诈活动有关。据CNBC报道，在本次年会前，巴菲特在接受多位记者采访时表示，“（比特币）没有做任何事情，它只是在那里，就像一个贝壳或其他东西，对我来说这不是投资”。巴菲特甚至将加密币与他夹克上的纽扣进行了比较，并说道，“我在这里撕掉一个纽扣，用它当作一个小代币（Token，区块链世界里普遍指“代币”），然后我把它以1000美元的价格卖给你，看看一天之内会不会涨到2000美元……但实际上纽扣只有一个作用，它的用途非常有限。”

2020年2月10日，比特币继1月份突破1万美元大关后，再次上破1万美元大关，最新报价达到10105美元，较2019年12月底涨幅高达45%以上。巴菲特再次向媒体表达了自己的看法。他说，比特币具有交易价值，但没有实际价值。比特币持有者最终都会选择将其卖出。并且在他看来，“美元能够存储价值，但比特币却不能，因此它与贝壳没有什么不同。”他同时还透露说，自己宁愿购买土地，也不愿购买比特币。

可以说，“股神”对唱衰加密币和比特币是十分卖力的。那他的亲密搭档、老伙计芒格是什么态度呢？其实他对加密币和比特币的说法或评论比巴菲特更偏激，比喻起来，也更狠更辣。芒格，是一位更为妥妥的比特币怀疑论者。

芒格说，和巴菲特相比，他更不喜欢加密币，比特币和其他加密币都是泡沫。他认为，“比特币热潮特别愚蠢。我从来没有考虑过投资任何比特币。

比特币出现的时候，我就很讨厌它了。比特币炒得越热，我越讨厌它。”

芒格还把抨击的矛头对准了比特币支持者。他说，宣传加密资产，既可耻又有失身份。“我认为这整件事又傻又不道德。宣传（加密币）是在丢人现眼。有些东西是不符合你的身份的，你不应该去碰，加密币就是其中之一”。芒格甚至更戏言交易比特币“等于交易粪便”。

1.2.1.2　比尔·盖茨：投资比特币纯粹是"博傻"

早在2014年，比尔·盖茨（Bill Gates）在接受媒体记者采访时就谈到过比特币，当时他表态说，“比特币好于货币，比特币令人激动的原因是，它表明交易成本可以有多低。”但是后来盖茨还是改了画风，转而“贬低”和“批评”比特币。或许这与暗网“丝绸之路”事件有些关系。

比尔·盖茨（图片来源：同花顺财经）

暗网“丝绸之路”（Silk Road）是一个利用Tor（权限）的隐密服务来运作的黑市购物网站，Tor（权限）的服务保证了网站用户的匿名性。其上的大部分卖家提供的商品包括海洛因、LSD（D-麦角酸二乙胺，也称为“麦角二乙酰胺”，常简称为“LSD”，是一种强烈的半人工致幻剂）和大麻等，并且它只接受匿名数字币比特币进行支付。美国政府在2013年10月将其关闭。2015年根据当地检方的说法，暗网“丝绸之路”是互联网上最为臭名昭著的犯罪市场。

2018年1月，盖茨在发布比尔和梅林达·盖茨基金会年度信件之前，与

Backchannel谈起了许多项目。当被问及像比特币这样的数字币以及相关技术是否会降低全球化交易的成本时，盖茨表示，“例如比特币、瑞波（Ripple）以及各种变种数字币，在很大程度上它们的确使得跨国汇款更容易，手续费用也因此降得非常明显。然而，比特币不会成为主导地位的支付系统。”同年2月27日，盖茨却在社交新闻站点Reddit（也称红迪网）中的“Ask Me Anything”（可以问我任何事）频道上畅谈了比特币为代表的加密币的消极作用。他说，“加密币不像信用卡那样披露持有人姓名，可能使非法交易轻易躲过监管。”

另据CNBC北京时间2018年2月28日报道，虽然旗下慈善机构与加密币公司Ripple合作，向没有银行账户的人提供帮助，但盖茨当地时间星期二表示，以比特币为代表的加密币不是“好东西”。

到了2018年5月份，盖茨在美国消费者新闻与商业频道（CNBC）“财经论谈”节目中再次谈到比特币时说，“作为一种资产类别，投资比特币并没有生产任何东西，所以你不应该期望它升值。这是一种纯粹的‘最大笨蛋理论’类型的投资。”他还说：“如果有简单的办法，我赞同做空比特币。”尽管他认为，“比特币和ICO完全是一些疯狂的投机。”不过，盖茨对比特币的底层区块链技术还是认可的，并称其“具有一些优点”。盖茨在这里说的ICO的意思是Intial Coin Offering，类似于我们平时常说的公司IPO（Intial Public Offering，首次公开募股）。它是区块链早期项目一种独特的融资方式，给投资人的回报是数字加密代币，而不是IPO的证券。大家也可以简单地把它当作众筹来理解。

1.2.1.3 索罗斯：比特币非货币而是典型泡沫

2018年1月底，冬季达沃斯论坛上“金融大鳄”乔治·索罗斯直接“点名”加密币和比特币。他说，加密币其实名不副实，比特币不是一种货币，而是像郁金香热一样的典型泡沫。正常来看，所有的泡沫都会沿着抛物线的形态走，即先上涨，然后再快速崩溃。不过，他话峰一转说道，“与快速崩溃相比，比特币价格可能会维持在一个平稳的高价位水平线上并趋于稳定，可怕的崩盘不会出现。”其中的原因就在于世界上存在这样一个因素，即有些国家的政客比如独裁者希望通过比特币在海外储藏财富。

对于“为什么比特币不是货币”这个问题，索罗斯则进一步解释说：“货币应该是有一个稳定的价值储备。没有人会使用一天价格波动率超过25%的货币给员工付工资，因为一天之内或许你的工资可能会减少四分之一。所以，这个问题本身就是一个基于误解的猜测。”

可是时间也就刚刚过去两个月，索罗斯却突然转身，态度大变。2018年4月初，其旗下260亿美元的家族基金正在布局数字币。“金融大鳄”这样的举动显然令世人惊讶，尤其是自索罗斯对比特币发表评论以来，比特币价格大跌四成左右的市场环境下。这不禁让世人揣测这位“国际大空头”究竟来币圈是“抄底”的还是“做空”的？比特币玩家是该哭还是该笑呢？不过，此消息到目前也没再有下文，看来索罗斯还没有“下注”。

鉴于数字币将成为新时代的必然趋势，数字经济和全球技术、金融、资本以及经济结构也会发生更为深刻的甚至革命性的变化，索罗斯不可能不认识到参与本轮数字经济竞争的重要性，加上2018年年初还传出索罗斯旗下对冲基金Quantum Fund（量子基金）投资进军区块链技术电商Overstock.com的消息，笔者认为，老谋深算的索罗斯无疑对加密数字币和底层技术区块链深感兴趣。何况，2018冬季达沃斯论坛上，索罗斯也流露出了看好比特币背后的区块链技术之意。不要忘了，他在论坛上也讲过这样一句话：即比特币的底层技术——区块链可以用来帮助移民和家人之间的交流以及帮助他们安全地保管好钱包。或许索罗斯正在静等机会刷屏币圈。写到这里，笔者脑子里突然浮现出常常为投资者所记起和引用的索罗斯的那句很有生命力的经典语录：“在资本市场获利，回报率只是一个符号，而构成这个符号的不只是智慧和实力，更重要的是勇气和信心。”

1.2.1.4 郎咸平：给我100个比特币，我不会要

不管怎样，移动互联网的当下，郎咸平总是一位自带流量的“网红”。他与比特币的互为加持，成为了不少人津津乐道的饭后谈资。

我们先简单对郎先生作个介绍（如果读者已比较熟悉，本段介绍可直接跳过）。1956年生于台湾，祖籍山东，现任香港中文大学讲座教授的经济学

家，可以说已成为当代中国一位“奇葩”式的公众人物：郎教授早在2000年就以“炮轰”德隆，提醒投资者警惕德隆可能的风险而引起大家的关注。此后他通过“三叩TCL、四问海尔、七敲格林柯尔”质疑企业侵吞国有资产，引起巨大影响并迅速从一个普通的财务学者快速成长为“名扬天下”的公众人物。人称“郎旋风”。2001年下半年，他建议A股市场极力推广“辩方举证”和“集体诉讼”以保护中小散户投资者的合法权益，又被媒体界称为“郎监管”。同时，郎咸平也是一位极具争议式的人物，尤其是他对大众传媒娴熟的操控技巧，有人又戏称他为“学界百年不遇的炒作高手”。另外，“郎咸平大战空姐小三”事件之后，不少人认为他不配当一位经济学家。自此郎咸平一步一步地走下了”神坛“。

说到郎咸平与比特币，最出名就是他那句“经典语录”和“不要不要”的表情包以及时任比特币中国首席执行官李启元听后十分“惊愕”的表情包。郎咸平那句“经典语录”就是：“你送给我（100个）比特币，我是不会要的”。

郎咸平和李启元那场“经典”对话现场

（图片来源：搜狐网）

事情的起因是，2014年，广东卫视的《财经郎眼》栏目中做过一期“比特币真相”的节目。演播中，郎咸平和比特币中国首席执行官李启元进行了一场堪称“经典”的对话。

比特币中国首席执行官李启元：“人家送给你100个（比特币），你要不要？”

郎咸平：“你送给我（100个）比特币，我不会要的。”

比特币中国首席执行官李启元：“你真的不要？”

郎咸平：“我当然不要。”

如果把当时郎咸平的核心观点提出来的话，那就是，比特币没有价值，它只不过是一串没有国家信用担保的计算机代码。

2020年1月3日，是比特币创世区块诞生11周年的纪念日。11年的风风雨雨，比特币价格也是暴涨暴跌，最高时价格竟然达到2万美元。如以此计算，100个比特币是多少钱？200万美元！如果以2020年2月10日1万美元的价格水平计，100个比特币的价值也高达100万美元。估计现在的郎教授肯定是悔青了肠子，如果教授想要，估计李启元也不一定舍得送吧。

2016年至2018年，郎教授又多次在《财经郎眼》亮相，发表对比特币的看法，总体上对比特币持否定态度。不过，2017年他在与王福重的辩论中还是有了一些改变（王福重是中央财经大学教授，常在微博上力挺比特币）。2018年3月6日，郎咸平在《财经郎眼》有关“区块链是馅饼还是陷阱”的讨论中，提出了“技术无罪，罪的是人性的贪婪”的观点。

2018年1月，郎咸平发表了《郎咸平：我为什么不要那100个比特币？》一文。他的文章分4个章节回答了自己为什么不要人家送的那100个比特币问题。分别是:（1）比特币的鼻祖是什么？（2）马克思眼里它值多少钱？（3）区块链，谁在说谎？（4）区块链没解决什么？

在文中，他指出，“所有的骗局都有一个共同点，就是发明者一定是把正经世界的一个正经东西拿过来抄袭改造了”；他接着说，“马克思还将价值分为使用价值和交换价值。由此，比特币这张‘荣誉证书’值多少钱呢？第一个成本，就是买矿机是需要花钱的，大概是1万元多一点点。第二个成本，就是电费。功率1.4千瓦 ×0.45元/千瓦时 ×24小时，相当于一天15元电费。为了挖比特币，中国一年要浪费多少电呢？大概50亿度，相当于三峡水电站一个月的发电量。浪费了这么多电，没生产出来任何实际的东西。所以说，比特币本质上就是一个使用价值为0的东西，但是交换价值，可以是1万元”。同时，他还表示说，“目前鼓吹区块链应用前景不可限量的大多数是利益驱使”。总之，郎教授还是重复了此前他曾讲过的观点，即“比特币有价格，而无价值”。

2018年7月，“李笑来录音事件”后，比特币等加密币的价值再次被推到风口浪尖上。郎咸平振臂一呼，再次发声评论道，自己很早之前就揭露过比特币真相。他认为，比特币有“三宗罪”：操纵价格，沦为传销，区块链没有解决问题。他说，“现在的比特币或者各种区块链代币（Token）就是中世纪时期的银行业，放长远来看，可能二十年后这里面谁特别牛，谁从里面捞了第一桶金，毕竟这么多聪明人，群雄逐鹿，你方唱罢我登场，肯定有枭雄。但是，你一个老百姓，我非常不建议你参与这个可能99%都注定‘肉包子打狗有去无回’的游戏。”

对于不建议普通百姓参与币圈投机炒币，笔者倒是非常赞同郎教授的这个观点。

1.2.1.5 吴晓求：被搞晕了，不知道是什么鬼

2018年4月8日~11日，博鳌亚洲论坛年会召开。就在年会开幕当天的媒体记者见面会上，中国人民大学副校长、人大金融研究所所长吴晓求却对“区块链”重重地轰了一炮。

“坦率地讲，我被区块链搞晕了，我始终不知道这是个什么鬼，我找了很多人研究区块链，我从三四年前就开始弄这个东西，我找了写有关区块链书的人跟我讲，但我还是没弄清楚，如果我听不懂的话，这个东西就很难弄，我始终不知道是什么玩意。”吴教授接着说：“我并不是很愚蠢，但是有一些人故意把它弄得很悬乎，我对这种金融现象是观望。但是互联网金融的渗透，我是持高度的评价，可以看到它的价值，所以对于科技金融是有很大的发展前景。”

吴晓求轰出的这一炮，通过各种媒介迅速传遍全中国，威力一点也不亚于郎咸平教授针对比特币说出的那句“金句”，尽管吴教授没带“表情包”。

在此我们也先简单介绍一下吴教授（对他比较熟悉的读者，本段可直接跳过）。首先，吴教授是笔者敬重的老师之一，是中国证券理论研究、证券教学和教材体系的重要开拓者。当初最早的中国证券分析师培训与学习教材就是他挂帅主编的，虽然笔者在中国人民大学读书期间没有听过他讲的课，但是参与全国首批证券分析师培训学习时，笔者还是在贤进楼亲自听他讲过课，算的上有直接的“师生情”。吴教授还是中国最早培养证券研究博士生

的导师，其在宏观经济、金融改革和资本市场等领域更有深入、独到的研究，是我国经济学界在资本市场研究领域最有影响力的专家之一。因此，作为从事金融证券主流媒体工作25年的笔者来说，与吴老师打过不少交道，对其还是有相当的认知。但当听到他有关上述说法时，笔者还是感到有些惊讶，不知"梗"在哪里。

好在一年多以后，大家又听到了吴老师对区块链技术不同于以前的"认知"：2019年12月12日，"突破"——区块链与数字经济高峰论坛暨2019第八届中关村大数据日在中关村国家自主创新示范区展示中心会议中心成功举办。吴晓求教授在该论坛上发表了"科技与金融的结合必须纳入监管视野"的重要演讲。他说，"在学习区块链的过程中，对区块链技术触动最深的地方在于其最核心的价值是数字经济的确权。"

全国政协委员、公安部原副部长陈智敏早在2019年全国两会期间就对媒体说过这个问题。他认为，数字经济时代，首先应当明确数据权属。数据确权是数字经济发展的法律前提。清华x-lab青藤链盟区块链研究院院长钟宏也持有类似的观点，他说，基于区块链的3.0技术有利于构建跨国界的"数权世界"。

1.2.1.6　任正非：量子计算面前区块链一钱不值！

2019年11月6日，由彭博社北亚区首席记者史蒂芬·恩格尔（Stephen Engle）主持的"与任正非咖啡对话（第三期）：数字主权，从对话到行动"在深圳举行。座谈嘉宾有四位，即前联合国安全理事会主席、新加坡国立大学李光耀公共政策学院创始院长马凯硕（Kishore Mahbubani）；智能工厂工业4.0精神之父、德国生产自动化教授Detlef Zuehlke；华为公司总裁、创始人任正非以及华为公司5G安全研究首席专家刘斐。

之所以提及这次对话，原因无非是任正非在访谈中提出了一个非常震撼的观点：区块链在量子计算面前一钱不值！

其实，纵观整个访谈，任正非是在谈到"信息安全"时涉及到区块链的，并非如大家感觉的那样，是仅就区块链发表自己的看法。他说"关于信息安全，永远都是一个大问题。这与'矛'和'盾'一样，只要有盾，一定

“与任正非咖啡对话（第三期）：数字主权，从对话到行动”现场（图片来源：新浪财经）

有矛。世界上最安全的密钥，现在用超级计算机需要几十万年才能破译，如果量子计算机出现，只需要几秒钟。因此，信息安全也是一个相对概念，不是一个绝对概念。大家说区块链的加密多么伟大，但在量子计算面前就一钱不值了，它可能很快被破译。”他还说，“信息安全首先是个技术问题，但最终解决也是要靠法律，而不完全靠技术。”

任正非的这一言论在当时也引发了币圈的震动。不过，类似这样的观点此前早就出现过了。上一次的“震撼”是由谷歌引起的。事情的经过是：北京时间2019年10月23日，谷歌的一篇“量子霸权”论文作为重磅文章在《自然》杂志（《Nature》）上以封面文章的形式发表。论文中有关“量子计算200秒=地球最强超算1万年”的成果描述，更成为大家热议的热点与焦点。比特币闻之立马开始发抖，一小时内，价格就从8000美元下降至7500美元附近；同时，其他主流的加密数字币也受殃及而全线重挫。

任正非这杯“咖啡”引发币圈“海啸”后，业内不少人士也随即发表了不少反对和批驳的文章。

2019年11月8日，也就是任正非发出“区块链在量子计算面前一钱不值”的声音两天后，维基链首席技术官陈晓东先生就撰文指出，“最近惊闻本人一直敬仰的行业大佬对外宣称：区块链在量子计算面前一钱不值。笔者作为一名长期从事计算机软件研发和区块链行业的从业者，曾经也对量子计算的出现和对现代密码学的冲击做过分析，每每看到外界有这样的言论，都会诚惶诚恐地重新温习一下量子计算和区块链密码学的知识，但是每次分析下来的结论都是不变：目前的量子计算是无法破解现代密码学的。并且两者是矛和盾的关系：所谓魔高一尺，道高一丈，两者始终是博弈关系，现代密码学可以很轻松地于量子计算在人类可能实现的算力提升的水平上，设定一个更高的台阶，让量子计算望尘莫及。”

陈晓东最后称，即使退一万步说，假如真的有那么一天，那么“以其之矛攻其之盾的方法也就是采用量子密码学的方法，肯定会发明出来，从而进一步巩固安全领域，继续保障整个地球人类文明的发展。”

相对于业界大咖陈晓东来说，另一位区块链热点中的热点专家李广乾发表的针对任正非观点的表态一度也引起了社会的广泛关注。

国务院发展研究中心研究员李广乾，是一位从事信息化研究长达20多年的顶尖专家。定义“电子政务”、撰写报告强力推动国家二维码支付运营、首位提出工业互联网平台等，都是他了不起的成果。对于区块链的研究，其早在2016年左右就已经开始了。因此，说李广乾是区块链热点中的热点专家一点也不为过。

任正非发出“区块链在量子计算面前一钱不值”之声后，李广乾也发表了一篇重要文章：《如何理解任正非的“区块链无用论”》。文章中指出，当前已经有越来越多的国家和地区将区块链作为其战略发展方向。因此，如果还要说区块链没有任何作用和价值，显然是无法解释的。他同时认为，任正非主要是从区块链的计算效能上去看的，感觉区块链特别是公链系统运算效能太低；同时，加密算法也是构建在当前的数字技术条件下的，可以起到保密作用，但在量子技术条件下，其保密作用将失去价值。因此，从这几个方面上讲，任正非是对的。不过，就李广乾看来，量子技术和区块链本身并不矛盾。笔者在2019年11月份还有幸亲自听过一次李广乾有关“国内外区块链发展现状、趋势与政策”的演讲，以及后来笔者还对其进行了采访。对此，他都有所阐述。

1.2.1.7 邵宇：比特币是人类有史以来的最大泡沫

2018年1月22日，在上海召开的一次“金融与发展论坛”上，东方证券首席经济学家邵宇博士在谈到2018年尤其是当年下半年全球央行将迎来一次全球性的流动性整体收缩时说，现在是“everything buble”。为此他还以比特币为例称，人类历史上所有泡沫加起来都没有比特币量级大！这些话，一时也引起业界不小动静。

2019年7月份，《财经早餐》曾特邀邵宇博士做客“名人早餐会”，分享2019宏观经济走向、房地产的机会与风险、科创板怎么玩等方面的思考。其中，他再次谈到了比特币。他说，“我对比特币有自己的看法，大家都觉得它是一种货币，但其实比特币不是一种货币，而是一种资产。因为没有一种货币能够从几分钱或者几厘钱一口气涨到2万美金，然后又跌到大概三四千美金。货币要稳定才有足够的购买力，所以它像是一种稀缺的资产。2018年，因为有很多黑天鹅的冲击，包括流动性的收缩，比特币下跌近80%，也是最受伤的一种风险资产，但今年比特币反弹150%。所以它作为货币肯定是不合适的，比特币更像一种资产。”

他继续说，“比特币为什么有问题？因为它的存量是有限的，它跟不上整个经济增长，这就如同黄金一样，所以它更像一种资产。现在黄金也像一种资产，而不是一种货币，没有人用黄金支付了，那是几千年前的事情。”

比特币有泡沫，这应该是肯定的，邵宇博士说得没错，但是“史上所有泡沫加起来都没有比特币量级大”的说法，估计也会有许多人不认同。不过，他说的比特币不是货币而是资产的说法，笔者还是非常赞同的。

其实，正如世界上没有一片相同的叶子一样，我们每个人也是独一无二的，而且我们每个人对世界的认知也是不尽相同的。比特币是一个玩具、一笔财富，还是一场变革？的确值得深思。但要想让所有人对新兴的比特币及其底层技术区块链短期内在认识上取得共识也是不现实的。或许世界的丰富与精彩恰正在于此。

好了，接下来就让我们说说那些对比特币及区块链的“鼓吹者”和“点赞者”们吧。

1.2.1.8 德拉普：比特币最倔犟的“做多者”

德拉普生于风投世家，其父亲与祖父都是美国硅谷的风投先驱。和他的父亲与祖父一样，德拉普也成了美国硅谷创投圈一位了不起的风云人物。其中的原因主要有两个，一是因其业界显赫的投资成绩，二是因其特立独行的魅力人格。

1985年，蒂姆·德拉普（Tim Draper）创办了全球著名的风险投资公司德丰杰投资基金（Draper Fisher Jurvetson，简称DFJ）。德丰杰在全球管理着20多支基金，1999年进入中国，是较早"投资中国"的外资基金之一。《证券日报·创业周刊》的记者还曾采访过时任德丰杰的董事总经理唐·伍德和中国首席合伙人张希女士。采访文章《对话伍德、张希：我们德丰杰盯上中国清洁能源项目了》还入选了由笔者与袁元主编的《资本撬动成长——企业与VC/PE有效沟通的密码》（2009年4月出版）一书。

德丰杰投资的二、三百家案例中，有两家的投资回报巨大，至今仍被奉为业界的经典之作：即以41亿美元的"天价"把Skype卖给eBay，投资的百度在纳斯达克上市后获超50倍的回报。如果大家对德拉普的投资神功还感觉不过瘾的话，那就再看看"2020开挂了"的"造梦狂人"马斯克吧：1月7日，在国产特斯拉交付仪式活动现场，这位"硅谷钢铁侠"竟然跳起了"脱衣舞"，瞬间点燃全场。而几乎就在同时，远在大洋彼岸，美国太空探索技术公司（SpaceX）的一枚猎鹰9火箭从佛罗里达州卡纳维拉尔角空军基地成功发射，将自家的60颗Starlink（星链）卫星送上预定轨道。重要的是，如果下一次发射再带上60颗卫星，那么SpaceX就拥有超过200颗卫星，变成世界最大的卫星运营公司。

也许大家要问这些与德拉普的投资神功有何关系？现在就告诉您：德丰杰可是马斯克出任CEO的特斯拉和SpaceX这两家独角兽企业早期的投资者和主要的投资者。

德拉普，这位"仁兄"现在已六十多岁了，按照中国人的文化语境说，已是"花甲之年"，属"老头儿"了，但"老头儿"却是那种不服老的人，因此他在投资界仍然十分活跃。

不仅如此，他还时不时地对加密币市场发表自己的看法。即便是在加密币市场陷入低谷之时，他也会振臂一呼，呐喊几声，为的是给市场打气。他说出的"金句"不少，比如，"我相信人类正在大跨步进入一个全新的时代——铁器时代、机器时代、互联网时代，现在是比特币时代。这次浪潮比世界上任何一次都大，它是全球性的”；“比特币革命将要到来”，比特币的“长期愿景是让世界经济解放”，比特币潜力之所以会受到限制，原因在于“只受到致力于推动这一新虚拟经济的企业家的想象力限制……”。

其实德拉普首次认知比特币是在2011年。难能可贵的是，“老头儿”对比特币不仅仅是一位“拥护者”，更是一位“行动者”。他投资比特币初创企业Coinlab，他用真金白银委托购买总价值25万美金的比特币。后来，他又在美国法警局组织的公开拍卖暗网“丝绸之路”比特币会上，以632美元的报价一举拿下了参与拍卖的所有比特币29656枚。这么多枚！“老头儿”要付出多少美元呀？

632美元/枚 ×29656枚=18742592美元。

近2千万美元，可真不是一个小数目。可惜的是，德拉普这两次投资都不太走运。首次投资碰巧遇上了“门头沟事件”爆发。各位看官请注意，此“门头沟”非北京的彼“门头沟”。这里的“门头沟”指的是意译过来的Mt.Gox，即位于日本东京的门头沟交易所（Mt.Gox）。2014年，MT.Gox一度成为世界上最大的比特币交易所，其交易量更是占据了全球的80%以上。当年2月，门头沟宣称，丢失了约75万个属于客户的以及10万个属于平台自己的共计85万枚比特币。该事件不仅震惊了世界，也让全行业迎来了漫长的至暗时光。当“德拉普拿下拍卖的29656枚比特币时，比特币似乎对“老头儿”很不友好，价格不久就狂跌至每枚180美元左右。

难道是“老头儿”自己看走眼了？事实上他根本没有一丝一毫这样的想法，相反，他对比特币反而更加痴迷了。

2014年，他甚至预言比特币将在三年之内达到1万美元的新高价。或许当时不少人认为这只是一句“疯言疯语”，然而现实却是比特币在2017年不仅达到了“老头儿”所预期1万美元高度，而且在此基础上又涨了一倍，达到了2万美元的价格水位。外人眼中的“疯言疯语”变成了现实中的“牛言牛语”。

2018年他再次大胆预测并立下一面FLAG：2022年比特币价格将飙升至25万美元。他还言之凿凿，坚信比特币将比早期他对特斯拉、Skype和Hotmail的投资更有价值。

德拉普在“敢说”的同时更“敢投”，这也是“老头儿”特立独行的魅力人格所致。

近年来，德拉普对投资与比特币业务相关的公司乐此不疲。早在2014年的一封邮件中，“老头儿”就曾透露过，相关的公司已投了17家。对于中国相关的业务他也没有放过。2006年，德丰杰基金和Dragon Venture（龙脉投资）合资发起成立了Draper Dragon（德鼎创新基金，源于德丰杰龙脉基金），并在中国展开投资行动，其中就包括夸克链、超脑链、铂链等中国区块链团队。近期，当德拉普听说脸书（Facebook）公司正在寻求让风投公司投资于其加密币项目时，他更是表示：“我很想听听这个故事，我们会看看是否合适”，显示出“老头儿”欲投脸书加密数字货币项目的浓厚兴趣。

“老头儿”的独到眼光还表现在他还非常专注于区块链行业的教育与人才培养。早在2017年，他就发起成立了以其名字命名的德拉普大学（Draper University），并推出区块链和加密币课程。有趣的是，德拉普大学学员们的学费也可以完全用比特币来支付。据称，“老头儿”还把相关教育与人才培训的视角放在了中国。《第一财经》曾有过如此的报道：由“老头儿”创办的德拉普大学正通过中国的DCamp训练营，在北京中关村设立基地培养区块链人才，目标是打造中国区块链行业的“黄埔军校”。

事实上，为比特币摇旗呐喊者除了“老头儿”德拉普外，还有很多很多。比如推特首席执行官杰克·多尔西（Jack Dorsey）就是一位非常有影响力的人物。在他眼中，比特币与其他任何特定‘货币’都不一样，它很纯粹，更专注于普惠的公共利益而不是只为精英阶层服务。因为“钱”应该像互联网那样自由流动，而比特币最有潜力成为互联网的原生“货币”。杰克·多尔西的互联网通用“货币”不应该被任何一家公司所独有的价值观，或许是人们常说的“杰克·多尔西比扎克伯格更懂比特币”的原因所在。

其他看多比特币的“大人物”，比如因持有巨量比特币而成亿万富翁的卡梅隆（Cameron）和泰勒·文克莱沃斯（Tyler Winklevoss）两兄弟、由炮轰比特币转而发行了摩根币的摩根大通银行主席兼CEO杰米·迪蒙（Jamie Dimon）以及与杰米·迪蒙类似，开始时抵制加密币，随后改变想法的还有马克·库班（Mark Cuban）。

马克·库班，这个名字似乎不陌生？是的，他就是美国职业篮球联盟（NBA）达拉斯小牛队的老板。王治郅、易建联作为中国本土优秀男子篮球运动员曾加盟过达拉斯小牛队，因此中国人尤其是篮球迷们对达拉斯小牛队和库班应该熟知。2019年8月13日，比特币支付服务商BitPay发推文说，达拉斯小牛将成为第二支接受比特币（BTC）作为门票和商品支付手段的NBA球队。

说到中国人，前中国首富李嘉诚是不得不提的人物。中国香港《大公报》有消息称，2018年新年伊始，李嘉诚在晚宴谈及当时热爆的比特币时，虽无正面回应是否有投资，但他却明确表示说“我就保守的，（比特币）绝对有风险”，同时还表示，之所以称“保守”，是因为2014年只投资了1亿多港币到比特币终端市场。很明显，“保守”之义就是“只投了1亿多港币的比特币终端市场”。2014年，李嘉诚虽然没有去投机炒币，但也已悄悄开始投资比特币业务了。

1.2.2 比特币究竟是什么“鬼”？

1.2.2.1 “创世区块”诞生

> 神说：要有光，于是就有了光。
>
> ——《圣经·创世纪》

2008年，是一个十分不平凡的年份。

在中国，我们永远不会忘记5月12日这个黑色的日子，当天，四川省汶川县发生了特大地震；我们也不会忘记8月8日晚8时——这个激动人心的历史时刻，第29届夏季奥林匹克运动会在我国首都北京隆重举行。

在全球，一场对世界经济治理结构和世界政治格局产生深远影响的金融危机也在这一年呼啸而来。贝尔斯登被摩根大通以2.4亿美元低价收购，次贷持续加剧，首次震动了整个华尔街。7月，美联储与美国财政部宣布救“两房”（房利美和房地美），国会批准3000亿美元住房援助议案；9月，美国政府宣布接管房利美和房地美；美国第四大投资银行雷曼兄弟申请破产保护；美银宣布收购第三大投行美林，美国五大投行转瞬垮了3家 。正如当时格林斯潘先生所言，美国正陷于“百年一遇”的金融危机之中。

在这样的历史大背景下，2008年11月1日，有一位（或一群）自称或化名为中本聪的人带着一本白皮书横空出世。白皮书的名字就叫《比特币：一种点对点的电子现金系统》。按其构想，中本聪是要创造一种去中心化的电子现金系统，解决在没有中心化机构下，总量恒定的数字资产的发行和流通问题。在这个系统上，人们每一笔转账信息都公开透明，全网记账。 也可以说，中本聪在对美元信用信心极度失望之后，希望重建一种新型的支付体系。在这个系统里，人人都有记账权，而不是像现实社会那样只有一个中心化的银行机构来记账。现实中，货币常常超发，在这里因为恒定，故“货币”不能超发，而且整个账本完全公开透明与公平。在这个新系统里，没有第三方机构发行，而是由网络节点的计算生成，谁都有可能参与制造比特币，并且面向全球流通。

为此，许多人认为这就是比特币产生的原因和动机，因此，有人说比特币在人们最需要的时候出现了。当然，中本聪是站在诸多先贤如著名经济学家哈耶克、密码学大师迪菲和赫尔曼、密码朋克主教级人物大卫·乔姆、密码朋克重要成员哈伯和斯托尼塔及美籍华人戴伟、Blockstream联合创始人亚当·贝克以及密码朋克重要成员哈尔·芬尼等人的肩膀上，终于在正确的时间播下了一颗充满希望的种子。

2009年，中本聪让比特世界终开鸿蒙。1月3日，中本聪在芬兰使用小型服务器“挖出”了比特币（Bitcoin）的“创世区块”（Genesis Block），即开天辟地的block #0，“0号区块”。Block#0是在当天服务器时间的下午6点15分5秒计入公开账簿的。创世区块默认高度为0，其后一个区块高度为1，以此类推。例如，某个区块的高度为100，则意味着从创世区块到当前的这个区块最长的链条区块数为100+1个。按白皮书的规则，此次“挖矿”（比特币生产的过程）奖励50个比特币。

比特币，如孕育多年后成熟的腹中胎儿那样，悄然坠地了。令人奇怪的是，中本聪把当天英国《泰晤士报》的头条新闻标题留在了其创世区块上：

The Times 03/Jan/2009 Chancellor on brink of second bailout for banks.（2009年1月3日，财政大臣正处于为银行实施第二轮紧急救助的边缘）。从此，这句话也永远不可修改地刻在了这里，刻在了比特币的历史上。

THE TIMES

£1.50

Eat Out from £5

More than 900 great restaurants, including four Gordon Ramsay favourites from £15

Israel prepares to send tanks and troops into Gaza

Michael Sheen Frost, Nixon and me

Working mums So that's how she does it

Detox in style The best spas on the planet

Chancellor on brink of second bailout for banks

Billions may be needed as lending squeeze tightens

Salman Rushdie I won't marry again

Giant killing? Guide to the FA

刻在创世区块上的英国《泰晤士报》头条新闻标题（图片来源：趣币网www.qubi8.com）

1.2.2.2 史上首笔交易

绿叶恋爱时便成了花，花崇拜时便成了果实。

——《飞鸟集》泰戈尔

那么，比特币是以什么样的形象出现在众人面前呢？难道就像网络上勾勒出的头上长着两只“角”，底下长着两只“脚”的变体“B”型硬币（如下图）那样的吗？其实，比特币是看不见、摸不着的，它没有任何实物作为支持，英文名字就叫Bitcoin，简写为BTC。

直观理解看，比特币就是一串数字，就如前文介绍过的郎教授所说的那样，“只不过是一串没有国家信用担保的计算机代码”。实质上看，比特币是

（图片来源：浙商网）

个“新物种”，它不需要央行发行，而且有总量固定（2100万枚）。这种加密数字币依据特定算法，通过大量的计算产生，即大约每10分钟可产生一个新的区块，并最终在2140年“挖”到2100万枚的最高上限。“挖”的过程就像一场场限定时间的数学竞赛。也就是说，在约10分钟的限定时间内，就会有一道数学题被扔到网络中，大家（即矿工们）进行比赛，看谁算得快，算得对。算得最快又最准者就会“挖”到一定量的比特币。

当然，大家可以把这个“新物种”看作一种“虚拟的黄金”。和黄金相同的是，它必须要透过“挖矿”来开采，且均有极强的稀缺性特点，总体蕴藏量有绝对上限，都容易分割。所不同的是，黄金是实物，是一般等价物，看得见，摸得着；比特币则是加密虚拟币，看不到，摸不着，且易受操纵，易形成投机炒作氛围。另外，因比特币设立的主旨就是要去中心化、去监管，而且具有匿名性特征，因而它也十分容易沦为洗钱、销赃及其他犯罪活动的“帮凶”。因此，多数主权国家不承认比特币的合法地位。不过，也有人说，不能把比特币与黄金当作苹果和桔子来比，毕竟苹果和桔子是两种不同的“物种”。

由于挖出创世区块而获得的这50枚比特币奖励品，就当时来说是不值分文的，因它们没法被转移或者拿去消费。不过，接收这50枚比特币地址对应的私钥是可以对其他消息进行签名的。因此，可以说，早期的比特币不过是数字密码学这个极客圈内玩家的“玩具”而已①。

当时间老人走到公元2010年5月22日这一天，美国佛罗里达州发生的一

① 公钥和私钥就是俗称的不对称加密方式，是以前的对称加密即使用用户名与密码方式的提高。私钥是与公钥成对出现的，公开的密钥叫公钥，只有个人自己知道的才叫私钥。公钥与私钥的作用是用公钥加密的内容只能用私钥解密，用私钥加密的内容只能用公钥解密。如果A要给B发一份加密邮件，那么，首先A必须拥有B的公钥，B也必须拥有A的公钥。同时，A用B的公钥给邮件加密以确保邮件不被别人看到和传送中未被修改。B收到邮件后用自己的私钥就可以解密看内容。其次A用自己的私钥给邮件加密并发送到B后，B可以用A的公钥解密。因为私钥只有A手里有，以确保邮件是A发送的。

件“平凡小事”，却又给比特币这个“新物种”重重地浓墨了一笔。

事情的经过是这样的：一位生活在美国佛罗里达州、名叫拉斯勒·豪涅茨（Laszlo Hanyecz）的早期比特币矿工，据称他的电脑每天都能挖出数以千计的比特币，因此就萌生了“在网上寻找一位愿意与自己使用比特币以交换食物的小伙伴”的念头。2010年5月18日，拉斯勒·豪涅茨首次在BitTalk论坛上发出了交易请求，说自己愿意用挖来的1万枚比特币购买2个披萨饼。四天之后，即2010年5月22日，拉斯勒·豪涅茨兴奋地宣布自己成功地用比特币与一位叫做Jercos的用户换了2个披萨饼。当时他说，“我只想说，我成功地用1万枚比特币换到了披萨。”有意思的是，网络上还流传着一张拉斯勒·豪涅茨的小女儿正踮着小脚丫伸手去拿父亲用比特币换来的放在餐桌上的披萨照片。如果大家有兴趣可以在百度上搜到。

拉斯勒·豪涅茨和他的孩子们，以及那两块价值曾高达2亿美元的披萨（图片来源：腾讯网）

拉斯勒·豪涅茨为什么如此兴奋？或许我们可以从2017年比特币价格最高达到2万美元（2个披萨此时已价值两亿美元）时，有媒体采访他是否后悔错过了成为亿万富翁的机会时的回答，看出端倪。他说，“我并不后悔，因为我认为我的这个行为是伟大的，这是我参与比特币发展的一种方式。我知道，如果我可以使用比特币购买食物，那么它就跟其他的货币一样，我们就可以靠比特币生活。”这样就可以靠比特币养活一家子了。这就是拉斯勒·豪涅茨的兴奋源，就这么简单，这么朴素！

就笔者看来，记者这样的提问一点也不"高明"和"艺术"，而且这样的提问在比特币暴涨暴跌过程中还时不时地反复出现。笔者在此还是请大家记住下面这句话：失去的东西，其实从来未曾真正地属于你，更没必要惋惜。

比特币换披萨事件的发生，令比特币世界兴奋不已的点在于，比特币终于在这一天有了自己的"价格"，比特币终于在现实社会中可以作为一种支付工具，而不是以前的玩具使用了。虚拟的比特世界与现实的原子世界打通了。

10000枚比特币=25美元

通过换算可知，1枚比特币=0.0025美元

公式是简单的，但却是一个了不起的公式，一个极具里程碑意义的公式。这是比特币自2009年1月3日诞生以来历经491天风风雨雨后的最美丽的一抹彩虹。比特币史上自此有了最公允的"汇率"。而2010年5月22日也因此成了比特币的重要纪念日：比特币披萨节。世界因此又多了一份欢乐，又多了一份精彩。

5月22日比特币披萨节（图片来源：www.sosobtc.com）

1.2.2.3 惊心动魄的四次疯牛和凶熊

"爱，就是即使他知道你很丑，也愿意和你在一起。"

——题记

（1）“我开始值1美元了”！

如上所述，2009年1月3日是比特币的“创世日”。当天中本聪在赫尔辛基的一个服务器上创建、编译并打包了第一份开源代码，创建了比特币首个区块，即“创世区块”。但当时和早期的比特币几乎没有“价格”，几近于“0”。同时，参与比特币“挖矿者”基本是一些技术高手出身的“极客”，挖矿的难度非常低，只要用极其普通的电脑就能参与并挖到“币”。即使当作“币”来流通，也只是限于极客之间，而且所谓的“流通”也仅限于赠送或奖励等方式。比如说，2010年底时，美国新英格兰地区一位叫作加文·安德烈森（Gavin Andresen）的编码员用50美元购买了1万个比特币，创建了“比特币水龙头”（Bitcoin Faucet）网站，并向所有访问者无偿赠送5个比特币。此举对人们认识与接受比特币起到了较好效果；同时，水龙头网站通过给主要比特币网站导流，也赚取了不少广告费。安德烈森的脑瓜子也够灵的。当然，若以2020年2月比特币市价1万美元计的话，如果安德烈森还要向每人送5个比特币的话，估计早就破产关门了。好在，那时的比特币基本不值钱。

自从“10000枚比特币=25美元披萨”的案例出现后，比特币才真正拥有了自己值得骄傲的“价格”!此事一出，比特币世界立刻引发了一场“挖矿”浪潮，许多人纷纷加入“矿工”行列。截至2010年1月3日，比特币一周岁生日之际，大约有160万枚比特币被挖出。与此同时，比特币电子钱包、比特币购物网等也赶热闹似地出现了。比特币产业的生态也开始慢慢发育。

掀起“挖矿”浪潮的同时，比特币也按捺不住内心的兴奋，像春天里那枝红杏一样出墙而来。2010年7月16日，比特币价格首次迎来诱人的10倍级别的暴涨：从0.008美元升至0.08美元。当年11月，作为当时全球最大的交易平台，位于日本东京的“门头沟交易所”（Mt.Gox）内，比特币的交易价格惊人地突破0.5美元。

人们似乎就此看到比特币的美好“钱景”，当“矿工”的积极性空前高涨。当比特币满2周岁时，世面上已有了500万枚比特币“出土”，较之周岁时的160万枚增加了3倍有余。到了2011年2月9日，比特币交易价格更是历史性地突破了1美元，达到1.06美元，随后价格稳定在87美分左右。也就是说，基本上1枚比特币的价格约等于1美元，相较于“披萨节”那一天给出的公允价格，比特币已整整涨了400倍。如此巨大的涨幅仅仅用了8个月，比特币这个从虚拟世界里跑来的“野孩子”终于“混”到与美元“平起平坐”的地位。也许大家很难想象，这样一种虚拟币、这样一串数字代码，也能等价于1美元？有趣的是，2011年4月，比特币与欧元和英镑也达到1∶1的汇兑水位。同年6月份，知名的“维基解密”开始松口，接受比特币捐赠。现实似乎正在颠覆着人们已有的认知。

（2）史上首轮牛市不期而至。

如果说2011年开年的“1枚比特币=1美元”是送给“币民”的一个惊喜，那么更让人意想不到的是，比特币世界还有更多更大的惊喜随之而来：第一喜是，比特币与英镑、巴西雷亚尔、波兰兹罗提兑换交易平台上线并开张营业。比特币的拓展面和影响力进一步扩大。

“1比特币等值1美元”之际，美国《时代周刊》及《福布斯》等极具影响力的杂志相继发表了有关比特币的文章，燃起了人们对比特币的极大热情。这应该算是第二喜。

2011年4月16日，美国《时代周刊》发表标题为“网上现金比特币，可能挑战政府和银行”（Online Cash Bitcoin Could Challenge Governments，Banks）的文章。《福布斯》杂志则发表了“加密货币”的文章。或许看在眼里、乐在心中的比特币发明者“中本聪”预感到，比特币如其所愿已推向了整个世界。因此，就在当月，其发出最后一封邮件后就彻底从人间“消失”了。

接下来，又发生了对比特币价格起到推波助澜、煽风点火作用的两个事件。一是2011年5月29日，全球最大BT下载网站“海盗湾”创始人发表了极其“感染”人的重头文章《为什么我把我的积蓄全部投入比特币？》；二是，当年6月1日知名博客网站Gawker上发布了“丝绸之路”（前文所述的暗网交易平台）的相关文章称，比特币可以在暗网用于交易大家能想到的毒品，并附上了“门头沟交易所”购买比特币的链接。

随着更多国家或地区的投资者（也可以说是投机者）的疯狂涌入，比特币价格亦是“芝麻开花节节高”。2011年6月2日，“门头沟交易所”交易信息显示，1枚比特币价格首次超过10美元。从6月2日的10.9美元起，比特币就像坐上了火箭一样币价猛蹿，6月8日就达到了31.9美元这一当年最高价位。回头细看，我们发现，2011年的这次牛市的爆发点始自4月24日比特币站上2美元之时。

正当比特币首轮牛市舞步跳得正欢之际，没想到，音乐突然戛然而止。打断比特币牛市音乐的因素主要有：

① 当年4月，比特币创始人中本聪彻底从人间“消失”。

②“门头沟交易所”首次遭受大规模黑客攻击，丢失了价值875万美元的比特币；6月12日，比特币价格迅速跌回10美元关口。事关比特币的一系列安全问题遭到世人的质疑，人们的信心因此受到重创，开始对加密币交易所有所怀疑，并转而对钱包和安全性产生了需求。该年度“钱包”占据热词榜首就很能说明问题。

③ 比特币的各种复制币、山寨币开始出现，黑客将触角伸向包括“门头沟交易所”在内的多家交易所。当年11月建立的“丝绸之路”购物网站逐渐被毒品交易、洗钱、儿童色情以及暗杀等犯罪行为所“占领”。

截至2011年11月，比特币价格瀑布式跳水，直接触底2美元左右，从而达到了比特币第一次熊市的底点。如果按当年最高价计算，累计跌幅超九成，正应了“怎么涨上来，就怎么跌回去”的老话。比特币的走势图上刻下了一个大大的倒型V字，似乎在提醒人们比特币市场带来的巨大风险。没有大心脏，没有冒险家的冒险精神，还真地不能玩。当年底，比特币以5美元整数关收盘。

至此，比特币史上首轮牛市宣告结束，人们开始不相信比特币交易所，转而对钱包和安全性产生了需求，这一年的年度热词中，“钱包”占据了榜首。

（3）再“牛”一把，比肩黄金。

2011年，比特币以上半年“疯牛”与下半年的“狗熊”面目示人。涨时令投机者们目瞪口呆，用的是“窜天猴上天功夫”；跌时又让人胆战心惊，用的是“瀑布式跳水功夫”。它从接近32美元的高台上跌到低点时的2美元左右，玩的完全是蹦极和心跳。所以，炒作比特币是一项极具挑战与刺激的活儿，非一般人所能应对。

2012年，随着新年钟声的到来，比特币也迎来了自己3周岁的生日。此时，比特币的价格已回升至5.30美元左右，被“挖”出来的比特币数量再次上涨至近800万枚。

总体来看，2012年的比特币价格呈现低迷后震荡盘升的格局，这主要得益于当年仍有不少暖风频吹：一是2012年9月15–16日，伦敦比特币会议召开（第一次比特币会议是2011年8月20日纽约召开）。毫无疑问，每次重要会议的召开，比特币都会迎来社会各界的高度关注。二是当年9月27日，比特币基金创立。三是比特币在当年11月28日迎来首次“减半调整”。这往往是引发比特币新一轮牛市的重要催化剂和加速器。四是2012年12月，全球首家获政府官方认可的比特币交易所——法国比特币中央交易所诞生。当时比特币价格走势较为温和，稳定在13美元以上。

所谓的“减半调整”，是指“四年减半”规则。中本聪设计比特币时规定，比特币大约每10分钟诞生出一定量的“新币”，所以每年的总产出次数约是365×24×6，即365天×24小时×6个10分钟。同时要求每产出21万个区块时，比特币的单次产量减半，即从50枚分别到25枚、12.5枚、6.25枚……依此类推，直到总量达到2100万枚的上限。210000÷（365×24×6）=3.9954……基本是四年一个周期。在此，365指的是一年的天数，24是指一天24个小时，6指的是一小时有6个10分钟。比特币的首次减半时间发生在2012年11月28日，第二次则发生在2016年7月9日。最新一次（第三次）“减半”时间是在2020年5月。此次减半使比特币的出块奖励从12.5枚BTC降至6.25枚BTC。

此外，2012年还有一件非常有必要提醒的事情：2012年5月，《比特币》杂志正式发布第一篇文章，内容是介绍比特币和密码学货币。这家网上杂志创办于2011年9月，其发起人之一就是后来的“以太坊之父”布特林·维塔利克（Vitalik Buterin），江湖人称“V神”，读者们可以查阅到很多V神早期对加密数字币及区块链的文章。

2013年，比特币迎来史上重要拐点年。不少创业者开始把眼光从比特币移至区块链，并开启了区块链的商业化旅程。

当年1月，全球首台比特币ASIC矿机阿瓦隆交付用户，标志着“ASIC挖矿时代”到来。较之早期的电脑CPU挖矿（中本聪作为世上第一位矿工，用的挖矿工具就是电脑CPU）、显卡（GPU）挖矿以及FPGA这种可编程的芯片式挖矿，ASIC挖矿的算力更高、功耗更小。

当年3月，一件震动全球金融市场的大事发生了：3月19日，位于欧洲与亚洲交界处的一个岛国，也是欧盟成员国的塞浦路斯国会以36票反对、19票弃权、0票赞成（1人缺席）的投票结果否决了令民众愤怒的储户存款税案。根据当时欧盟、国际货币基金组织和欧洲央行的要求，塞浦路斯要获得100亿欧元救助贷款就必须向储户征收58亿欧元资金作为交换条件。塞浦路斯银行破产和关闭后，塞浦路斯总统尼科斯·阿纳斯塔夏季斯（Nicos Anastasiades）随后发表了重要声明，称银行因为承受不住希腊政府的债务而被迫破产。如果金融危机导致货币贬值，人们为了减少损失，或许当前疯狂升值的比特币是一种值得考虑的方案。

受国会否决令影响，全球金融市场震荡，欧洲股市连续数个交易日走低，欧元汇率跌破1.2900美元关口并刷新四个月低点1.2841美元。同样，此事推动比特币价格从30多美元一路狂飙至4月份的265美元从而创出了本轮牛市的最高点。2013年年初的这次大涨，完全可以算作比特币历史上的第二轮牛市行情。但不幸的是，这轮牛市又遭遇“门头沟交易所”运行中断的“事故”，大量交易者立即获利了结，比特币再度玩了一把“蹦极”，价格狂跌到40–50美元左右。历史总是惊人的相似，牛来得很快，走得也极快。

塞浦路斯金融危机事件令银行储户人人自危。他们争先恐后地把本国法币兑换成比特币。此事说明了什么呢？说明在某些特殊区域或特殊经济金融背景下，比特币在一定程度上还是彰显出了“避险资产”的作用。令人想不到的是，受此事影响，许多大胆而且勇敢的中国创业者、投资者或投机者开始关注并走入比特币世界，开创了比特币的中国元年。毕竟“中国人本来就很聪明嘛！”

2013年上半年，比特币的表现是跌宕起伏，市场既牛又熊，令人既爱又恨，但是带来了比特币史上的第二次牛市，让人回味。令人惊讶的是，下半年的比特币再次疯狂起来，并掀起了比特币史上的第三次牛市。当然，许多重大利好因素贯穿其中，是引来这一波“疯牛”非常重要的原因。

2013年7月，Mastercoin（后更名为Omni）成为第一个进行ICO的项目。这一创新促成了数十亿美元包装资产的发行。在“区块链上发行资产”的概念得以诞生。

2013年7月，由金融监管权威机构监管的德国比特（Bitcoin Deutschland）成为首家与银行建立直接合作关系的欧洲比特币交易平台。德国比特公司同意与德国Web 2.0银行Fidor合作将比特币兑换为其他币种。8月，德国政府正式承认比特币的合法“货币”地位。自此，德国成为全球第一个认可比特币的国家。

2013年8月，美国联邦法院发表声明，认为比特币是一种“货币”或“货币形式”。10月，美国法警局宣布，准备拍卖没收暗网“丝绸之路”所属的比特币。这次声明与拍卖行为，对比特币来说，其正面积极意义重大。

当年10月，世界上首个比特币ATM机在加拿大温哥华Waves咖啡店开始营业。

2013年11月18日，美国参议院国土安全及政府事务委员会召开有关比特币的听证会，传递出一个好消息：比特币不是非法“货币”，它能够给金融系统带来好处，尽管也存在被错误使用的案例。

这是美国国会有史以来首次就虚拟币举行的听证会。会议明确表示，比特币是一项“合法”的金融服务。这无疑将为比特币的发展及价格走势带来提振作用。11月19日，比特币价格在“门头沟”交易平台最高攀升至900美元，同时在比特币中国交易平台“比特币中国”最高攀升至6989元人民币。与之相比，2012年年底比特币的价格尚处在13美元左右。2013年上半年虽曾出现过260多美元的高位，但之后又再次大跌至40美元附近，当年11月11日，比特币的交易价格仅仅维持在320美元左右。不过，惊喜的大戏远未唱完。2013年11月29日，“门头沟”交易所行情显示，比特币的上涨就是那么

“不讲理”，竟然再创高点至1242美元，首次超过实物黄金的价格，当时的国际黄金价格是多少呢？仅为1241.90美元/盎司。比特币的个头首次超过黄金，可以说是比特币生命中的又一个里程碑。

然而，“人无千日好，花无百日红”，自从比特币首次价比黄金后，却迎来了史上规模最大、时间最长，也最为典型的一次“暴力崩盘”。

（4）蓦然回首，比特币已是离天三尺三。

“杀不死我的，只会使我更强大”。（What does not kill me, makes me stronger.）

——尼采《善恶的彼岸》

每粒熬过冬天的种子，都有一个关于春天的梦想。比特币这粒种子，自诞生起一直将自己有关春天的梦想揣在怀里。

从2013年底比肩真实黄金价格高点，到2015年1月份150美元左右的低点，比特币的价格就一直呈现出“不停跌、跌不停”的节奏。2014年2月25日，全球最大比特币交易平台“门头沟交易所”（Mt.Gox）突然破产（诱因是交易所自有的10万枚比特币和用户的75万枚比特币被盗），更是令比特币价格雪上加霜。这次“黑天鹅”事件引发的直接经济损失高达4.75亿美元，是史上最大一次“区块链黑客事件”。比特币这轮一败涂地式的“寒冬”足足持续了大约410天。

然而，在国际比特币市场寒风刺骨之时，中国的比特币交易网站却“因祸得福”，进一步崛起与壮大的步伐得以加快。

“杀不死我的，只会使我更强大”——德国著名哲学家尼采的这句话，或许再次为比特币拥趸们提供了信心支撑。

没有一个寒冬是过不去的。在历经410天的苦苦煎熬后，比特币还是迎来了自己的春天，同时还迎来比特币史上第四次也是最大一次波澜壮阔的牛市行情。这轮牛市从2015年1月开始，一直延续到2017年12月，持续时间长达3年之久。其中，2015年至2016年为震荡盘升阶段；2017年则为加速上涨并进入疯牛上涨阶段。

2015年1月份，比特币价格跌至150美元左右的低点，此后价格开始台阶式攀升，至当年11月4日，比特币价格已飙升到500美元水位。

2015年比特币价格的回暖，与以比特币为首的加密币日益流行以及区块链概念开始传播存在很大的正相关关系。当然，这也与2014年发生的一些重大事件存在一定的关联，比如“门头沟交易所”事件发生后，包括中国在内的各大交易平台迅速崛起，韩国首尔、中国香港及中国内地首台比特币ATM机相继出现，美国加州通过允许使用和消费比特币法案，全球电脑制造销售巨头戴尔公司（Dell）、美国卫星电视巨头碟形网络（DishNetwork）、在线电子商务零售巨头新蛋公司（Newegg）、跨国电脑科技巨头微软公司（Microsoft）等诸多国际大公司开始接受比特币的支付，在纳斯达克上市的在线支付服务商贝宝（PayPal）开始尝试整合比特币。在中国，时任中国人民银行行长的周小川力推并成立了中国人民银行数字货币研究小组，开启了中国监管层对区块链及数字货币的系统性研究工作。

实际上，对于比特币第三次的牛涨熊跌，世人无时不刻不在反思。不少实体经济中的企业巨头开始接纳比特币，主要是因为比特币的便捷性和金融属性。这些企业巨头已经“先知先觉”地认识到比特币的“重要性”，而不是像此前美国电视剧《傲骨贤妻》第三季中进行的那场虚构的审判所宣传的那样：“只有傻瓜，才会买比特币。”

与此同时，在2014年至2016年期间，关于“区块链而非比特币”的说法开始出现和流行，人们开始发现，区块链技术也可以用于许多非金融用途。如果要实现比特币的第一次迭代，就必须推出“更好的比特币”。但人们发现，诸多实验必须借助ICO才行。很可惜，“区块链而非比特币”的实施并不成功。有意思的是，这些实验却加大了人们对推出不同权衡和优化的实验链迭代比特币的兴趣。

谈到这里，有必要再谈谈加密数字币。比特币是全球第一款加密数字币，为什么笔者没有说它是加密数字货币呢？这是因为，尽管比特币有了货币的某些功能，但显然作为货币它还不够格。作为笔者的好朋友，宝新金融首席经济学家郑磊博士可以说是国内坚决支持这一说法的第一人。笔者也十分赞同这一观点，“币”和“货币”本质是不同的，“资产”与“货币”也是各异的。只要明白了这一点，大家就不会再盲目地去炒作“比特货币”了。

“加密数字币”，也可以称之为“密码数字币”或“密码学数字币”，是一种使用密码学原理来确保交易安全及控制交易单位创造的交易媒介。比特币在2009年成为第一个去中心化的加密数字币后，多种类似的加密数字币也被创造出来，通常被称作“山寨币（Altcoins）”，其共性是拥有自己的独立区块链并支撑他们自己的原生币交易。第一个Altcoin是2011年4月诞生的域名币（Namecoin），是一个开源的去中心化信息注册、转移（交易）系统。此外，狗狗币、点点币等都属于山寨币。

加密数字币基于去中心化的共识机制，与依赖中心化监管体系的银行金融系统针锋相对。去中心化的性质，源自于使用分布式账本的区块链（Blockchain）技术。平常出现在我们生活中的银行卡、公交卡及信用卡等都是法币电子形式；游戏币、Q币则是虚似币，但不是加密数字币，虽然加密数字币也属于虚拟币。有统计数据显示，目前全球加密数字币超过1800种，其中全球排名Top10的币种首先是比特币（BTC，约占全球总市值的六成左右，是名副其实的币王）；其次是以太币（ETH）、瑞波币（XRP）、泰达币（USDT）、比特现金（BCH）、莱特币（LTC）、柚子（EOS）、币安币（BNB）、比特币SV（BSV）及波场币（TRX）等。目前交易这些加密币的交易所至少有500多家。

在上述十大加密数字币中，我们需要特别介绍一下以太币。在前文中我们曾和读者分享过，以太坊的出现是因为年轻小伙子“V神”看到了“比特币区块原则上只能要求写几十个字节，几乎写不下任何程序”这个痛点后才出现的。2014年7月，以太币发起众筹，价格约为2.8元人民币。众筹受到热捧，当月共筹得31591个比特币，市值约1840万美元。与比特币相比，以太坊的创新在于，在一个全网计算机的网络里有上万个节点，每个人都可以帮使用者执行同一个智能合约，使用者无法在上面进行违约。所谓“智能合约”，是一种旨在以信息化方式传播、验证或执行合同的计算机协议，也就是一个电子版数字化合同，通过将合同合约用代码写成一段程序，随后公之于众，任何人都无法修改它。当外界条件发生变化，如违约或合同到期，智能合约就会自动触发。其重大意义在于，以太坊为代表的“智能合约”平台的出现，将区块链推进到2.0时代。虽然伴生的加密数字币种甚至达到上千种，但是由于它们都没有超过比特币的“本领”，因而也无法“进化”比特币。正是智能合约实现了对比特币的突破，区块链得以“进化”到新一代。

当时间老人来到2016年时，以太坊越来越受到人们的追捧，以太币在知名度上也越来越逼近于“币王”比特币。智能合约的出现大大刺激了传统金融行业，并带来一种全新的融资形式ICO，进而将ICO推上了高潮，并在2017年达到了其巅峰状态。“智能合约”平台内含的区块链技术前景，对比特币来说，肯定是一次极大的鼓舞，而这也是比特币第四轮牛市延续如此长久、如此疯狂的强大内因之所在。当然，其内在原因还需要有一个非常重要的供求元素，即2016年7月份比特币产量的“第二次减半”。一旦“减半”完成，每个区块的奖励将由25个比特币减为12.5个比特币。供求关系同时得到了发挥。

另外，对于2016年的中国来说，至少还有四件利好消息结伴而来：

消息1：2016年1月20日，中国人民银行数字货币研讨会在京召开，会议要求，早日推出央行发行的数字货币。随后，时任中国人民银行行长周小川接受媒体采访时直白地表示：**数字货币终将取代纸币！**

消息2：6月27日，十二届全国人大常委会第二十一次会议在北京举行。会议首次审议全国人大常委会委员长会议提请的《中华人民共和国民法总则（草案）》议案的说明。其中，对网络虚拟财产、数据信息等新型民事权利客体做出规定。这意味着，网络虚拟财产、数据信息可能将正式成为权利，**虚拟财产未来有望正式受到相关法律的保护**。

消息3：9月3日，招商银行宣布加入R3区块链联盟。继5月24日中国平安集团宣布加入R3联盟后，招商银行成为第二家加入R3的中国金融公司。这标志着，该组织对亚洲地区的兴趣不断增长。招商银行IT总经理周天鸿表示，自己相信区块链技术在金融行业具有非常大的潜力，并期待与R3一起为完善一系列金融服务和流程提供所需要的创新。

消息4：12月20日，在深圳市政府的指导下，平安集团、招商银行、微众银行、大成基金、火币等国内外40多家知名金融机构共同成立全国首个中国（深圳）Fintech数字货币联盟。

对于比特币和区块链来说，2016年真是个“友好年”。2016年4月28日，全球知名游戏平台Steam宣布接受比特币支付。该平台共计有9000多款游戏，覆盖全球237个国家和地区，用户数超过8900万。这意味着，全球游戏玩家都可以用比特币快捷方便地购买游戏。值得关注的是，这家游戏平台与中国的缘分还不小：2018年6月12日，A股中小板上市公司完美世界发布公告称，旗下全资子公司完美世界征奇（上海）多媒体科技有限公司及完美世界游戏有限责任公司已与Steam平台的母公司Valve Corporation签署授权协议，将建立Steam中国。次年8月份，完美世界宣布推出面向中国用户的Steam平台，并命名为“蒸汽平台”，首批上线“Dota 2”“刀塔霸业”等近40款游戏。

不过，对比特币和区块链来说，2016年并不是只有“阳光”，同时也有“风雨”。8月3日，海外知名比特币交易平台Bitfinex价值超6000万美元的巨额比特币被盗，再度令人震惊。对此，交易所发行代币作为“简单的资金欠条”（IOU），但不能即刻在市场上进行交易。随后，交易所完善了其还款计划，发行了BFX代币，并以初始价格2.5美分开始交易这种代币。幸运的是，经过8个月的努力，所有的BFX代币都被赎回。直到2017年4月3日，Bitfinex停止了所有BFX代币的交易，并开始通知用户用代币兑换美元，1BFX代币=1美元。最终，比特币还是有惊无险地迈过了这个小坎。

2016年9月2日，在比特币协议上的比特币交易总额自诞生以来首次突破1000亿美元大关。随后，比特币价格在2016年12月份，一举突破1000美元。交易额和价格“双千”的出现，无疑也是比特币史上一个非常了不起的事件。截至当年年底，比特币收盘价定格在972美元。尤其值得强调的是，以人民币计价的比特币当年涨幅超过200%，这一涨幅不仅超过当年汇市中的任何一个币种表现，就连同期在各类市场中表现最好的布伦特原油价格涨幅也不过45%而望尘莫及，以人民币计价的黄金价格涨幅则只有16%。

2017年开年之际，英国BBC商业版就以金贵的主版面报道称，比特币三年来首创新高，成功突破1000美元（约815英镑），并宣布比特币为“2016年表现最佳货币”。报道还称，“上次币价突破1000美元还是2013年年底的事”，“比特币已经被死亡115次。现如今它依然是人与人之间进行价值直接转移的最佳方式，任何第三方机构或个人都不可能阻止比特币交易。”。报道最后还引用分析师的观点称，“2017年注定是比特币的‘丰收年’，币价一定会超越2013年顶峰时期的1216.7美元。”

对比特币来说，2016年的价格走势总体上是顺风顺水，收出的一根实体长长的年阳k线，让人看着就感觉十分惬意和舒服。按照比特币以往“暴涨之后就有暴跌”的“火爆脾气”，2017年或许再来一次大暴跌才显得更加“合理”。然而戏剧的事情还是发生了，2017年全年比特币的价格就像一匹脱缰的野马，一发而不可收，涨幅达到惊人的1700%。因此，2017年也成为比特币发展史上非常重要的一年。难怪当年年底有网络问卷称：“2017年最后悔的事是什么？”有个神回复语惊四座：“2017年最后悔没有在年初全仓买入比特币。”

尽管2017年是比特币的一个大牛市，但在比特币牛蹄奋进的过程中，穿插其中的“过山车”行情却从没有缺席或爽约过，这次也不例外。从事后分析中可以看出，2017比特币牛市的主要特征之一就是散户的极大兴趣与极高的参与度。因此，只要有加密币相关的重大新闻传出，都会成为比特币价格大幅波动的催化剂。在此有必要提及的是，据彭博社的报道，全球近四成数量的比特币控制在不足千人之手。这批人通常被称为“白鲸（whales）”，对比特币行情的影响往往很大。散户与白鲸构成的这种投资者结构恰恰是“过山车”行情频现的主因。

下面让我们回顾一下2017年比特币惊险刺激又疯狂的牛市狂奔吧：

2017年1月7日，新华社旗下的《参考消息》刊发文章《比特币暴跌中国被疑推手　外媒：与人民币存在反向联系》。文章称：“据美国《华尔街日报》网站1月5日报道，和比特币上一次在2013年大涨和大跌一样，中国的买入是主要推动因素。但是这种分散式数字货币的市场状况已变得更向中国倾斜，因为现在比特币约99%的交易发生在中国，而2013年只有45%。”

“随着中国加大打击资本外流的力度，比特币被中国人当作将资金转移到国外的途径。自2015年8月人民币突然贬值以来，人民币下跌了10%，同一时期比特币升值近4倍。交易者在中国的交易所用人民币买入比特币，并在外国交易所卖掉比特币获得美元。”

“另据路透社伦敦1月5日报道，数字货币比特币引人注目的上涨1月5日突然结束，在人民币汇率大幅上升之时突然暴跌20%以上——进一步证明这两种货币之间有趣的反向联系。”

“位于伦敦的Quantave公司联合创始人保罗·戈登说：‘鉴于人民币最近几个月的疲软走势与比特币走强的关系似乎超过其他任何货币，比特币交易者今天对人民币的突然回升作出这样的反应也就不足为奇了’。”

“据《澳大利亚人报》网站1月6日报道，比特币1月5日下跌23%。市场观察人士认为，人民币的升值可能是比特币被抛售的原因。”

通过这篇文章我们不难看出，2017年新年伊始的1月5日，比特币给人们来了一个“下马威”。透过外媒的报道，我们明显感觉到，随着人民币资本外流管制的加大，通过比特币等加密虚拟币进行洗钱的概率陡增。根据Cryptocompare数据显示，2017年的第一个交易日，超过500万比特币通过人民币交易，价值相当于38亿美元。这一数据让我们明显感觉到了比特币财富世界中的“中国力量”。

实际上，2017年开年，比特币就收到了一个“大礼包”，1月2日，微软官方正式宣布，Excel 2017将广泛支持比特币，并明确认为比特币为“货币”。受此鼓舞，同时在“英国脱欧”、美国大选、印度大面额纸币突然废止等非预期内全球大事件的驱动下，比特币价格在2017年1月3日就大幅拉升，当天最高达到1020.47美元。需要说明的是，2016年11月9日，美国总统大选尘埃落定，唐纳德·特朗普战胜希拉里·克林顿获得美国总统大选。受此消息影响，各国货币以及股市都应声下跌，只有比特币不跌反升，24小时内上涨5%。

接下来，中国央行又搞了一次“大事情”：2017年1月6日，中国人民银行上海总部和央行北京营业管理部先后发布官方公告称，为防范因比特币价格异常波动而导致风险，维护金融稳定，人民银行上海总部、上海市金融办联合相关监管部门约见比特币交易平台“比特币中国”（火币网、OKCoin、BTCChina）主要负责人，了解平台运行情况，要求其严格遵守相关法律法规要求，并敦促该平台对照相关法律法规开展自查并进行相应清理整顿。这也是中国央行自2013年12月份发布《关于防范比特币风险》之后，时隔3年以来针对比特币的又一次监管行为。

1月11日，联合检查组进驻火币网、币行、比特币中国等比特币交易平台开展现场检查，中国的比特币平台开始进行整改。受此消息影响，在1月6日国内交易的比特币从9000元人民币高点币价突然急转直下，一度跌至6000元，单日跌幅接近30%。不过，仅仅在四个月后，比特币再度创下有史以来的国内最高价格，首次突破1万元大关，当然这是后话了。

比特币就像一只打不死的“小强”，显示了极强的抗压性，在1月份暴跌后，借助日本政府4月1日开始承认比特币支付合法化的大利好，在海外交易平台上发力上攻。截至2017年3月3日，比特币价格悄然突破1238.11美元，而此时的黄金价格为1237.73美元/盎司，比特币价格再次比肩黄金。

2017年5月12日，名为“魔哭（WannaCry）”的蠕虫勒索病毒在全球爆发，波及至少150个国家，约有30万名用户中招，造成经济损失达80亿美元，影响到金融、能源、医疗等众多行业。该勒索病毒利用微软公司系统的安全漏洞，对受感染电脑的文件进行加密，然后要求受害者最低支付价值300美元的比特币以解锁数据。该病毒对我国也造成了不小的危害，超过3万多家机构、数十万台装置受感染。随着相关消息不断传出，比特币价格短暂下跌约100美元，降至1700美元之下。由于人们更多关注的是整体网络安全，对比特币本身的关注度并不是太高，因此比特币随后又回升至1770美元左右。就此价位而言，比特币当年已累计上涨约80%。

对于此事，比特币非营利组织Coin Center执行总监杰瑞·布里托（Jerry

Brito）就表示说，“我还没听到因为勒索软件对比特币采取行动的任何消息”。或许这句话再次为比特币的“深入人心”向全世界普通老百姓做了一次广告。把比特币，而不是把美元、人民币甚至欧元，当作“勒索赎金”，这一事实无疑再次助攻了比特币的上涨行情。“病毒勒索比特币”事件刚刚平息，5月22日至24日，在美国纽约举行了由全球矿工参加的第三届共识大会，讨论一直困扰币圈的比特币扩容问题。会上终于达成有关扩容问题的共识，从而避免了币圈的分裂。这也进一步推高了比特币价格，2017年6月份，比特币价格一举冲上3000美元大关。

然而就在这时，比特币世界本来晴朗的天空中突然乌云密布，又一次“过山车”行情拍马杀到。比特币价格随即从3000美元高点狂跌到1869美元，跌幅高达37%。本次大跌的诱因，或许包含了韩国最大数字币交易所Bithumb用户被盗，导致数十亿韩元资金不翼而飞，比特币硬分叉，7月份以太坊钱包客户端Parity遭遇黑客攻击、153000ETH（大约价值3000万美元）被盗等事件带来的不良预期。

交易所Bithumb是在6月29日发现被黑客攻击的，并于6月30日报警。据称，黑客成功获取了Bithumb近31800名用户的个人信息，包括姓名、手机号码以及邮件地址。该交易所声称，这一数字大约代表了该交易所近3%的客户。

关于“比特币硬分叉”，有必要先做个科普。中本聪当初设计比特币时，为保证挖矿的公平公正，对区块的大小作了1MB的设定（注：二进制序列用以表示计算机、电子信息数据容量的量纲，基本单位为字节B，字节向上分别为KB、MB、GB、TB，每级为前一级的1024倍，比如1KB=1024B，1MB=1024KB）。在前文中曾提及，“V神”创立以太坊时就抱怨过：“比特币区块原则上只能要求写几十个字节，几乎写不下任何程序。”其实当时这个设定主要目的是方便普通家用电脑也可以参与挖矿，好处是保证比特币网络的正常运行，同时加速比特币对大众的普及。

“V神”的抱怨引出了“扩容”的问题。于是，在比特币如何扩容问题上形成了两个派别：一是软分叉，将区块扩至8MB；二是隔离见证（Seg Wit），也就是硬分叉。在争论持续一年后，最终达成了“不使用Seg Wit”而采取

"扩大区块容量"方案的共识，于是比特币现金（BitcoinCash，BCH、BCC）在2017年8月1日20：20得以诞生。作为比特币的一个分叉币，由于开始使用8M的区块开始挖矿，其交易确认速度是使用1M区块的比特币的数千倍。另外，比特币现金（BCH）与比特币相比具有低手续费、不拥堵、交易不可逆的优势。有趣的是，比特币和比特币现金都声称"自己才是中本聪的真正传承者"，是真正贯彻中本聪愿景的正统派。

其实说白了，所谓的"分叉"就是对以前的共识机制产生了很大分岐，最后不得不走到"另立门户"的地步。"分叉"又分为"硬分叉"与"软分叉"两种。比特币的分叉操作，通常是通过宣布分叉币，为每一位选择站在此队的节点或用户按1：1比例赠送新的分叉币或糖果。

现在让我们重新回到2017年6月份比特币从3000美元高点狂跌到1869美元的话题上来。此后，顽强的比特币再次挺了过来。到了9月初，比特币价格跃上4000美元关口。

祸兮福所倚，福兮祸所伏。9月4日又发生了一件重大而严厉的监管事件：中国央行宣布将ICO定性为非法金融活动，暂停国内一切交易。这一重大事件对比特币走势造成了沉重打击，9月中后期，比特币价格从4800美元高位一路跌至3491美元，跌幅高达28%。9月底，继中国之后韩国成为第二个明确禁止ICO的国家。此外，在金融圈具有重要话语权和影响力的JP摩根大通CEO杰米·戴蒙（Jamie Dimon）对比特币及整个数字币行业则发出了史上最严厉的批评，称"比特币必将最终破灭。它就是一场骗局。它比郁金香泡沫还糟糕，不得善终。"利空相继而来，然并卵，宛如"小强"的比特币在经过窄幅下挫后，又再度高傲地昂起了自己的牛头继而奋蹄向前狂奔。

"你吵任你吵，你管任你管，我价继续飙。"作为加密虚拟数字币中的王者，比特币继续展示着自己碾压一切的气势。

10月13日，比特币价格首次突破5000美元，达到5128.05美元。

10月21日，比特币价格突破6000美元，年内已累计上涨逾500%。

11月2日，比特币突破7000美元大关，再创历史新高。

11月20日，比特币首次突破8000美元。

11月26日，比特币价格再次快速上涨，首次突破9000美元。

11月28日，比特币交易价格终于冲破所有人的最大心理障碍，首次突破10000美元，达到年初1000美元左右的十倍。这不仅让数字币行业疯狂了，很多对比特币闻所未闻的人也开始摩拳擦掌，准备上车。当时的谷歌搜索数据显示，2017年11月份，比特币的热度一直维持在90以上，甚至一度接近100的历史峰值。数字币交易平台Coinbase表示，该平台注册账户数量达到1330万个，同比暴增840万个。种种迹象都表明，比特币在被更多主流机构所接受，并拓展到生活中，与更多生活场景流通。

12月17日，比特币疯狂继续。这一天成为比特币历史上又一个“奇迹日”，比特币价格历史性地达到20000美元之上，最高报价为20089美元，合人民币超过14万元。

不要忘了，2010年5月22日，比特币初始的公允价格仅为0.0025美元。这真是时间在疯狂，比特币在疯狂。市场看多情绪达到了空前热烈的程度，短短的时间内暴富的神话开始充满全球各大社交网络和全世界各个街头巷尾。这就是所谓的“币圈一天、人间一年”，你懂了吗？！

然而，“上帝让其亡，必先让其狂”。此时的比特币也无法躲过这条铁律。此后，比特币价格开始暴跌，史上第四次比特币牛市就此画上句号。纵观2017年全年，比特币价格又是在暴涨暴跌不断循环并不断创造历史记录中走完。

比特币史上第四轮牛市为什么会持续如此长的时间？特别是在2017年众多利空消息的冲击下，居然还走出了一轮“疯牛”行情？这是为什么呢？其中到底有什么样的深层次原因？

众所周知，比特币是区块链的第一个实验品，作为比特币底层技术的区块链直到2015年才开始被人们所重视。到了2016年，大量机构开始对区块链进行概念验证。尤其是2016年以太坊的崛起，区块链新大陆的发现，更引起了人们对区块链技术的高度关注，而区块链代币ICO的火爆，进一步把整个数字币市场推向了大泡沫之中。正是在这样的泡沫浪潮中，包括政府监管部门、传统金融行业及其机构、科技巨头企业等在内的社会各界把更多关注的目光送给了比特币和区块链。2017年，区块链应用开始发力，并在全球尤其是在中国出现各种落地应用，进一步凸显了区块链技术的重要性。因此，这波史上最牛的牛市，表面上“牛”的是比特币，其实背后“牛”的则是区块链。

至于比特币为什么会在2017年走出“疯牛”行情，估计这主要是与2017年区块链行业代币ICO（Initial Coin Offering，首次公开募币）进入野蛮生长期有极大关系。正因为此，不少人将2017年称为“区块链ICO元年”。

据毕马威2016年Fintech（金融科技）报告显示，区块链VC投资额增幅最高峰出现在2014年，这两年虽有所降温，但始终保持净增长状态，2016年投资额达5.43亿美元。但到了2017年，ICO突然加速，几个大的项目融资都超过1.5亿美元。比如，区块链初创公司Block宣布，通过出售柚子加密代币EOS，短短5天之内就募到1.85亿美元的资金，并打破Bancor在几周前所创造的1.5亿美元融资纪录。有媒体统计显示，截至2017年8月2日，当年的区块链ICO项目已超50个，融资总额愈12亿美元，至少是2016年全年的3倍以上。

对于项目方来说，ICO本质还是融资方式。但ICO募资方式表现为两大特点：一是主要以项目白皮书的形式向公众展示基于区块链的底层技术研究的各种场景应用，并以此获得广泛认可的股权众筹风险投资；二是只接受包括比特币、以太币及柚子币在内的主流加密虚拟数字币投资。在此，我们不难发现，ICO与比特币为首的主流虚拟数字币的关系是如此的紧密。因此，2017年比特币走出“疯牛”行情也就不难理解了。

我们还发现，绝大多数ICO项目具有“一无监管、二无信息披露、三无需求、四无用户和市场、五无收入”的情况，这样的项目虽然先行“成功”地募到资金，但最后套现跑路，留下一地鸡毛，不败才怪，这样的ICO代币最终只能“归零”。ICO咨询公司Statis Group最近的一项研究显示，2017年进行的ICO中有超过80%被认定为骗局。当时也有央行人士公开宣称，90%的ICO项目涉嫌非法集资和主观故意诈骗，真正募集资金用作项目投资的ICO不足1%。而这正是判断中国监管层对ICO痛下杀手的主因。

其中，最引起中国公众关注的是李笑来设立的一个名叫EOS的区块链项目，仅用短短5天时间就通过ICO融到了1.85亿美元。该项目在相应的二级市场上的市值转瞬间冲到50亿美元，接下来的10天迅速缩水为原来的1/3。人称“50亿美元的空气”。该项目几乎没有任何实体产品的项目，按照规则，这笔募集资金没有上限，而募集资金的用途也不甚明确。难怪不少人说，这就是一个“庞氏骗局”。此时的ICO事实上已由助力区块链初创企业融资的高效工具摇身一变，成了大量骗子非法集资的手段。由于是通过投资与加密币相关的新项目来赚钱，一旦ICO融资是个骗局，则“欺诈”的实质反而更容易隐藏。“暴富勾魂曲”终了之时，留下的一定是一地鸡毛和被骗者们的悲惨苦嚎。

要提醒的是，大家不要忘了，在资本市场上，一家企业从准备IPO到交易所上市，都是要接受严格的信息披露，接受公众及市场各方强烈监督的。在中国，那种起初通过一级市场割二级市场的“韭菜”，后来通过私募割公募“韭菜”的套路，最后侵害的一定是公众的合法权益，酿成不必要的人间悲剧。因此，从这个意义上讲，2018年以后几年，比特币行情终归要进入到一个“挤泡泡”“刺泡泡”并慢慢复苏的阶段。

（5）泡泡破灭回归理性。

“伸手可得的果实都被摘光了，现在要上树了。”

——《量子经济学》(Quantum Economics）撰稿人和发行人Mati Greenspan

波澜壮阔的比特币第四次大牛市，已成过往。如此惊险又刺激的狂欢盛宴，相信身处币圈的人士一生都忘以忘却。那么，是谁杀死了这波大牛市？

对此，日本经济学家野口幸男（Yukio Noguchi，也有人译为野口悠纪雄）走进了人们的视野，并引起了币圈人士的关注。

2018年6月，野口幸男为日本期刊杂志《钻石在线》(Diamond Online）撰写的一篇专栏文章中指出，比特币期货市场的开端与2017年12月比特币价格飙升的终结关系密切。正是比特币期货扼杀了这波大牛市。他还说，由于期货市场的存在，加密币市场将无法再一次看到价格的快速发展。

野口幸男的观点自有其道理，但是笔者并不太苟同。对于笔者的观点，在上文中已作了一点总结，请读者们自己参阅。

要多说几句的是，建议广大读者抽空可以看看“知乎”上的一篇重磅文章：《那些ICO现在怎么样了——2017年ICO总览》（https://zhuanlan.zhihu.com/p/34721469文|来源：傲慢雨偏剑（知乎））。作者筛选了自2017年6月18日到2017年12月31日期间且均为已ICO完结的项目，共985个。

统计显示，在985个项目中，半年内就有400个项目基本停止开发，无法兑现投资者回报，比例达到了40.6%，其中12月份的115个项目中，刚刚过去仅2个月就已有44个项目（38.3%）处于同一情况。这不是全部的情况，但也总有“管中窥豹”的效果。

另外，Tokendata在2018年2月份发表的一份统计数据显示，2017年的902个ICO项目中有46%已失败，其中142个项目在融资阶段失败，276个项目在融资后失败。

ICO开始“爆雷”，市场降温、洗牌、出清，比特币为代表的加密数字币价格挤泡泡，肯定是自然的逻辑。同时，这也符合“物极必反”这条恒久不变的自然规律。

正是在这样的逻辑下，比特币价格在2018年全年走出了持续阴跌的下跌趋势行情，数字币市场开始迎来了自己漫长的寒冬。

2018年1月6日，比特币从悬崖上坠落，尽管期间也有小的反弹，但反弹却是一次比一次弱，直至2018年年底触底3122美元。这一年，比特币跌幅高达80%。其中，有4个月份（即1月、2月、3月和11月）最惨，月跌幅均超过30%。其他主流虚拟数字币如以太坊、瑞波币和莱特币也没有比比特币好到哪里，年内也普遍出现了超过80%的巨大跌幅。

2018年比特币的熊市行情，对币圈人士来说也是一次巨大而沉痛的打击。客观来讲，这只不过是对刚刚过去的大牛市的一次急刹车而已。有了这次急刹车才能让人们停下来歇歇脚，好让灵魂跟上身体，才能让人们有足够的时间沉思，才能给人们以足够的时间回望。是的，投资如人生，需要一些时刻，慢下来，静下来，听雪落的声音，观花绽的曼妙，想自己的初心。

现在就让我们坐看2019年比特币市场是如何云卷云舒、潮起潮落的吧。

2019年开年首个交易日，比特币价格维持在3800美元水位一线。1–3月份，比特币价格总体上处在3500–4000美元间的低谷箱体中徘徊。进入2月份，比特币网络每天处理的交易笔数是少得可怜的33万笔。2月19日，Bitfinex交易所上的比特币空头头寸数量更新至18888个比特币。该数据创下六个月以来的低点。

4月2日，比特币开始扬眉吐气，当天的价格在1小时之内就狂飙到了5000美元。5月8日，比特币直接突破6000美元大关，至5月30日，比特币价格悄然间已超过了9000美元。此后的6月份，比特币价格一度跌破8000美元大关。在稍作调整后，比特币价格于6月22日突破了10000美元和11000美元两大关口。比特币在上攻14000美元关口时，未能成功，转而下跌。二季度对比特币来说，是气贯长虹的一个季度。随后的7月份，比特币基本围绕着万元大关口多空双方展开拉据战。至8月6日，比特币再次站上12000美元价位。

9月份，比特币迎来了“黑九月”，其价格先是跌破了10000美元大关，接着又在当月下旬跌破了8000美元。10月9日发生了美国证券交易委员会（SEC）宣布拒绝比特币资产管理公司（BitwiseAssetManagement）和纽交所高增长板市场（NYSEArca）提交的比特币交易所交易基金（ETF）申请一事。SEC本应在当年的4月1日对此做出决定，但经过三次推迟才于当日做出决定，而且还是拒绝的决定。其理由仍为申请者未能符合交易法（Exchange Act Section）第6（b）（5）条的规定，即提案未能证明其“防止欺诈和操纵行为”以及“保护投资者和公众利益”。受此影响，比特币继续下探。到12月16日，比特币甚至在短短15分钟内就狂跌了3%以上，其价格从7100美元跌至6900美元以下。有统计显示，10月至12月期间比特币价格下降了15%。

纵观2019年全年，比特币价格以略高于7000美元，涨幅八成多的成绩结束了当年的旅程。密码分析师“Rptr45”列出了比特币的历史价格，结果显示2019年比特币的表现仅略高于2015年。因此，他在推特上发文称，比特币“表现不佳”。

当2019年最后一抹夜色被2020年第一天的晨曦驱散，我们终于迎来了全新的一年。2020年，也是21世纪的第3个十年开启年，至此全球步入了21

世纪30年代。上一年度“表现不佳”的比特币将会有怎样的表现呢？

令人振奋与惊喜的是，从刚刚过去的1月份看，比特币还是罕见地送来了一个大礼包：月度涨幅32%。1月1日，比特币价格稳定在7200美元左右，5天左右之后比特币价格就上涨了大约7%。随后迎来了9天的稳定整固期。1月14日，比特币价格从8140美元涨至8879美元，再次上涨了8.5%。1月28日，比特币价格又从8900美元跃升至9350美元。至月底，比特币突破了9580美元的阻力位，引领市场上涨。

另外，以太坊（Ethereum）作为长期以来市值第二大的加密币资产，自2019年9月22日以来也是首次突破200美元大关。许多人提到了DeFi（去中心化金融，是英文Decentralized Finance的缩写，也被称做Open Finance。它实际是指用来构建开放式金融系统的去中心化协议，旨在让世界上任何一个人都可以随时随地进行金融活动，尤其是去中心化的金融衍生品和相关服务，其背后是分布式账本和区块链技术。从2019年年初起，DeFi成为区块链领域里的长线热点话题，被认为是一场“新金融革命运动”）的发展，以及在Ethereum 2.0开发（以太坊2.0是计划中的以太坊替代方案）方面取得的重要进展，并对其后势发展持乐观态度。市值第三大的加密资产Ripple（XRP）亦最终突破0.28美元。不少人认为，XRP重新引起了人们对汇款和跨境支付的兴趣，美国国会近期也提到了XRP，还有可能进行公开募股，这些都是看涨的理由。

对比特币来说，动辄几倍、十倍甚至百倍的涨幅那都不算什么，为什么一个月涨了32%人们就如此兴奋呢？

首先让我们先看看投资市场上五花八门的所谓“魔咒”们。所谓的魔咒其实指的就是“持续巧合的事件”。比如就拿我们中国股市举例来说，就有“88”魔咒、“招商策略会召开”魔咒、“世界杯与奥运会”魔咒及“两桶油”魔咒等等，相信这些对大家来说一点也不陌生。其实，在加密数字币所在的币圈同样有。比如“减半行情”（以比特币为例，四年一轮的减半行情，目前已实施了两次，而这两次都带来新的牛市行情。一般来说，在其减半前一年便已出现新的牛市趋势，而后都创造了历史新高，但是两次减半行情发生后都迎来了暴跌）、再比如当出现以太经典（ETC）与其他数字币逆行独涨时，往往意味着加密币市场大盘即将大跌。

就比特币来说，新年的第一个月份通常表现是很差的。比如说，从目前上推前五年即2015-2019年，其1月份的币价表现都是一根月阴k线。另外，从2014年至2019年1月初到中旬的价格数据看，大家会发现比特币价格下跌幅度普遍在15%-50%之间，而这种波动性也造成了比特币价格通常在1月份会跌至当年的最低值。如果再拉长点年限看，从2011年到2019年共九年间，除了2014年和2018年外，其他七年比特币的每一年低点都发生在了1月份。因此，我们把“黑一月”当作一个“魔咒”，似乎也不无道理。

2020年1月份比特币的行情不仅没像绝大多数年份那样变“黑”，没有发生“价格大屠杀”，反而涨势如虹。近期全球区块链领先媒体与数字社区Coindesk对比特币进行的每年1月份涨幅调查中显示，30%的上涨幅度已是有史以来第二高的涨幅。最高的那次发生在2013年，当时比特币在30天内升幅50%以上。2020年1月份32%的涨幅应该是比特币史上最好的开端之一了。币圈不振奋不狂欢那才怪呢。

年份	最低点	时间
2009年	0.001美元（价格形成）	10月
2010年	0.003美分（披萨）	5月25日
2011年	0.29美元	1月6日
2012年	3.8美元	1月31日
2013年	12.98美元	1月2日
2014年	200美元	10月
2015年	163.88美元	1月14日
2016年	354.09美元	1月16日
2017年	751.08美元	1月12日
2018年	3155美元	1月9日
2019年	3353.03美元	1月29日
2020年	?	?

盘点比特币历年价格低点

好玩的是，关于“2020年1月份32%的涨幅”，有位业内分析师还加了一出戏。加戏者是比特币分析师和开发商Cryptoull。他在推文中说，比特币本月已上涨了32%。如果我们今年每月增长32%，到年底12月时比特币价格将会达到152,000美元。许多人还对这句话做了点赞，但也有人提出了不同意见。有趣的是，他在回复不同意见者时又来了一个神回复：对于那些认为比特币每月增长32%听起来像很“疯狂”的人们，只需要回顾一下2017年就可以知道能不能实现了。2017年比特币开盘价为960美元，到12月份时比特币涨至19,666美元，平均每月的涨幅就是32%。

加戏归加戏，玩笑归玩笑。这至少表达了以Cryptoull为代表的一批业内人士对比特币在2020年的良好表现是有期待的。对未来抱有信心，对比特币充满希望，都无可厚非。但问题的关键则是，比特币为代表的加密数字币如果迎来一波真牛市，道路还是非常漫长的。正如《量子经济学》（Quantum Economics）撰稿人、发行人Mati Greenspan所说，“伸手可得的果实都被摘光了，现在要上树了。”比特币为代表的加密数字币现在就是处在要上树的阶段。

一方面，数字化时代下货币的数字化也是大势所趋，正如近期清华大学国家金融研究院院长、IMF前全球副总裁朱民所言，数字货币一定是未来。正因为此，作为民间代表的比特币要与分别代表跨国巨头和国家的Libra及法定主权数字货币间的“三国杀”必然更加激烈、更加残酷。另一方面，由于比特币价格涨跌幅的波动十分巨大，其作为价值存储和避险资产也就是“数字黄金”的作用尚可，但是作为支付工具，它甚至还远远比不上支付宝和微信更方便快捷。尽管比特币最新的闪电网络技术解决了支付时部分的延迟性和扩展性问题。如果比特币非要作为一种“货币”，让社会让政府让人民头疼的通货紧缩也是一个非常大的短板。同时，作为比特币底层技术的区块链如何快速地落地应用也是其生命力旺盛的一个重要元素。

总之，走着走着，比特币已冲向了投资品“数字黄金”的赛道，而非中本聪所标称的“数字货币”。比特币在“输入”世界的同时，“输出”的却难再是“自由”。

如前文“老头儿”德拉普所说，比特币的“长期愿景是让世界经济解放”。然而，比特币从一场技术试验到目前有趣的社会试验，依然是路漫漫其修远兮。愿比特币继续上下而求索吧。

（6）聊聊比特币“中国元年”的那些故事。

2013年，比特币遭到塞浦路斯人民疯狂抢兑的一幕，大大刺激了远在东方的中国，一些“先知先觉”的中国人开始闯入比特币世界。自此，“中国元素”“中国力量”很快得以彰显。

在谈到比特币与区块链，谈到内含的中国元素时，对“车库咖啡”何时开张或许少有人知，但在比特币和区块链圈子里，这可是一件不能不提的“大事”。

“车库咖啡”的注册名称是“北京创业之路咖啡有限公司”，2011年4月7日开始试营业，是全球首家创业主题咖啡厅，为早期创业团队提供价格低廉的办公环境和最畅通的交流合作平台。或许是因赵东时任车库咖啡CTO的缘故，车库咖啡竟然改“姓”成了中国币圈第一孵化基地！

就是这么一间当时看起来极普通的“车库咖啡”，日后演绎出的却是中国币圈大佬们在此开启的传奇人生！创始人是苏菂，正是他通过“车库咖啡”让中关村在世界上的声音越来越大，越来越响！正如圈内大佬宝二爷（郭宏才）对外所说的那样，“我觉得没有车库咖啡，就没有今天的币圈，所有车库咖啡出来的一波人加在一起，打造了今天的币圈，这是一个非常神秘的地方”。北京海淀区海淀西大街48号，作为中国币圈发源地的“车库咖啡”，随着区块链时代的到来，某一天或许会成为中国区块链信仰者心中的“麦加”。

让我们看看宝二爷在这里说的“一波人”都有谁？

吴刚，好比特币（Haobtc）公司CEO，人称“比特币老兵”“比特币饭局局长”，中国第一个比特币钱包创立者，赵东、“疯狂小强”等人的比特币引路人。早在2009年他就通过电脑挖矿挖出了8000多个比特币，可惜后来丢失了。据说，币圈里有个“和平饭店”的群，如果有新“韭菜”进来，往往被追问“仰望星空了吗”。其实这里的“星空”实指的就是极客吴刚！可见，吴刚的江湖地位之高。

赵东，Dfund创始人，著名比特币早期投资者。赵东俗称“黑庄东”，也称“东叔”。曾创造过投资100万人民币买比特币赚1000万元的暴富传奇，但也有过失败经历，历经多次比特币生死劫，比如炒作比特币时曾亏损过1000多万元。在2013年年底比特币血雨风暴中，他果断抄底成功，一战成名，成为国内币圈的大佬级人物。估计是“币圈一日、人间一年”最深刻的体验者。

李笑来，中国币圈内的一个“传奇”。在新东方当老师时，就曾认购过新东方公司的内部股。2011年走进比特币世界，次年持仓量达到10万枚，当2013年比特币价格达到100美元时，首次实现了“手握一个资产直到100倍”，外界因此称之为“中国比特币首富”。在他写的小册子《韭菜的自我修养》中，告诫投资者，沦为“韭菜”随便被人割的根本原因在于把交易当成零和游戏。他还认为，孤独是投资者最重要的品质，认真生活比交易判断重要100倍。

宝二爷，原名郭宏才。比特天使基金（Bitangel）创始人，比特币和区块链领域的天使投资人，早期比特币玩家。用苏药的原话来说就是，他“原来在山西卖牛肉的老板，窝在车库咖啡一心想互联网卖牛肉，结果一来二去玩起了比特币，一不小心就搞了比特币媒体、比特币矿厂，成了圈子里出了名的腕儿”。频爆惊人言论是其标配，最经典的雷人语句是“有生之年，比特币不到100万美金，直播吃鸡鸡”。故有人认为他有“影帝”嫌疑。

李林，2013年注册成立比特币中国交易平台，当年9月1日，火币网正式上线，自此开始了人生中的第三次创业。短短一年，火币就成为国内最大的交易平台之一。2017年10月30日，李林发表公开声明，称火币中国将全面转型成为区块链垂直领域的专业综合资讯及研究服务平台，火币全球站仍将开展数字资产交易业务。他还披露说，2018年火币全球交易平台交易量突破2000亿美元，手续费收入突破5亿美元；在Huobi Global业务层面，火币OTC日均交易额超过1亿美元，已成为全球交易量最大的OTC平台之一。目前，火币的生态布局已涵盖资本、媒体、交易所、社群、钱包、稳定币、基于加密数字货币的各项金融衍生品等。

杜均，草根创业励志哥！《金色财经》创始人。曾与李林一道创办火币。此后，创立“佛系资本、冰系持币，只投早期项目的”节点资本，旗下现在两只基金，即人民币基金和Token Fund。

赵国峰，比特币世界创始人，Rfund创始人，火币韩国CEO。近期他分享的有关Libra的观点，还是很新颖。他表示，Libra项目的完美设计之处在于不仅不损害传统银行利益，而且还满足了美联储对稳定货币的监管诉求。掌握Libra命运的只是代表华尔街利益的美联储，也可以理解Libra和美联储都是代表着美元的利益。Libra可能做不到中本聪的设想，真正实现一种新的安全资产并且降低美元对全球超发效应的美好愿望，它更大可能是美联储干预未来全球货币体系的“最大筹码”，所以各国尽快做好一个应对措施。这是一个伟大的时代，让我们有机会参与重塑全球货币体系的年代，也是我们这年代人逃脱不了的宿命！

……

关于这个带点神秘色彩的“车库”，中国社科院研究生院金融专业特聘导师、区块链联合发展组织执委、天使投资人王彬生博士，曾在他新近出版的《未来财富之路：老韭菜区块链心得》一书中，也有过比较详尽的描写。该书中，王博士谈到了东叔、李笑来，也说到了宝二爷、赵国峰等人。

“当年在车库第一次见到赵东他们的一幕仍然记忆犹新。当时的场面和气氛使我感觉到十分的震撼。服务员把我带到了一个车库咖啡很小的包房里。我推开门的一刹那，真的感到非常的新奇。一间大概有七八个平方米的小房间里，竟然坐满了七八个年轻人，他们挤在一起，桌上是乱七八糟的快餐盒，抽的是廉价的香烟。但每个人的精神状态像打了鸡血一般的兴奋。”

他继续描述道，“对赵东说明来意后，赵东说非常忙，他因为当时正在忙着做场外交易。事后才知道，当时那间小屋子是中国甚至世界最大的场外交易市场。虽然当时比特币的价格不高，但是他们当时一开口已经是千万级的生意。”

该书出版后，笔者曾与王博士进行过交流沟通，并在征得他本人同意的前提下，摘录了最后一章《一个老韭菜的心路历程》在微信公众号“金融1号院”上刊发。对于这本不足十万字的区块链类“薄书”，笔者在短短几天内就看完了。但书中新的财富观等对人们思想上的冲击与启发都不小，也引起了笔者很多的共鸣，因此强烈希望大家认真看一看。这本书从认知、后工业文明、健康、教育等方面出发，分析了传统财富观与未来的冲突与面临的困惑，指出区块链技术引发的社会变革将悄然渗入人们的日常生活。随着草根化的兴起，未来传统金融机构、公司制度、生产关系、财政收入体系、财富观等都将会重塑。

让我们将目光投向2013年的中国，在加密数字币世界发生了许许多多的大事：

2013年1月，世界上首台比特币ASIC矿机阿瓦隆（Avalon）交付，ASIC挖矿时代开启。Avalon这个名字既是亚瑟王传说中“天佑之岛”的岛名，也是日本动漫《Fate》中最强防御武器的名称。Avalon的成功问世，使南瓜张成为名副其实的“矿机教父”，也奠定了“南瓜张”在挖矿业的重要地位。“南瓜张”即张楠赓，因其在Bitcointalk论坛上注册的ID号是“ngzhang”，故被圈内人称为“南瓜张”。随后，“烤猫（friedcat，bitcointalk.org论坛上注册的网名）”蒋信予也公开了自己的ASIC矿机研发计划。紧接着烤猫的ASIC芯片也研发成功，成为推出ASIC矿机的第二人。一时，矿圈中国进入了“北南瓜、南烤猫”的“双子星时代”。

有报道称，第一批生产出来的300台阿瓦隆矿机每天能够通过挖矿获得近4万美元的收入。ASIC矿机一时“洛阳纸贵”，一台8000元的阿瓦隆一代矿机直接被炒到30万元。北京时间2019年11月21日，全球第二大加密货币矿机生产商嘉楠耘智成功登陆纳斯达克，自此区块链第一股诞生。嘉楠科技股票上市后价格高开低走，首日收盘低于9美元的发行价，在接下来不到一个月的时间内股价几近腰斩，股价基本维持在5美元附近。北京时间2020年2月13日，嘉楠科技股价迎上市以来的首次暴涨，幅度达82.73%，市值接近13亿美元，当日一度涨至8.69美元逼近发行价，终盘收于每股8.04美元。当然，这些都是后话。

2013年4月20日，如今号称“币圈第一首富”的李笑来在四川芦山地震那天发起了比特币捐赠。截至2013年4月24日，壹基金收到233个比特币，按当时最新“汇率”计算，折合人民币近22万元。

2013年5月3日，中国人非常喜欢的主流经济类节目，央视《经济半小时》历史性地首次介绍了这个“新物种”，当期的主题是“解秘比特币”。经央视这么一传播，知道比特币的中国人也越来越多了。

2013年5月，李林创立火币网。

2013年，“一代矿霸”吴忌寒遇见詹克团，并于10月28日在北京创立比特大陆（北京比特大陆科技有限公司）。从2015年开始，比特大陆依靠S7矿机和S9矿机跃居行业第一，占据了比特币矿机市场70%以上的市场份额，掌握比特币全网30%左右的算力。

2013年5月，徐明星成立国内比特币交易所OKCoin。

现在让我们再谈谈2013年11月29日被称为“经典中国时刻”的故事吧。当时，在中国买家的带动下，比特币价格攻破1000美元大关，甚至超过每盎司黄金的价格。于是，在各大主流媒体争相报道“比特币现象”后，中国的比特币交易所一度超过日本“门头沟”交易所，获得了全球比特币的定价权。有报道称，到2013年年底，全球58%的比特币交易来自中国内地，占到全世界比特币交易市场的半壁江山。还有报道称，早在2013年5月份，中国的比特币矿工已高达8.5万人，比特币节点也超过21万个，均列全球首位。另外，据比特币统计网站Bitcoinchart的数据显示，2013年11月份，比特币中国的交易量已经达到近180万个，领先排名第二的日本平台近70万；在12月1日当天的24小时内，比特币中国的交易量达到72965个，排名第二的“门头沟”交易所（Mt.Gox）和位居全球第三的欧洲老牌交易所Bitstamp在相同时间的交易总量加起来也只有54000个，比特币中国的交易量遥遥领先。

可以说，2013年，伴随比特币价格的快速疯涨（当然其中也有暴跌时候），中国的比特币相关业务市场也实现了野蛮式生长。其中，最重要的原因就是中国还没有进行实质性的监管。

野蛮必伴监管，成长必伴代价，疯涨必归理性。2013年12月5日，比特币史上再迎发展拐点。自此，中国的监管开始不再是“真空”。

12月5日当天，《中国人民银行 工业和信息化部 中国银行业监督管理委员会 中国证券监督管理委员会 中国保险监督管理委员会关于防范比特币风险的通知》(以下简称《通知》)以银发〔2013〕289号文件下发。《通知》明确了比特币的性质，认为比特币不是由货币当局发行，不具有法偿性与强制性等货币属性，并不是真正意义的货币。从性质上看，比特币是一种特定的虚拟商品，不具有与货币等同的法律地位，不能且不应作为货币在市场上流通使用。但是，比特币交易作为一种互联网上的商品买卖行为，普通民众在自担风险的前提下拥有参与的自由。此前的11月份，针对国内越炒越烈的比特币，时任中国人民银行副行长的易纲也曾表示过，从人民银行角度，短期内不会承认比特币的合法性，但他同时认为，比特币作为一种“网络货币”，普通民众拥有参与网络交易行为的自由。

央行等五部委发布的《通知》，直接否定了比特币在中国的货币地位，同时禁止金融机构提供比特币交易服务。这条消息瞬即引发了比特币市场的剧烈震荡。这就是前面《再“牛”一把 比肩黄金》章节文尾提到的“暴力崩盘”的诱因。

随着中国央行“禁封”比特币，国内三方支付机构开始不支持比特币交易平台的转账和提现。受此影响，比特币交易平台Okcoin和比特币中国(2018年1月29日官宣，公司正式被中国香港区块链投资基金收购)宣布暂停人民币充值。于是，比特币价格大跌60%，随后持续走低，至2015年1月份跌到170美元价位水平，跌幅几近九成。对许多比特币的创业者而言甚至开始卖币为生，也是够惨的。

2 区块链生态是一个怎样的“存在”

区块链？疯子赚钱讲疯话。区块链？傻子说气话。区块链？骗子说假话。区块链？圈外人讲外行话。

——经济学家金岩石

2.1 币圈、链圈和矿圈①

人人都有“圈子”，而且往往被圈子“统治”着：跟着苍蝇钻垃圾，结伴蜜蜂采花蜜，跟着乞丐会要饭，换个圈子玩一玩，没准百万变千万。对于围区块链之炉取暖者这个圈子来说，它一般又分为三个圈：即币圈、链圈和矿圈。

2.1.1 币圈：“贵圈很乱”

币圈之“币”，在此不是指人民币或者美元等法币，也不是我们平常在微信上支付用的电子货币，而是以一串计算机数字代码表示出来的加密数字币。有人认为它就是“钱”，有人认为它是“数字黄金”，有人认为它是避险

① 文\《证券日报》金融机构中心记者 李冰

投资品，也有人认为它是“郁金香”……反正大家对以比特币为首的上百上千种加密数字币就是这样一种态度，至今也没有变化。围绕着这些“币”的玩家形成的圈子就叫币圈。

在币圈内，尤其是早期的币圈充斥着各种各样的奇葩。什么“一币一别墅，一币一嫩模”，什么“百倍币、千倍币”，实在是太“颠覆”人的认知。传统的VC/PE基本按几倍或几十倍来计算回报率，已是烧了高香，但在币圈却俨然成了比传统金融市场更奔放、更狂野，风险更高、收益也更具想象空间的“发财之地”。况且这里的门槛也不太高，只要“韭菜”们顺手通过一部手机，随便动动小指头就可以轻松加入币民大军。正因为此，业内才有了这一戏言，即“币圈一天，人间一年”。同时由于早期无人监管，因而乱象从生，所以一夜暴富、庞氏骗局、割韭菜等等，一时成为币圈的代名词。李笑来、宝二爷、赵东、孙宇晨……都是在炒币市场发了大财的典型人物。当前就区块链三个圈看，无论是从赚钱财富效应还是人气旺盛度，“币圈”还是占有一定优势，但自2017年至今以来随着各国监管措施的不断出台，市场乱象得以治理，总体上看，币圈至今处在有寒意且慢慢复苏的阶段。

而那些专注于炒作比特币为首的加密数字币以及带币区块链项目发行的代币众筹（简称ICO）的人群，常常被戏称为“老韭菜”，而新加入者则称“新韭菜”。其实，炒币跟炒股套路也非常雷同，基本是低买高卖套利。目前币圈王国里，比特币是“币王”，是市场炒作的主战场。如以太币、瑞波币、柚子币、莱特币等头部币种交易相对活跃。其他上千种山寨币，基本是时不时起个哄的配角。就目前来看，比特币在8000–10000美元间来回震荡，相较于20000美元的历史高点来说这也就处在半山腰上，但是相较于2010年5月22日“比特币披萨日”时的1枚比特币相当于0.0025美元，那又高到天上去了。

其实，在币圈最能赚钱的还是那些“卖水、卖铲子”的虚拟币交易所。最具代表性的人物就是币安交易所的赵长鹏，正是他演绎了屌丝的逆袭，实现了从0到百亿的跨越，而时间呢？仅仅7个月。这简直有刷新人的“三观”

之感。

不过，因为早期人们对区块链技术的理解，更多的是认为比特币就是区块链，其实比特币只是区块链技术的第一个超级应用。或许由于这种“误读”，区块链技术早年也被泼了不少“脏水”。随着比特币在2017年迎来第四次超级大牛市，区块链再次被人们重新认识。

2017年至2018年间，代币区块链发行ICO的融资方式达到高潮。本来其本意是帮助区块链创业项目绕开传统VC，通过众筹方式，降低融资门槛的。但大量骗子的加入让ICO完全变了味儿：项目方想要通过ICO的方式圈钱，投资者则梦想着在这些新项目里找到下一个百倍币。双方一拍即合，“坏事”就这样干了。

当时币圈有多乱呢？据说有的地方，区块链培训班学员已从精英白领拓展到了大爷大妈层级，有的培训班一场200人，每人收费5000元，一场收入就达百万元，一个月下来，他们就可以轻轻松松赚到数百万。当时的币圈，发行项目方只管向交易所支付一笔上币费，上币前匆匆建个网站、发个白皮书就可以募资，不少空气币甚至连“白皮书”都是在淘宝上找人代写的。代写的“白皮书”，价格高时竟到了5万元人民币。对此，《证券日报》曾做过《区块链白皮书代写调查：代写费几千元至5万元不等》的相关报道。

虚拟币早年的野蛮生长，让社会各界对其产生了诸多质疑——泡沫、庞氏骗局、传销等等都成了其标签。乱象下，不法分子、企业和团队利用人们的不了解，大行坑蒙拐骗之道。这令很多线下项目推广变成了传销大会，拉人头，多级分销提成，最后一地鸡毛，不少投资者损失惨重。

然而，出来混总是要还的。币圈在中国的狂热，随着2017年“9·4”监管政策出台突然降温。2017年10月底，比特币中国、火币网、OKCoin三大数字币交易平台相继宣布停止人民币交易，其相关业务转向海外。2018年1月，全球各国再次加大了对虚拟币的监管，以比特币为代表的主流币价格暴跌，市场进入了漫长的熊市。当年底，不仅比特币的价格跌去了80%，整个加密币市场的市值更是蒸发了近7000亿美元。

目前中国监管部门对国内虚拟币交易仍保持着严打态势。2019年11月，中国银保监会的处置非法集资部际联席会议办公室向各省市处非办发函，提示防范假借“区块链”名义的非法集资风险。与此同时，各地方的整治行动也在不断加快。央行上海总部下发《关于开展虚拟货币交易场所排摸整治的通知》、深圳市地方金融监督管理局下发《关于防范“虚拟货币”非法活动的风险提示》等。《中国金融稳定报告（2019）》则显示，2018年以来，国内173家虚拟币交易及代币发行融资平台已全部无风险退出。看来，整治效果不错。

此外，目前币圈在资本市场也已崭露头角，并有借壳上市先例，比如火币集团董事长兼创始人李林联合裂变资本董事长滕荣松收购香港主板上市公司桐成控股。收购完成后，李林将持有桐成控股73.73%的股权，成为实控人。2019年10月9日，港股公司桐成控股发布公告，宣布在10月9日举行的股东特别大会上，批准将公司名称改为“火币科技控股有限公司”，同时在普通决议案中批准火币集团创始人及董事长李林为公司执行董事。此外，2019年1月17日，港交所披露易公告显示，OK集团创始人徐明星斥资4.84亿港元收购前进控股集团60.49%已发行股份；但本次收购成功并不意味着可以直接将其他业务装入上市公司体系。按照港交所上市规则，当上市公司控制权发生变更的24个月内，控制人向上市公司累计注入资产的资产比率、代价比率、盈利比率、收益比例和股本比率任一指标高于100%，都将被认定为反向收购（借壳上市），需以IPO申请的标准进行审批。同时，港交所保留自由裁量权。

同时，需要提醒的是，大家在接触币圈时需要警惕各种骗局，尤其是假交易平台、场外交易诈骗、网络钓鱼、假币等。

2.1.2 链圈：“程序猿”出没的地方

链圈，这个群体基本是工程师、技术人员出身。他们对区块链技术抱有极高的情怀，立志通过“编程”创造出一个一个的“独角兽”。因为，理论上讲，只要大家想到的任何事情，未来都可以通过区块链，通过“程序猿编程"来解决。当然，链圈与币圈也不是截然分开的，如上所述，有的区块链项目是带币的，有的则是不带币。中国银行法学研究会理事肖飒曾发文从狭义的角度谈到"币圈"与"链圈"的区别。她认为，"狭义的'币圈'，单指的是数字币交易所及上市交易所的项目方成员及其联盟等。狭义的'链圈'则指的是只从事区块链技术研发、落地应用的团队及联盟等。她指出，从这两个狭义定义看，币圈、链圈几乎是不重合的，因为两者的价值观和行为方式以"发币上交易所"为界限。

当前的区块链技术成熟度，对于币圈来说，已经足够满足其需求。因此，他们对区块链技术的进一步发展显得并不十分关心，关心的焦点是如何炒币谋利。而链圈大咖、企业和技术人员一直都在不断学习研究区块链技术，并积极探索区块链在各行各业的应用，赋能实体经济。前景和"钱途"虽然可期，但是技术瓶颈仍待突破。尽管如此，区块链技术事实上的应用已延伸到数字金融、物联网、智能制造、供应链管理、数字资产交易等多个领域社会生活的方方面面。

在中国，链圈众大佬及科技巨头近年来实际上也一刻也没有停下攻坚、探索区块链技术的脚步。下面就是这些较具有代表性的互联网巨头BAT等对区块链的布局：

2016年6月，百度完成了对美国的一家全球性的区块链技术支付公司Circle的投资。

2017年7月21日，百度金融（现更名为度小满金融）推出了网址为"chain.baidu.com"的区块链开放平台"BaaS"。

2016年7月份，阿里宣布蚂蚁金服将区块链技术应用于支付宝爱心捐赠平台，随后阿里又将区块链技术延展到互助保险的应用。

2017年8月，阿里健康与江苏常州市合作推出我国首个基于医疗场景的区块链应用——"医联体+区块链"试点项目。

2017年10月份，"BASIC"战略，支持进口食品安全溯源、商品正品溯源等。

2018年3月，阿里正式宣布天猫海淘将基于区块链技术跟踪、上传、查证跨境进口商品的物流全链路信息，防止造假。

2018年6月，蚂蚁金服宣布，港版支付宝AlipayHK上线全球首个基于区块链的电子钱包跨境汇款服务。

2018年8月10日，全球第一张区块链电子发票在深圳市落地，腾讯金融科技为区块链电子发票底层技术提供方。

2018年，腾讯与联易融共同打造了微企链平台。这也是国内首个“供应链金融+区块链+ABS”开放平台。

可以预见，未来通过“链圈”各方的努力，区块链技术将不断更迭发展，区块链正在从概念化不断深入走向实体化，渗透各个领域。区块链技术也必将会给你我的生活带来“不可思议”的更为美好的改变。

2.1.3　矿圈：一群踏实勤恳赚钱的“民工”

“矿圈”就是一群专注于“挖矿”的“矿工”，这些矿工大多来自于IT行业。中本聪就是世界上第一位矿工。当然，矿圈也不是纯净的，有的人也在币圈也在矿圈，尤其是算力要求较低，且矿场、矿池未出现时。

业内有戏言称：“币圈的人风险太大，链圈的人技术壁垒太高，只有矿圈的人是‘躺赚’的节奏”。不过随着参与炒币的人越来越多，随着挖矿算力的不断提高，矿机和电费价格走高，成本变高，出矿的几率变小，现在的矿圈日子也不是那么好过，“躺赚”已成记忆。这个问题我们也可以从“挖矿”设备历经四次迭代的演进中看出。从PC挖矿、GPU挖矿到FPGA挖矿再到ASIC挖矿，算力是不断提高的。从挖矿形式看也历经了从个人电脑挖矿到矿池挖矿或矿场的转变。不过，从收益方面来看，相比于币圈而言，矿圈更接近于生产币的一级市场，因此收益会更加稳定。从风险角度来看，挖矿的风险来自各方面，如发洪水等天灾人祸冲毁或破坏了矿场等，以及不断攀升的算力和高昂的电费支出。其中面临的最大风险是币价的大幅波动。而这又非人为可控。相比而言，中国矿圈的力量更为强大些。有介绍称，目前世界排名前三的数字币矿机生产商都是中国人创办的，仅比特大陆、嘉楠耘智和亿邦科技三家就囊括了全球九成以上的份额，中国矿工产量高达70%。也就是说中国几乎垄断了全球的比特币矿机。其中，嘉楠耘智已在美国纳斯达克实现上市，比特大陆IPO虽然历经曲折，但仍在继续努力之中。

2017年“9·4监管新政”后，坐落于国内的新疆、内蒙古和四川等省、区的多家矿场纷纷被约谈。在成本上升等各种压力下，矿工们开始纷纷寻找海外栖身之所。热门选择地通常是拥有廉价电力、气候寒冷利于散热的俄罗斯、加拿大和冰岛等北欧等国，有的另辟蹊径，把眼光投向了柬埔寨和菲律宾等东南亚地区，还有更聪明者选择了水电费极低甚至免费的土库曼斯坦等中亚五国。

在矿圈，比较出名的人物，如一代矿霸吴忌寒。有人说吴忌寒拥有比特币世界12%的算力，后来有人说20%，现在有人说30%。可见这位矿机江湖“武林盟主”之人的确不简单。

谈到矿圈，除了“南瓜张”“北烤猫“外，还有一个人我们不得不提，他就是创立了中国第一个比特币矿池即F2POOL矿池（后被拥趸们称为“鱼池”）的毛世行（神鱼BTCer），也是壹比特数字科技联合创始人。毛世行，在2013年时才刚刚是位攻读硕士学位的研究生。或许当年是中国比特币元年，或许是由于密码学的功底，他开始痴迷比特币并决定当年休学挖矿。虽然也历经坎坷，但最后小伙子除了收获到了其认知能力圈下的上亿财富外，还在加密经济创业中收获了浪漫。据称，当他结婚时并没有给太太买大钻戒，反而是挖了两个新区块，像中本聪在创世区块写下留言一样在他自己所挖的区块里面嵌入了结婚誓言。

据CSDN博主“白话区块链-大白”报道说，2014年5月8日，神鱼与妻子登记领证。当天中午，神鱼一边陪妻子吃饭，一边安排挖比特币区块。他决定将1个区块的出块奖励（25个比特币）作为送给妻子的结婚礼物。神鱼对此解释说：“我当时没有买钻戒，就把这个区块当钻戒了，因为我觉得这个可能更为永恒，只要网络存在，人类文明存在，这个誓言就永远不会消失。”

这个报道还说，区块挖好后，神鱼特意将它存到自己花18个小时算好的以“1LoveU”为开头的账户地址中。更令他惊喜的是，他又挖出了一个高度相连的区块，他惊叹：“这个太幸运了，因为挖矿是波动的，有时候全网1小时都挖不出一个新的。”于是，他在这两个区块的交易记录中写道：“执子之手，与子偕老。神鱼to冬冬。”

如此浪漫的一句话作为自己爱情的见证，被永远地保存在区块链上。不可篡改，不可后悔，随时可查，随时可看，人生岂不快哉！

当然，币圈、链圈和矿圈并不是天然有分界线的，有时也有交集。另外，除了这些还有盘圈之说。盘圈的资金可以叫做资金盘币，其运行模式和传统的传销方式无异，主要是通过人拉人的方式，击鼓传花，让后面不知情的人前来接盘，也有承诺超高收益的，最终的结果往往是资金链断裂，全线崩盘，落得个一地鸡毛。参与其中的人更多的是人“傻”钱多，最后亏了个底儿掉。现在有很多山寨币都是资金盘的游戏，其特征一般是在一个较小的数字币交易所上市，然后币价一路上涨。对此，大家一定要注意规避风险。

2.2 为什么这群人3点不睡觉？①

2018年2月17日，星期六，中国农历戊戌（狗）年正月初二，正是中国人共贺新春、四海同庆中国年的春节假期时间。

然而，有一群“三点不睡觉只想改变世界的可爱之人”却将“熬年夜”的守岁习俗搬到了大年初二这一天。当然，他们不是团聚一起吃年夜饭，明烛围炉聊短长，辞旧迎新驱瘟神，而是在线上开了一个叫微信群的会议间，畅谈区块链，但避谈币圈炒币，只谈技术和应用，只谈链圈。正式的名称就叫“3点钟无眠区块链”。一个凌晨3点，一个无眠，一个区块链，一个七天发红包超百万元，成了抓人眼球的“亮点”。

“3点钟无眠区块链”，最初是由玉红在2月11日创立，玉红此前是360

① 文/《证券日报》金融机构中心记者 邢萌

游戏的主要负责人，后为SEEU&QYGAME创始人，推出了基于区块链的大型网络游戏《基本世界》。他曾以趣游科技公司董事长的身份与雷军、杨元庆、李开复等共同当选“2012年中关村十大年度人物”。由于最初建群时是在凌晨三点左右，故将其命名为“3点钟无眠区块链”。该社群联合发起人、DACC基金会合伙人Sky后来曾回忆称，“当时是两点五十几分，于是起名3点钟社群，没想到原来凌晨3点不睡、思考区块链的人那么多，并且都是这个行业中的翘楚。”

“3点钟无眠区块链”社群发起人玉红（图片来源：新浪网）

“3点钟无眠区块链”由区块链圈、互联网圈、投资圈、媒体圈还有娱乐圈等知名人士组成，阵容强大。据称，这群人的总资产合计已达上千亿元甚至上万亿元。网上流传了一份群成员的名单，包括：如易理华、陈伟星、田羽生、沈波、玉红、徐小平、张首晟、薛蛮子、林嘉喜、林奇、朱怀阳、高晓松、周鸿祎、吴世春、赵东、李笑来、韩庚、徐明星、魏建国、海泉、慕岩、马昊伯、吴忌寒、王峰、朱烨、王悦、冯鑫、刘峻、邵恒、李林、孙泽宇、林允、周硕基、刘勇、成湘君、刘芹、何一、秦岚、达鸿飞、Sky、林嘉鹏、佟丽娅、李世默、元道、苏亮、赵奕欢、张巍、李逸飞以及很多匿名人士等。当然，入群者还有虽不是早期加入但在3月份退群引发媒体热议的李开复。

无规矩不成方圆。为此，玉红和最早入群的行业大佬薛蛮子以及曾创办泛城资本、快的打车、保险师等多家公司的“80后”陈伟星等共同在群里立下了规矩：严禁在群里发布关于炒币、ICO等方面的消息。江湖人称“宝二爷”的币圈知名人物郭宏才，就因为在群里说了一句“我反正就是来赚钱的，空聊技术真没啥意思……区块链最大的应用就是炒币”，被踢出了群。为此郭宏才心里不服气，还专门写长文，“骂”这些人“太虚了”。

陈伟星也因为与知名投资人朱啸虎在群内互怼，搅动了链圈、币圈，成为新网红。此前陈伟星曾发微博称，区块链是数字时代的“立法技术”，并给出了支持这一观点的7个理由。笔者认为，这个观点还是有高度和深度的，值得大家思考。

据悉，“3点钟无眠区块链”设定轮值群主每天主持设定话题：比如Ruff Chain创始人Roy Li谈的是区块链与物联网；量子链创始人帅初，谈论的是技术趋势；著名编剧、制片人于正说的是基于区块链的泛娱乐；蔡文胜讲的是区块链与比特币是什么；国金投资的詹川、容铭投资的崔会绅回答的是明星项目如何落地；好扑创始人马昊伯、FBG创始人周硕基等讲的是区块链行业机会。

随着社群争论和谈论的内容流传出来，“3点钟无眠区块链”立即引发了外界的强烈关注，也带动了越来越多的人参与讨论，一时间成为当时最热的微信社区群。当时区块链业界流行这样一段话：“如果你还没有听过‘3点钟区块链群’，说明你还不是链圈的人；如果你还没有加入‘3点钟区块链群’，说明你还不是链圈的大佬；你还没有被3点钟区块链群刷屏，说明你还体会不到什么是‘币圈一天、人间一年’。”同时，春节的七天长假里，金色财经、耳朵财经、深链财经等一批区块链头部媒体们，坚持蹲守“3点钟无眠区块链”群，并整理出群内大咖们的每一句发言，实时发布，再加上“7天发红包过百万”的消息不胫而走，进一步催热了这个微信社区群。

该群成员在短时间内迅速升至500人上限，人称“区块链第一社群”。

于是，一个新的现象级的虚拟IP诞生了。由于人数达到了上限，“3点钟无眠区块链”在世界各地迅速“分叉”出成千上万个区块链微信群，各种“3点钟×××”群风靡全球，与此同时，各种“割韭菜”丑闻频出。对此，“3点钟无眠区块链”官方表示凡事需依法而行，对冠以“3点钟”的名头，却做有悖法治精神的行为和言论表示严厉谴责，同时不排除采取法律的措施。

“3点钟无眠区块链”声明如下：

（1）“3点钟”相关微信群，宗旨是只讨论以区块链技术为核心的话题，我们希望为区块链技术推进世界文明的演进，贡献来自“3点钟”各个节点的微薄力量，同时推动中国区块链力量的全球化，“3点钟”不会以任何形式进行收费，并提议所有的“3点钟”微信群在自己的公告里加上“只分享不收费”；

（2）“3点钟”严禁讨论炒币、代投、ICO等一切相关话题，严禁任何收费行为，涉及到此类话题以及行为，并冠以“3点钟”名头的所有微信群，均与“3点钟无眠区块链”初始群无任何关系，“3点钟”初始群不承担任何责任，并保留追究其法律责任的权利；

（3）“3点钟”严禁媒体擅自以断章取义、标题党的方式引用3点钟初始群里的讨论内容，媒体在对外传播群内讨论内容的时候应该高度自律，并与“3点钟”保持一致的共识；

（4）我们欢迎符合宗旨的“3点钟”微信群，能与“3点钟无眠区块链”初始群建立联系，保持互动；我们也欢迎各行各业对‘区块链改变世界’感兴趣的人士加入到“3点钟”的初始群中来，共同讨论，百家争鸣，求同存异；

（5）“3点钟”初始群一开始就推出了轮值群主管理的办法，我们会一如既往地围绕高质量微信群的“共建、共管、共治、共享”全新模式，以达成和扩大共识为目的地，推动区块链技术的进化及落地。

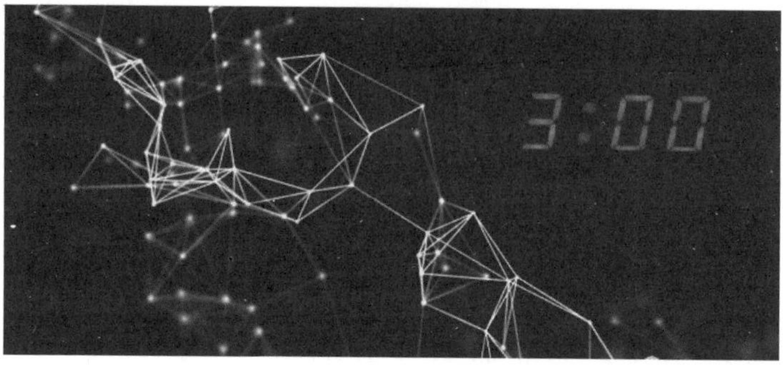

（图片来源：币界网）

“3点钟无眠区块链”群里到底有哪些“干货”呢？据“寻找中国创客”整理报道称，该社群集中谈了7个主要观点：

（1）区块链是多维的价值传递链条。简而言之，区块链是一个多维的价值传递链条，并非互联网升级版本，其通过技术创新解决了传统信任问题，改变了商业逻辑。

（2）去中心化与系统效率不可协调。区块链分为公有链、联盟链、私有链，公有链最受关注的价值便是去中心化。区块链未来应用落地想要解决中心化问题，要先考虑是否能容忍效率低的问题，以及不同类别的链该如何应用。

（3）区块链Token的价值与投资。Token已经被大多数人认为是区块链最大的价值之一，甚至被认为是未来改变商业组织关的纽带。没有Token的区块链也即私有链，许多人认为其价值已经大大降低，甚至就是一个企业级服务器。所以围绕Token衍生的Token经济将成为区块链最具潜力的应用领域。未来如何估值、投资Token，将受到更多的关注。

（4）比特币不会造成通货紧缩。比特币总量恒定的特性让许多圈内人认为其未来会产生“通缩”，进而导致经济衰退，这也是其被批评者诟病的重要方面之一。而未来区块链环境下的多货币体系，让比特币成为“价值尺度”，这一观点很好地解释了比特币未来发展方向，是Token经济的价值表现之一。

（5）区块链已变为全球性投机行为。对区块链泡沫的声音，从其出现到热炒便一直不断，而比特币的泡沫声音尤其广为传播。是否是史上最大泡沫，尚无法定论，但是泡沫中存在的价值已经被越来越认可。泡沫会引来投机行为，也会放大价值。如何从区块链泡沫中发现真正的价值，是对投资者的大考验。

（6）区块链应用核心是去中介化。区块链应用尚处早期，就像互联网对社会生活的改变一样，区块链也会以基础设施的方式成为未来人们生活中的一部分。但目前看，对于什么样的场景适合区块链应用落地，去中介化成为一种判断的标杆。

（7）相信监管会放开。随着区块链走热，监管已经是个绕不开的话题，各国对区块链监管态度不一，也让国内区块链从业者难以把握。国内对区块链行业监管是否放开，最终还要看区块链技术能否从投机中走向真正社会应用。

“3点钟无眠区块链”，尽管其宗旨是论道区块链技术、义正言辞不涉币，但是它却无法掩盖人们内心对财富的新渴望和新追求。颇具讽刺意味的是，看看这个群，不少人是区块链“老”一代“领袖”，他们大都和“炒币”紧密相连。随着2018年币市泡沫破灭，包括玉红、徐小平、薛蛮子、蔡文胜等这一代领军人物人设纷纷崩塌，“3点钟无眠区块链”群也渐渐走向凉凉。这似乎也应了当年金沙江创始人朱啸虎在其朋友圈发下的如此言论：“不要拉我进各种3点钟群，有些风口宁愿错过，有些钱宁愿不赚，大家晚节保重。”

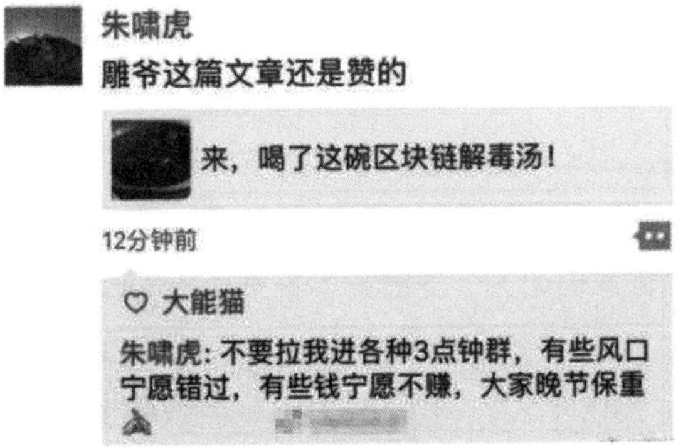

（图片来源：搜狐网）

“3点钟”社群，伴随着日后各种区块链大会的召开，各种花式社群的建立，以及影响最大的XMX发币等一连串负面动作之后，无论形象还是热度，都一落千丈。“壹块硬币”介绍道，当年4月24日，在中国澳门威尼斯人酒店，玉红站台举办了“2018第一届世界区块链大会·三点钟峰会”，这是玉红的“3点钟”IP变现开始的地方。从4月份到6月份，从中国澳门到新加坡，玉红携“3点钟”IP的流量优势，搭建了区块链大会三点钟峰会这一平台，开启了诸多项目路演、有大量中国大妈们参与的财富狂欢。

事实上，“3点钟XMX全球社群联盟”的建立将“3点钟”推向了高潮，这个升级版的3点钟微信社区横空出世并迅速完成裂变。“壹块硬币”称，由玉红、赵东、徐刚、管鹏等99个“大V”分别带领99个500人微信群，一时间玉红的“XMX”如旋风般席卷币圈。仅仅几十天后，在不断的质疑声中，XMX社群盛极而衰，一直在台前的玉红也极少露面了。再次登上头条已是7月底，7月31日，XMX跌至8厘，由于平台只显示两位小数，以厘计价的XMX在平台上显示为0.00。玉红，这个因“3点钟无眠区块链”而盛极一时的币圈红人，后以发行XMX归零币收场（后又因币圈回暖，玉红喊单使XMX死灰复燃后又陷入沉寂）。彼时，由玉红建立的“3点钟无眠区块链”社群已作鸟兽散，一如朱啸虎在最开始所说“考验人性的模式从来就没有成功过”。

据“互链脉搏”称，2018年11月份的某一天，有媒体发现，徐小平已经清理了微博中所有含有区块链字眼的内容，年初那条澄清“拥抱区块链革命”的微博也不知何时不见了踪影。随后三言财经搜索多个主流活跃区块链社区，发现徐小平均不在群内。而在十个月前，徐小平还在呼吁CEO们要“All in区块链”；而另一位“3点钟无眠区块链”的精神领袖——薛蛮子，也从2017年下半年“仅8天就投资13个区块链项目”，并告诫90后区块链创业者“区块链创业都别怂，就是干！”，变成后来的淡出币圈，一心扎入房产投资事业；隆领资本创始人、美图秀秀董事长蔡文胜，也是“3点钟无眠区块链”前期“响当当”的人物。其伊始在群内推荐ZIP后曾一度让该项目的Token暴涨98%。2018年2月，代币BEC因疑似跟美图公司有所牵扯，上线OKex当日更是暴涨超过4000%。然而，这个曾经在朋友圈表达“区块链会改变我们的商业模式、社会结构甚至改变国家边界宗教信仰”观点的大佬，却在BEC吸睛后立马撇清关系。“互链脉搏”仔细查阅和搜索，发现蔡文胜已很久未在区块链领域有相关动作。

时至今日，“3点钟”社群已消散不见，虽未必产生太多有用的价值，但作为现象级的“区块链第一社群”仍留下了时代的重要印记。毕竟这是在“9·4监管新政”后的一次民间自发的大讨论、大反思。不管怎样，“3点钟”社群话题的持续火爆，从某种意义讲也是一次全民性的区块链普及活动。相信，随着大众对区块链认识的理性与成熟，区块链作为新一代信息技术变革社会与经济的力量将会进一步得到发挥，并在赋能实体经济的基础上衍生出更多的商业新模式、新机会，真正为新经济的发展提供智慧支持！

2.3 李笑来：敢拿美钞点烟的男人①

2.3.1 靠“财商”攫取人生第一桶金

1994年的中国，春回大地，“市场经济”以堂堂正正之身登上了中国社会发展的历史大舞台。这一年里，市场行情，无不牵动着每一位百姓和官员的心；市场波动，令人游走在兴奋和担忧之间。如何抓住时代赐与的机遇，已成为国人思考的重大话题，大学生也不例外。

就在这一年，有位长春大学“不太安分”的会计专业大三学生，同样无时无刻不在思考着自己的人生。当他在报纸上看到长春火车站附近一个批发市场正在招商的消息后，二话没说，当即毛遂自荐：他可以回老家帮着招商。当然这得有奖励，双方以“10%的提成”击掌成交。果然，小伙子没有让人失望：回到老家延吉后借钱在当地报纸上发广告，很短时间内就拿了2万多元的提成。没想到的是，他并不急于花费掉，而是直接将这些“提成”置换成了位置不错的小柜台，从此开始与人合伙做起了批发生意。幸运的是，2万多元很快魔术般地变成了几十万元。这也成就了他人生的第一桶金。

① 文/《证券日报》金融机构中心记者 邢萌

不要忘了，当时一个普通人的月工资也不过400元左右。

20年后，他再次将目光投向了刚刚时兴起的比特币世界，从此摇身一变，成就了自己“中国比特币首富”的业界地位。

这位当时颇有商业头脑的大学生是谁呢？不用问，或许你早就猜出来了。没错，他就是李笑来。

2.3.2 敢拿美钞点烟

只要信手在网络搜一下李笑来，估计大家都会被他拿美钞点烟的照片所震撼。视金钱为粪土，大家非常容易理解，但拿美钞点烟估计大家在现实生活中都是罕见或少见的。或许，对60后、70后来说，大家对电影《英雄本色》里周润发扮演的小马哥用美钞点烟的画面或有记忆，但那毕竟是在电影世界里的场景。那么李笑来的底气来自哪里呢？

敢拿美钞点烟的男人（图片来源：搜狐网）

关于李笑来从大学直到2011年的一些神奇经历，一篇标题为《李笑来：我是如何获得财务自由的？》文章里讲得比较细致：1997年，李笑来称自己已赚了上百万元。2000年，因父亲生病，花了很多钱，自己又变得身无分文了。2001年，他开始了自己在新东方讲师的生涯，直到2007年离职创办自己的公司。

李笑来入职新东方教育集团时，任职的是国外部高级教师，因其讲课风趣幽默深受学生、网友喜爱。

“小时候，我想吃肉，但家里实在没有。我妈便看中了家里仅有的那只鸡。杀鸡取卵不可取，况杀鸡取肉乎？但生性彪悍的老妈硬是把我家那只全村著名的一周下6次蛋，其中5次是双黄蛋的母鸡卸下一只鸡翅膀，并成功让母鸡止血，我晚上便喝上鸡翅膀汤，从此院子里便有了一只仅有一只鸡翅膀的一周下6次蛋，其中5次是双黄蛋的母鸡。我从老妈身上学到了：凡事只要你想，就一定有办法。如果没有，那是你还没找到。”对于他讲课时的风趣幽默，相信大家从李笑来公开课中的这段话中可见一斑。

李笑来不仅风趣幽默，而且学生们听了还很受用。对此，他也不止一次在自己的文章中谈到过这些经历。为什么李笑来到新东方后教的是写作课呢？因为当时在新东方，没人能教得好写作课。当时公司有8个教阅读的老师，只有2个教写作的老师。于是李笑来就想新东方这个环境里最需要什么？但是他没有去想自己喜欢什么，反而借用同理心从学生的角度想出在“有用”和“有趣”之间做好平衡的妙招。因此，李笑来把当时托福题库里的作文全部做了一遍。能做到这件事的没几个人，所以李笑来就成为了一个“稀缺”的“宝贝”老师。

新东方当时是按学生给老师的打分发工资的。据称当时他的得分很高，如果按分数发工资的话，每个月都有2300元以上。坊间传出新东方借用“张良计”出了个规定，说李笑来的工资以后1700元封顶。但李笑来多次回忆当时的日子时说了另一个数据：“当新东方老师的时候，年薪税后六七十万，课程评分全校最高，校领导见我都要打招呼”。可以看出，李笑来在当时的新东方的确是个难得的人才、难得的师者。

对于新东方七年的英语教学生涯，李笑来把自己的成功归因到演讲能力上。他说，“演讲能力改变了我的命运”，“我去新东方应聘，去当一个所有认识我的人（其实包括我自己在内）之前都不可能想到我可能、我可以去从事的职业——‘英语老师’。其后的一辈子里（七年），我在新东方能够如鱼得水，全仰仗着这个能力——其实根本不是‘英语能力’，因为‘英语能力’实际上只不过是那个职业的最基础能力。并且，‘半路出家’的我，怎么可能拼得过那些科班出身的高手们呢？实际上，回头看这么多年我在互联网上生存的过程，演讲能力依然起着至关重要的作用。”

李笑来还曾公开分享过利用自己的演讲能力如何培养领导力的心得。他说，“我经常演讲，经常讲课，对于揣摩、理解受众（听众和读者都是受众）的感知与反应，我当然是积累了足够多的经验，随着经验的积累，我越来越知道自己说一句怎样的话，受众会有怎样的反应，若是有多种反应，那么究竟可以分为几类，哪些类别是必须回应的，哪些类别是可以提前消除疑惑的，哪些类别是我可以完全置之不理的……所以，后来我写的文章越来越可以适应‘更大数量级的读者’，其实是与不断在演讲现场收集经验有着紧密联系的。写一篇文章，然后有数万读者，做一场讲座，有数万听众，这背后其实是一样的，核心就是：沟通效率的极大提高。”

2003年，李笑来撰写出版了《TOEFL核心词汇21天突破》一书；2005年再次出版《TOEFL 6分作文》一书；2007年，他又在《TOEFL 6分作文》基础上新编成词汇书《新托福IBT词汇分类突破》，同时开始撰写《管理我的时间》；2009年，在《管理我的时间》基础上修改出版了《把时间当作朋友》一书。《把时间当作朋友》市场大卖，2009年该书出版后，曾多次再版，包括2010年、2013年（第3版，全彩版）、2016年（罗辑思维独家定制版）等。也正是此书为媒，李笑来与创办罗辑思维的罗振宇相识。

离开新东方后的几年内，李笑来创业开了自己的留学咨询服务公司，同时靠知识付费和版税收入发财，用他自己总结的话说就叫“睡后收入”，躺着赚钱。接下来随着中本聪的比特币白皮书的发布及传播，2011年李笑来开始了与比特币的首次握手。比特币及其产业链成了他的最爱，“中国比特币首富”的王冠就这样一不小心戴在了他自己的头上。

或许正是由于李笑来讲课和演讲的风趣幽默及听者的极大受用，其布道比特币的“车库咖啡”最后竟然成了中国的“币圈黄埔”。虽然李笑来最后还是离开新东方，是个小遗憾，至少社会上少了一个好老师，但是中国的财富圈里却多了一个“新首富”。

2013年，李笑来接受过一次央视记者的采访，在被问及有多少比特币时，公开回答自己拥有6位数的比特币，开头是1。其比特币中国首富的头衔就是这么来的。当年底，李笑来登上了《华尔街日报》。该报发表的一篇关于中国比特币市场的报道中提到了他，并称，“北京刚成立不久的一个比特币观察人士团体说，41岁的李笑来是中国持有比特币最多的人之一”。

自2011年开始，李笑来开启了币圈炒币和区块链投资的人生，同时兼顾知识付费，即币圈牛市炒币，熊市出书。2017年，李笑来在罗辑思维“得到”开通付费专栏《通往财富自由之路》，有超过20万人以199元/年的价格订购了课程，总收入超过了4000万元。实际上，李笑来个人所得不超过1000万元。他曾提到，“我给罗振宇写专栏，总共获利4000万，得到平台要分一半，交税要交一半还多一点，到最后分到我头上只有900多万左右，最后还是分许多次才能给。”

2.3.3 争议中走向财富自由

正如前述的那张“黄色背景前，双目睥睨，手拿燃烧着的1美元纸钞，嘴上叼着香烟，梗着脖子往火苗上凑”的饱受争议的照片一样，李笑来在通往自己的财富自由之路上同样饱受争议。

有位投资界的大佬是这样评价李笑来的：他是一个极聪明的人，也极富远见，可以说是互联网的思想家，同时也是实验家、先行者。但他的问题是太过理想主义，他的所有想法都很好，但是践行起来都太过艰难。

不得不说，对于这样的评价，尤其是其“太过理想主义，践行太过艰难”的说法，倒也贴切。是的，他常常喜欢给投资者“画饼”，等投资者抢购完筹码后才发觉这饼根本没法吃或太难吃，而此时拿着筹码的李笑来早已悄然离去，奔向另一张饼。

币圈名人陈伟星在与李笑来互怼中也亮出过李笑来的“核心骗术”：“他不是什么首富，相反他用各种手段集资了很多币和钱，包括30000个比特币、INB的3亿人民币、BigOne上的BIG、ONE、PressOne等20多个传销币和空气币、多年来十几个法币公司的募资集资、支付宝拉群搞风利基金风利债权（几万几十万这样地向散户募资）等等，这些钱都是不合法律规范的集资，都是要还的！但他每次给人看的都是同一笔钱，根本不够还！”

虽然李笑来有精明的头脑和出色的演讲能力，在币圈里活得如鱼得水，但是在比特币等虚拟币快速大涨的年份里，他的投资逻辑却是简单有效的，即“把成长率低的资产换成成长率高的资产”。2015年底，李笑来曾创建了一个收费社群：比特币生存指南，后来交给另一个币圈名人老猫运营。此群大概有两百多人，老猫接手管理不到两年，这个群里就已出现了很多的亿万富豪、千万富翁。对此，李笑来曾解释说，道理很简单，他们花了两年时间把法币换成了像虚拟币这样的成长率高的资产，就这么简单。

李笑来正是利用这种投资方法，将包括演讲收入在内的大多数人民币资产换成虚拟币等成长率高的资产，并最终站上了财富巅峰。早在2011年，李笑来就用新东方股份美股账户的钱入手比特币。据称，第一批共花了1.31万美元，买了2100个比特币，后来又在比特币随后的熊市里持续建仓。直到2017年12月份，比特币的价格到达了2万美元的历史新高，按照李笑来持有的6位数比特币数量计算，李笑来在当时的比特币资产价值高达20亿美元。

后来，并不避讳拥有比特币的李笑来一直想摆脱“中国比特币首富”的帽子，他曾坚决否认自称过“中国比特币首富”，认为“‘中国比特币首富’是被莫名其妙戴上的帽子，我可能从来都不是‘中国比特币首富’”。李笑来回忆道，“2013年，我都知道中国境内有两个我认识的人比特币数量比我多，所以在那个时候，我就不应该是所谓的‘中国比特币首富’。2018年，我还是知道有两个人，而且是我认识的两个人，比特币数量比我多。”

与此同时，进入天使投资领域的数年内，李笑来也积累了大量财富，迎来又一波高峰。2018年初，他在一次公开演讲中曾提及此段时间的投资历程，

"到了2013年，我尝试着去做天使投资，一开始是完全不成功的，有很多很多的失败案例，遇到了很多很多不靠谱的人。到了2016年，我渐入佳境，到了2017年，我们做对了很多很多事情。"

李笑来谈到，"在这个过程当中，我们投资了很多好项目，包括今天所谓的江湖传言的硬币资本，非常有声望的投资机构。从历史上来看，今天能听到的很多优秀项目我们都有参与，比如说Zcash，网络共享存储Sicoin，曾经被认为是空气币的量子、EOS等等。"

通过天使投资带来的财富到底有多大？据深链财经报道，EOS项目在李笑来的喊单下5天拿到了1.85亿美元的融资。量子链也靠李笑来"卖了六个月空气币"而成为最炙手可热的项目；PressOne在白皮书都没有的情况下就募集了2亿美金。不过后来，EOS官方撇清与李笑来的关系，量子链在到达103美元之后一路狂跌至3美元左右，至于李笑来自己推出的PressOne，则从1.1美元跌至0.05美元。这也让笔者想到了币圈流行的一句话："李笑来说的话可以听，李笑来投的币不要买，李笑来支持的项目不要投。"而这也成了李笑来与东叔（赵东）的一个"梗"，至今这个结还缠绕着两人之间，无法解开。

事实上，李笑来曾透露，仅EOS一个项目彼时投资回报就高达200倍。2018年7月份，李笑来在接受界面新闻采访时曾表示，EOS这个项目的团队他是从2013年开始投资的，是其投的第四个项目。"我们当时是用150万美元买的至今都没有流动性的股权，占股5%，估值3000万美元，现在估值60亿美元，翻了200倍。至于后来我手里有的EOS币都是另外从公开市场上买的，但我的习惯是买了之后就那么放着不动，所以，就算有'盈利'，也是'账面盈利'，或者称为'浮盈'。"

对于自己是"割韭菜的庄家"一说，李笑来在接受界面新闻采访时认为，在传统股票市场中可能会有庄家和韭菜的存在，但这在币圈非常难，因为币圈的交易是24小时交易，全球有一万多个交易平台，一种币在多个交易平台都有登陆，所以做庄难度实在太高。

"我要如何证明我也是在熊市中亏钱的，难道我要把所有地址都公开吗？我觉得没必要这么做，我投了某个项目和你投不投，有关系吗？再说了，没有人能做到投资的成功率高达100%，我也有投错的时候。”李笑来说。

被围攻之后，李笑来也是久久地陷入了自证的困局。笔者认为，可以把他的这套逻辑称之为“理性”，但从投资人消极的情绪里，也可以看作是他的一种“诡辩”。这个币圈首富，亦正亦邪，真假善恶，亦无法分清。

2018年，币圈市场暴跌转熊，伴随着李笑来各种“祸事”的源源不断，“币圈首富折戟之年”之说开始流行。当年更大的“坏事”则是7月3日深夜疯狂传播的一段录音：李笑来在录音中坦言“散户”是他们赚钱的源头。其谈话内容涉及众多区块链项目以及币圈知名人士，包括以太坊和Ripple等主流加密币的走势及发展，以及对达鸿飞、帅初、易理华、赵长鹏等人的看法。业界人士普遍认为，李笑来此段录音出世至少得罪了半个币圈。事件给李笑来带来了前所未有的巨大信任危机，网络上下一片声讨。李笑来从此跌下神坛。2018年9月30日凌晨，李笑来微博称，从今往后不会做任何项目投资，准备花几年时间认真转行。该微博被广泛解读为李笑来“退出币圈”。

彼时，有留心者整理出“录音门”的部分李笑来语录，一时间在网络迅猛扩散。

整理来看，李笑来这样向别人传授自己在虚拟币领域的成功心得：

其一，“我实际上是一个网红。我有很大的读者群，在这个世界（加密币领域）谁像我一样有100万读者？所以一瞬间就有爆发。”

其二，“在熊市里我又干了另外一件事，我开始写专栏，熊市你又赚不了钱，你就攒人气。我开了微信公众账号。次年罗振宇帮我卖书，马上我又跟他合作开专栏。等大牛市来了的时候，我影响力变得比原来还大。这里的核心竞争力是人流。”

其三，“接下来是什么？你怎么去忽悠这件事，你不要把忽悠理解为贬义。”

总结下来就是：首先，成为网红圈粉；其次，在熊市攒人气；最后，牛市来了，忽悠赚钱。

笔者认为，暂且不论道德问题，币圈割韭菜确已形成了“李笑来模式”，导致了大量渴望暴富的投资者损失惨重。李笑来的赚钱动机很坦白，利用各种手段（牛市卖币、熊市卖书）吸引新韭菜入局，收割一茬再换一茬，更有部分“被”收割的老韭菜转身为李笑来的拥趸，揣着明白装糊涂为其造势，不断吸引新韭菜进来，以便能在李笑来割肉的时候也能分碗汤喝。可以说，李笑来不止“养活”并成就了自己，也成就了自己风格的“割韭菜”模式，还“养”出了一帮摇旗呐喊的拥趸们。或许这就是“李家帮”在币圈“割韭菜”无往不利、战无不胜的重要原因。

在李笑来看来，最低层次的个人商业模式是一份时间，出售一次，也就是打工；高一级的商业模式，是把自己的同一份时间，出售很多次，比如作家；更高级的商业模式，是购买他人的时间再卖出去，比如创业和投资。

“录音门”事件后，李笑来再次捡起“熊市出书”的“李氏功夫”，相继写了《韭菜的自我修养》《自学是门手艺》等图书。据悉两本书销量都不错。此外，除了直接出版书籍，李笑来也深谙利用自身流量进行“知识付费”之道。他利用教育培训项目“新生大学”，他让学员付费加入组织，哪怕教学内容是完全公开的。付费可以帮助学员获得一定数量的“糖果”，看起来像是发币的雏形。据界面新闻，在李笑来的号召下，大量的人付费涌入社群，在2017年，“新生大学”就卖了千万元级别的会费。紧接着，李笑来组建“600ETH社群”，每个人需要缴纳年费600ETH（以太坊）（按当时价格折合人民币600万元，按现价折合成人民币96万元），然后参与讨论投资。

一路走来，从精于生意的大三学生到发小帮忙出任新东方老师并成为名师、再到比特币首富、最后在历经花式套路“割韭菜”后退出币圈，李笑来究竟能不能算作成功？他究竟是一种什么样的男人？

还是让我们回到他在新东方时对自己的评价吧。“说李笑来是天下最好的男人，我自己都不信。说李笑来是个相当不错的男人，这是十分正确的。”

然则，即使从2007年离开新东方算起，至少也与当前时隔十三年了，更何况其财富和社会地位早已不可同日而语了。一切都在变，惟变不变。有“原罪”或许不是最可怕的，完成自己救赎才是最可爱的。这让笔者不禁想起2018年4月9日李笑来在杭州区块链产业园启动仪式上的演讲。他说，区块链很可能就是整个世界。在未来，中国一定是区块链最大的市场。区块链不只是一个产品，不只是一个行业，它将改变一切。

但愿区块链让中国变得更加美好的同时，也让李笑来这位饱受争议且富贵“割”中求的“存在”变得更加可爱。有意思的是，就在笔者写此文时，却传来消息说，李笑来表示其持有的10万枚比特币早已抛售一空，全身而退。不仅如此，他再次语出惊人，称比特币是“过时的东西”“是骗局”。

2.4 李启威与李启元：币圈里的“莱特兄弟”①

2.4.1 币圈也有“莱特兄弟”

“莱特兄弟”，相信大家非常熟悉，哥俩就是大名鼎鼎的飞机发明者。在此要说的也是亲哥俩，不过他们都不是科学家而是加密数字虚拟币界的大牛：弟弟叫李启威，哥哥叫李启元。说起他们的头衔来也很显赫：哥哥李启元曾挂帅过比特币中国，弟弟李启威则是莱特币的创始人。“莱特兄弟”有飞机，李启威则有莱特币，尽管此莱特非彼莱特。

公开资料显示，李启元，比特币中国联合创始人及CEO。美国斯坦福CS硕士毕业。1998–2006年担任雅虎高级工程师，2007–2009年担任易安信软件工程经理，2009–2010年担任百事通副总裁及首席技术官，2010年任沃尔玛中国电子商务技术副总裁。看来，哥哥是一位技术极客。2017年“9·4监管新政”成为中国加密数字币世界发展的一道分水岭后，作为曾经中国最大交易所之一的比特币中国的联合创始人兼CEO，李启元积极响应监管层号召，关闭了比特币中国交易所，并开始了新的人生：2019年8月8日，他重返

① 文/《证券日报》金融机构中心记者 王宁

“战场”，推出了比特币硬件钱包Ballet。相信大家对李启元更多地是在2014年《比特币真相》节目中，他与郎咸平展开的那场“给你100个比特币，要不要”的经典对话中认识的。

弟弟李启威（Charlie Lee），与哥哥一样也是加密数字币界响当当的人物。他于1999年从著名的麻省理工学院毕业，拥有学士和硕士学位，攻读的专业是电气工程和计算机科学。2011年初他开始接触比特币，当时李启威复制Tenebrix开发出自己的山寨币Fairbrix，但不幸的是，Fairbrix最终失败。但他不肯接受失败，不久就开发出了一个全新的加密数字币，并起名为莱特币（LiteCoin）。虽然叫莱特币，但是其中“Li”明显带有其中国姓氏“李”的元素。

与以太坊一样，莱特币也是对比特币的一种改进。其独特性在于：一是网路大约每2.5分钟，而不是像比特币那样每10分钟处理一个区块，因此交易确认更快。二是预期产出8400万个莱特币，是比特币发行货币量的四倍之多。三是莱特币在其工作量证明算法中使用了由Colin Percival首次提出的Scrypt加密算法，这使得相比于比特币，在普通计算机上进行莱特币挖掘更为容易（在ASIC矿机诞生之前）。每一个莱特币被分成100000000个更小的单位，称为Litoshi，通过八位小数来界定，分割性强。Litecoin在2011年作为比特币的分叉推出，旨在用于微交易，主要是通过减少块生成时间，增加硬币的最大数量，使用不同的哈希算法以及经过稍微修改的GUI来实现的。2016年7月3日，莱特币核心开发团队发布“莱特币官方2016开发路线图”，宣称将发布带有“隔离见证”“闪电网络”“智能合约”等功能的新版本。2017年5月10日，莱特币网路正式激活隔离见证。2019年1月28日，李启威在推特上宣布将升级莱特币，添加MimbleWimble隐私交易。2020年2月28日，莱特币基金会（Litecoin Foundation）官宣与MeconCash合作，将莱特币（Litecoin）整合到M.Pay中，这样就能够让人很容易地在韩国13000多台ATM机上提取韩元数字货币。与每年通过M.Pay平台向海外汇款的传统方法相比，莱特币的速度、安全性和低廉的交易费用等优势得以发挥出来。韩国乃至全球范围内的市场新机遇大门被李启威打开了。

2.4.2 哥俩竟是美籍华裔

有意思的是，虽然李启元和李启威长相上和一般的中国人并无两样，但从多个公开信息来看，两兄弟却是美籍华人。

据了解，李启威出生于西非国家科特迪瓦，其父是60年代初来到非洲淘金的中国先驱者之一。与传统美籍华裔不同的是，其父母都是最早来非洲淘金的中国人，当时正值非洲民族独立运动高涨时期。有关李启威童年时期在非洲生活的故事并不多，只知道他在13岁后随全家从象牙海岸移居到了美国。这是李启威人生中第一个转折点。凭借华人勤奋好学的天赋，李启威考上了全球知名学府麻省理工学院，学习电气工程和计算机科学，并在1999年毕业，获得计算机科学硕士学位。

从麻省毕业后，李启威顺利成为了一名“码农”，分别在两家互联网公司Kana Communications和Guidewire担任软件工程师，这份工程师工作他一做就是七年，直到2007年7月加入Google并担任软件工程师，从此开启人生的开挂之旅。期间，李启威参与开发了多个明星项目，如Play Games，YouTube Mobile和Chrome OS，更重要的是在这期间，他发现了影响其一生的“宝物”——比特币。

2011年4月，李启威通过暗网“丝绸之路”第一次知道了比特币。此前，他一直在积极参与黄金交易。因此，李启威不仅对计算机技术而且对经济学也有着浓厚的兴趣。此后他开始沉醉于比特币及其背后的区块链技术。在他眼中，比特币的特性可以算作是数字币中的黄金。2011年，李启威萌发了创造一种容易使用的数字币的想法，作为比特币的补充——他希望创造数字币中的“白银”。在他眼中，如果比特币像黄金一样可用于大额支付，那么莱特币就可以像白银一样用于小额支付。

2.4.3 你有“比特金”，我有“莱特银”

如上所说，李启威大约是在2011年初开始接触比特币的。开发过程中，他十分重视“理念”，认为互联网是信息聚合体，而理念才能主导信息。从那时起，李启威一边像大部分矿工一样“挖”比特币，一方面开始思考如何创造一个更好的电子“货币”体系。功夫不负有心人，最后他成功了。不过，与其他山寨币相比，莱特币的成功可能存在其他方面的原因：一是李启威个人的威望。李启威在Coinbase呆了4年，见证了Coinbase从几个人的小作坊成长为行业里的参天巨树。在这里，他从技术经理做到技术总裁，为他的技术本领打下了坚定的基础。第二个原因也是最重要的原因在于他坚持与比特币相关联。因为在众多山寨币宣传时都鼓吹自己将会替代比特币，但他却十分低调，把位置放得很低。因此，李启威一直称他想创造的这个币种只是比特币的一个补充，就像白银是黄金的补充那样。他表示说，如果比特币是黄金，那么莱特币就是白银，比特币用于大额支付，莱特币用于日常交易。两者是互补关系而不是“谁灭谁”的关系。

“比特金、莱特银”这一口号的提出，深入人心。李启威用这种策略将莱特币和比特币紧紧地“绑定”了起来。而从技术层面来看，莱特币一直给人一种比特币的试验田的印象。那些会带来重大变革的技术往往会在莱特币上先行试验，如果证明可以完好运行，大概率就会被应用在比特币身上。这种技术上的“逻辑关系”加深了人们对“莱特银”的认可以及和比特币的紧密关系。

2.4.4 “逃顶之王”李启威

根据CSDN博主“碳链价值”一文的报道，在中国“9·4监管新政”出台后，比特币价格出现了暴跌，币圈一时人心惶惶。2017年9月14日，李启威在Twitter上转发了Adamant Capital创始人Tuur Demeester买入比特币的言论，并表示“比特币价格已经达到了底部”。

当天，李启元所在的比特币中国宣布关闭新用户注册通道，并于当年9月30日停止所有交易。之后由于利空出尽，比特币价格逐渐稳定下来，并开启了一路反弹。2017年12月12日，李启威宣称购买莱特币是极其危险的行为，并预计将会有一场大熊市来临，就如同最初那般，币价跌幅将会高达90%。他还预计这一次有可能下跌至20美元附近。正是这场成功预测让李启威荣获了“逃顶之王”的名号。

有意思的是，自从荣获“逃顶之王”的名号后，李启威关于币价判断的言论越来越少，而关于技术、事件的评论则越来越多。

2.5 孙宇晨和他的波场虚拟王国①

股市是国民经济的晴雨表，同样我们也可以这么说：青年是时代的晴雨表，而且是最为灵敏的晴雨表。80后，这是中国第一代独生子女群体。“被宠坏的小皇帝”成了当时社会给其的标签，然而他们却用自己的努力成为了“有担当的鸟巢一代”。90后，则更有了“互联网原住民”“新新人类”“互联网下的蛋”等称号。这是“一识字就会上网”，是睡前刷朋友圈、买东西上淘宝、有问题找百度的“掌上生活”一代。孙宇晨，就属于这个群体。

前所未有的环境，必然造就前所未有的一代。那么，伴随着互联网长大的孙宇晨，唱出的是怎样的一首青春之歌呢？

将9岁定为自己成年的年龄，就是那一年孙宇晨自主决定独自一人去武汉学围棋；17岁时他用一年时间完成从“三本”到北大的惊天逆袭；21岁时他赴美国宾夕法尼亚大学攻读金融，用学费投资比特币和特斯拉，赚到了人生第一个一千万元；23岁时他创立自己的公司，并实现了“身价过亿”；24岁时他成为马云创办的湖畔大学首批最年轻的学员；25岁时他当选福布斯中国30位30岁以下创业者之一。除了这些带着光环的标签之外，他还有如硬币一样的另一面：“抄袭者”“营销高手”“大忽悠”“收割者”……令人惊奇的是，不管担当什么角色，他似乎都能把每一个身份演绎得淋漓尽致。正如一位投资人对他的评价那样：一个成功的创业“演员”。

2.5.1 极力追求最顶尖人士的认可

回顾自己人生的重要节点，孙宇晨都把自己当作一次投资，并追求利益的最大化。他曾经发文赤裸裸地鼓吹说，“年轻人，向钱看，向前看”。“向

① 文/《证券日报》金融机构中心记者 彭妍

前看”的确没错，但是只“向钱看”问题就大了。没有钱是不行的，但有钱并不是万能的，笔者在此也极不同意他的财富观。毕竟钱仅是财富的一个子集，钱不等于财富。

他认为，“人生很大的一部分意义在于，在追求自己热爱的事情时，能得到该领域最顶尖人士的肯定和认可，所以我获得了新概念作文一等奖，考上了北大，选择出国留学，之后回国创业，进入湖畔大学……”

孙宇晨称，自己从留学期间到回国之后，通过创业实现了从千万元到过亿元的财富积累。在他看来，自己是在向互联网转型。“前5年公司向互联网转型，现在人也要向互联网转型，自己过去追求的学者形象是鲁迅；而选择从事商业，是因为在当代社会的创业家就是文学评论家时代的鲁迅，就像这个时代的《纽约时报》是Facebook、Twitter等产品一样。”

为了努力成为互联网创业者中的一员，并且使自己的90后创业者身份得到认可，孙宇晨加入马云的湖畔大学。作为湖畔大学首期唯一90后学员，孙宇晨给自己打造了“马云门徒”的头衔，并以此为荣。

从孙宇晨的履历来看，用一句话来概括就是：聪明但有些不安分，而且喜欢冒险，特长是善于“制造舆论”。或许这与孙宇晨刚上小学时，母亲为提升他口头表达能力带他到各种“传销班”听课有关吧：口头表达能力提升的同时，或许“忽悠”的功夫也长了不少。对于好“冒险”的特点，早在他的自传《这世界既残酷也温柔》中就有明确的说法。书中这样写道，“9岁的我，来到完全陌生的武汉时，就注定了我一生的冒险。”

如此的人生观，注定了孙宇晨是一位不甘于平庸的年轻人。或许是不甘于学术上的寂寞，孙宇晨并没有选择在学术道路走下去，而是选择创业。其个人履历上关于他创业的项目不少，也不乏成功的案例。

2.5.2 打造波场巨型虚拟王国

孙宇晨由草根到“精英”，还是缘于数字虚拟币项目波场（Tron）创始人的身份。

何为波场？公开信息显示，波场的注册主体是2017年7月成立于新加坡的波场基金会。加密币数据网站非小号显示，波场Tron以推动互联网去中心化为己任，致力于为去中心化互联网搭建基础设施。旗下的波场Tron协议是全球最大的基于区块链的去中心化应用操作系统协议之一，为协议上的去中心化应用运行提供高吞吐、高扩展、高可靠性的底层公链支持，并且通过创新的可插拔式智能合约平台更好地兼容以太坊的智能合约。TRX币是波场的官方币，可用于支付交易费用和激励参与者。简单地说，波场就是一个智能合约公链，和EOS差不多，可以开发各种DAPP、DPOS共识。

伴随着2017年加密币市场走牛的集体狂欢，2018年1月，波场币TRX价格亦达到顶点，约0.1951美元。这与其众筹价格0.0015美元相比，已是暴涨了约130倍，流通市值也历史性地达到了130亿美元，当然随后不久币价就直线暴跌了。2019年，TRX再次迎来逆势上涨，曾因国内区块链利好政策，波场币短短五天时间内暴涨接近100%，市值一度突破了百亿元人民币大关，并进入了全球十大市值数字币名单。也正是因为如此，波场Tron，这个基于去中心化的区块链内容娱乐平台，发展到现在已经是全球最大的加密数字币社区之一了。孙宇晨的个人财富也是水涨船高。

据CoinMarketCap显示，截至2020年3月6日15:20，波场币的市值约12.17亿美元，在加密币市值排名中居第14名，交易份额为0.95%，现价约0.018美元。

此外，脱离开以太坊，波场主网公链上线，对波场Tron而言是具有划时代意义的一步。波场Tron是基于区块链的去中心化内容协议，旨在通过区块链与分布式存储技术，构建一个全球范围内的去中心、可信任的自由内容娱乐体系。这个协议可以让每个用户自由发布、存储、拥有数据，通过去中心化自治形式，以数字资产发行、流通，交易的方式决定内容的分发、订阅、推送，赋能内容创造者，形成去中心化的内容娱乐生态。

2.5.3 一场“对韭当割”的“盛宴”

其实，靠炒股赚了第一桶金的孙宇晨，真正发家靠的却是数字加密币。2017年下半年，ICO市场行情火爆，孙宇晨准确地把握住了这个难得的“机遇”。当年7月，他创建区块链项目“波场Tron”，首次发行1000亿个波场币。孙宇晨以一个区块链从业者的身份出现在众人面前，完成了从互联网创业者到区块链创业者的华丽转身。

出来混总是要还的。2017年9月4日，央行等七部委下发《关于防范代币发行融资风险的公告》，要求各类代币发行融资活动应当立即停止，已完成代币发行融资的组织和个人应当做出清退等安排。这是中国官方对ICO乱象的一次重要又及时的重拳出击。

原本以项目方总部在国外为由不退币的孙宇晨，后来也不得不清退了融资。但此后波场辗转到海外发展，波场代币随即登陆多个海外数字资产交易所。

随着“9·4监管新政”翻篇，以比特币为代表的数字币再次活跃并开始持续走强，币圈开始回暖。孙宇晨凭着自己对舆论的把控能力，寻找各种可以露脸、直播、路演的机会，借机给自己的波场造势。同时，不少媒体报道称，在二级市场上他利用自己手中的大量波场币，频繁进行左手倒右手持续暴力拉盘，抬高波场的市值。从2017年12月中旬开始到2018年1月初，短短半个月时间，把波场币价格从一两分钱拉升到2块钱，暴涨百倍。高位接盘的波场韭菜，成就了孙宇晨套现20亿元人民币的“神功”。因此，不少人认为这是波场史上最大的一场“对韭当割”的“盛宴”。

据网易财经报道，随着波场币的持续走高，有网友发现至少有超过50%的“波场币”存储在同一个钱包中。市面流通的“散户韭菜”的比例仅为9%，流通市值不足4500万元，完全与波场白皮书分配计划对应不上。可见，“波场币”被某个或某几个庄家高度控盘，孙宇晨“割韭菜”之心昭然若揭。此外，孙宇晨曾一度被传“跑路”，因此他又得到了一个“币圈贾跃亭”的称号。波场前COO刘明离职后也曾透露说，孙宇晨曾用多名员工身份在币安交易平台开办账户，通过抛售波场币套现。

对孙宇晨最直接的评价莫过于前“币圈首富”李笑来，在2018年7月份泄露的“比特币首富”李笑来录音中，李笑来称，“你再去看孙宇晨（波场创始人），就不用讲了，他肯定是忽悠。”随着波场市值高达140亿，“谁看谁懵，懵到什么程度呢？明知道他是忽悠都不好意思骂他忽悠，怕别人骂自己傻X了。”当时，孙宇晨微博称：“听说我又躺着中枪了”。网友们却不买账，纷纷评论称大家都知道孙宇晨是个骗子，算不上揭露，也算不上躺枪。其中一位网友在评论中回复：“没事，大家都知道你是骗子。李笑来没那本事给你安名号。”

对此，孙宇晨还是找出来大堆理由来回应“割韭菜”质疑，并将其发布在自己的朋友圈上。总之，就是一句话：波场早已锁仓，从未通过任何手段影响过市价。

跑路、套现、抄袭、空气币……自TRX发行以来，孙宇晨以及他的波场一直被舆论所包围。其中，“波场的白皮书抄袭了以太坊和Kademlia的框架，拷贝了IPFS的白皮书”的传闻在币圈流传甚广，2018年4月6日，孙宇晨在推文中列举了波场TRX比以太坊ETH好的7大理由，随即以太坊创始人V神（Vitalik）在回复中补充道：“应该加上第8条理由，TRX复制粘贴白皮书效率远高于原创。”直指波场底层代码为抄袭。

面对“抄袭”问题，孙宇晨认为在商业社会中讨论抄袭并没有意义。“币圈代码都是开源的，大家都是互相借鉴，以太坊也借鉴了很多比特币的内容，在币圈里面Idea和白皮书本身价值并不大，核心还是把它做出来，以及在商业层面把它做好。有意思的是，波场最终还是下架了其官网上的白皮书。

2.5.4 收购BitTorrent的背后

依靠波场在币圈站稳脚跟的孙宇晨，并不满足于现状，以1.4亿美金高价收购BitTorrent。2018年7月24日，孙宇晨正式宣布，波场基金已经成功完成了对于BitTorrent及其旗下所有产品的收购，并将其并入到波场生态中。此次收购不仅给波场带来了庞大的流量，而且在技术和生态上都有很大的帮助，要实现互联网的4.0，在战略上收购BitTorrent或许是孙宇晨的第一步。

孙宇晨在微博中表示，收购BitTorrent是波场All In Decentralization（聚焦与下沉去中心化）战略决心的完美体现，如今入主21世纪去中心化互联网的诞生之地，波场将继承使命，将数据所有权还给用户，建立一个自由、透明、去中心化的新互联网。由此波场生态也正式成为全球最大的去中心化互联网生态。

BitTorrent公司，是一家总部位于旧金山的文件共享公司。收购完成后BitTorrent将继续为全球超过1亿用户提供高质量的服务。

据比特财经号报道，外界对于孙宇晨的争议一直不断，对其的评论也是褒贬不一。孙宇晨初入币圈时，其实他对区块链可以说是一无所知，甚至开始路演的时候都不知道什么是ERC20（即各个代币的标准接口。它可以让以太坊区块链上的其他智能合约和去中心化应用之间无缝交互。标准化的好处是资产可以用于不同的平台和项目），但是孙宇晨拥有异于常人的勇气和眼光，他既看得懂区块链的趋势，又有决心马上行动，才有这一场场数字币的“盛装演出”。不管过去的孙宇晨怎么样，但从结果看孙宇晨无疑是成功的。今天的波场已经从一纸“白皮书”变成了现实，如果一切顺利这名90后青年的身价恐怕又要开始暴涨。

2.5.5 蹭热点“高手”是如何炼就的

比起波场创始人的身份，孙宇晨更像是一个蹭热点的“高手”。正如网友所说，没有孙宇晨蹭不了的热点。下一句是，即使没有，孙宇晨也能把它变成热点。

2019年6月，波场Tron创始人孙宇晨以3100多万元的天价拍下巴菲特20周年慈善午宴，并成功走入大众视野，再一次迎来了属于自己的“高光”时刻：不仅自己荣登微博热搜，而且还成功登上了诸多主流媒体的头版头条。

一个90后币圈新贵，就这样轻而易举地把自己跟巴菲特联在一起，客观上说这又为自己和自己的项目波场做了一次全球范围内的顶级营销。

据悉，巴菲特午餐是和股神巴菲特在纽约知名的牛排馆共进午餐的活动。“与巴菲特共进午餐”的慈善拍卖活动自2000年开始，至今已有20个年头，孙宇晨成为第4位拍下巴菲特慈善午餐的中国人。此前，在公布身份的竞拍获胜者中，共有3位华人分别为：步步高创始人段永平、“私募基金之父”赵丹阳和天神娱乐董事长朱晔。此外，此项拍卖所得悉数捐给位于旧金山的慈善机构葛莱德基金会，用于帮助当地的穷人和无家可归者。2000年起每年拍卖一次，并从2003年起转为网上拍卖。

孙宇晨与巴菲特共进晚餐，出席宴会人员的其他4人从左到右为：eToro首席执行官Yoni Assia，币安慈善基金会负责人海宇（Helen Hai），莱特币创始人李启威，火币集团CFO李书沸（Chris Lee）（图片来源：新浪财经）

这一消息当时就在币圈炸开，被外界广泛认为又是一场“炒作”，目的是想要拉升波场币市值。但孙宇晨透露出来的目的却远不止于此，他在微博中称：“我一直都是巴菲特价值投资理念的长期信仰者，同时我希望邀请区块链行业知名人士一起与巴菲特交流，从而增进顶级传统投资人对数字币的理解和友谊，让整个行业真正受益！”。

但实际上，巴菲特对数字币尤其是比特币一直持否定态度。巴菲特此前在接受采访时表示，比特币的底层技术区块链有很好的发展前景，但区块链的成功不在于比特币。他也曾不止一次在媒体采访或是股东大会上直言“比特币不产生任何价值”，更是将比特币比作“老鼠屎”“赌博设备”。一个看空比特币的传统投资大佬，一个币圈“新贵”，他们的午餐会如期举行吗？

最具戏剧性的一幕还是发生了，距离原定7月25日的巴菲特午餐还有2天时，孙宇晨却“放了股神一次鸽子”，并于7月23日发微博称，因突发肾结石而取消与巴菲特的午餐会面。从6月1日孙宇晨以破“纪录”价格拍下“巴菲特午餐”至7月23日宣布取消午餐，仅仅一个半月多的时间。这期间有何变故？孙宇晨为何取消这次午餐？再次引发各界猜测。

据南方都市报报道，和巴菲特的午餐到底是取消还是延迟，孙宇晨已经换过数次说法。报道称，孙宇晨与巴菲特的午餐原定7月25日在旧金山举行。7月23日零时，孙宇晨还曾在Twitter发文希望邀请火币集团CFO李书沸加入午餐会。仅仅过了5小时，孙宇晨突然微博上宣布由于其突发肾结石正在治疗，故取消与巴菲特的午餐会面。随后，波场基金会表示已向巴菲特和格莱德基金会总裁兼首席执行官Karen Hanrahan通报了孙宇晨的病情，所有各方都同意在各自的时间表可以容纳时重新安排（午餐）时间。然而，7月23日下午，孙宇晨在接受新京报采访时否定了波场基金会关于延期举行的言论。因此，网上出现了诸多关于孙宇晨的传闻。7月24日，财新报道称，孙宇晨已被限制出境，互金整治办已就孙宇晨涉嫌非法集资、洗钱、参与涉黄、涉赌等问题，建议公安机关对其立案调查。随后孙宇晨在微博回应称报道不实，同时在Twitter上直播时，孙宇晨的说法又变：我现在感觉挺好的，不过见面要推迟，我肯定是非常期待的。

而就在否认财新报道的第二天，孙宇晨态度来了个180° 的大翻转。在微博上发表道歉声明，不仅向监管机构道歉，还对公众、对媒体、对搜狗公司CEO王小川进行了道歉。

他首先表示，深刻反思过往的言行，并为自己过度营销、热衷炒作的行为，深感愧疚。同时，他在道歉信中特意表示要向媒体道歉，更是直接点名《财新》与财新传媒总编辑胡舒立。

道歉信中写道，“《财新》是我自大学时期就订阅，反复学习的声名卓著的期刊，对于改革开放与经济发展的大局贡献极为重大，胡舒立女士也是我极为尊敬敬仰的前辈老师，《财新》一如既往地坚持社会责任公众利益优先，让我看清了我的局限与渺小，能与《财新》交流我感到诚惶诚恐，我愿意就我们开展的业务，行业发展，透明地毫无保留地与《财新》交流，以期得到最优秀媒体老师的最真实公正的指导。”

2019年7月26日，孙宇晨现身旧金山聚会。提及与巴菲特午餐时，他表示午餐会只是暂时取消，目前午宴时间正在协调之中。“之前说需要取消是误会了我的话，我指的是取消当天的午餐，并不是以后再也不会发生。”

那么问题来了，此次回应会不会又是“忽悠”呢？单就巴菲特午餐这一件事，孙宇晨已经反反复复“扇”了自己几个耳光了，至于这究竟是一次“炒作”，还是真的因身体有恙无法赴约，也只有孙宇晨自己知道了。从孙宇晨花重金拍下“史上最贵午餐”，后又宣布取消与巴菲特的午餐约会，紧接着微博回应财新网“已被限制出境”报道完全不实，最后一反常态发布“道歉”声明。在经历了这一系列的折腾之后，不少人认为，与其说孙宇晨是一位创业者，不如说是一个擅于演戏的“演员”，从最开始自信满满的表演，到后来一封类似小学生“检讨书”式的道歉信，这是迫于现实的无奈低头还是真心悔过，又是否能够得到公众的原谅和理解？

2.5.6 与巴菲特的“午餐”变成了“晚餐”

“爽约”数月之后，孙宇晨终于兑现诺言，2020年2月6日晚在推特上发文，称自己已于1月23日晚同“股神”沃伦·巴菲特共进晚餐。不同的是，此次从午餐变成了晚餐。在晚餐过程中，孙宇晨向巴菲特赠送了比特币、TRX、BTT、青铜马、剪纸作为礼物，此外双方还互送书籍。巴菲特也从此正式成为了波场代币的持有者。据悉，共进晚餐的还有莱特币创始人李启威、eToro首席执行官Yoni Assia、币安慈善基金会负责人Helen Hai以及火币首席财务官Chris Lee。

而对于将比特币比作“老鼠屎”“赌博设备”的巴菲特而言，是否能改变他之前对加密币的看法，我们还是期待会有意外和惊喜。

此次晚餐孙宇晨与巴菲特谈了什么呢？据孙宇晨推特透露，自己和巴菲特谈及了区块链、比特币、特斯拉等话题。巴菲特肯定了区块链的巨大前景，表示自己投资组合中的许多公司都在积极探索，比如JP摩根，他对未来10年里区块链能对支付行业造成多大改变十分好奇。据悉，在比特币是否存在价值的问题上，双方显然仍旧存在极大的差异。孙宇晨告诉巴菲特，比特币将是下一代人的通用货币。巴菲特则笑称：“我确信我的孙子更愿意用美元继承我的财富。”

虽然饭也吃了，孙宇晨也送了比特币，但最终并没有改变巴菲特对数字币的看法，而且他也不承认接受比特币。巴菲特曾在采访中表示：“加密币基本上没有价值，也不会产生任何东西。就价值而言：零。”

此外，据美国财经媒体CNBC报道，巴菲特表示，他已将中国加密币企业家孙宇晨赠送他的内含比特币和波场币的三星手机交给了慈善机构格莱得基金会（Glide Foundation）。此前巴菲特在接受CNBC采访时称，他并未持有任何加密币，也永远不会持有。孙宇晨此后在Squawk Box节目推特下留言称，“感谢您的澄清，很高兴知道Glide Foundation现在拥有它们。请珍惜并照顾好比特币和波场币。”

看来，要想说服巴菲特，孙宇晨仍需升级自己的“营销功”。

正如孙宇晨在采访中所说，虽然这几年区块链行业得到了快速发展，但一些传统的投资机构和投资人对区块链和加密货币行业的认识仍然停留在比特币初期的阶段，对现阶段的行业发展状况并不是很了解，所以会邀请区块链行业资深人士和巴菲特进行交流，让其了解区块链发展现状。不管是否是他真正的用意，此次与巴菲特的见面都将成为传统机构投资者和区块链行业从业者交流的开端。

总而言之，一顿515.05美元的晚餐花费456万美元是值得的，因为对于个人的成长来说绝对是意义非凡的，同时收割了一大波流量和关注，消息一经发出，波场代币TRX一度大涨。同时，区块链概念获得了市场热捧，火币科技、美图公司、金山软件、雄岸科技均大涨。而此次晚餐，股神巴菲特可能是被营销的点。可以说，孙宇晨仅用价值3100万人民币的饭局以及赠送的数字资产，就换来了波场更多的新增市值，孙宇晨还是“赚了”。

2.5.7 永远在蹭热点的路上

远在国外都蹭了资本大佬巴菲特，那么近在国内的热点人物呢？孙宇晨当然也不会放过。2019年，发生过个别商界知名人士被列入“限高”名单一事，其中就包括网络热点人物、“国民老公”及“首富之子”的“王思聪”和“网红”“大V”罗永浩。

首先，我们来说说孙宇晨与王思聪的“恩怨”。其实两人结下“梁子”也非一天两天，其间的“交火”亦一直没断。六年前两人开始了第一次交锋，王思聪曾微博评论比特币就是“忽悠”，这下激怒了孙宇晨。后来孙宇晨在一档脱口秀节目中曾讽刺王思聪“高帅是假的，只有富是真的”，矛盾就这样抬到了桌面上。所以在孙宇晨高调拍下巴菲特的午餐会后，王思聪在朋友圈转发了一篇《孙宇晨巴菲特的餐桌上，全是“韭菜”》，并发表了“这不就是个傻X”的言论。两人口水大战再次展开。孙宇晨丝毫不示弱，曾经连发多条微博怒怼王思聪。“听说王思聪骂我？”同时他回怼王思聪称：“靠爹的还敢骂靠自己的，80后还敢骂90后，搞个直播就倒闭的敢骂还在创业的，谁给你的勇气，梁静茹吗？”。

“口水大战”仍在延续。2019年11月份，一则王思聪被北京市第二中级人民法院列为被执行人的消息占据了各大社交媒体平台的热搜榜。此消息在中国执行信息公开网也得到了验证。在王思聪“遇事”后，孙宇晨当然不会错过这个机会。他随即发微博称：“如果是真的，我考虑帮王思聪把债还了，他以后创业成功再还给我就行，过去的事情就过去了，现在特殊时期，都是创业者，不容易。互相多体谅吧！”

说到锤子手机，人们第一时间想到的就是罗永浩。他曾经豪言壮语道：“给我时间，我可以让你们所崇拜的手机品牌都倒闭”。可是没过多久，他却被限制消费，上了“老赖”名单。一时之间关于“老赖”“还债”的议论成为了网络热搜。从网红企业家到“老赖”，罗永浩到底经历了什么？

2019年9月，因为锤子科技拖欠供应商款项，锤子科技CEO罗永浩被江苏丹阳市人民法院下了限制消费令，罗永浩也被戴上了“老赖”的帽子。随后，罗永浩本人则在11月3日晚以“一个老赖CEO的自白”为题，发长文加以回应。罗永浩称：“自2018年下半年出现经营危机以来，锤子科技最多时欠了银行、合作伙伴和供应商约6个亿的债务，其中包括在公司最艰难的时候，为了挽救公司，他签了个人无限责任担保的1个多亿”。但罗永浩表示，即便公司关掉，个人也会“卖艺”还完债。

喜欢蹭热点的孙宇晨，当然不会放过大好的机会。当年11月4日他在微博上隔空喊话罗永浩：“创业维艰，永不放弃！波场愿意先出一百万元人民币一年聘请罗永浩老师担任我们的创业精神代言人，如果效果拔群，后续愿意持续追加一千万元投入，助罗老师早日还清债务！真诚相请，希望罗老师把第一次的‘卖艺’机会留给我！”

面对“币圈新贵”的诚邀，罗永浩在当年11月4日凌晨进行了回应，罗永浩表示：“感谢币圈的朋友们看得起我，但发币我自己也会，只是没打算做，不管怎么样，谢谢你们的好意。”

先是呛声王思聪，后放了巴菲特的“鸽子”，再后来宣称要高薪聘请罗永浩。不得不说孙宇晨这一波营销操作，令人眼花缭乱。

2.5.8 一场收购引发的权力争夺战

还要提的是，孙宇晨与STEEM & Steemit社区之间的权力争夺。Steemit是什么？ Steemit是2016年7月4日正式发布的基于区块链的内容分发平台。用户可在该平台以发文形式获取收益，链上的人们可以“码字致富”。

2020年2月14日，区块链社交媒体和博客平台Steemit Inc.宣布与波场TRON基金会达成战略合作伙伴关系。而社交媒体公司的创始人内德·斯科特（Ned Scott）也在Twitter上宣布了Tron对Steemit的收购。他指出，在对该项目进行了四年努力之后，决定将其出售给贾斯汀·孙（Justin Sun，即孙宇晨）。

此次，波场Tron收购Steemit将带来利好，他们将共同致力于为用户进一步创造价值，加快双方在去中心化技术方面的发展，包括将旧的Steem代币转移成为新的基于波场Tron区块链的Steem代币，并且向TRX持有者赠送新的基于Tron区块链上的Steem代币以开启新的面向开发者社区的加速器计划。

但是谁知此次收购竟引发了一场“Steem权利争夺战”。为抵制项目被波场控制，2020年2月24日，Steem社区部署了一次软分叉，从公链“分家”并设置新的规则，让孙宇晨方面持有的大量代币投票权失效。孙宇晨显然不会坐以待毙，联合几大主流交易所火币、币安以及Poloniex等搞了一场“反夺权”。在这场控制权的博弈中，交易所扮演了关键角色，通过所持大量票仓单方面实现硬分叉22.5，施行新规则防止代币被封，阻碍了这次软分叉。

对于孙宇晨这波操作，不仅引起了开发者、用户对Steemit和波场的失望和不满，Steem社区对此产生了强烈的反抗情绪。对于社区评论的指控，孙宇晨连发推文为自己开脱：

Steemit持有的Steem代币受到黑客劫持是短时控制网络的原因。Steem现已成功击败恶意黑客，所有资金都是安全的。

2月22日，一些恶意黑客冻结了Steem核心开发者Steemit合法拥有的6500万枚Steem。当我们发现时，黑客已经劫持了Steem，并威胁要使现有的Steem无效。而破坏Steem网络的风险使每个Steem持有者的利益受损。因此，我们需要立即采取行动，以保护Steem区块链和生态系统。我们需要在短时间内控制网络。我们的唯一意图是确保Stake和Steem持有者的利益。我们的意图不是为了控制Steem网络。一旦我们确定恶意黑客不再破坏Steem，我们承诺将会把投票权交还给社区。

同时，此次的Steem事件引起了圈内人士的关注，最大的两家交易所币安和火币交易所最终撤回了投票。币安赵长鹏表示：鉴于社区的反应，币安或撤回投票，本以为只是一次普通的升级，例行进行支持性投票。火币在一份声明中也表示，它最初是支持孙宇晨的，认为这“最符合我们用户的利益，也符合整个网络的利益”。但是，考虑到社区的反对，它也撤回了支持。

最终，在这场权利的争夺中，Steemit重新获得了对其网络的控制，并阻止孙宇晨将其收购到波场。

从此次Steem的“夺权”事件上来看，虽说是利益之争，但这场利益之争的背后，也暴露出了两大问题。首先，关于DPoS共识机制的设计缺陷。在这样的机制下，少数大交易所持有大量的代币无疑将拥有大量的投票权，意味着他们能轻而易举地获得对网络的控制权，这违背了区块链去中心化的根本精神。而这个设计缺陷本质上还是众多区块链从业者一直在尽力解决的问题：如何在保证去中心化的同时，提高网络的效率。其次，大交易所是否拥有代替用户行使投票权的权利？用户在将代币转入交易所时，并不意味着将投票治理的权利也转交给了交易所。而且我们把代币转入交易所之后，交易所并没有支付任何利息，使用权和所有权仍然同属于用户，理论上交易所无权通过代币参与任何投票。但现实中交易所有没有参与，如果参与有没有获得用户授权，我们根本无从得知。

2.5.9 营销背后的真用意？

外界在评价孙宇晨时，更多的形容是“会忽悠”“会炒作”“会营销”，正如赵本山《卖拐》小品中提及到的“忽悠”，用在孙宇晨身上倒也贴切。而孙宇晨曾对媒体解释说，只有这样做，公司才能生存。“我们这种初创公司，说白了还是太low嘛。只能靠老板狂出台，狂做PR，才能吸引投资者的注意，不然我们靠什么跟大公司们拼呢？3个月没动静，就会干死的。PR在我们这儿就是跳动的心脏，时不时就得蹦跶一下，不蹦就死了。吃相是很难看，但是没办法。”对于孙宇晨来说，“忽悠”不仅是为自己辩解的主要方式，或许更是一种博关注的技巧。

除了上述提及的热点事件之外，孙宇晨蹭热点营销事件其实还有很多，孙宇晨在其《孙宇晨区块链自白》一文中也谈到“确实以前蹭过不少热点，当初蹭热点的初心也是让更多人知道区块链。”在孙宇晨看来，区块链就是互联网2.0的形态，而2.0形态是价值网络，区块链将最终成为人类互联网的最终主流形态。

2019年，可谓是区块链由冷转热大发展的一年。国内外对于区块链的重视程度前所未有，并且发生了许多的大事：IEO重启、Facebook发布Libra白皮书、10月24日中共中央政治局集体学习区块链、比特币一度突破1万美元等等。孙宇晨曾在微博发布了一篇文章表示，波场协议已经成为全球主流的三大公链之一，是以太坊、柚子（EOS）等的强劲竞争对手。自己旗下的BitTorrent、BTFS协议与BitTorrent、uTorrent客户端，以去中心化传输与区块链技术服务全球超过十亿用户。同时，他还称，区块链连预备竞赛都还没有开始，未来要在全球主流公链中，为华人争取到一席之地。可以说，无论从技术进展还是生态建设上，波场Tron在孙宇晨的带领下，毫无疑问已经开始逐步落地，并稳扎稳打地实现其当初在白皮书中描绘的美好蓝图。

在笔者看来，产业区块链当前已掀起了发展热潮，对投资者来讲，更应该看清区块链项目是不是真应用和真落地。对于炒币更应该保持理性，切莫与空气币一起最后坠入深渊。

善于自我营销的孙宇晨未来能走多远？是真心想让区块链被大众所认知还是“别有所图”？其能否成为区块链的“代言人”？写到此，令人想起了网上流传的一个段子：上点年纪的老同志“教育”90后说，别玩什么虚拟币了，做点实事在北京买个房、娶个媳妇，多好！“90后”却来了一个“神回答”，“你们都把几千块钱成本的房子搞到10万一平米了。我们不另寻出路，搞一串串数字10万一个卖给你们，拿什么买得起房子？”

或许区块链革命的到来，年轻的“90后”的认知红利将会助其改造或颠覆传统的经济秩序。比孙宇晨更早出道的90后以太坊设计者V神、80后柚子创立者BM，同样都是长着一张稚嫩的脸，并且早已成为了加密经济界的翘楚。时间是最好的朋友，相信它会告诉我们最终的答案。毕竟世界是我们的，也是他们的，但归根结底是他们年轻人的。

2.6 元道：“通证派”掌门人①

元道，是何方“神仙”？其实他是中关村区块链产业联盟理事长，区块链业界“通证派”创始人，区块链协同创新百人会发起人，中国区块链行业坚定的实践者、开拓者和信仰者。真实的名字叫陈升，他有个IDC运营商实体企业，叫世纪互联，同时也是这家企业的创始人。他提出的许多观点尤其是通证经济的观点令人眼前一亮，发人深省，是区块链行业响当当的人物。

至于他为什么叫元道，应该是一个“谜”：一是没有公开资料可查，二是他本人好像也未公开过。但据笔者猜测，“元”，估计是天地万物本源之义。陈升最想探讨的就是区块链的本源问题，也有其培育区块链原住民在内

① 文/《证券日报》金融机构中心 马方业、王宁

的区块链原生态应用之义。通过他的一系列文章我们也感觉到，“道”大概率是指比特币机制及其背后的”道“，也就是中本聪白皮书中所阐述出来的核心精神以及中本聪的“本心或初心”。“元”与“道”合二为一，感觉元道是在用中国的老子哲学来理解区块链、认识区块链。

在元道眼里，信息互联网和价值互联网并非颠覆与被颠覆的关系，而是承上启下的关系，价值互联网是继承互联网平台经济成果后的新一轮产业革命。他认为，区块链最大的价值就是打开了一个与互联网平行的全新世界。在这里，互联网是“应用为王”；区块链则是“协议为王”。

元道认为，信息互联网下，巨头们是依靠平台所拥有的两个核心能力即数字身份和网络支付作为自己的“护城河”的，但是它们并未解决产业发展不均衡的问题，也没有提供行业发展所需要的“公共品”。用户对平台之下的基础设施、基础资源、基础协议是无感的。

元道还认为，互联网平台最有价值的两个核心能力是数字身份和网络支付，任何一家互联网平台的护城河都是靠这两个核心能力来建立的。现在的区块链尤其是公链就是把巨头们的这两个能力提取出来，倡导代码开源、开放，下沉到基础设施（即公链）的层面。如此一来，巨头们以前的私有协议、独享能力的护城河口子就被区块链一下撕开了。互联网巨头公司的核心能力就被区块链技术暂时“归零”了，因此，大家也就重新站在同一条起跑线上，创新创业的新天地新蓝海得以开启。另外，他还指出，区块链尤其是公链的基础是共识。人类IT文明进程中，第一个大型共识是TCP/IP（即点到点信息通讯）的共识，人类依托这个共识，在不可信网络上建立了可信的点到点信息交换。因此，区块链到互联网的连接，本质上就是在TCP/IP共识基础上再进化，把点到点信息交换提升到点到点的价值交换。故互联网与区块链构成了两个并行世界，并在互动中共同成长。

2.6.1 用“1234”勾勒区块链新世界

区块链带来的新世界，究竟长的是什么样呢？对此，元道指出，区块链新世界是由数字化的生活、数字化的生产和数字化的生命组成的。区块链在解决了信息孤岛和传统记账方式的弊端后，可以创造出比互联网规模大十倍甚至百倍的一片蓝海。同时，他用“1234”作出了很好的提炼。

在这里，“1”指的是“一划开天”，即比特币的诞生以及在此基础上的一生二、二生三。感觉这就像盘古开天辟地，就像在读《道德经》。“一划开天”是区块链新世界最重要的组成部分。元道认为的“一生二”，指的是向上拓展，打造闪电网络、基于比特币的去中心化稳定币，探索自治加密部落治理的去中心化银行（DeFi）等等；“二生三”的意思是指比特币向下的扩展，打造的是独立于互联网的未来信息基础设施，包括完全去中心化网络、存储、计算，构建像以太坊V神所称的那样真正永不停歇的“世界电脑”。在此无论是“一生二”还是“二生三”都是在遵循中本聪白皮书中的核心精神基础上，通过分层、解耦对比特币进行结构性拓展。也只有有了这三个基础，区块链的新世界才能“三生万物”。他认为，当今的ICO、各式新花样的IXO乱象，本质上是迫不及待、一生万物的必然结果。因此，对于区块链新世界的到来，大家要有耐心，对于新世界的共识，大家也需要等待；对于出现的乱象甚至罪恶，通过毁灭才能拯救，通过大治才能新生。

“2”指的是“两岸”，即互联网和区块链所代表的两种应用形态。互联网传递信息，区块链传递价值。二者犹如互咬的齿轮推动着两个交融又并行的世界前行，推动着经济社会的向前发展。“3”指的是“三国”，即包括联盟公链，私有公链和原生公链在内的三种公链形态。在此，三大公链彼此竞合，共同构成了未来新世界的底层基础设施。“4”指的是“四大发币阵营”。“三国”加上比特币阵营（包括比特币扩展层发币）都可以发币即“四币”。

2.6.2 谈通证必谈两个“群”

2017年11月，元道与CSDN副总裁孟岩率先在国内将Token翻译成“通证”，而不是大多数人认为的代币。2018年1月份，以元道与孟岩为代表的“通证派”正式成立，成为不同于币圈和链圈的一个独特存在。

通证（Token）是什么呢？即“可流通的凭证”，其概念就是让证币分离。元道称，通证就是人类共识符号。因此，他希望透过100行以内的代码，就可以轻松地完成一个去中心化应用（Dapp）的开发与通证的发行，同时在提升发证效率过程中实现“一键发证，随插即用”之理念。此外，透过采用多阶、多维、多态的手法，让人人都能参与区块链。最后阶段则是人人发证，让区块链技术全面编程社会，创造出信息安全流通的应用状态。

元道认为，谈通证必须谈两个群，一个是链群，一个是社群。链群是垂直应用公链和水平记账公链纵横交错的公链集群。每条公链都是一个通证经济体，跨链多链构成通证经济共同体。社群跟社区有很大的区别，互联网的群众基础是社区，而区块链的群众基础则是社群，这是两者的一个重大不同。同时，社群的一个最大的亮点是群员有共同的信仰。

元道认为，区块链系统有了信仰，就有了信用基础。没有通证的区块链项目，很难与互联网项目建立起本质性的差异化。通证经济最终实现人人发证，甚至带着用户从自媒体走向未来的自金融这样高度自由的新生经济形态。当然，他也同时指出，通证经济体现出的“自由”是有边界的、是有前提的，即高度自律，拥抱监管，社群自治，而非无政府主义。

互联网世界里，产业主体借助互联网可以实现企业上网，但在区块链世界却不是这样。区块链时代下的企业上链，他认为可能是个伪命题。他进一步解释说，区块链时代，应是行业上链，行业整体（经济体）上链。产业公链，就是一个依托行业核心企业打造的新生形态通证经济体。通证经济主要是围绕着“行业上链、百链竞发、通证先行”12字展开。同时他表示称，仅仅通证经济是不够的，还应该包括通证经济体和通证经济共同体。这三者共同构建全球区块链数字经济，三位一体的新一代数字经济。通证经济是起步，三位一体的关键是通证经济体，跨链多链，多个公链的通证经济体共同构建通证经济共同体。就像今天不同的国家作为一个经济体的同时，构建WTO、TTP、东盟等跨国经济体那样。

为什么说行业上链时，通证要先行？元道举例说，这就像中国经济改革，先从小岗村开始，先把生产关系调顺了，让过去简单型的股东关系变成利益关联方，并通过一套新的大规模协同的自治组织协议把大家连在一块。这套协议能正向激励，也能负向激励，总之是鼓励大家要有信用，并用信用创造价值，用正能量引导大家向前看，向美好方向走。

元道还认为，通证如果再搞成寡头争霸，分成几个体系，相互倾轧，那就是通证之殇了。所以，他非常强调“多利益关联方”这个概念，并希望区块链行业建立起从“多利益关联方”中产生的共识机制。为此，他还用IETF（国际互联网工程任务组，即The Internet Engineering Task Force的简称）的“座右铭”作例子希望区块链行业多多借鉴。这个“座右铭”是这样说的：“We reject kings，presidents and voting. We believe in rough consensus and running code.（我们拒绝国王、主席和投票。我们相信共识和运行的代码）”。而这样的共识才是各链需要的治理，更是区块链治理的制高点和技术的制高点。一旦这个目标实现，那么就会出现“人人互链无边界，各国链网有主权”的理想状态。

2.6.3 国内通证经济未来将有两套“打法”

谈到区块链的发展，一般的说法是已步入了3.0时代；元道却反倒像是最冷静的一位。他表示说，区块链不过是刚刚发展到0.3时代而已。

对于通证经济在国内发展的未来，元道也有自己的看法。这在2018年底他与孟岩的一次对话中有过详细地介绍。他甚至说，中国的“通证经济”已经与国外的Token Economy或者Tokenomics有了明显的分野，已经走出自己的道路了。同时他对国内通证激励的发展，还表示出了非常乐观的态度。两位通证经济的布道者都赞同将通证经济明确地分成两个部分——通证激励和通证金融。事实上，元道也已在很多场合里直接使用“小通证”“大通证”这样的说法。而这种提法，与孟岩的说法不谋而合。所谓大通证，即通证金融，是指将融资、权益、流通、功能、激励等多重功能集为一身的通证。小通证即通证激励，则是指突出其激励性、取消其融资功能、不具备可炒作性的通证。元道认为，这是两套相互关联但逻辑不同的打法。两套打法的关系是可以相互转化的，又是可以各自独立存在和发展的。他同时认为，国内通证圈应该主攻小通证。虽然它让人感觉起来就像互联网积分，但是小通证与积分有相通之处也有不通之处。最大的不通之处在于它不但要求有精心设计的规则和机制，有充分的数据透明性，而且对于一些关键的规则，不但提供更严格的保证，甚至要求使用智能合约来加以约束。当然，小通证不一定要跑在区块链上，中心化系统也可以跑小通证，但从中长期来讲，一个希望取信于人的小通证，最好上链。只有上链，才能够公开、透明，才能够利用智能合约来保障某些规则得到彻底的执行。

至于区块链如何快速落地，怎样落地，元道则给出了相当冷静的看法。他说，当前最需要完成的也是最重要的事情就是“冷启动”，即从一个个楼宇开始，到一片片小区，再到一个个城市。经过如此快速迭代和自我演进后的新世界，如果所有最小单元与所有边缘节点互联互链了，那么我们离区块链新世界就不远了。

数字化生存时代，如果我们仍然沿着旧地图、拿着旧船票，一定踏不上新大陆，越不探索越找不到新大陆。愿元道和他的通证派人士继续努力，以链为“刀”，披荆斩棘，以链为“道”，走出符合中国国情的区块链发展之道。

2.7 于佳宁：“区块链思维”布道者①

关于思维，在柏拉图眼里是这样的：“思维是灵魂的自我谈话”。爱因斯坦则认为，思维世界的发展，在某种意义上说，就是对惊奇的不断摆脱。其实，通常意义上的思维，涉及所有的认知或智力活动。它探索与发现事物的内部本质联系和规律性，是认识过程的高级阶段。同时视野对思维影响重大，因此，局限在平面二维空间的蚂蚁常常是大家喜欢引用的例子，而且常拿它与跳出了二维空间的蝈蝈和蚊子相比来说事。可以说，思维层次越高，格局就越大。因而对人而言，拥有更高维的能力是一大顶级实力。

2.7.1 一种思维引领未来

对于“思维”，尤其是“区块链思维”，于佳宁不是一般的重视，以致到了见人就说，随时爱讲的境界。他说，数字财富时代已来，数字财富化是一

① 文/《证券日报》金融机构中心 马方业、邢萌

代人最大的机遇，区块链思维将是未来世界最重要的思维方式。

如何理解区块链思维呢？于佳宁认为其内容十分丰富，为此他还细分为九大部分：数字财富思维、多中心化思维、生态价值思维、产融联动思维、产业协作思维、协同创造思维、可信数字化思维、技术爆炸思维及技术经济学思维。他认为，区块链应用本质是运营模式、组织方式和商业逻辑的全方位升级，更是思维方式的大升级。区块链是商业世界中“氢弹级别”的武器，其力量来自于网络效应（空间价值）与金融杠杆（时间价值）的相乘得到的“乘数威力”。为此，于佳宁给出了一个重要等式：区块链思维＝互联网思维×金融思维×产业思维，过去相对独立的三种思维在区块链技术的催化下产生奇妙的化学反应，实现了升华，释放了巨大威力。因此，区块链思维的确是不一般的思维，高于互联网思维，是人们应拥有的更高维的时代思维。

2.7.2 一篇文章引来“新伯乐”

2018年，全球加密数字币市场正经历着前所未有的寒冬。2018年3月，一篇以《区块链将成为振兴实体经济的助推器》为标题的文章，公开发表在《经济参考报》上。当时该文在新华社客户端阅读量超百万。文章称，区块链只有真正在产业场景落地才能彰显其内在价值。决定区块链未来前景的重要因素是其与实体产业相结合的程度。于佳宁在该篇文章中还表示说，区块链产业发展的初期，通过“交易上链”，区块链技术要实事求是地为产业解决一些“小问题”，具体可从降成本、提效率、打造诚信环境等三个方面推动实体经济的发展。

有趣的是，这篇文章的内容引起了火币集团创始人李林的强烈关注，并引起了他的共鸣。作者于佳宁的名字首次进入他的视野。当年7月，李林邀请于佳宁单独进餐，在了解到于佳宁将要从工信部信息中心工业经济研究所离职的消息后，求贤若渴的李林精神一振，马上邀请于佳宁加入火币集团，负责创立区块链教育业务。对区块链教育共同的情怀，令二人一拍即合，聚焦“区块链+”的高端教育平台即火币大学就这样诞生了。在回忆这次“餐会”情况时，于佳宁仍然十分激动而且认真地说，“说真的，当时我心中就像有一团火在熊熊燃烧”。毕竟，包含情怀与事业机遇的“火币大学”就是在这次会面的饭桌上呱呱落地的。

2.7.3 一种新倡导：“产业区块链”

带着区块链如何赋能实体经济的问题，2018年9月份，一个秋季的暖阳日，笔者来到了筹建中的火币大学。当天正值中午，笔者按约定径自来到会议室等待。不大的会议室四面的玻璃墙上面密密麻麻罗列着区块链教育培训的工作安排，来不及收拾的笔本、稍显凌乱的桌椅……处处让人感受到这家初创教育机构的快节奏。

不到一刻钟，一位身高八尺、西装笔挺的男士推开会议室的门，面露微笑地向笔者打招呼。一番简单寒暄后，笔者才知道此人就是于佳宁，一时间很难将面前英气蓬勃的年轻人与曾经在部委研究机构当所长的身份联系起来。深入交流才发现，这位80后满肚子干货，有着与年龄不符的沉稳，多年研究机构经历也让他对国内实体产业生态有着广泛而深入的了解。

交谈中，笔者注意到，担任工信部信息中心工业经济研究所所长期间，于佳宁涉足研究领域包括金融、互联网、电信业、创业创新，以及制造业、产业园区等多项实体经济领域，对于中国的产业生态有过一段较为全面的观察和思考。他撰写过《2018中国区块链产业白皮书》《中国泛娱乐产业白皮书》《国家新型工业化产业示范基地发展报告》《中国智慧城市发展报告》《中国工业互联网发展报告》等不少产业研究报告。这段经历也让于佳宁对国内的实体经济发展以及产业转型升级有了更为深刻的感悟。

火币大学校长于佳宁

（图片来源：经济参考报）

其中，《2018中国区块链产业白皮书》一书，正是于佳宁的区块链思维与实体经济认知融合的起点。2018年5月20日，工信部信息中心发布《2018中国区块链产业白皮书》，描绘了区块链行业的全景图，系统性地梳理了应用的情况。该《白皮书》在国内区块链业内广泛传播、引起强烈的反响。可以说，《2018中国区块链产业白皮书》使编委会主任于佳宁名声大噪，这位年轻有为的80后也由此从幕后走向台前，正式进入区块链行业公众视野。

区块链不是“取款链”。交谈中，于佳宁时不时会提及“产业区块链”概念，这也是他的区块链思维与实体产业研究经历结合的产物。在2017年末到2018年初的几次内部研讨会上，参照“产业互联网”的理念，于佳宁首创提出了“产业区块链”的概念。在《白皮书》的前期调研过程中，他的“产业区块链”概念和理论得到进一步完善。为了获取业界最佳实践案例，于佳宁走访调研了大量的实体企业和区块链技术服务公司。在走访调研中，他进一步验证和改进了“产业区块链”观点：区块链应用实体产业的过程中，可以在存证、数据共享、内部管理、审计、知识产权保护、供应链金融、跨境支付、国际贸易等方面降低成本，极大地提高整个产业的协同效率，也可以很直接地降低产业链上下游融资成本，对于产业诚信体系的构建也有极大助力。区块链不仅仅是“信任的机器”，更是“证明的机器”“协作的机器”“监管的机器”“确权的机器”“交易的机器”。他意识到，区块链技术的先进性并不能直接等价于实际价值，技术的价值要在应用落地、帮助产业升级增效过程中显现。

于佳宁回忆说，“我在今年（2018年）年初主持了一个全国性区块链产业基础性大调研项目，目的就是了解区块链在实体经济等产业场景中实际落地的情况。当时我带着一个十几人的专家组，走访、调研了全国50多个具体的区块链项目，并和超级账本等基础平台合作，对50多个项目进行了问卷调研。其中包括很多大公司，像蚂蚁金服、腾讯等上市公司，包括了一些创新创业的新项目。由于当时官方智库关注区块链产业还比较少，所以，调研对象都很热情地接待了我们，也很详细地回答了我们的提问。我记得当时经常是从早上九点开始，一上午不停地问答，到吃饭的时候还不停止，很多时候访谈到下午两点半，不得不马不停蹄地赶去下一场了，所以调研内容的深度和广度还是比较充分的。”

“经过调研发现，历经两年左右的发展，到2018年初，很多项目实际上已经开始转向为实体经济服务，并已经有了一些进展和成果，开始在产业场景中广泛落地了。只不过当时可能宣传得比较少，很多人还不太了解。我后来跟着编写组专家总结了区块链落地模式比较清晰的24个领域，包括了11个金融领域和13个实体经济领域，把典型案例和落地逻辑汇总在白皮书中。”于佳宁表示。

“产业区块链”的精髓即“区块链赋能实体经济”，是于佳宁的核心观点，他在2018到2019年的近百场演讲中持续宣传推广“产业区块链”，使得这个概念逐步成为了“社会共识”。他认为，实体经济是区块链技术落地主战场，区块链技术将对实体经济起到重要作用。区块链能够引导资金“脱虚向实”。于佳宁表示，事实上，金融与实体经济存在一定程度上的割裂，金融机构往往只能主要从一系列的财务报表中了解实体经济的运行情况，对于大企业来讲，健全完备的财务制度能将实际运营情况很好地刻画出来；对于中小微企业，由于人员配备不足、制度不完善，并不能实际反映出经营状况，企业也存在提供材料不完整、不真实问题，这就会影响实体企业与银行等金融机构信任关系的建立，进而影响融资，阻碍金融支持实体经济。“利用区块链技术可以实现可信数字化，上链数据真实可靠且具有明确确权，为企业提供数据隐私保护，由此企业提供给银行相关数据在上链后不可篡改，外部数据更容易溯源核查，能使银行很容易对企业实际信用情况作出判断，这就使银行与中小微企业可以更低成本地建立信任关系，从而解决中小微企业融资难、融资贵、融资慢问题，也可以解决金融机构审核难、风控难、监管难的问题。”于佳宁说。

2.7.4 一位区块链专家级校长

区块链绝对是一片沃土，蕴含着无限可能，完全可以与实体产业携手耕耘。对此，于佳宁在与笔者进行坦率的沟通时也表示，火币大学是致力于推动区块链赋能实体经济的教育培训机构，以区块链产业人才培养为核心，以

“推动区块链等前沿科技落地应用，推动数字经济与实体经济深度融合”为己任，积极助力培育各区域、各产业经济发展新动能。现阶段服务人群主要针对企业高层管理人员和顶级投资人，提供高品质“区块链+”商学课程，系统性地阐述区块链时代的商业逻辑，助力企业借助区块链的重大机遇实现转型升级、弯道超车，获得“降维打击”的竞争新优势。

谈到火币大学时，这个年轻人侃侃而谈，言语间带着掩饰不住的兴奋和憧憬。笔者也了解到，火币大学并非只停留在构想，而是已经有了实际动作。彼时，于佳宁拿来举例的正是后来响彻行业的“全球区块链领导者课程”。那时，这个课程刚刚成立，他介绍称，此课程邀请了全球范围内最知名的区块链行业顶级思想者和实践者，与顶级企业家共同探讨产业区块链时代的企业战略、商业逻辑和组织方式。

于佳宁看到，由于区块链发展的历史相对较短，区块链行业从业者来自于各个领域，业务往往依照原有领域的商业逻辑开展，虽然一些项目也获得了一定的成功，积累了一些经验，但是这些经验是高度碎片化的，不成体系。而区块链的业务有着高度系统化、融合性的特点。要实践“区块链+”，需要先系统掌握区块链的前沿技术、应用场景、通证经济、数字金融、社群组织、政策法律等多方面的理论知识，需拥有非常全面的思想图谱。在任何一个方面出现了疏漏，“短板效应”将非常明显，甚至导致业务的失败。因此，于佳宁希望，借助“全球区块链领导者课程”这个平台，把在实践最前沿的创业者的经验碎片构成一幅拼图，拼接成通往未来世界的蓝图，构建一个面向未来的区块链理论体系，也就是“区块链思维”。

现在，火币大学已成为国内区块链教育培训行业的领军者，于佳宁也完成了从传统产业研究者向区块链教育布道者的转变。令人高兴的是，在新浪网主办的“新浪2019教育盛典”上，火币大学校长于佳宁当选为“2019年度影响力教育人物”。

“产业区块链”理论也贯穿于他的办学理念中，培育区块链思维也是于佳宁教育工作的关键所在。2019年底，于佳宁在“2019中国计算机教育大会”上表示，区块链教育必须与产业实践紧密结合，产教融合是基本方向。

区块链教育的关键目标在于培育学生的区块链思维，而这是一种综合了技术逻辑、金融逻辑和产业逻辑的综合性思维方式。“做好区块链教育要注意两点，一是要从实践中来，从相对成熟的行业案例中总结理论，二是要到实践中去，不断在实际的应用环境中检验学术创新的成果。”对未来5年区块链产业发展趋势他也曾作出过这样的预测：从2020至2025年，大批企业将借助区块链步入创新“第二曲线”，一个全新的十万亿规模级别的市场即将全面开启，因此要推动区块链应用落地，各行各业需要对区块链建立全面和准确的认知，“区块链思维”将成为未来最重要的思维方式，也是创新转型的“金钥匙”。

对于2020年“后疫情”时期的产业发展，于佳宁提出，“危”与“机”总是相伴相生，疫情后的产业复苏可能是产业转型升级的机遇。在全国抗击疫情的过程中，远程办公、远程医疗、在线教育迅速发展，方兴未艾，这种变化意义重大，绝不仅仅是应对疫情的权宜之计，更是加速各产业数字化转型、推进企业组织方式变革的重要契机。“未来创新转型将成为企业生存的刚需。以公司制为核心的‘中心化’组织形态很可能会逐步减少，而以平台化、社群化、在线的新型大规模协作方式将渐成主流，而区块链正是实现大规模分布式协作的最关键的新型信息基础设施。”

关于2020年的商业机遇，于佳宁提出借助“区块链+”来把握“新基建”的历史性机遇。他认为，以数字基础设施为代表的新型基础设施具有强大的乘数效应，将开启新一轮中国数字经济全面腾飞，各行业全面数字化升级的宏大篇章。新基建将带来场景、模式、组织的全方面升级，是全产业链的机遇，任何企业和个人都不能置身事外。一旦不能跟上变革步伐，则很可能被“降维打击”。

为了帮助更多的人掌握“区块链思维”，在“抗疫”期间，于佳宁专门推出了“区块链思维导论”在线音频课程，旨在让更多暂时无法来火币大学学习的朋友，建立面向未来的思维方式。在这个音频课中，于佳宁系统性地讲解了九大区块链思维的核心内容。用100分钟的课时，实现思维体系跨越式升级。

于佳宁表示，“区块链+”的新模式，与新型基础设施结合，将迸发无穷力量。这实际上也是区块链思维作用于新经济的具体体现。他提出，区块链是新基建的催化剂，区块链与新基建的结合将加速构建分布式数字化基础设施。具体来看，5G+区块链=万物交易网络、大数据中心+区块链=数据资产化、人工智能+区块链=智能商业2.0、工业互联网+区块链=工业区块链、充电桩+区块链=分布式能源网络、特高压+区块链=能源区块链、城际高铁+区块链=交通区块链。同时，“区块链+”更会引发基础设施建设模式的变革，由过去单一主体建设、多方使用的传统模式，变为多方利益相关人“共建、共治、共享、共赢”的创新模式。如此一来，将会极大提升新型基础设施建设的速度，也会大幅提升新型基础设施带动社会经济发展的“乘数效应”。

区块链赋能实体经济已成为大势所趋，在未来万亿级的市场上，区块链如何与产业结合成为发展的重点。而在区块链产业化进程中，教育赛道不可或缺，复合型技术区块链亟需培育复合型人才，输送高质量区块链人才则需教育端支持。反而言之，教育端也需要产业端的扶持，正如于佳宁所言“从实践中来，也要到实践中去”，依托雄厚的产业基础、持续的创新实践才能源源不断地优化教育资源、丰富教学案例、完善理论体系。产教融合才能实现教育端和产业端的良性互动，才能实现区块链产业化，进而真正使区块链赋能实体经济。也正如于佳宁所言，教育的核心目的是培育新思维，只有建立起“区块链思维”，才能发现产业机会、创新产业模式，加快产业数字化，推进数字经济进程，加速诚信社会的到来。

2.8 “惠神”百倍杠杆爆仓背后那点事儿[①]

网络上有段子手戏称，“投资的英文是invest，由in（投入）和vest（内衣）所组成，意指将全部家底甚至是连内裤都有可能搭进去。”

尽管这是句玩笑话，但对那些不能理性投资，只知道博傻的投机者来

① 文/《证券日报》金融机构中心记者 彭妍

说，此话可谓话糙理不糙。投资市场上，因破产而走上极端之路者也是大有人在。在加密数字币这个“一开口就是千万级生意”且“波涛汹涌”的狂野市场上，动辄转瞬损失上百万甚至上千万，也早已不再是小概率事件了。有的人一夜暴富了，值得庆贺，但也有的人倾家荡产。对于后者，只要“青山”还在，仍能东山再起。但遗憾的是，也有人在强大心理压力下，选择了告别这个世界。热闹的币圈内，人称“惠神”的惠轶先生选择的就是这样一条不该选的路。

2019年6月10日，星期一，正好是端午节假（7–9号连休，其中6号恰是“芒种”）过后的第一个工作日。没承想，当晚，比特易联合创始人、长江商学院同学张歆彤发布了一个令币圈震惊的“悲事”：比特易创始人惠轶于2019年6月5日逝世。外界普遍认为，年仅42岁的惠轶去世的原因疑似因炒作比特币巨亏而自杀。

而惠轶去世的前一天，币圈还沉浸在喜气洋洋的氛围之中。“币圈新贵”90后孙宇晨刚刚以3100多万元人民币拍下了与巴菲特的午餐会。

6月4日凌晨，孙宇晨在自己的微博中官宣称，“我一直都是巴菲特价值投资理念的长期信仰者，同时我希望邀请区块链行业知名人士一起与巴菲特交流，从而增进顶级传统投资人与数字货币的理解和友谊，让整个行业真正受益！”

转身他又发布了致波场社区的一封公开信中称，这是波场的新起点，并表示说，这会是区块链行业发展史上的重要一步。

一喜一惊，一阳一阴，币圈的世界里，或许从人间走向阴间就差一天。至于惠轶“自杀”的原因，网络上流传的是疑似因百倍杠杆爆仓，亏损了投资人2000个BTC。根据当时比特币的价格水平，1BTC相当于5万元人民币，预计亏损1亿元人民币。证据是一张网传的惠轶的群聊截图。不过，对于他本人是如何去世的，外界只能猜测。但爆仓这事肯定脱不了干系。

走过短短42个春秋的惠轶，有着怎样的人生经历呢？

公开资料显示，2003年惠轶从中国科技大学毕业，获编辑出版学学士和管理学硕士学位。毕业之后，惠轶加入了蓝色巨人IBM，并成为IBM中国研究中心研究员，期间参与领导了多个业界标杆创新项目。三年之后，惠铁又加入微软，参与Microsoft Surface的产品开发。除此之外，惠铁还参与了中国建设银行SOA企业级架构开发、中国台湾建华银行MMA创新金融产品开发等多个标杆项目。

“中科大”的教育背景，说明惠铁有着“学霸级”的聪慧。在其个人公众号里，他曾有过这样的学霸级豪言：“上初中和高中的时候，我的物理就没考过班里第二，偶尔发挥失常，只考了99分，于我而言就是奇耻大辱。”

IBM、微软等世界巨头的历练，尤其是在微软的工作经历，可以说为他日后的创业打下了良好的基础；而金融从业及金融创新品的开发经历又为他最终进入加密数字币市场结下了缘。这完全是一位积极向上有创业激情的人。网络上有人说他是个爱“折腾”的人，估计更多的是一个褒义词。

从他去世后，他的员工与前合伙人对其的评价也能看出，惠铁的确是一个正能量的年轻人。员工谈起对他的印象时，下面的词是基本的词语，即理工男，性格内向，不张扬，人和善。前合伙人张歆彤则是这样评价的：“正直、善良与聪慧，他对生活、对工作永远充满激情，他头脑清澈、思维通透。”

从惠铁“折腾”的事情看，其确有传奇人生色彩。从互联网金融（P2P）赛道到区块链币圈赛道，惠铁可以说是一位追逐风口的连续创业者或者说是一位持续创业的“创业老兵”。尽管是老兵，但他在互联网金融圈内仍是小有人气的“名人”。

惠铁正式下海创业始自2008年，当时他创办了北京途拓科技有限公司。这是一家专注于开发触控应用软件及相关行业的触控解决方案商。其后，他两次涉足P2P，首次是2014年1月，当时他以花果金融联合创始人并任CEO职位的身份参与其中。在国内P2P市场最为火热的2015年6月辞去CEO职位并退出花果金融，也幸运地躲过了此后开始的P2P爆雷潮。正所谓好事成双，当年他又在上证指数4800点时，全部清仓A股股票，成功躲过了接下来的大熊市，并获得了“逃顶侠”称号。“A股杠杆熊市”、P2P界“E租宝”大案件，惠铁都躲过去了。的确够神！

此后，惠铁来到了长江商学院学习和深造。正是这段经历与思考，令他迈出P2P行业的那只脚又踏了出来。2015年他再次创办神仙有财并任CEO。这是他与P2P的第二次握手。

“神仙有财”上线后开发了一套人工智能理财引擎——啸天犬，主打人工智能匹配产品。据公开信息显示，神仙有财与P2P平台夸客金融联系密切，夸客金融创始人郭震洲担任神仙有财管理委员会顾问，且当时神仙有财平台上的消费金融资产，是由夸客金融提供。但2016年随着互联网金融严监管到来，P2P远没有往日的活力了。天眼查显示的材料表明，惠铁退出神仙有财，时间定格在2018年8月16日，

惠铁曾说：“我喜欢去冒险，如果在今天有一个很新的市场，商业模式很新，而且处在很早的早期，那我死活都要跳进去。”正因这种“爱冒险”的精神，惠铁毫不犹豫地跳进了加密数字币领域。2017年，数字币市场如火如荼，当年10月，惠铁创立数字币市场分析平台比特易。

根据官网介绍，比特易是一家区块链市场数据分析与服务平台，专门为数字货币投资者提供专业的市场分析工具、数据指标和风险管理策略，帮助投资者有效控制数字货币投资风险。这与我们常用的股票看盘软件、数据终端类似，惠铁也曾表示要将其打造成为币圈的彭博、Wind或同花顺。

据悉，比特易有两款核心产品：BitEye和比特易。BitEye是数字货币市场风险监控系统，拥有全球数字货币发行、交易、资金进出的信息，通过智能化的风险发现系统，实时跟踪、记录欺诈项目、价格操纵、内幕交易、洗钱等各类行为。BitEye为各类监管机构和行业研究机构提供定制化的数据监控服务。比特易由北京必易数据服务有限公司运营。比特易项目自身未涉及代币发行。比特易App显示，其为区块链市场数据分析工具，产品包括智能K线以及配合小币种、主流币、杠杆合约等服务的代币智能投顾工具。

没想到的是，在币圈，惠铁又成了别人眼中的“大咖”，在比特易500人投资群里还有不少成员“崇拜”地称其为“惠神”，还有一些媒体将热衷于数字分析的惠铁描述为“数字画家”。

不过，据比特易的前员工表示，虽然惠铁是外界公认的炒币操作大神，比特易也是为数字币投资者服务的软件，但惠铁从来不在公司里带员工一起炒币，也不会给大家一些操作和防控风险的提示，“他告诉过大家炒币是一件赌性很强的事”。正因为此，他的前员工还有了不思其解的反问：“它一定不是一件简单的事，老惠这么自信的一个人，操作上也不错，怎么可能因为爆仓这件事就自杀呢？”

而且惠铁在接受媒体采访时曾说过比较理性的话。他说，“现在较大的问题是，这个市场的投机性非常重，它更像一个赌场，因此对一个投机属性较重的市场而言，怎么能够帮助与保护中间的玩家降低风险，让投资者变得更加理性，正是我们当下要解决的问题。”

因此，也有人在他的指点下赚得盆满钵满，然而具有讽刺意味的是，就是这样一位助人规避风险赚过钱的人，最终自己却被风险所吞噬。根据微信聊天记录，惠铁疑似因100倍杠杆做空比特币导致巨亏。所谓100倍杠杆是什么概念？就是指投资者在做合约交易时，向平台抵押1%比例的保证金即可交易。这种情况下，当市场偏离预期的波动幅度超过1%，便会爆仓。惠铁使用了100倍杠杆看空比特币，假如满仓操作，当比特币价格上涨1%，其账户内资金将会损失殆尽。

佛说，天堂与地狱，只在一念之间。曾以精准预测出名的“惠神”是如何一步步把自己推向深渊的呢？

根据“比特易500人投资群”2019年5月31日微信群聊截图内容，我们大概可以还原这次“爆仓始末”。惠铁曾在某微信群里自爆：瀑布前5分钟，他开了10个BTC的100倍杠杆，准备拿到交割，又在今天早上开了600个BTC的空。据悉，就在几个小时前，5月31日零点，比特币市场迎来一场“瀑布”式暴跌，比特币价格从8928美元的高点一路下跌，最低一度下探至8010美元。实际上，5月31日早上6点至9点，比特币价格处在小幅上涨的状态，根据交易平台的盘面数据，当天13点至15点，比特币价格从8108美元涨至8320美元，前1小时内涨幅1.13%。

最终，市场的反应并未如惠铁所愿，比特币价格不跌反涨。在原本就波动剧烈的数字币市场上，开出百倍杠杆的做法，无异于引火焚身。此次惠轶没“赌”赢，反而把自己的性命“赔”了进去。所以说，人生最大的敌人就是自己。“惠神”可以把别人的“贪”装进笼子里并加上一把大锁，但却不把自己的笼子加锁，让“贪魔”随意出出进进。

惠轶辞世引发众多投资者讨论，“风险与收益并存”的加密数字币也被推上舆论的浪尖。甚至有网友怀疑说，此次“自杀事件”其实是一场自导自演的“跑路游戏”。还有网友作了很客观理性的留言：“币圈每天发生很多事，大事也不算少，前一秒和后一秒，居然是生与死。这次惠轶的悲剧收场，不知能不能警醒那些依然抱着侥幸心态的炒币者。”

据“区块链浑水”报道，在投资比特易之后的档口，软银中国合伙人在接受采访时评价虚拟币市场时表示，市场的量级不稳定，有大量空气币存在，令用户经济受损。而各大交易所合约交易的兴起，使本来就风险颇高的虚拟货币交易，在瞬息万变的币价上再加上杠杆更让人心惊肉跳，也酿成悲剧。OKEx平台此前的维权事件即多与合约交易有关，用户爆仓造成大额损失，加上此次惠轶的去世，更给币圈留下了新的警醒。

2.9 那些套路满满的加密币交易所们①

“如果有10%的利润，资本就会保证到处被使用；有20%的利润，资本就能活跃起来；有50%的利润，资本就会铤而走险；有100%的利润，资本就敢践踏一切人间法律；有300%的利润，资本就敢犯任何罪行，甚至冒绞首的危险。”

——卡尔·马克思《资本论》

比特币的大火点燃了人们的激情。近2000多种“东施效颦”的“山寨币”如雨后春笋般地冒了出来，一时间加密数字币这桌饭菜宛如鸡鸭鱼肉、禽蛋蔬菜一股脑儿全被端上了饭桌。如果我们将加密数字币比做鸡鸭鱼肉、禽蛋蔬菜的话，那么类似菜市场的平台出现就是一种必然了。

① 文/《证券日报》金融机构中心记者 徐天晓、苏向皋、吕东

作为加密币交易过程中的关键主体，币圈大佬们的套路离不开加密币交易所的“配合”，加密币交易的套路也需要币圈大佬们的“协作”。而这正是“中心化”所带来的结果或恶果。这与令人欣赏的具有“去中心化”特征的区块链又形成了十分明显的对比。当然，这种对比是刺眼的，也是尴尬的。

2.9.1 交易所“考古”

加密数字币交易的市场规模有多大？说出来你可能不信，现在每天，全球加密数字币交易所的交易量都能达到40亿–50亿美元，约等于A股平均日交易量的1/20–1/15、港股市场平均日交易量的1/3–1/2；同时，加密数字币交易所的交易量还在迅速攀升之中。另外，由于数字币交易所的交易佣金数十倍于股票交易所，并且多采取双向收费，其手续费收入比很多证券交易所高很多。加密数字币交易所在当今全球金融市场中事实上已占有了自己的一席之地。加密数字币交易所也已成为一块“肥肉”。

加密数字币交易所是如何兴起的呢？要弄懂这些，我们有必要回到比特币的“远古”时代，开启一场关于数字币交易所的“考古”之旅。

公认的第一个加密数字币交易所是2010年伊始诞生的BitcoinMarket。彼时，比特币的创世区块诞生仅仅一年，比特币还仅仅是加密数字极客中被小范围讨论的新话题。但随着对比特币感兴趣者越聚越多，2010年1月15号上午9点42分，在一个叫做Bitcointalkforum的论坛上，一位网名叫做dwdollar的网友发起了新帖，他说：“大家好！我正计划建一个交易所，这是个宏大的计划，但我还有很多工作要做，那是一个人们可以在上面互相交易比特币的真正的市场，在接下来的几周内，我将会建一个网站并有一些基本的框架。大家耐心一点。”

在中文互联网上，关于第一个加密数字币交易所BitcoinMarket的信息非常有限，为数不多的内容也是翻译自外媒的二手信息。不过，笔者找到了当年Dwdollar开设的那个帖子，里面详细介绍了Dwdollar创立第一个交易所的过程。

开贴之后，Dwdollar不断地回帖，与网友进行交流并传达他对建设交易所的构想以及相关进展，也有很多网友回应并加入到他的计划中，这一过程持续了数月之久。在帖子中Dwdollar称：“我正试图建立一个比特币被视为商品的市场。人们可以用比特币换美元，并对其价值进行推测。从理论上讲，这将建立一个实时‘汇率’，这样我们就可以知道比特币相对于美元的当前价值是多少。”

“尽管现在比特币有价值，但除非（价格）需求被匹配，否则不会有人将它当作货币。问题的关键在于发现需求以及匹配需求。我想建立一个真正的市场，那里买卖双方可以基于自己的需求定价，而市场将进行匹配。我将只做一个中介。我觉得我们没必要关注比特币的价格应该是多少，我们要关心的是如何在它（比特币）波动时匹配到价格，无论他会是10万个比特币1美元，还是1000个比特币1美元，或是1百万个比特币1美元……”

随后在2010年3月，数字币世界的第一个交易所BitcoinMarket上线。不过它没有存活太久：比特币的疯狂超过了人们的想象，越来越多的人涌进交易所进行交易，再加上漏洞与BUG频出，骗子与虚假信息混迹，以致贝宝（Paypal）关闭了BitcoinMarket的支付通道，很快BitcoinMarket便退出了市场。时至今日，其已在互联网上难觅踪迹。笔者在网上探寻第一个交易所的真身，发现该交易所域名已“待价而沽”。史上第一个比特币交易所就这样消失在浩如烟海的互联网世界中。

不过在BitcoinMarket“出世”后，越来越多的交易平台如雨后春笋般涌现。其中最出名的是JedMcCaleb创办的Mt.Gox，即“门头沟交易所”。相对于BitcoinMarket，门头沟交易所可以说是第一批商业上运行成功的比特币交易所。

JedMcCaleb，是一位区块链界的风云人物。维基百科显示，他是一位美国程序员和创业者，他还是知名加密数字币瑞波币（Ripple）的创始人。同时也是加密数字币恒星币（Stellar）的联合创始人。根据CoinMarketCap的数据，瑞波币和恒星币的市值在全部加密数字币中目前分别排第3和第14。接连创立交易所和两个知名的加密数字币，此人真可谓为加密数字币而生。

瑞波币（Ripple）创始人JedMcCaleb
（图片来源：和讯网）

从某种意义上来讲，JedMcCaleb是“分布式网络”的拥趸，其创立分布式网络项目的历史远早于比特币诞生。早在1998年，JedMcCaleb创立了电驴（eDonkey）——对，你没看错，就是那个曾一度成为全世界最大的文件分享网络的电驴。而且电驴也不是中心化的，它由用户自行上传文件并形成了电驴巨大的资源库。不过后来，电驴被美国唱片业协会起诉侵权，Jed及其合伙人被判赔偿3000万美元，电驴也被迫退出了历史舞台。

在电驴被关闭后，Jed百无聊赖，终日沉迷电子游戏，直到有一天看到了关于比特币的报道，立马被其吸引。作为一个深谙互联网分享共享精神的人，Jed发现比特币不就是那个“把权利归还给个人”的产品吗？但当他准备入手比特币时，却发现比特币交易极不方便。作为一个雷厉风行的行动派——Jed用一晚上的时间搭建起交易所网站——也就是门头沟交易所的雏形，然后在2010年7月，门头沟交易所正式开始交易比特币。到了当月月底，Mt.Gox就成了全世界日成交额最大的比特币交易所。

（图片来源：百度百科）

但我们不得不承认，建立交易所，尤其是中心化的交易所，这与比特币的去中心化设计初衷是有违背的。也正因此，Mt.Gox后来在鼎盛时期一夜之间荣光不再，并深深地影响了交易所和比特币的发展轨迹。2011年

3月，Jed将Mt.Gox卖给了MarkKarples，一位在日旅居的法国商人，国内的币圈人习惯称他为“法胖”。在后者的管理下，门头沟交易所逐渐成为了比特币市场统治级的存在，在最高峰时承担全球超过70%的比特币交易。2014年2月，门头沟交易所因黑客攻击资产被盗而被迫下线，后申请破产保护，一代数字币交易所的带头大哥就此零落。2015年，“法胖”MarkKarples因涉嫌对交易所系统进行非法操作、虚增资产等问题而被警方逮捕。

一直以来，围绕门头沟交易所“一夜出局”一直都有“阴谋论”的论调，有这一观点的支持者称，门头沟交易所陨落源于各国政府的打压；也有支持者称，这笔盗窃压根就是一笔“监守自盗”或是为了弥补管理或财务漏洞而由公司内部人士自导自演的，拆东墙补西墙的闹剧。但这些目前都无从证实。唯一可以明确的是，门头沟交易所的一夜倾覆给整个加密数字币市场带来了沉重的打击。

2.9.2 “想赚大钱就要自己开交易所”

“要想赚钱，赚大钱就要自己开交易所。”李笑来的这句话在币圈广为传播。为什么有此一说呢？

如果说早期的交易所还只是做比特币与法币兑换，并从中抽取佣金的中介生意，那么随着ICO热潮的到来，交易所在币圈中的中枢地位越来越凸显，甚至在巨大的利益面前，交易所既做裁判员又做运动员。在这样的氛围中，交易所不赚钱比赚钱都难。这也难怪为何大家这么想开立交易所了。就目前看，交易所的营收构成主要有三项：交易手续费、项目上币费和平台币发行费。

交易手续费。这是数字币交易所最重要的收入来源。大多数平台会按照用户持有的平台币数量、交易额度、VIP等级等不同而计算不同的手续费率，市面上大部分交易所的手续费率在0.05%–0.2%之间，即交易100元收取0.05~0.2元不等的手续费，且以双向收费居多。不少支持法币交易的平台还设置了提现费，在用户将数字币提现为法币时收取。

项目上币费。项目方在交易所上币时所缴纳的费用。根据相关的公开报道，一、二线交易所上币费从几百万元到几千万元人民币（或等值比特币、以太币）不等。

发行平台币。平台通过发行自己的平台币获得收入。

事实上，交易所赚钱的套路，可谓五花八门，对应的则是“人有多大胆，地有多大产”的“豪气”。上述几项仅是最入门级的“操作”，具体后面还有介绍。在这里，笔者仅从交易佣金入手进行分析，你便能知道交易所有多么赚钱。

布隆伯格（Bloomberg）曾根据数字币交易所的24H交易额，对主要交易所在2018年3月某日的手续费收入做了测算。测算结果显示，Binance（币安）和Upbit等大型交易所单日交易手续费收入超过了300万美元！年交易手续费收入有望超过10亿美元。单日手续费超过100万美元的还有Huobi，Bittrex，Bithumb和OKEx！

吃惊不？事实上，我们拿目前全球最活跃的交易所，也是全球最挣钱的股票交易所之一——中国香港交易所作对比，就知道数字币交易所盈利有多强大了。香港交易所（00338.HK）最新的数据显示：2019年实现收入及其他收益163.11亿港元，同比增长3%；实现股东应占溢利93.91亿港元，同比增长1%。

从营收角度来讲。以目前最大的加密币交易所之一的火币为例，火币创始人李林在2018年给全体员工的信中曾披露，当年火币全球交易所交易量突破2000亿美金，手续费收入突破5亿美金！布隆伯格（Bloomberg）预计火币2019年的总营收可以突破6.8亿美金。若以此计算，火币的营收已经达到了港交所约1/3。而港交所的营收中可是包含了三家交易所（联交所、期交所、LME）及5家结算公司（香港结算、场外结算、期货结算、联交所期权结算、LMEClear）的总营收之和！

于是，我们不得不得出如下的结论：数字币交易所的高收入源于远高于一般证券交易所的交易佣金比例。

若按照港交所旗下股票交易所香港联交所的交易费双边0.005%计算（不考虑交易系统使用费，每笔交易0.5港元），要实现Binance（币安）和Upbit

等大型交易所超过300万美元的单日交易手续费收入，得对应超2360亿港元的股票成交金额！而据港交所公布的数据，在2020年2月份，其证券市场平均每日成交金额实际仅为1151亿港元。当然，股票、债券和数字币是不同的交易品种，这样对比也不见得严谨。但通过这种对比，确实可以说明，一家排名靠前的数字币交易所，其盈利能力有多么恐怖！

2.9.3 “套路满满”

当然，赚钱的生意肯定有花样繁多的“套路”，尤其是缺少监管的前提下，就更不足为奇了。

2018年，安永在对2017年发行的141个ICO项目进行分析后发现：86%的项目“破发”，其中30%“归零”。2018年前三季度的加权回报达到了约-66%。

“-66%的收益率”！也就是说，年初投入一百块，到了第四季度，就只剩下34元了。炒币人的财富就这样被平台和发行人戮取，那么在这些项目背后，发行人和交易所是如何一步步把投资者“引君入瓮”的呢?

（1）刷量！刷量！刷量！

流量是什么?对于交易所来讲，流量意味着机会，意味着议价能力，意味着更多的营收！

但没有流量的时候怎么办?那就流量造假！事实上，交易所的流量造假是圈里心照不宣的“秘技”。市场上最早关注交易所流量造假的是一家名叫“BitwiseAssetManagement”的公司。官网资料显示，Bitwise建立于2017年，是加密币指数基金的开创者，总部位于旧金山。在2019年3月，Bitwise向SEC申请推出基于比特币的ETF，并在申请中附上了一份关于数字币交易所的研究报告，Bitwise疾呼“研究发现，未受监管的交易所中的比特币交易多数都造假！”

Bitwise研究了81个交易所在2019年3月中4天的交易行为，并表示真实的比特币市场远比之前想象得要小。Bitwise认为其中71个交易所，或者95%的交易数据是有问题的，或者是被人故意创造的。在报告中，Bitwise还举了很多个例子以佐证其观点：比如交易额排前5的未受监管交易所的交易量远大于受监管的前5名交易所；一些未受监管交易所交易买卖指令总是成对出现；很少有小额交易……

为何交易所要“操纵”数据？Bitwise认为，其意在数据服务机构，如CoinMarketCap中获得更高的排名并以此获得更高的发行费。

不过笔者要在这里多说一句。Bitwise的主业与这份报告的结论，并不是完全独立分开的。Bitwise是一家专注加密币指数基金的机构。报告揭露交易所数据造假问题，无疑会有助于树立Bitwise专业尽责的外在形象，也将有利于其募集资金。

除了Bitwise以外，另一家区块链研究机构Tokeninsight在2019年9月也发布了聚焦交易所交易数据可靠性的报告——《交易所真实交易量报告》。Tokeninsight表示，在北京时间2019年6月26日10点30分至2019年7月28日23点55分对30家主流交易所的逐笔成交进行了记录并进行分析后发现，某些交易所刷量严重：36%的交易所（11家）真实交易量比例高于80%；近50%的交易所（14家）真实交易量比例不足一半。值得特别注意的是，超过25%（8家）交易所的真实交易量占其报告成交量的比例低于20%。

事实上，Bitwise的那份报告在市场上和交易所行业中都引发了轩然大波。在此之后，交易所的“刷量”套路浮出水面，但同时，更令人警惕的问题也随之出现——“揭露造假让造假更隐秘”，一些研究机构揭示交易所的“套路”，反而使很多交易所针对性地升级骗术，以致公众更加难以察觉其背后的问题。

（2）“市值管理”。

市值管理，本是指上市公司价值最大化的一门管理学问。但在币圈，“市值管理”却成了挂羊头卖狗肉的冒牌货。

一般来讲，市值管理的主角是发币方，但是部分交易所也会对发币方提出“市值管理”的要求。这是因为：第一，交易所要求数字币维持较高的收益水平，有利于提高交易所的议价权；第二，更高的币值意味着更高的交易量和佣金。

（3）发行“空气币”。

所谓空气币，就是完全没有任何信用背书和实物依托的所谓应用区块链技术研发的“数字币”。几乎每一个空气币背后都是项目发行方和交易所的“合谋”割韭菜游戏。

由于信息的极度不对称，普通投资者很难判断项目的真实价值，这就为诈骗提供了土壤。很多空气币项目只是穿上区块链新衣的传统诈骗项目，并没有什么特别的“创新”可言。发行人把项目用区块链层层进行包装，塑造引人瞩目的气质；披上应用场景的外衣，显示出有魅力的外形，再经过讲“故事”、行业大佬站台、交易所提供场所，一个“光鲜亮丽的明星”项目便华丽丽地站在了投资人的面前。不怕你不投资，而一旦入场，等待的定是“镰刀”。2018年的太空链（SpaceChain）项目就是典型代表。2018年1月26日太空链上线10天后，“知乎”上有一个针对太空链问题的回复十分有趣：“太高大上了，下个月我的黑洞链和时空机器链就要上线了，主要是解决人类探访黑洞和时空穿梭梦想的，愿景非常之远大，保守估计一个月内进到市值前十名。近期将开始私募，额度大部分被徐小平、薛蛮子之类的分走了，还留了一点儿给大家，先到先得哦。”

尽管太空链最终归零，但交易所却赚得盆满钵满。据链得得统计，SPC在四个交易所开始公开交易：Exx、币蛋-CoinEgg、CEO交易所、Allcoin。太空链ICO募集ETH，按照官方1∶3200的配比，共募集15.6万个ETH，按当时市价约10亿元人民币！耗时一天！据了解，在太空链的交易过程中，交易所收取的费用包括0.1%的直接交易手续费和0.0003%到25%不等的提现费率。也就是说，在不考虑涨跌的情况下，太空链每实现100%换手，交易所便能实现至少200万元的直接手续费收入。

而上币费呢？交易所其实赚取的或更多。如前所述，一、二线的交易所上币费从几百万元到几千万元人民币不等。部分项目还会约定以数字币或上市募集资金的一定比例进行分成。

（4）诈骗割韭菜！

事实上，以上这三项还只是相对有一定规模的交易所才会常用的“套路”；而小型交易所则倾向于直接“诈骗”。请看万通启元这个例子及其背后的诈骗套路。

停机维护？失联跑路！

——万通启元的割韭菜套路

2019年3月份。一个叫万通启元的交易所在币圈开启了广泛的宣传。

万通启元是谁？如果你从网上搜的话，会发现他“天花乱坠”，例如万通启元官网号称万通启元背靠泰国政府认证的交易所，实力雄厚，注册即送10000枚万通MINI币，即该司的平台币；在很多区块链网站上有万通启元数字交易所区块链的“开源技术解析”，与腾讯云、百度金融并列讨论……

但是如果查询工商信息，就会发现万通启元的注册主体是万通启元企业管理咨询（重庆）有限公司，该司注册资本仅为10万元。

万通启元如何吸引投资者投资呢？其实套路与很多诈骗平台类似，具体来讲有四种方式：

一是刷单。投资者每天在该平台交易五笔，即可获得本金3%的刷单奖励。

二是持币待涨。万通启元平台币万通MINI币3月8号开盘后，持续涨了60多天，翻了17倍。

三是挖币。

四是传销！交易所每笔交易收取千分之二的手续费。上线可以拿到第一代会员购买各挖矿币种交易手续费的9%，拿到第二代会员交易手续费的7.5%，拿到第三代会员交易手续费的6%。

万通启元在3月份开始运营，但是在5月26日，该平台“停服升级”，暂时禁止用户提现，5月28日，交易所“维护”，到5月29日，App无法登陆，MINI币暴跌98%；投资者去办公场所后发现已人去楼空——平台已经跑路。

事实上，由于区块链概念火热，以区块链之名行诈骗之实的活动层出不穷，技术成了违法的挡箭牌。但其背后无一不是利用人们的贪欲本性。近年来，中国加大了对以区块链、虚拟币名义进行的违法犯罪活动的侦办力度，但是仍有很多不法活动暗中运作，在此奉劝大家擦亮眼睛，以防上当受骗，成为别人的盘中餐。

2.9.4 国内交易所的格局与演进

从2011年国内第一家比特币交易所即比特币中国上线，到2017年9月，数字币交易所在中国已走过了6年的野蛮生长期。而随着2017年“9・4”禁令出台，监管部门开始为虚拟币交易画上红线，内地数字币交易所的发展呈现了泾渭分明的“9・4监管新政”前时代和“9・4监管新政”后时代。

探究国内数字币交易所的发展历程前，我们不妨先探究一下“比特币”这一翻译的起源。

Bitcoin玩家众多，但是“Bitcoin”为何翻译为“比特币”，或许很多人并不知道。当我们搜寻“比特币”翻译的起源时，“比特币中国”映入眼帘，在其官网上的大事记中第一件事便是：2011年5月，“我们将Bitcoin命名为比特币，并且创立了比特币中国”。

比特币中国，中国第一个比特币交易平台。2011年6月由杨林科和黄啸宇共同创立。杨林科是温州人，在创立比特币中国之前，杨林科做汗蒸设备的生产销售生意。当年杨林科偶然看到一位朋友的QQ签名——“愿意了解（比特币）的可以聊聊”，杨林科就“多问”了一句“这个是什么”？从此杨林科踏入“币圈”，而这位朋友，便是黄啸宇。

在当时“Bitcoin”在国内知道的人不多，为数不多的交易也只是在淘宝上进行。于是杨林科与黄啸宇便萌生了创办交易所的想法。此时的“Bitcoin”尚没有中文名字，他与黄啸宇一合计，将“Bitcoin”翻译为“比特币”。“比特币”中文名字自此诞生。

比特币中国诞生后，其发展也历经曲折，甚至一度到了快要破产的地步。这时比特币中国迎来了自己的第三位灵魂人物——李启元。李启元到来后，为比特币中国从光速资本融到500万美元的“续命钱”。凭此李启元成为比特币中国的联合创始人和CEO。据比特币中国官网介绍，其辉煌时曾一度达到国内市场交易量的80%，但它的领军地位并没有保持太久。2013年以后，比特币中国逐步被OKCoin、火币等“新星”超过。2015年，杨林科暂别“币圈”，“9·4监管新政”之后，比特币中国开始清退，2018年比特币中国被我国香港某区块链基金收购，李启元、光速资本、杨林科、黄啸宇全部清仓股份套现。

比特币中国之后，交易所创业风起云涌。2013年OKCoin、火币成立。2017年，币安成立并凭借币币交易逆袭，国产交易所“三地鼎立”格局定型。

“9·4监管新政”出台之后，火币开启全球化布局，注册“Huobi.pro”面向全球开展虚拟币交易，2017年9月13日正式运营。目前，火币集团在美国、日本、直布罗陀、泰国等12个国家和地区设有子公司或合作公司。2018年8月收购香港主板上市公司桐成控股（01611.HK）；2019年4月，CoinMarketCap数据显示，火币全球站币币交易24H交易量再夺全球第一。而成立于2013年6月份，并以合约交易闻名的OK，目前旗下主要有两个交易所——OKCoin和OKEx，其中OKCoin从2017年10月31日24时起停止人民币与比特币交易；OKEx于2018年迁至马耳他，面向全球发展。后起之秀币安成立于2017年8月，率先引入币币交易，其创立之初便定位全球化使其在“9·4监管新政”之后能够更快速地实现转型，据称2019年日均交易量超过等值28亿美金，全球用户数量也超过1500万，覆盖全球180多个国家和地区。币安的平台币BNB市值排名跻身全球前十。可以说币安是当前全球当之无愧的第一大数字币交易所。

三家交易所创始人的创业历程与中国互联网大佬们的其他创业故事一样，近年来在眼花缭乱的争议与质疑中被数不清的文章进行了描绘和传播。

2018年11月胡润研究院发布胡润区块链富豪榜，三家数字币交易所的创始人位列榜单的第3位至第5位，仅次于比特大陆的两位创始人詹克团与吴忌寒。其中，时年41岁的币安创始人赵长鹏以150亿元位列第三、时年33岁的OKcoin创始人徐明星以100亿元的身价位列第四，时年36岁的火币创始人李林以70亿元位列第五。

区块链车轮滚滚向前，在不同的时期，交易所也呈现着不同的底色。一方面，由于缺乏监管，野蛮生长的交易所为我国金融市场带来了不小的风险隐患。例如，对于三家中运营最早的OK，2018年10月份，区块链自媒体“区块链Truth”发布了OK数字币期货项目的投资者维权事件，多位投资人称遭遇了OK的市场操纵而导致爆仓，其中亏损最多者亏损过亿元。当然，对这些问题，OK都予以否认。还有的交易所被用户吐槽一到关键时刻就“拔网线”，即交易所因技术故障等被动甚至主动因素，造成无法完成交易的情形。此外还有空气币以及多种形式的代币发行融资行为等之前讨论过的数字币交易所的常用套路。这些套路助交易所完成了原始积累，但也的确引发了不少风险事件。交易所的发迹过程往往充满非议。这点毋庸置疑。

但从另外的角度看，尽管加密数字币目前仍不是主流投资资产，但随着数字币产业蓬勃兴起，数字币会不会成为今后金融的主战场？2019年，包括Libra的横空出世让各国央行重新审视数字币对现有金融秩序带来的冲击。交易所作为当今数字币市场的主导和中枢，或许可以为法币数字货币的发展提供借鉴。

毫无疑问，“9·4监管新政”是国内交易所发展的“拐点”。交易所无奈出走海外市场，而且现在也形成了一股全球力量。这也让我们不得不思考，是不是我们把水倒掉的时候把孩子也倒掉了？当然，数字币交易所如果没有监管，无疑是马路上没有警察，或者没有红绿灯。其中的危害肯定是巨大的。但是如果是一个积极谋求拥抱监管的数字币交易所，我们是不是该“放行”呢？值得大家思考。

另一个值得大家思考的是，中心化的交易所是不是最适合数字币的交易所形式？中心化交易所有什么弊端？最关键的当然是安全问题！不安全就会频繁遭黑客攻击，带来的结果就是丢“币”。丢“币”就容易丢“信心”丢“未来”。据区块链安全服务平台成都链安统计，2019年全球共发生28起交易所安全事件，其中超过七成为交易所数字资产被盗事件，其余的是交易所跑路、交易所信息泄露及其他资产丢失，损失高达13亿美元。

而此前安永的一篇报告更加“触目惊心”。安永研究了2015–2017年3年间的372个ICO项目，发现其总募资的数字资金价值达37亿美元，但至少有10%的加密币，即价值至少3.7亿美元因ICO过程被黑客攻击盗取或丢失了。在黑客攻击问题上，作为加密数字币交易所领头羊的币安，也是常常被人揶揄。在2019年4月份，币安被盗7074枚比特币，市价超过4100万美元。不过好在币安“血槽厚”，事后Binance币安宣布全额赔偿用户损失。不得不说在这次攻击中，币安的用户是幸运的。因为大多数攻击事件，都是以交易所和用户双输收场。

中心化交易所存在的其他问题还包括运营成本高，故障、BUG、频繁升级等等。而解决之道似乎就是去中心化。去中心化，指的是对交易所核心环节——“托管”的去中心化。简单来讲，即去中心化交易所采用的是智能合约，用户的资产托管于智能合约，一旦资金被纳入智能合约，那么只有拥有智能合约账户私钥的人才能接触该资金。

用户资产全部托管于智能合约，用户资产私钥全部存放在用户的客户端，黑客即便攻击交易所获得了交易所私钥，除非能获得用户私钥，否则无法转移用户资产。

听起来很美好，对不对？但是去中心化交易所当前也有短板。其中比较大的问题是，由于交易需要上链，导致其成交速度较慢，用户体验较差。但去中心化似乎也成了一个发展方向。目前，不少交易所已开启了去中心化的尝试。例如币安已发布了一个粗略的版本。该版本演示了代币发行、上架和交易的过程。赵长鹏还专门提出币安要从中心化平台过渡到“开放式平台”，未来将向去中心化平台演化的观点。

“去中心化”是区块链的本质特征。交易所的去中心化，或将推动一个令人期待的去中心化网络时代的加速到来。

2.10 “蝴蝶Libra”：翅膀扇动会否卷起一场风暴？[①]

2.10.1 “旅行从今天开始”

2019年6月18日，对全球社交巨头脸书（Facebook）而言，是一个特别值得庆贺的日子。就在这一天，它正式上线了区块链项目Libra的官网，并发布了天秤币（Libra）白皮书，以建立一套简单的、无国界的货币和为数十亿人服务的金融基础设施。

项目“操盘者”——戴维·马库斯（David Marcus）在推特上连发多条推文以宣泄自己的“激动之情”。对于Libra的即将发行，他高兴地写到：“旅行从今天开始”。

然而，对于外界来说，天秤币（Libra）的发行却如一块投入水中的石头转瞬间就激起了千层浪。天秤币刚刚官宣就遭到了包括美国在内的全球各国监管层面的重重质询。

白皮书发布当天，美国众议院金融服务委员会主席、众议员玛克辛·沃特斯就开门见山，敦促脸书停止开发天秤币，直到监管机构能够对其进行审查；7月，特朗普发推特文指责天秤币“没什么可靠性”；美国财长史蒂文·努钦在白宫公开发表讲话，担心天秤币对美国国家安全产生影响。美国参议院司法委员会民主党主席、参议员黛安娜·范斯坦则称这可能会破坏美国的货币政策。

欧盟也有相类似的担心。面对扎克伯格意图以Libra取代传统现金的野心，欧盟委员会随即对Libra发起“不公平竞争”的调查。欧盟委员会金融服务部门的一位发言人同时还公开表示说，“除了反垄断部门外，其他欧盟监管机构也在关注包括Libra在内的加密资产和支付服务领域的市场发展”。

---

① 文/《证券日报》金融机构中心记者 徐天晓

2.10.2 意外小插曲：天秤座人士大吐槽

Libra白皮书发布后引起了各国政要的批评，其实一点也不意外。但还是有一件意外和有趣的事发生了，那就是加密币天秤币（Libra）引发了天秤星座群体的强烈不满。

对于天秤币名字的由来，戴维·马库斯在接受媒体采访时曾表示说，之所以选取此名，是因为天秤代表着自由、正义和金钱。他还说，除了占星学符号外，这个词还来自用于铸造硬币的罗马计量单位。另外他们还从法语“Liberte（自由）”一词中汲取了一些灵感。

据海外媒体报道称，占星家安琪尔·伊耶提斯（Angel Eyedeism）对此吐槽说，“天秤座是平衡、公平、和谐的标志，现在我在脸书上看不到太多这样的东西”。他接着说，“天秤座的公平元素被冒犯了，这是所有星座中最不自私的。他们记得（公平地）向别人索要某个东西，而脸书却没有问他们（天秤座人士）。”林赛·麦考利（Lynsay McCaulley）则在推特上写道：“作为一个讨厌脸书的天秤座人士，我的反应是：你竟敢这么做。”

笔者认为，出现这种“小插曲”，引起天秤座人士的不满，估计主要是因为脸书近年来发生的多次个人用户资料外泄，对个人隐私能否受到妥善的保护有直接的关系。

2.10.3 为什么要坚定推出Libra？

这要从Facebook的数据门说起。

小扎过去两年过得并不轻松。2018年3月份，Facebook有史以来最大的数据泄露事件爆发，媒体曝光一家名叫剑桥分析的政治咨询公司以不当方式获取和使用了高达8700万Facebook用户的数据，以便在2016年总统选举前服务于支持特朗普的广告。2018年4月份，针对Facebook数据泄露事件的听证会召开，近百位美国参众两院议员对扎克伯格连续两天轮番盘问，逼得这位掌管脸书的超级富豪“像个犯错的孩子”一样不断地道歉。

在此之后，围绕Facebook的隐私事件不断被曝光，包括被指控不当使用人脸识别技术；旗下Whats App涉嫌数据泄露；遭受包括美国联邦贸易委员会50亿美元巨额罚单；深陷诉讼等……截止到2018年年底，Facebook股价下探至123.02美元，创2016年12月以来的新低。

小扎年轻气盛，此时的他迫切需要重拾大家对公司的信任和认可。

2019年Facebook着手了两方面的工作：一方面不断释放信号，改进用户数据和隐私保护政策，树立数据使用和隐私保护先行者的形象；另一方面就是推出加密数字币——Libra。

小扎急于发行Libra其实不难理解。这要从Facebook的极其单一的营收结构谈起。2019年第四季度财报显示，Facebook广告收入占全部营收比超过98%！这也意味着，Facebook很容易受到单一风险事件的影响。也正因为此，公司也是天天被华尔街的分析师们追着“点差评”。于是他们大胆地走出了这步棋：发布Libra白皮书，以颠覆者的姿态毅然迈向去中心化数字货币世界的第一步，以期进一步巩固Facebook生态，从金融领域发掘全球27亿用户背后更深层次的商业机遇。对公司而言，这是一次巨大的创新，但对监管者来说，他们更关注的却是其推出后可能引发的巨大金融风险。或许正是这个原因，小扎也是见机行事，急忙在Facebook上“拥抱监管”：“隐私和安全将融入（Libra）每一步。”“我们一直在与普惠金融、经济、安全、隐私和区块链等领域的决策者和专家合作，我们将继续听取他们的反馈，以找出最佳的推进方式。”

但显然，Facebook还是过于乐观了。除了本文开头那些质询外，同年10月份，美国众议院金融服务委员会就Facebook推出Libra举行听证，双方就Libra是否是主权货币、是否会为反洗钱与恐怖主义融资提供帮助等进行了辩论，双方观点可谓异彩纷呈。

原本国内的观众对Libra的命运多舛多数只是处于“吃瓜”心态，但是那场听证会上，小扎的一段辩护却让大洋彼岸的中国链圈“沸腾”了一把。当美国众议院副主席Patrick McHenry质疑Libra为何不做Facebook版支付宝时，扎克伯格表示：“我认为美国金融基础设施过时了，基于当前的金融体系建立支付体系争议会更小，但Facebook想更加创新一些，重新思考当前的金融体系。”

同时他强调，Libra将会为全球尚未使用过银行服务的17亿人提供金融服务，如果Libra不做这事，中国央行也将会做。

2.10.4 Libra与中国DCEP

面对“围攻”，小扎竟然拿出中国央行“当牌”旨在为自己“解围”！估计坐在直播间里的吃瓜群众们都惊掉了“下巴”。但小扎这样说是否有道理呢?

中国央行数字货币早在2014年便已开始研发，只是中国央行数字货币一直很低调，直到2019年下半年Facebook推出Libra后，中国央行数字货币才开始频频上“头条”。

首先，Libra让数字货币一下子走入公众的眼帘。根据百度指数.当时数字货币的搜索最高峰出现在8月份。彼时，中国人民银行支付结算司副司长（现任央行数字货币研究所所长）穆长春表示，从2014年开始，央行数字货币（DC/EP）的研究已进行五年，现在“呼之欲出”。

笔者通过“热搜神器”跟踪了央行数字货币相关的热搜历史数据发现，尽管央行研究数字货币很多年，但是直到2019年下半年以来才开始晋升热搜榜常客。其中最高的一次列热搜前十位。央行数字货币能有这样的热搜成绩，说明其已引发了人们相当程度的关注。

热搜	平台	最高历史排名	最近一次上榜时间	搜索量
央行未发行数字货币	头条	27	2019/11/14 8:40	——
央行未发行法定数字货币	微博	43	2019/11/13 17:30	114474
周小川谈libra	微博	24	2019/11/8 22:00	106599
工行辟谣推数字货币	头条	36	2019/10/31 4:50	——
央行或推出数字货币	头条	9	2019/10/30 4:50	——
中国央行或率先推出数字货币	微博	34	2019/10/28 17:30	123766

续表

热搜	平台	最高历史排名	最近一次上榜时间	搜索量
央行的数字货币将替代部分现金	微博	43	2019/9/24 16:00	180296
数字人民币	微博	24	2019/8/21 13:20	98581
央行要推动数字货币研发	微博	26	2019/7/9 11:00	63286
传销式数字货币骗局	微博	41	2017/6/25 15:20	20998

央行数字货币相关热搜情况（数据来源：热搜神器；制图：徐天晓）

在笔者看来，央行数字货币突然“高调”，很大程度上源于Libra的催化。因为Libra确实太“超前”了！尽管扎克伯格一直坚称Libra只是一个全球性的支付系统，由现金和其他高流动性资产提供支持，不过一旦得到广泛运用，理论上讲，它可以做到直接绕过一国的货币主权，对一国金融体系进行降维打击。

况且，尽管扎克伯格一再说自己不是“法币”，但是在面对众议院一帮“大佬”的诘问时，他还是毫不犹豫地给出了带有一点儿“投诚”意味的回答——“Libra将主要由美元支持，我相信这将扩大美国的金融领导地位，以及我们在世界各地的民主价值观和监督。如果美国不进行创新，我们的金融领导地位也没有保证”。

因此，Libra一出生便引发国内监管机构人士的高度警惕，也是有道理的。比如央行调查统计司原司长盛松成第一时间发表观点称，由于Libra跨境资金流动不受限制，它可以在全球各地进行支付和交易，意味着在非储备货币国家可以随意使用Libra进行支付，这会影响非储备货币国家的货币主权地位，发展中国家尤甚。“对我国而言，目前资本项目还未完全开放、人民币国际化仍在进程中，如何防御Libra带来的冲击是亟需关注的。尤其是Libra的加密性质和点对点支付能够绕过资本管制，削弱对跨境资金监管的有效性，同时也加剧资本跨境流动带来的冲击。”

前央行行长周小川也在公开谈及Libra时说，它可能对金融秩序有冲击。

2019年7月周小川在“中国外汇管理改革与发展”研讨会上说，从最近几年趋势来看，有不少机构正试图建立这样一种更全球化的货币，届时就会出现强币侵蚀弱币的问题。这对我们的人民币和外汇管理都是一个挑战。“在科技发展全球化的趋势下，我们并不是说Libra或未来的货币会侵蚀（弱币），现在还没有侵蚀（弱币），我们需要提前做好准备，使人民币成为一种强势货币。”

从目前的公开信息来看，央行数字货币显示出哪些明确的特征呢？

（1）功能：主要替代M0（流通中现金），以减少匿名伪造、洗钱、恐怖融资等问题。

（2）技术路径：区块链只是可选路径之一。

（3）推出时间：仍无明确时间表，但很可能会在2020年内。

2.10.5 Libra扇动翅膀：央行数字货币“战国”时代或来临

目前来看，Libra本身发展仍困难重重，但这只“蝴蝶”扇出的风让不仅仅是中国央行，更使全球央行不得不绷紧了神经，提前接招。2019年6月30日，也就是Libra白皮书刚发布不久，国际清算银行（BIS）总裁Agustin Carstens在接受英国《金融时报》采访时如是表示：“在Facebook宣布发行数字货币的计划之后，全球央行不得不提前发行数字货币。”

在2020年1月23日，国际清算银行（BIS）发布的一份覆盖全球66个国家和地区的中央银行的调研报告显示：10%的受调研中央银行预计在3年内发行CBDC（中央银行数字货币），是2018年的2倍。20%的受调研中央银行预计在6年内发行CBDC。按人口计算，总体来说，有覆盖世界人口1/5的国家或地区的中央银行预计在3年内发行CBDC，这将产生很大的影响。而仅有覆盖世界2%人口的国家或地区的中央银行计划在6年内发行CBDC。

关于央行版数字货币，2019年底来自安信证券的一份报告显示，在全球主要国家/经济体中，除中国外，欧盟、加拿大、新加坡、法国、英国等国家都在积极推进数字货币的研发。

全球央行数字货币进度	
国家/经济体	进　度
欧盟	已设立央行数字货币专门委员会，正努力加快研究数字货币的步伐，预计在2020年中期确认数字货币工作组的目标
美国	持观望态度。正在研究央行数字货币及其可能带来的问题和风险，目前尚未有开发央行数字货币的计划
法国	2020年一季度开启央行数字货币测试
英国	2016年，英格兰银行授权伦敦大学学院完成了名为Rscoin的央行数字货币的原型测试
加拿大	加拿大央行于2016年完成了名为CAD-coin的央行数字货币的原型测试
新加坡	新加坡金融管理局于2016年即开始启动名为Project Ubin的国家级央行数字货币项目
泰国	于2018年开启名为“Inthanon”的央行数字货币项目测试
土耳其	2020年完成对央行数字货币数字里拉的测试
巴哈马	2020年上半年，计划推广巴哈马央行数字货币

（数据来源：未央网，巴比特，安信证券研究中心整理，2019年12月29日）

一直以来，美联储对数字货币一直保持观望的态度。不过，这一情形在2020年有了很大转变。就在2020年2月5日，美联储理事莱尔·布雷纳德（Lael Brainard）表示，正与其他国家中央银行协作，增进对“央行数字货币”的理解。探索多项相关议题，包括与自主发行数字货币相关的政策、设计和法律考量。她说，随着更多国家开始研究发行“央行数字货币”，“鉴于美元的重要作用”，美联储就“央行数字货币”的研究和政策制定保持领先至关重要。

据英国广播公司3月12日报道，作为英国央行，英格兰银行当天正式发布有关数字货币的讨论报告，显示该行正在考虑推出电子货币，供消费者和企业使用。

2020年4月，国际清算银行（BIS）及6家央行负责人将在华盛顿召开会议，讨论发行本国数字货币的潜在可能性。央行版加密数字货币在2020年开年后突然被提到了各国更重要的工作任务上。

截至2020年3月，Libra白皮书推出已有9个月。Libra在这9个月中面临着“花式”困境，但Facebook仍在坚定前行。放眼世界，加密数字货币的环境已今非昔比。不仅各国央行在加紧研发，越来越多的大型跨国集团也开始着手数字货币研发，Libra的劲敌猛增。小扎推出Libra的时候意气风发，不知道他曾否想到，Libra扇出的风，会形成怎样的风暴。

可以预见，未来加密数字货币必将迎来巨头争锋的战国时代。

在各国央行的加密数字货币消息中，2019年12月，有关中国央行的一条消息值得注意，据《财经》报道，由人民银行牵头，工、农、中、建四大国有商业银行，中国移动、中国电信、中国联通三大电信运营商共同参与的央行法定数字货币试点项目有望在深圳、苏州等地落地。本次试点有别于之前的试点，将走出央行系统，进入交通、教育、医疗等实实在在的服务场景，触达C端用户，产生频繁应用。看来，中国央行数字货币很可能已到了应用的“前夜”。

3 链上之"诚"通未来①

"区块链不应该用来一夜暴富，而必须解决社会问题。"

——马云

3.1 比特币与区块链：谁为"父"谁是"子"？

"洪水滔天，鲧窃帝之息壤以堙洪水，不待帝命，帝令祝融杀鲧于羽郊。鲧腹生禹，帝乃命禹率布土以定九州。"

——《山海经·内经》

自区块链和比特币闯进人们生活之后，有关二者谁为"父"、谁是"子"的辩题，从来就没有停止过。

现在普遍的看法是，随着2009年1月3日比特币"创世区块"的出现，区块链技术得以诞生。因此，比特币是"父"，区块链才是"子"。不过，在中本聪发表的《白皮书》中并没有"区块链（Blockchain）"这个词，有的只是"区块（Block）"和"链（Chain）"的概念，至多是两个词的连用，即"Chain of Clocks"的表述。

① 文/《证券日报》副总编辑　马方业

在比特币呱呱坠地之时，对于比特币底层技术的称谓就叫“比特币（Bitcoin）”，只不过开头的英文字母是要大写。由于此后比特币沾上了违法、骗局、传销等“恶习”，渐渐地人们只好将其所有的底层技术（比如时间戳、工作量证明机制、非对称加密等）合并起来，变成了区块链一词（Blockchain）。在中国，“一代矿霸”吴忌寒于2011年翻译中本聪白皮书时直接把它译作了“区块链”。

前文中我们曾谈到过，2014年至2016年出现过一阵“区块链不是比特币”的说法与实践，尽管当时的实验效果并不好。2017年比特币上涨至每枚20000美元引发的财富效应，强烈震撼了人们的心灵，但接下来的瀑布式暴跌也深深刺痛了人们的内心。不少人开始了认真的反思：虚火旺盛的比特币是创造财富的“天堂”，更是收割“韭菜”的“地狱”。

随着虚拟币市场近乎疯狂的野蛮生长，各国尤其是中国也开始加大了对ICO的各种监管，“币链分离”呼声响起。

2018年比特币的硬分叉再次给加密数字币市场带来震荡，这再次刺激了比特币为代表的虚拟币与作为其底层技术的区块链的分道扬镳。从此，互有“鄙视感”的币圈与链圈格局形成。币圈人士以币价为生，忙着挖矿、交易和炒币，梦想着一日暴富。链圈呢？则以技术为生，整日闷头开发，愿景是希望从自己手中诞生出诸如BATJ式的独角兽。其实，笔者认为，生硬分成币圈和链圈两个圈子并不太科学。链圈是币圈的基础。脱离链圈，币圈就容易成为一个击鼓传花式的游戏。而币圈是链圈价值的外在体现，也是链圈发展的经济与资本命脉。如果链圈缺少了资本的支持和助力，区块链技术及其应用也只能是蹒跚前行。对此，清华大学中国金融研究中心主任、人民网区块链研究院特聘专家何平却有相反的说法。他说，在中国，链圈和币圈相互分离极为正常。当然何平是从监管当局的角度谈的，因而也不无道理。由于后面的章节还会谈到，在此就不多赘述了。

“币链分离”的现实表明，比特币泡沫逐渐刺破之际，以区块链应用为切入点，以建构行业运行逻辑为落脚点，区块链技术正在找寻一条适合自己的发展之路。区块链技术在诸如金融、保险、医疗、政务等领域的应用，加上比特币和上千种虚拟山寨币的诞生以及有望很快出炉的主权数字货币等情况的出现，反而印证了区块链不是“儿子”，恰是“老子”的行业地位。比特币与区块链间的关系变得日益复杂起来。

当然，也有业内人士认为，区块链就是“老子”，比特币才是“儿子”。笔者的好朋友郑磊博士就持有这样的观点。他在其编著的新作《区块链+时代：从区块链1.0到3.0》一书中称，普通大众眼中只看到了比特币这种区块链超级应用，反而忽略了这个“币”所采用的技术本身，即时间戳、工作量证明机制和非对称加密等特征。因此，区块链不是一个单一的技术，是上述技术的集合，它是“元技术”，是后续一些相关连接技术之母。之所以比特币比区块链更为出名，更为家喻户晓，甚至入选过《咬文嚼字》2019年十大流行语，就是因为它与“金钱”，与“财富效应”紧紧地绑在了一起。他最后强调说，“现在到了给幕后英雄‘区块链’正本清源的时候了。比特币和区块链之间的关系，本来应该是儿子和老子之间的关系。把儿子说成是老子，这种做法显然有悖情理，非常不妥。”

无独有偶，早在2018年，润米咨询董事长、互联网转型专家、前微软战略合作总监刘润先生受邀参加一个区块链论坛。他以“传说中的‘区块链’本人”的名义，作了“我是‘区块链’本人，我儿子叫比特币，我要给你们介绍我的家族……”的有趣演讲。为此，刘润还为家族成员画了一个“族谱”，见下图：

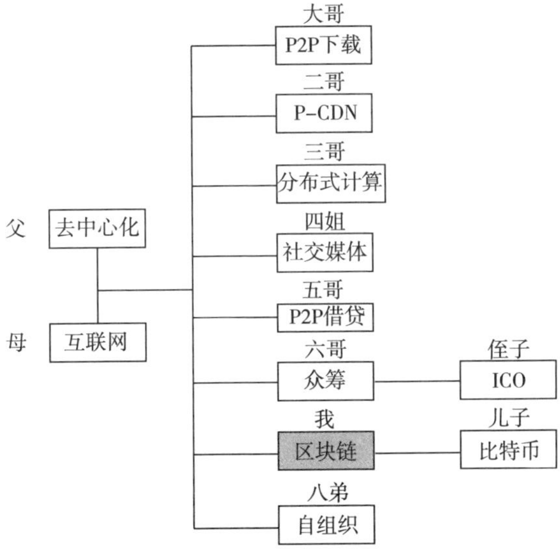

刘润所述区块链相关家族成员“族谱”

从上述“族谱”看出，区块链的父亲是一个著名的哲学家，名字叫做“去中心化”，母亲则叫“互联网”。父母共生下他们八个子女，区块链属“老七”。比特币是他生下的儿子，2017年曾掀起加密数字币市场“一地鸡毛”的ICO，则是他的亲侄子。对此，也有人在网络上称，不同意刘润的这种观点。另外，我们还发现，作为世界首富的比尔·盖茨针对区块链曾说过这样一句话，“区块链不过是一些陈旧技术的组合。”此话至少给人的感觉是，盖茨是在支持区块链“老子论”的，毕竟作为IT界的大牛，他公开讲出的话也不会是随意脱口而出的。

就目前来看，区块链和比特币谁“父”谁“子”的辩题如同先有“鸡”还是先有“蛋”一样。此辨题要有一个让绝大多数人信服的答案，实在太难了。

区块链是比特币的底层技术，比特币是区块链技术的第一个杀手级应用，这些肯定是没有疑问的。没有区块链就没有比特币，没有比特币及其走红也就没有区块链后来的发展与未来，也应该是确定的。既然两者之间并不是简单的父子关系，或许鲧禹同体又为父子①的关系能说明这一切。如果这种说法不好理解，或许像“比特币是鱼，区块链是水”“区块链是土地，比特币就是庄稼”等说法能有助于大家理解。不管如何，只要扒开比特币的“皮”，肯定能看到区块链的“骨”。

3.2 区块链就是一个“神奇”的账本

虚拟社会可能已比现实社会更现实。

——题记

① 鲧禹治水是中国最著名的洪水神话。鲧因治水失败，被刑罚致死。《山海经·海内经》载称：“鲧窃帝之息壤以堙洪水，不待帝命，帝令祝融杀于羽郊”，“息壤者，言土自长，故可堙水也”。鲧死后尸体三年不腐，祝融用吴刀剖开了他的尸体就产生了禹。

3.2.1 “麻将”就是区块链？

“十亿人民九亿麻，还有一亿在观察。”

可以说，这句几乎人人耳熟能详的话，非常形象地勾勒出了国粹“麻将”在国人心中的地位。

麻将与区块链有毛关系？具象的麻将与抽象的区块链确有“神似”的关系，而且这还真是从民间传出来的。

区块链，作为西方泊来品，技术术语多，晦涩难懂，而且它涉及数理知识、计算机知识、金融知识，涉及到密码学、会计学、经济学、博弈论、通讯学甚至需要英文功底，因此要真正理解它的确很不容易。单说完这些，估计就会有人感觉“头大了”，甚至不想再继续读下去了。但是，如果我们在区块链这一前沿信息技术面前，做一个“装睡”的人，是不明智的。毕竟，它现在正改变着人们的生产和生活方式，催促着我们的人类社会走向更美好的未来。所以，通过麻将快速地理解区块链，对一个中国人而言不失为一件幸事。

当然，用来理解和说明区块链的段子，网络上散落了一地，可以随手抓一把。比如，硅谷创投第一个掌门人、风投家和计算机科学家吴军就说过一个较为通俗的能理解区块链的段子。他认为，区块链就等于大家几乎都在用的公众号。任何人都可以在这个技术平台上发布自己的内容或发布你自己的应用。不过，笔者认为，用绝大多数中国人熟悉的麻将来说明，更有趣更便捷。另外，我们还发现曾给中共中央政治局讲解区块链的陈纯院士发表的相关文章中，也有用麻将当例子来解释区块链的情况出现。

现在就让我们看个网络段子，内容就是用麻将语言说明区块链的。这位网名叫Vincent Song的人于2018年2月19日的微博上这样写到：“麻将作为中国传统的区块链项目，四个矿工一组，先碰撞出13个数字正确哈希值的矿工可以获得记账权并得到奖励。”

打麻将时，四个人摸牌打牌，我们可以理解成四个矿工（节点）在比特币区块链全网上的“挖矿”过程。当麻将打到最后，台面上就剩不多的几张牌了，还是迟迟不见有人胡牌。这种现象可以理解为“挖矿”不是那么容易的，而且难度只会越来越大。如果四人是在麻将馆打牌，那么，麻将馆可以比喻成24小时全天候交易加密数字币的交易所。有所不同的是，在中国的麻将馆打牌你得用人民币换取筹码，加密数字币交易所里，得用人民币或美元等法币来换取加密数字币。

打麻将无论输赢都可以暂不给钱，但必须先记好账，每个人都有一个账本，而且是公开的，谁都可以看。每圈胡牌的人先记账，其他三人看过没问题后，把这一轮的记账抄到本人的账上，以保证每一圈结束后四人的账目相同。如果约定打八圈，那么如果八圈打完，本轮搓麻结束并按总的输赢进行清算结账，这就相当于比特币系统中的区块链每10分钟会结一次账并形成一个区块一样。这一轮麻将牌记账结束后，再开始下一轮。下一轮就可以比作区块链的下一个区块。假如胡牌者是“清一色”胡的牌，那么“清一色”也可以理解成比特币区块链上的“加密”方式确定。当有人胡牌时，往往会说，“我胡了”，这时会有围在牌桌旁的观战者对此有疑惑并且随口说出“我看看”之类的话，这种行为可以理解成结果可验证。这里那句“我胡了”，可相当于区块链分布式网络中的广播机制，即完成对每笔交易向全网广播的义务；那句“我看看”之类的话相当于在区块链网络中取得全网矿工的验证。广播与验证机制是区块链网络产生信任，从而达成共识并形成全网共同维护账本的基础性工作。

打麻将过程中，每个人都有一本单独的账本，因此属于分布式记账，不像体育比赛那样有“主裁判”这个“中心”来“记账”。同时，账本都是公开透明的，任何人都可以看。胡牌者就类似于区块链中的“先碰撞出13个数字正确哈希值的矿工”，所以他第一个记账，并且把赢到的钱十分“得意”地收回到自己的钱包。赢来的钱，相当于区块链上奖励的比特币。对输者来说，辛辛苦苦费力打了八圈，转眼间，自己兜里白花花的银子就这样跑到别人那里去了。

一方面，这显示了区块链所具有的与信息互联网不同的“价值互联网”即价值传输的特征。另一方面，既然打麻将输了，不要气馁，可以去拜师，可以去买相关书籍以强化自己的“内功”。拜师与加强学习，可以说与区块链中的矿工加强“算力”体现的是同样的道理。胡牌者，“算力”肯定比输家或未胡牌者大，用上面微博上的话来说就是，胡牌者首先碰撞出了正确的哈希值。

如同摸排和打牌是“挖矿”一样，约定的八圈之“圈”，我们可以理解成区块链上的每一个区块。一轮结束后，八个区块串起来形成了一个完整区块链账本。

要说明的是，麻将不是也不等于区块链。麻将的规矩远不是区块链的规则，至多是个比喻而已。同时，要说明的是，如果读者朋友们对上面出现的有关区块链的一些技术用语不太明白，没关系，大家可以暂时放下，我们将在下文中进行说明。

3.2.2 “神奇”的总账本

区块链首先是一个账本，而且是一个分布式账本（Distributed Ledger）或者说去中心化（Decentralization）的带加密的账本。区块链作为一种技术，就是一套“加密的分布式记账技术”。

在这里，我们先跳过“分布式”、“去中心化”与“加密”，先看看“账本”。

有账本就得记账，记账一般指的是按一定的格式，以原始凭证为依据将经济活动的数据记录在账本上。账本的材质多样，传统的纸质账本已随着信息技术日新月异的发展逐步向数字化演进。目前会计电算化早已成为会计工作的主要工具。

早在公元前3000年左右，两河流域文明时代的苏美尔人就利用当地丰富的粘土资源，把账用世界上最古老的文字也就是楔形文字刻记在泥板上。这是苏美尔人的一大发明和对人类的一大贡献。700年前的文艺复兴时期，佛罗伦萨通过全民记账的方式解决了大账本的安全问题，美第奇家族正是通过记账放贷成就了自己全欧洲最富有家族之美誉，也成就了佛罗伦萨日后几百年的货币霸权地位。复式记账的问世，实现了人类史上记账技术的首次质的飞跃。自此从量上把握资本规模变成可能，基于这一记账技术方式的股份公司得以诞生，资本主义生产关系开始萌芽，并为此后在16世纪诞生资本主义奠定了基础。

1494年意大利著名数学家卢卡·帕乔利发表《算术、几何比与比例概要》一书。书中比较全面地对复式记账进行了介绍。为此，德国著名诗人哥德评价说，复式簿记是人类智慧绝妙的创造，以致所有企业家都要用它。而日本著名的会计学家黑泽清在其著作《簿记原理概论》一书中则直接说，资本主义如果没有复式簿记是不可想象的。没有复式簿记就不可能产生资本。复式记账法有多种，通用的是借贷记账法，以"借""贷"为记账符号，记账规则是"有借必有贷，借贷必相等"。如果用公式表示就是：资产=负债+所有者权益。

1930年，世界著名经济学家约翰·梅纳德·凯恩斯出版了其重要著作《货币论》，书中他提出的一个重要观点就是货币的本质职能是一种记账货币。

他表示说，"记账货币是表示债务、物价与一般购买力的货币。这种货币是货币理论中的原始概念"。当然货币的本质究竟是什么也从来没有一个标准的答案。如果说，货币的本质是一种记账技术的话，那么我们可以说区块链这种新的记账技术天生就带有强烈的货币或金融属性。所以，比特币作为它的首次应用之果就变成了"超级杀手级"也就比较好理解了。毕竟，与金钱相关与财富有关，再加上人类追逐财富的天性，比特币不火比火更难。想想复式记账技术给人类带来的革命性变革，我们没有理由怀疑区块链技术及其应用具有的革新一切的巨大潜力。

现在让我们来谈谈分布式账本。先看看下面的图：

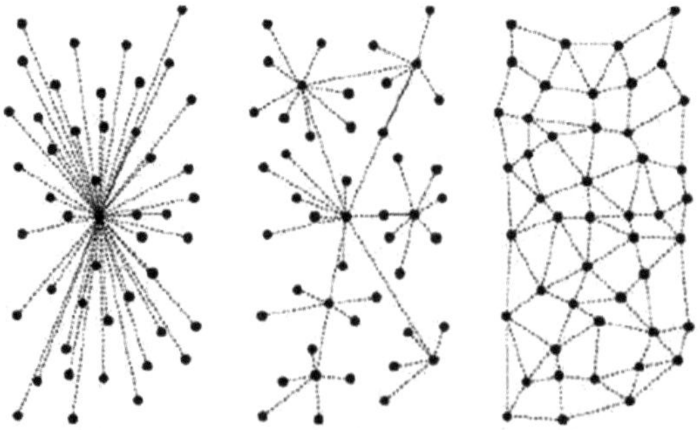

（图片来源：搜狐网）

只要看看上面的图示，相信大家很快会对中心化与非中心化有什么样的区别一目了然。如果大家还感觉不具象的话，可以从现实生活中的两种小动物来理解，即海星与蜘蛛。这得归功于美国作家奥里·布莱福曼。他写过一部叫做《海星模式》(原名《海星和蜘蛛》)的畅销书。作者在书中把中心化组织比喻为蜘蛛，把分布式组织比喻为海星，并对两者的区别做出了详细解释：蜘蛛是中心化（细胞）组织，如果把它的头切掉后整个组织就无法生存了。海星则是由彼此对等（无中心）的一堆细胞组成，海星撕下的每只触手都可成长为完整的海星。因此，海星和蜘蛛分别代表现实世界中去中心化和中心化的两种组织。

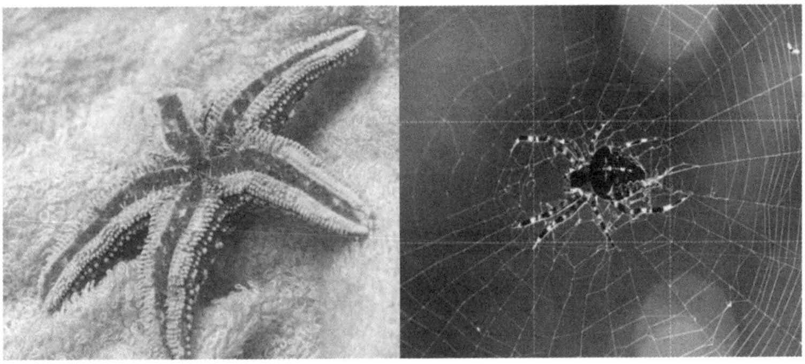

海星和蜘蛛(图片来源：金色财经)

还应提及的是区块链分布式账本和一般的分布式账本也是有区别的，区块链只是其中的一种表现形式。关于这个“区别”，微众银行金融科技首席研究员李斌的解释算是比较权威的。

2020年2月，由央行牵头制定的国内金融行业首个区块链标准，即《金融分布式账本技术安全规范》(JR/T 0184—2020)发布。区块链自媒体《巴比特》的记者表现出了良好的专业素养，迅速联系到该标准的起草人之一、微众银行金融科技首席研究员李斌并向他提出了这个问题。李斌回应时表示，“按照ISO术语标准22739中的表述，区块链是使用密码技术，将共识确认的区块，按照顺序追加形成的分布式账本。也就是说，区块链是分布式账本的子集。不过目前两者基本是指同一样东西，这个标准基本可以理解成金融联盟链的标准。”因此，尽管《金融分布式账本技术安全规范》中没有提到“区块链”这个词，但该规范标准被称为国内金融业首个区块链标准，也是没有什么错的。

另外，从图中我们发现，分布式账本技术的典型特征是账本不由任何一个中心化机构管理，对分布式账本数据的管理和更新是由每个节点独立完成的。通常分布式账本数据的更新需要网络中的节点对更新进行投票并达成协议（这个协议可称作共识，其过程完全是由共识算法自动完成的，在大多数节点达成一致意见后，每个节点的账本将自动更新到最新版本）。

分布式账本技术在技术上是要求永远去中心化的，并依赖于类似区块链的共识原则。但是如果有一个组织对分布式或非中心化网络拥有绝对控制权，这就可能意味着其旗下的分布式账本就不是纯之又纯的分布式或“去中心化”。但是按照中本聪的设计，区块链分布式账本技术一定是纯正去中心化的。这一点，在普遍存在中心的现实社会里，肯定是做不到的。从中我们也可以解释有些巨头公司如Google等为何更倾向于运用分布式账本技术而不是区块链说法的原因。所以，中本聪有关去中心化的社会理想只能是“乌托邦”式的空想。同时，我们也发现，在区块链的实际应用分类中为什么出现了联盟链在内的三种链？而联盟链作为许可链的出现，似乎也说明完全的去中心化在这里是行不通的，弱中心化和分中心化则是完全允许的。（关于去中心化的问题，中国电子技术标准化研究院区块链研究室李鸣主任用跨境交易和冷链物流比如从内蒙古买头羊拉到北京来解释。可以参见本书237页）

如果把区块链视作“大账本”“总账本”的话，我们就可以把链上的一个个区块比作是这个大账本上的某一页。那么，它是如何“记账”的呢？这也是其神奇所在。下面我们就以比特币为例加以说明。

按照中本聪的设计，“挖矿”过程就是对比特币交易纪录的记账过程，同时“挖矿”过程也是比特币不断生成的过程。这个过程也是比特币不断“发行”的过程。之所以出现“挖矿”这个十分形象的词，或许是因为比特币常被人拿来比作“数字黄金”，同时比特币的生产过程看上去又像真地挖黄金矿的缘故吧。有“挖矿”，自然就会有“矿工”。矿工就是一台安装了比特币软件的电脑，它构成了比特币网络上的一个节点，拥有这台电脑者就是矿工，其任务就是不停的“挖矿”。早期的比特币，挖矿是获取比特币的唯一方式。挖出“创世区块”并得到50枚比特币奖励的中本聪，是比特币世界的第一位矿工。

```
$ bitcoindgetblock 000000000019d6689c085ae165831e934ff763ae46a2a6c172b3f1b60a8ce26f
{
    "hash":"000000000019d6689c085ae165831e934ff763ae46a2a6c172b3f1b60a8ce26f",
    "confirmations":308321,
    "size":285,
    "height":0,
    "version":1,
    "merkleroot":"4a5e1e4baab89f3a32518a88c31bc87f618f76673e2cc77ab2127b7afdeda33b",
    "tx":["4a5e1e4baab89f3a32518a88c31bc87f618f76673e2cc77ab2127b7afdeda33b"],
    "time":1231006505,
    "nonce":2083236893,
    "bits":"1d00ffff",
    "difficulty":1.00000000,
    "nextblockhash":"00000000839a8e6886ab5951d76f411475428afc90947ee320161bbf18eb6048"
}
```

比特币区块链“创世区块”信息

当然，比特币肯定不会是真地通过电脑“挖”出来，而是通过电脑“算”出来的。当然，随着难度的不断加大，现在靠个人挖矿早已不现实了，单打独斗“挖”也不再适合了。现在矿工们一般是抱团取暖齐入“矿池”，算力合体，已成潮流，以此求得较稳定的挖矿产出。矿池在收取2%~4%矿池手续费后，将产出的比特币“按算力分配”给各位矿工。

根据中本聪的规定，系统中共有2100万枚比特币的总量上限，大约每10分钟产生一个有效区块，各个区块中包含了本时间段内系统中发生的所有交易记录，有效区块完成打包确认挂链后就完成了记账的全过程。矿工们在挖矿过程中会得到创建的有效新区块的新币奖励和交易费。如果没有任何奖励，肯定不会有人傻到自愿去当矿工。所以，中本聪奖励机制的设计是画龙点睛之作。如果2100万枚全被挖出，奖励就只剩下交易费了。新币奖励是多少呢？中本聪作了规定，即自创世区块创立时，奖励是50个比特币，然后每4年减半，目前是每生成一个区块奖励12.5个，也就是说如果按每小时产生6个区块，每天24个小时计，理论上每天可以新生1800个。2020年5月份，比特币进行第三次减半。

比特币区块主要由两部分组成，即区块头和区块体。区块头记录的是当前区块的元信息，如版本、父区块头哈希值（即前一个区块）、该区块中默克尔树根的哈希值、时间戳、难度目标、随机数（Nonce）6个字段。区块头大小固定，只有80字节。区块体写上的是实际数据，用来装载该区块打包的所有交易，一个装载满交易信息的区块，其大小一般不超过1M（正是这样小的容量此后引出了比如扩容、硬分叉等大问题）。

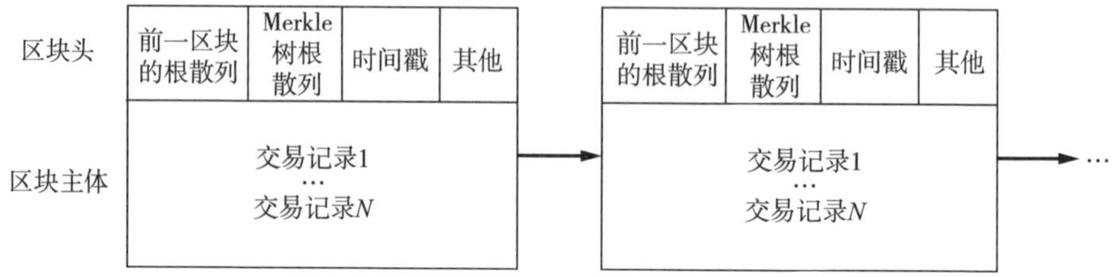

比特币区块

那么，这个有效并挂入主链的新区块是如何确定的呢？由于比特币去中心化的机制，肯定不能指定哪位矿工胜出，那么用的是什么方式呢？当然要体现公平、公正、公开原则。在此，中本聪引进了一个“简单又粗暴”的方式即工作量证明机制（Proof of Work，简称POW，它是共识机制的一种形式）。该机制最匹配“去中心化”这一特性，但缺点是消耗的资源如电力巨大，因而不符合环保原则。同时，它因达成共识的周期较长，故存效率短板。区块链技术要想真正落地应用，效率又恰恰是首先要解决的问题。

对于工作量证明，我们可以把它简单地理解为证明你这个节点做过一定量的工作。在此，POW既是对矿工的一种约束，同时又是对矿工的一种奖励。正是它公正地决定出了哪位矿工是每一场“数学竞赛”的胜利者。而只有胜利者才得到记账权，并向其他节点同步新增账本信息。或者说，在这个去中心化的系统中，通过算力投入达到共识。每次共识达成的过程就类似解决了一道数学难题，10分钟内，谁答得既快又对，谁就会被“公推”为当前区块的记账人，谁就会成为像买彩票中奖者一样的幸运节点。当然这里的“数学竞赛”比拼的一定不是“智力”，但胜出者与其“算力”关系却有着较大的关系。一般来说，算力大，其打包成块并“获奖”的概率就大。在此提及的算力（亦称哈希率），是比特币网络处理能力的度量单位，即计算哈希函数输出的速度。在通过“挖矿”得到比特币的过程中，我们需要找到其相应的解，而对于任何一个64位的哈希值来说，如果想找到解，其实是没有固定算法的，只能靠计算机随机的哈希（hash）碰撞，而一个挖矿机每秒钟能做多少次哈希碰撞就是其“算力”的代表，单位写成hash/s。

Hash直接音译叫做“哈希”（也可译为“散列”），它“输入”任意长度的字符串（又叫做预映射pre-image，比如音频、视频、图片、电子保单、电子发票等非结构化数据的长度肯定是不同的）并通过哈希算法变换成固定长度的“输出”，该“输出”就是哈希值或散列值。哈希函数，就是一种将任意长度的消息压缩到某一固定长度的消息摘要的函数。从“输入”时的“任意”到“输出”后的“固定”，其中内含的奥妙即在此：哈希值就像一个密码学的指纹那样是唯一的。如果缺少计算机知识背景，可以直接跳过这些介绍，大家只要记住它起的作用是保证账本难篡改即可。

谈到“算力”还不能不谈“51%算力攻击”问题。理论上说，当某个矿工或矿池掌握了51%以上的算力，那么其计算出正确哈希值的速度自然会更快，因此只要他从包含自己想要篡改的交易数据前的一个区块开始继续向下“挖”币，那么他就有可能创造出一条比当前主链更长的区块链。而POW共识机制下，当节点接收到了从其他节点传来的更长的区块链时，会按“比特币最长链原则”自动放弃当前链，转而继续在新的主链上进行“挖币”。

为什么要按最长链行事呢？由于比特币工作量证明机制采用的不是一个IP地址一票（因为一个人可以很容易地拥有许多IP地址），而是一个CPU一票，最长链意味着包含了最大的工作量，所以“大多数人”的决定就可以用最长链表示出来。这也是中本聪在白皮书中提出的共识规则，以保障整个系统步调一致的正常前行。

如此看来，拥有51%算力的矿工或矿池，就存在着撤销之前的交易记录的可能性。不过，节点要篡改的区块数量非常多，难度够大，同时高算力必然要匹配真金白银的大投入，因而不是一个理性经济人所应该做的事情。即使攻击成功，自己成了比特币世界的“国王”，一切都是自己“全说了算”。通过“去中心化”的方式，完成的却是新“中心化”大厦的崛起，这将会直接导致比特币生态系统之根的腐烂，并最终让比特币世界变成一片瓦砾和废墟。这样的局面，对任何矿工来说都没有好处。故“51%算力攻击”更多的是个理论问题。

进一步说来，工作量证明（POW）的过程就是解开计算机给出的一道数学难题，方法是用SHA256算法运算过的前面带1个或N个0的哈希值。如果某个矿工能算出这个未被SHA256算法运算过的随机合希值或散列值，并向全网广播，就拥有区块的记账权并获得比特币奖励。其他节点如何知道该矿工找到了这个随机哈希值呢？当然是将矿工广播的随机哈希值用SHA256算法计算，算出的结果与先前公布的哈希值比对，若与先前哈希值一样，开头也有那么多个0，则验证该矿工计算正确。这个比对过程就是检验某矿工做了一定工作量的过程。然后，其他节点就会一致承认该矿工拥有记账权并跟随该矿工一起记账，并开启下一场的比赛。这里，矿工广播的随机哈希值就是矿工向全网提供的工作量证明。而工作量证明实现的则是全网共识。这也被称为“拜占庭将军问题”（详见本书附录三）。

SHA（Secure Hash Algorithm，译作安全散列算法）是美国国家安全局（NSA）设计，美国国家标准与技术研究院（NIST）发布的一系列密码散列函数，其经历了SHA-0，SHA-1，SHA-2，SHA-3系列发展几个阶段。比特币采用的SHA-256算法则属于SHA-2系列，其安全性被世界各国密码学家所广泛承认。虽然至今尚未出现对SHA-2有效的攻击，但有些人已开始发展其他替代的杂凑算法。总体上看，SHA-256当前是能保证全网安全和不被篡改的。可以说，区块链通过哈希与非对称加密来保障数据无法被篡改，是区块链的关键技术点。

此外要说的是，求解这道算术题的难度问题。其实根据中本聪的设计，难度要求是根据全网算力的变化进行调整的。比特币网络共识每生成2016个区块后，全网节点须重新评估算力水平并确定新的难度要求，算力大了，打包的速度可能快于10分钟，就加难度，反之，亦然。这样做的主要目的还是保证新区块产生速率基本保持在10分钟一个。至于为什么是2016个区块，为什么是10分钟，没有实际意义，只不过是“游戏规则”而已。在此中本聪通过竞争记账的方式非常聪明地解决了去中心化记账系统的一致性问题。同时，竞赛背后的奖励机制的推出与比特币发行的完美合体，又解决了去中心化系统中币的发行这一个大难题。

总而言之，区块链就是储存着全部交易记录数据的大账本，任何接入系统的一台计算机上都可见并且内容都是一样的，不可篡改。它不仅解决了人类面临的一个重要问题即账本安全问题，更重要的是它解决了人们之间互不信任的大问题。的确够神奇！

3.3 一部“信任的机器”

“生命不可能从谎言中开出灿烂的花朵。”

——德国抒情诗人和散文家 海涅

上文中我们提到过，区块链更重要的是解决了人与人之间互不信任的大问题。看来，区块链技术作为一项新的分布式账本技术，一个重要的使命就是解决与人类文明一样古老的信任问题。作为新时代下的“新物种”“新基建”的区块链，在解决了“信任”这个人类社会古老的问题后，它从技术意义范畴走向社会意义范畴就应该是一件自然的事情。如此，则区块链将会变得更有趣，更有价值。

3.3.1 区块链荣登《经济学人》封面

被比特币强烈阳光遮住的区块链，直到2015年才迎来了重要的时间拐点。

国际权威杂志《经济学人》在当年10月31日刊出有关区块链的封面文章：《The Promise of the Blockchain》。国内对这篇重磅文章的报道，基本上是以“经济学人：区块链，信任的机器”作标题进行的。结合作者开篇就为区块链叫冤喊屈的意思，笔者认为，如果将原文标题译作“区块链的希望”可能更准确些。当然你也可以把它译作“区块链的前景”。

只要大家仔细看看原稿可以发现，原文第二段文尾才得出了这样的一个重要结论，即“简单地说，区块链就是一部创造信任的机器”。该文的核心观点是：区块链这一创新技术的影响力远不止于加密币。区块链是制造信任的机器。区块链技术利用机器取代了可信第三方，凭借精密的数学算法确保互不信任的双方在没有第三方的情况下，仍能达成交易、实现合作。这就为我们提供了一种既能实现更广泛的社会协作，也能极大降低社会信用成本的新的解决信任问题的模型。区块链荣登《经济学人》封面，也成为了区块链发展史上的一件大事。此后，区块链技术在世界各地掀起一股金融科技浪潮，大银行在内的许多金融机构争相研究区块链技术。有数据显示，仅2016年一年就有数十亿美元狂泻到区块链相关企业当中。

3.3.2 区块链创造“信任”的底气在哪儿?

众所周知，人和人之间最核心的经济关系就是交易。在区块链没有正式出世前，人们的交易活动基于的是一个中心化的“中介”，如银行；如果是网购，基于的也是一个中心化的“中介”，如支付宝或微信。区块链问世后，情况就发生了根本性的变化：它神奇地用一部“机器”硬生生地取代了此前大家常用的中介，通过点对点的形式很轻松地就完成了相关的价值传输与交换。当然，它基于的是数学算法。在此，请大家注意的是，两种情况所基于的逻辑是明显不同的。

比如，在比特币系统，通过人人公开可信的那个称作“工作量证明（Proof Of Work，简称POW）”的共识算法，解决了不同节点之间的信任机制问题。其实，挖矿也是使用随机数进行工作量证明的过程，同时也是解决在不可靠的互联网环境中信任问题的有效方法。在这里，每个节点都是平台，每个节点都是一个又一个的中心，人人为我，我为人人。区块链作为公共总账本，任何人都可以核查，但是任何一个单一节点都不能控制它，大家按规则与共识共同维持着比特币这个大家庭的总账本。数据人人可查，这就是最好的证据，谁也别想抵赖。正所谓公开透明，失信者无容身之地。

关于区块链的密码学原理在创造信任方面，《经济学人》在那篇重磅文章中讲得非常明确，文章称，“区块链也是密码学意外成果的最新例证。数学加密被用于浓缩原始片信息，转换成一个码，被称为一个哈希散列。任何企图篡改任何部分的区块链，都是会立即暴露的，因为新的哈希与旧的是不匹配的。”

比特币区块链上，系统会为所有者花费某个币时涉及的第一个交易盖上时间戳，然后拒绝后来重复花费（即“双花”，详见本书附录三）这个币的交易，这就消灭了多重签名问题。因此，时间戳在创造信任时也有很好的作用，它不仅能够保证每个区块依时间先后次序持续相连，更重要的是它要求区块链上每笔数据都必须有时间标记，而且精准到秒级。由于交易记录信息无法被任何人以任何方式修改，因此，时间戳更像是区块链世界的一位公证人，一位看门人。

同样，区块链分布式的数据存储结构作用也不小。由于是分布式，存储的数据就不会担心，比如因为黑客攻击或者某个单一节点或几个节点的宕机，引起的数据丢失。同时，随着节点的越来越多，存储的数据反而更为安全。任何一个节点的数据，丢失后都可随时通过下载找回来。另外，随着算力时代的到来，数据结构也将进化成计算机程序代码，数据可以自我计算，自我运行并形成智能数据。以太坊在其区块链上实施的“智能合约（Smart Contract）”的出现再次强化了人们之间的安全感和信任感。因为它本质上是一段电脑程序代码，其执行的过程就是利用智能合约技术督促履行义务的过程。在这里外界的主观的干扰因素都是无效的，诚信就这样巧妙地被编码到计算机流程的每一环节之中。“代码即法律”的说法尽管不那么确切与精准，至少它比较形象地解释了智能合约，犹如用麻将来诠释区块链。

另外，区块链的账户体系真正实现了穿透原则。这一点，早在2018年4月17日召开的全球普惠区块链峰会上，万向区块链肖风博士发表的“区块链与账户革命”主题演讲中就提到了。他说，“最原始的数据、最原始的资料、最原始的信息都可以掌握穿透到，而且不可篡改，永久保存，可以追溯”。穿透的好处当然有不少，比如对监管者而言，工作更轻松更容易了。因而它又是一部科技监管的利器或机器。对整个区块链系统而言，通过“算法共识”寻求到了“公信力”之大道。因此，如果有人想做坏事，想当坏人，估计就没那么容易。假如有节点想偷窃一个比特币，那他就必须在光天化日下改写在区块链上所有区块的全部历史记录，而这基本上是不太现实的，因为算法和规则在制约着。在此，人的信用实质上变成了一个数学问题或算法问题。面对算法，任何人都可以做“坏人”，但付出的代价过大，“坏人”可以有“坏”想法，但难以做“坏事”。

总之，区块链不可篡改的特性让互联网信息变成了可信互联网信息，时间戳又让这些可信信息的传递变得有序可查，全程追溯又公开透明，任何人为干扰或改变都将鞭长莫及。因此，区块链确有技术制约能力，确有底气解决人类社会交往过程中的信任构建难题，从而以“共信力”寻求到“公信力”这一正途。价值互联网的到来已是水到渠成。正如《乔布斯传》作者沃尔特.艾萨克森所表示的那样，互联网最缺乏的元素就是“信用协议”，而区块链技术可能为解决此问题提供基础。麻省理工学院媒体实验室主管伊藤穰一在为区块链领域最重磅的巨著《区块链革命》一书作的推荐语中，更是直接了当，开门见山。他说，“区块链在信任中发挥的作用正犹如互联网在信息中发挥的作用”。

3.4 区块链会成为下一个“互联网+”吗?

“区块链技术的集成应用在新的技术革新和产业变革中起着重要作用。我们要把区块链作为核心技术自主创新的重要突破口，明确主攻方向，加大投入力度，着力攻克一批关键核心技术，加快推动区块链技术和产业创新发展。”

——中共中央总书记习近平

蓦然回首，作为一个物理上覆盖全球、逻辑上覆盖人类生产生活方方面面的复杂系统，互联网已走过50年的发展历程：第一个十年（20世纪七十年代），诞生了基于分组交换的实验网络。其中，1974诞生TCP/IP协议，让互联网统一的信息传播机制开始有了一个统一的“法律”。第二个十年（20世纪八十年代），TCP/IP协议成为主流标准。第三个十年（20世纪九十年代），以BGP4和DNS为代表的全球网络基础设施逐步成熟。其中，在美国，1992年戈尔提出“信息高速公路”法案；1993年9月，推出宏大的“国家信息基础设施”计划。第四个十年（21世纪第一个十年期），HTTP协议成为最主流的应用协议。期间，门户网站得以流行，互联网泡沫被刺破；蓝色巨人提出“智慧地球”，物联网被追捧。第五个十年（21世纪第二个十年期），HTTPS和隐私保护成为互联网的主流应用。期间，云计算开始实践，大数据开始流行，德国工业4.0提出，“中国制造2025”及“互联网+”提出。第六个十年（即21世纪的第三个十年），互联网已进入自己的下半场，即工业互联网时期，5G的拍马赶到在为消费互联网开拓新应用的同时，更重要的是为工业互联网的发展注入了新动能。

互联网的下半场就是区块链的上半场，直接交互范式下的web2.0即将成为过往，成为序章，新生的婴儿——自主控制数据范式下的web3.0，即将降临人间，人们正热切地期盼着聆听她那美妙的人生第一声“啼哭”。科幻与精彩的新世界太值得期待了。正如阿里巴巴达摩院在2020年1月2日发布的“2020十大科技趋势”所说，“科技浪潮新十年开启，蓄势已久的智能革命将迎来颠覆性的技术变局”；“区块链BaaS（Blockchain as a Service）将进一步降低企业应用区块链技术的门槛，专为区块链设计的端、云、链各类固化核心算法的硬件芯片等也将应运而生，实现物理世界资产与链上资产的锚定，进一步拓展价值互联网的边界、实现万链互联。未来将涌现大批创新区块链应用场景以及跨行业、跨生态的多维协作，日活千万以上的规模化生产级区块链应用将会走入大众。”

3.4.1 万物互联、万链互链需要一个万物账本

互联网发展到今天，尽管对人类文明推动经济社会发展的“功劳”巨大，但主要作用还是让信息自由地流通起来，让信息以复制的方式快速传播开来，实现人与人之间的信息共用、信息共享。也就是说，互联网更多表现的是信息互联网的形式。但问题是，对互联网上的这些爆炸式信息，人们一般是无法证伪甚至无力证伪的，同时也没有好的办法对其进行保护。在无成本粘贴复制下，这些爆炸式信息难以为它的生产者提供应有的价值，甚至有人直接视之为无任何价值的“信息垃圾”。信息价值都难以体现，如果谈价值的传输与流通，岂不是个笑话？

我们正处在“百年未有之大变局”中，好在数字化社会、数字经济甚至数字货币等都已是大势所趋。数字化的利剑解构的将是工业文明下的传统世界，解构的过程自然会伴随巨量数据的产生。2012年大数据开始流行，DT时代到来，如果说互联网是“+”，那么大数据就是“×”。DT时代诞下的“婴儿”一定是智慧型的“创造”，而不是IT时代诞下的知识型的“制造”，所以DT时代对IT时代进行的不仅仅是一场技术上的变革，更是一场思想上的变革。在这里，数据已悄然由传统的“资产”演变为新时代下的重要生产要素或“生产资料”。而这次数据变成生产资料有一重要的特点是，它是人类历史上第一次没向大自然索取，而是单纯依靠自身行为获得的，是人与自然和谐相处的美妙一笔。自此，数据已不再是静态价值的存在，而是开始与其他物体通过参与生产获得更多和更高的价值了。正如阿里巴巴的马云所说的那样，数据作为生产资料，事实上已日益成为我们时代发展所需要的“新能源”，并且会越来越成为未来社会最大的“新能源”。而5G和人工智能及大数据技术的飞速发展，又为处理和提取这些有价值的数据，提供了很强的技术支撑。

同时，数据作为生产资料，如果从海量的泛数据走到大数据，再走到精准数据这样的路径跑下来，极有可能会将人类带向更高级别的信息社会，人类文明也极有可能由工业文明转向数字文明。如果说以前我们主要是依赖人

的力量，未来社会必将是依赖精准数据带来的力量。如果互联网上人与人之间的交互仍像以前那样只是信息的传播与传输，显然难以适应新的社会和新的文明。为此，我们迫切需要契合数字经济的一套新规则、新逻辑和新力量的出现，让这些数据实现更安全、更可靠地流通与交换。

总之，万物互联、万链互链需要一个万物账本，以追踪每个节点安全可靠有序运行。已被中本聪“遗弃”多年的“孤儿”，也是当下正受热捧的区块链，正是这样的一个规则，正是这样的一种逻辑，正是这样的一股力量。区块链来了，带着它的分布式账本技术，带着它的信任机制。自此，全球互联网开始了由信息互联网向价值互联网、信任互联网、秩序互联网的新迭代。而这正是互联网为什么需要区块链之所在。

3.4.2 区块链技术发展已历经“区三代”

让我们先来了解下区块链领域三位了不起的女性。要认识的第一位是梅兰妮·斯万（Melanie Swan）。

第二位是海丝特·皮尔斯（Heister Peirce）。因为她一直为加密技术呼吁，被人誉称为“加密资产之母”。目前她供职于美国证券交易委员会（SEC）并出任委员。

第三位则是大家比较熟悉的“女强人”拉加德。她曾出任过法国财政部长，出任欧洲央行行长前任国际货币基金组织总裁，现任欧洲央行总裁、行长，也是一位加密数字币的坚强支持者。拉加德在出任欧洲央行行长后，立即动议研发欧洲央行的数字货币。

有人说，“三个女人一台戏”，愿这三位“女强人”在区块链和央行数字货币方面给未来美好社会的到来“唱”出一台好戏和大戏。

那么，梅兰妮·斯万又是何方神仙？她是美国人，主要从事信息科技的社科方向研究，是一个典型的“用科技让世界变得更美好”的硅谷客，她在硅谷的创业和研究从生物技术跨界到区块链。在其个人主页上，她的自我介绍是畅销书作家、科技未来学家、学术研究者，专长于新兴技术的哲学思辨以及数学与科学的多个领域。有意思的是，斯万将自己的跨界成功骄傲地总结为“本质都是数字问题”。

她的这个总结，很容易让我们想到古希腊哲学家毕达哥拉斯的“数即万物”的哲学观。

毕达哥拉斯学派认为，数是万物的本原，万物按照一定的数量比例而构成和谐的秩序，“美就是和谐”，比如音乐的和谐，是由高低长短轻重不同的音调，按照一定的数量上的比例组成的。由万物皆数，又让人想起活跃在当今计算机科学和应用数学领域的杰出思想家英国人J.宾利，其曾出版过一本《万物皆数》之书。书中，他用生动有趣的故事，为我们勾勒出了一幅人们认识数字、运用数字进而认知世界、改造自然、改善生活、创造历史的进程美图。

计算机代码的底层是什么？当然是二进制，即0与1组成的世界。通过0与1这个逻辑门的一开一关，计算机可以完全用数字模拟出一个虚拟世界来。0与1，如果从哲学意义上讲就是“有”与“无”，或“实”与“虚”。如此推导，世界唯二,万物皆数也就容易理解了。

“本质都是数字问题”。跨界成功的斯万为什么在说出这句经典之语时流露出一种骄傲的神态？就笔者看来，她已从“万物皆数”行走到了“万事皆数”大道之上了。所以，斯万表现出了对区块链基因组学、区块链人工智能等方面的思考兴趣。当然，按斯万自己的说法，最令她兴奋的还是用区块链来建立医疗大数据库，量化和预测人类的健康。

由于“恋”上了区块链，斯万创立了区块链科学研究院（Institute for Blockchain Studies），一个研究区块链在未来经济与社会将会产生何种影响的非营利性机构组织；同时她在奇点大学（Singularity University，由谷歌与美国宇航局联办的既培养“全才”又造就“大家”的一所大学）担任区块链教学工作；撰写过大量有关区块链的专著，比如《区块链：新经济蓝图及导读（精装版）》。本书已有中文译本，读者如果有兴趣可以找来一阅。

（1）斯万与她的区块链技术发展三阶段。

为什么说梅兰妮·斯万了不起呢？主要是因为她提出了关于“区块链技

术发展分为三个阶段”的重磅观点。

斯万指出，区块链技术已展示出了三个阶段，即1.0时期，是可编程“货币”阶段。为了好记，笔者建议可以暂且称之为“区一代”；2.0时期，属于可编程“金融”阶段，我们可称之为“区二代”；3.0时期，可编程“社会”阶段，我们可称之为“区三代”。这里的“社会”更多地是对应人类组织形态的变革，其中包括健康、科学、文化和基于区块链的司法、投票等。斯万的“三阶段论”，也是目前业界普遍认同的说法。

其实，“区一代”对应的就是比特币区块链。在这里，所有的规则都是中本聪在《白皮书》里早就写就的，每个节点只能照办，不能修改，更不能改进。也正是因为这一点，以太坊的发明人俄籍加拿大美少年V神才一气之下，另起炉灶，把自己对比特币的苦闷扔进大海，建立起了自己梦想中的以太坊乐园，并借以打造出一台“世界计算机”。只要是参与其中，不管任何人都可以在以太坊的底层技术区块链基础上，开发出自己想开发的应用。

在此顺便插个有关公有链柚子（EOS）的小故事。其创始人BM（可不是“宝马”车呀，其真名是Daniel larimer），在比特币出世前就开始试图开发一种数字币。比特币诞生后，他就对其表现出了浓厚的兴趣。2010年7月28日，他在“比特币论坛”上对中本聪抱怨和发难说：“和银行相比较，比特币每10分钟一次的交易时间太长，我们需要更快一些，如果要实现这一点，必须改变比特币的共识机制。”中本聪则霸气地回应说：“如果你没理解或者不相信，我也没空去说服你，抱歉”。于是，BM也是一气之下，发誓干出个样子来。于是在他接连“生”了三个“孩子”，即“一个点对点多态数字资产交易所”比特股、区块链内容分发平台Steemit和几乎可以说与比特币、以太坊比肩的公链平台柚子。

随着智能合约在以太坊的诞生，区块链进入2.0阶段，即“区二代”。此后，各种不同形式的智能合约先后涌现，但是以太坊智能合约的使用最为广泛。

智能合约中的“合约”包含着有关交易的所有信息，其中的“代码”本身解释了参与方的相关义务，并由计算机来生成，其工作原理类似于计算机程序的“if－then”语句。比如，“假如张三完成了任务1，那么，对应的相关者李四就会把付款自动转给张三。”

因此，“区二代”在一定意义上不仅具有“区一代”所有的价值互联网特征，也有了专属自己的更为独特的“契约互联网”特征。我们在前文中曾提到过，“司法上链、一键立案”的中国首份智能合约实践案例，就发生在北京互联网法院。因此可以说，智能合约拓展了区块链技术更多的想象空间和应用价值。再比如，如果将“选举投票”编程为智能合约，同样是一个很好的应用场景。2018年，莫斯科市就推出过一个基于以太坊的，名称为“主动市民”的投票系统。此前的2017年6月，俄罗斯总统普京还在圣彼得堡的国际经济论坛上，亲自接见了这位出生在俄罗斯，并从“V小生”走到“V大神”的90后小伙子。

（2）智能合约就是“自动售货机”。

如果用“if－then”的英文语法语句，大家还不容易理解的话，我们再用一个与“用麻将解释区块链”类似的例子如自动售货机来说明。

大家知道，牛顿被树上突然掉下来的“上帝的苹果”砸中后茅塞顿开，发现了物理学上伟大的“万有引力定律”。在区块链领域，也有一位被自动售货机“砸中”的“天才”。正是这一“砸”，令其脑洞大开，提出了“智能合约”概念。他就是计算机科学家、法学家及密码学家尼克·萨博（Nick Szabo）。

尼克·萨博是在1994年提出这一概念的。在比特币和区块链出现前，“概念”处于“冷冻”状态，直到V神及以太坊的现身，智能合约才得以激活。难怪如此天才和聪明的萨博，被寻找中本聪的人们一口咬定为“他就是中本聪本人”。

要提及的是，V神也是一个非常感恩的人，他把智能合约的提出者萨博、工作量证明机制（POW）提出者芬尼及发表B-money的密码学家戴伟分别都当作以太币的单位，即Szabo、Finney和Wei，以示自己对前辈们的敬意。“数字经济之父”唐·塔普斯科特在《区块链革命》一书提及V神时这样的写道：若要找一下历史上的例子做类比的话，下面的类比是很适合的，即V神之于以太坊，就如同林纳斯之于Linux系统一样。可见他对V神的评价之高。

现在让我们看看一台普通售货机的工作原理：

第一步：投币，货币识别器加以识别。

第二步：选货，按下选货按钮，自动售货机程序会根据商品定价对现金进行计算。

第三步：出货，假如投入金额不足系统会自动提示，如果金额足够就直接出货。

第四步：静待顾客下一步操作，如不再需要购买其他商品则选择找零，售货机会根据此前计算的结果自动找零，购物完成。

智能合约可以比作“由代码编写并能够自动运行的自动售货机”。人们只要将所需加密币放入智能合约中，并把任何托管内容放入账户，所有的规则和处罚由智能合约预定义，一旦满足要求或条件，就会自动强制执行。也就是说，智能合约只要满足“输入”要求，即只要代码编写的要求被满足，合约中的义务将在安全和“去信任”的网络中得到自动执行。这里为什么是“去信任”呢？因为彼此双方同意或不同意做某事早就约定化、代码化和智能化了，因此也就无所谓再信任彼此了。要说明的是，智能合约不是合同，而是一种计算机程序。因此，关于“因为有了智能合约而不再需要律师”的说法也是不准确的。所以，律师朋友们完全没必要理会诸如“区块链抢了律师饭

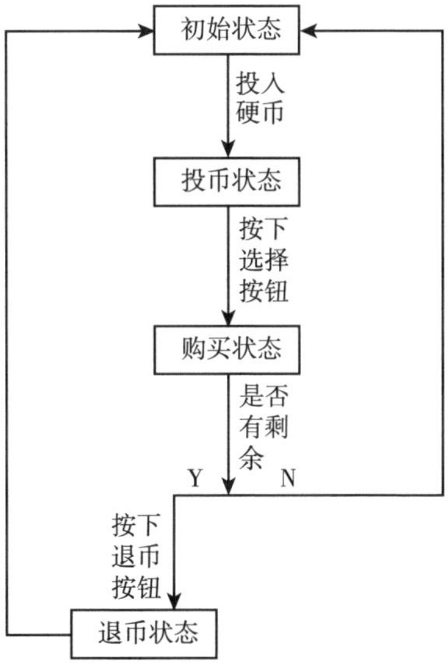

自动售货机工作原理图

碗”之类的说法。

（3）加密猫虽可爱，智能合约显尴尬。

随着智能合约的广泛应用，人们发现，行走在区块链上的智能合约有可能会出现漏洞，也存在很多安全隐患和风险。已经出现过的比较出名的被攻击事件就有不少。

案例1：2016年6月15日左右，“攻击合约”被创立；6月17日，战斗打响，总攻开始。此次攻击利用两个代码漏洞创建子合约，提取了360万个以太币。如果我们以2020年2月出现的253美元/枚的价格计算，360万枚以太币价值多少呢？超过9.1亿美元！老天啊，这可真不是一个小数目。

此次攻击的原因，是由于TheDAO编写的智能合约存在重大缺陷，导致区块链业界最大的众筹项目TheDAO（被攻击前拥有1亿美元左右资产）遭攻击。据称，其编写的智能合约中有一个splitDAO函数，攻击者通过此函数中的漏洞重复利用自己的DAO资产，不断从TheDAO项目的资产池中分离DAO资产给自己。

案例2：2017年7月21日，智能合约编码公司Parity警告，1.5版本及之后的钱包软件存在漏洞，据Etherscan.io显示的数据确认，价值3000万美元的15万以太币被盗。没想到的是，4个月后，以太坊Parity钱包再次出现重大bug，导致上亿美元资金被冻结。

案例3：以美链BEC为例，黑客利用以太坊ERC-20智能合约中BatchOverFlow中的数据溢出漏洞，攻击了美链BEC的智能合约，通过转账手段凭空生成原本不存在的巨量代币（Token），还把这些代币转入了正常账户，系统在接收到这些冒牌货后还能正常交易，其以假乱真的程度着实令人后怕。

接下来我们再谈谈智能合约存在的另一个问题。首先让大家欣赏如下这些可爱的“猫咪”，它们有一个共同的名字叫“加密猫”（CryptoKitties）。

“加密猫”是以数字稀缺性、数字收藏品为开发理念，由在温哥华和旧金山的一个叫Axiom Zen的工作室设计的一款游戏。玩家可以搜集与繁殖电子猫，以太币就是游戏中唯一的交易货币。玩家必须用以太币购买、出售或交易，每款价格由玩家自订。区块链技术将帮助用户安全地追踪“加密猫”的所有权归属。

加密猫（图片来源：制胜金融）

“加密猫”在开始推出时，50000只“初代猫”将会存放在以太坊区块链的智能合约中。这些初代“加密猫”会透过智能合约自动分配，分配速度为每15分钟一只猫，每只猫会以拍卖的形式卖出。“加密猫”可以进行交配繁殖，生出的是全新的且拥有独一无二基因的猫宝宝。因此，每只“加密猫”都与众不同。2017年11月28日，该款游戏正式上线。当年12月2日，创世猫“CryptoKitty1号”被收养。

众所周知，游戏是在线娱乐的重要组成部分，是互联网变现的重要路径。由于游戏资产很易数字化，因此“区块链+游戏”就成为区块链非常重要的应用阵地之一。出人意料的是，以太加密猫上线后两周内就完成了2亿规模的交易额。期间，除了官方出售的猫之外，还有30万只猫是由用户孵化的。人们在网上疯狂地开始“吸猫”。遗憾的是，意外突然出现了：由于“吸猫”者越来越多，导致整个以太坊网络拥堵。其实，拥堵的原因估计是与以太坊对每秒打包笔数的限制，即与速度有关。另外一个原因可能是容量问题，比如，在一个区块里面能够打包多少内容。大家知道，就DApp（Decentralized Application）即“去中心化应用”的开发而言，用以太坊为主的智能合约来开发是目前非常主流的方式之一。当前DApp开发的确遇到不少问题，其中以太坊虚拟机（EVM，可以理解成用来为以太坊智能合约创建运行环境的一种系统）状态的更新速度慢就是一个非常突出的存在。好消息是，以太坊2.0项目正在加速开发中。交易验证也将从工作量证明（PoW）转向权益证明（PoS，即Proof of Stake）。大家普遍预期，使用权益证明的区块链网络会比使用工作量证明的区块链网络具有更强的可扩展性和更小的能源消耗。

谈到“加密猫”，有必要说说加密资产。《区块链革命》一书在其“新版前言”中有个归类，塔普斯科特父子俩说道，对于一系列全新的资产类型，“我们认为至少可以分为七个类别”，其中他们把加密猫分在了加密收藏品类，其他是包括比特币、门罗币、达世币及Zcash在内的加密币、以太币为首的协议代币、如Golem等的功能型代币以及证券类代币、自然资产代币及加密法定数字货币及稳定币。（见《区块链革命》P12，中信出版集团出版，2016年11月中文版）

小贴士：

早在2012年，一个化名为SunnyKing的极客推出了点点币PPC（Peer to Peer Coin），并首次使用了PoS证明机制。点点币的白皮书中提到，PoS的灵感根本来源于比特币。PoS与PoW都属于共识机制的一种，只不过PoS克服了PoW对能源消耗大、确认交易速度慢以及效率低等弱点。二者相同的地方在于和工作量证明一样，权益证明也很难被伪造。不过，和工作量证明挖矿产生新区块不同的是，权益证明是“铸造”或者制造新区块。将权益证明代替工作量证明，矿工随之消失，但验证者依然存在。验证者并不是随机选出的，要想成为验证者，必须要持有一定的代币作为权益，权益的份额大小代表了被选为验证者的几率。验证者如果成功验证了一笔有效交易，则会获得交易费方式的奖励。在一个区块获得验证资格的验证者们，会轮流在下一个区块发起并进行投票，投票的根据依然是持有权益的权重。以此类推下去，新的验证者和新的区块源源不断地产生。

其实目前主流共识算法还有不少，比如，前面谈及的PoW，“自由竞争治理，谁算力高听谁的”；PoS，意味着“谁有钱（代币）听谁的”；DPoS（Delegated Proof of Stake ，代理权益证明）则是“议员制，票选代表代理治理权”，由比特股（BTS）最先引入，解决了PoS存在的大多数持币人没有足够专业知识或足够预算及无法达到高性能节点所需的计算机硬件和软件要求的弱点。重要的是其最大亮点是共识达成的周期短。基于PoW的比特币每秒仅处理7笔交易左右，而基于PoW和PoS的以太坊每秒可处理15笔交易左右，基于DPoS的比特股（BTS）则惊人地达到每笔交易3秒确认，每秒可处理10万次交易的商业级应用水平；PBFT（Practical Byzantine Fault Tolerance，实用拜占庭容错算法）属于“节点自治，自行采用最可信的结果”。

当然，智能合约除了上面提到的安全漏洞与网路堵塞外，同时还存在一定的局限性，有不少交易活动仍然无法通过编程得以实现。比如，如果一个法律合同的结构是“如果……就怎样”之类的简单合同（如自动理赔），就很容易通过编程完成智能合约，再复杂点的就变得有点难用了，因为有些合约的触发条件并不是简单的判断，这可能会导致电脑无法独立完成判断。想当初，V神开发以太坊时提出的理念就是“提供一个图灵完备的脚本语言和图灵完备平台”。

在此，图灵完备（Turing Complete）指的是机器执行任何其他可编程计算机能够执行计算的能力。这就意味着，你的语言可以做到能够用图灵机能做到的所有事情，可以解决所有的可计算的问题。这里的脚本（Script）就是指程序。而图灵机是现代计算机诞生的源头，指的是一个抽象的机器。它是图灵在1937年首次提出的一个通用计算机设备的设想。

在此要说明的是，图灵是位了不起的人物。他的全名叫艾伦·麦席森·图灵（Alan Mathison Turing），是一位英国数学家、逻辑学家，被称为“计算机科学之父”以及“人工智能之父”。

（4）链上链下数据协同是短板。

编程智能合约时，虽然有些内容可以编程，但仍需要链下资产上链时得到某个权威机构的认证，也就是说链上链下数据必须协同。比如说，假如我们想做一个互助保险型的智能合约，降成本、提效率等方面的好处就不用提了，但是如果说某天当参保人生病急需获得赔偿金时，本人提交的证明是否真实可靠，还需要链下、链外的医院加以验证才行。如果这家医院也上了链，通过链链相接就完全可以实施。可现实是如果医院没有上链呢？所以还需要链外数据的协作与配合。笔者在此还要指出的是，“区二代”在性能上尤其是速度上缺陷明显，因此难以支持它在电子商务及移动支付这类高频率的交易支付场景中广泛应用，难以进行大规模的商业级别的应用。前面我们刚刚谈到，“区一代”的代表作比特币的交易完成速度也就每秒7笔，每笔交易的确认至少是10分钟；作为“区二代”典型代表的以太坊每秒也仅交易15笔左右。有数据显示，支付宝在“光棍节”时交易曾突破过每秒26.5万笔。另有报道称，上海证券交易所也到达过每秒20万笔的交易量。

（5）比特币、以太坊和超级账本。

“区一代”的比特币基本是个点对点的电子现金交易系统，是区块链技术的一个简单应用。其意义在于，它带给了世人关于加密数字币的概念以及对金融、对经济社会的新思考。所以说，“区一代”只是可编程“货币”时段。

“区二代”的典型代表以太坊则实现了加密数字币与智能合约的进一步融合，并通过智能合约增强了区块链的可扩展性，步入了可编程“金融”时段，进一步拓展了区块链的应用边界。

可编程“社会”时段的“区三代”又是什么情况呢？简单地说，就是在“区二代”的基础上，变革了包括政府、医疗、金融、教育、电力、文化、公益、物流、人工智能、5G、物联网等在内的各种人类组织形态，同时探索出更多的区块链“面积”，扩大着人类对区块链的认知边界，并步入编程社会阶段，最终走向万物感知、万物互联、万物智能、万物交易的“区块链+”时代。其中，实现完备权限控制和安全保障的超级账本（Hyperledger）项目则是这一阶段的优秀代表。

超级账本（Hyperledger）属于企业级的联盟链，是Linux基金会在2015年发起的推进区块链数字技术和交易验证的开源项目，其成员包括金融、制造、航运物流、咨询等各大行业的巨头，荷兰银行（荷兰第一大银行）、埃森哲（总部位于爱尔兰的美国咨询公司）、澳新银行（澳大利亚四大银行之一，全球排名前50位）、纽约梅隆银行（全球排名第73位）、思科（Cisco Systems, Inc，总部位于美国加州的网络解决方案供应公司）等都是其创始成员。“超级账本”官网显示，目前该组织的会员企业已经有245个。其中，包括百度、英特尔、思科在内的至尊会员18家；包括蚂蚁金服、联想、华为、招商银行、民生银行等不少中国企业在内的普通会员184家。另外，还有43家准会员以及20个包括高校在内的学术合作机构。

超级账本（Hyperledger）项目的愿景，是打造一个透明、安全、去中心化的企业级区块链解决方案，让更多企业能用上区块链，用好区块链。“超级账本”白皮书中，透露了5种区块链应用案例，分别是银行业（贷款申请）、金融业、健康医疗（医师资格认证）、IT（权限管理）、供应链（记录食品从源头到餐桌）。

与以比特币和以太坊这种典型公链上的节点有所不同的是，超级账本的角色成员却有多种，比如主节点、背书节点、记账节点和排序节点。其中，主节点、背书节点、记账节点属于组织内节点；排序节点则属于组织外节点。各节点扮演的角色也是各异的。作为公链的比特币和以太坊，其节点必须全部链入公网并参与网络交易；超级账本只需要把组织外节点也就是排序节点部署在公网中，而每一个参与其中的主体只暴露一个主节点即可。这种设计可以帮助企业比较容易地用上区块链，同时还保证了成员企业内网的安全，可谓是“鱼和熊掌皆可兼得”。

2020年1月31日，超级账本联盟正式发布企业分布式账本（DLT）平台Hyperledger Fabric的2.0版。新版本增加了几个主要功能，改进了不同参与者之间的交流方式。超级账本联盟成员IBM区块链平台副总裁兼研究员Jerry Cuomo对此评论说，“IBM对Hyperledger Fabric开发生命周期中的这一关键里程碑感到兴奋。我们很自豪能够成为合作开发社区的一员，我们渴望升级IBM区块链平台，以利用这一里程碑式版本中的新功能及性能提升。”需要提示的是，Hyperledger Fabric是超级账本联盟的主要项目之一，其作为一个私有或“许可”型区块链网络，目前主要应用于金融和供应链等行业。而且，Fabric已获得阿里巴巴、AWS、Azure、百度、谷歌、华为、IBM、甲骨文、腾讯等海内外互联网巨头的支持。国际科技巨头争抢“超级账本”的事实，充分显示了这个联盟链在世界商业版图中的力量与实力。令人欣喜的是，目前世界上已有上百个试验项目和概念验证项目正在使用超级账本的技术。比如，沃尔玛已开始在供应链管理方面发力，追踪中国境内的猪肉及其在美国的生产流程。

在公有链系统，柚子（EOS）往往被誉为区块链3.0的代表。前文中我们对读者朋友也有过“顺带式”的简单交待。有人戏称说，如果语速说快了，EOS就很像水果“柚子”的发音，听起来可爱又好记，因此，中国人就称之为“柚子”了。其实，它是“企业级操作系统”一词的英文简称。与比特币和以太坊的区块链架构不同，它是基于EOS软件项目之上发布的代币。创始人是美国人丹尼尔·拉里墨，绰号“字节大师”（Byte Master），后来大家就直呼他为BM，他也是区块链业界的大牛。他更是世界上唯一一位连续开发3个区块链网络的人。比如，世界上首个去中心化的交易平台比特股（Bitshares）以及写文章得奖励的区块链博客系统（Steem）：它与脸书都是一样的新型社交媒体，不过二者相比“质”的不同是，Steem系统内，包括撰稿人、评论人、点赞者都将因做了内容贡献而得到“奖金”。“币圈名人”、波场创始人孙宇晨于2020年2月公布了收购Steem的消息。

通过上述分析我们可以看出，“区三代”也就是区块链3.0阶段，是价值互联网的重中之重。因为通过区块链技术能够对每一个互联网中代表价值的信息和字节实施产权确认、计量和存储，继而实现资产在链上的可追溯、可控制、可交换、可交易。

3.4.3 赋能实体经济需要区块链

关于国内区块链这个话题，我们在前文中曾经有过表述，2013年可以说是“中国区块链元年”。但是，当时少数“先知先觉者”尤其是少数“草根英雄”介入更多的是比特币的投机炒作，视野上更多局限在比特币范畴。关于区块链的各方面研究，直到2016年前后才多了起来。有关部委和机构当时在“信息化新动能”这一块专设了区块链专题，估计只是围绕区块链如何更好地助推信息化来作文章。不过，当时部委级别的官员能把区块链与比特币区隔开来，已经表明当时人们对区块链的认识上已趋于理性，因而也是一大进步。

（1）区块链迎来国内首个官方指导文件。

2016年10月18日，在工业和信息化部信息化和软件服务业司以及国标委的指导下，由中国区块链技术和产业发展论坛编写的《中国区块链技术和应用发展白皮书（2016）》正式亮相。作为新一代信息化应用重要技术的区块链迎来了国内第一个官方指导文件。白皮书出版前，编写者们先后收集和分析了20多项国外最新文献资料，研究了金融服务、供应链管理、文化娱乐等诸多领域的200多个应用案例。白皮书列举了6个应用相对成熟、应用前景广阔或具有潜在应用价值的应用场景，并对区块链的应用价值进行了展望。白皮书还对中国区块链技术发展路线图提出了建议，提出由7个主要技术特征构成的区块链通用技术需求和典型的区块链技术架构，分析了共识机制、数据存储、网络协议、加密算法、隐私保护和智能合约等6类核心关键技术以及区块链治理和安全问题。需要进一步强调的是，白皮书首次提出了中国区块链标准化路线图，其中包括标准体系框架建议、基础、业务和应用、过程和方法、可信和互操作及信息安全等5类标准，还初步明确了21个标准化重点方向和未来一段时间内的标准化方案。时隔3年后的2019年12月20日，在福州召开的“第二届区块链产业与企业家国际峰会”上，全国首份区块链岗位能力要求标准得以出台。

（2）“区块链第一书记”与贵阳白皮书。

2016年12月31日，贵阳市人民政府新闻办公室正式发布由人称“区块链第一书记”的陈刚（时任贵州省委常委、贵阳市委书记，现任河北省委常委，副省长、雄安新区党工委书记、管委会主任）和刘文新（时任贵阳市委副书记、贵阳市市长，现任贵州省黔西南州委书记）领衔编写的《贵阳区块链发展和应用》白皮书，这是贵阳市大胆探索区块链技术对政务、民生、商务发展应用的总体设计蓝图，也是国内率先发布的发展区块链的地方宣言。白皮书序言中称，“可以预言，在区块链的支撑和推动下，互联网发展将完成华丽的‘三步曲’，即信息互联网、价值互联网和秩序互联网。信息互联网让人看到了互联网为人与人沟通提供的便利性以及减少信息不对称方面的价值；价值互联网让人看到了区块链对于物质与服务增值、数据资产增值、社会价值体系重构的潜力；秩序互联网让人看到了借由区块链等技术手段创新社会组织方式、治理体系、运行规则的前景。”

（3）喜获国务院首肯，华为BATJ纷纷发布白皮书。

与此同时，2016年12月，国务院印发国家“十三五”信息化规划，并提请全国各地认真贯彻执行；次年，央行印发《中国金融业信息技术“十三五”发展规划》。这两个规划都对区块链技术给予了肯定。在此之后，作为国内知名科技巨头的华为、京东和腾讯先后发布了各自的区块链白皮书。

2018年1月，百度推出了自己的区块链开放平台BaaS（BlockChain as a Service，网址 chain.baidu.com）。根据该网站显示的信息，该平台是百度自研的基于区块链技术的项目，该区块链项目命名为“百度Trust”。有消息称，百度Trust成功应用于资产证券化、资产交易所等业务，并促成了国内首单运用区块链技术的交易所资产证券化产品，即“百度－长安新生－天风2017年第一期资产支持专项计划”。

2018年4月17日，华为云业务（Cloud BU）总裁郑叶来在云专场发布《华为区块链白皮书》。白皮书系统地介绍了区块链的兴起、核心技术及原理机制、国内外产业发展现状和典型应用场景，总结了华为历年来在区块链上的研究成果，对华为云区块链服务作了详细介绍：它可以很好地用于数据应用、IOT、金融等领域，例如数据交易、身份认证、房产/学历等信息证明、远程医疗、食品溯源、车联网、IoT设备管理、精准扶贫、供应链金融等行业场景。

2019年4月9日，京东发布《京东区块链技术实践白皮书（2019）》，总结了京东区块链在五大类应用场景中的技术实践，介绍了一系列落地案例。

2019年10月19日，腾讯发布《2019腾讯区块链白皮书》。该白皮书指出，目前区块链产业已经初步形成含基础设施、行业应用和综合服务三大板块的产业生态雏形，产业内各细分领域发展迅猛，产业聚集效应显著。区块链正在从数字货币领域加速与各行各业进行创新性融合，为各产业的新一轮发展赋予了新动能。该白皮书详细展示了四个腾讯区块链最佳实践项目，即区块链电子发票、微企链、至信链和区块链银行汇票。

在此，需要特别介绍一下区块链电子发票。发票作为一种会计原始凭证，涉及财务、生产、运营多个系统的配合，跨越多个金融、财务、税务融合的场景。传统方式的发票，协同性较差，链条太长，验证手段太原始，“假票真开、真票假开”成为行业的一大痛点。2018年8月10日，深圳国贸旋转餐厅的员工开出了全国第一张基于区块链技术的电子发票。同时，深圳也成为全国区块链电子发票试点城市。这是币圈持续低迷之时，作为链圈人的蔡弋戈（腾讯区块链业务总经理）和他带领的腾讯区块链小伙伴们搞出的一个“大新闻”，让全国人民都记住了这个特别的日子和这张特别的发票，同时也记住了帅气的蔡弋戈。腾讯研究院高级研究员徐思彦曾透露说，区块链电子发票上线一周年来，已开出电子发票600万张，累计开票金额达39亿元，覆盖超过113个明细行业。更加令人欣喜的是，从供应链金融、物流、数字资产，再到智慧医疗、游戏，腾讯的区块链场景落地正在加速推进。

非常值得一提的是，2018年5月20日，“链上无限”2018中国区块链产业高峰论坛在北京召开。论坛上，工业和信息化部信息中心总工程师童晓民、工业和信息化部信息中心工业经济研究所所长于佳宁（现任火币大学校长）、起风财经创始人罗智勇发布了《2018中国区块链产业白皮书》。白皮书深入分析了我国区块链技术在金融领域和实体经济的应用落地情况，系统阐述了中国区块链产业发展的特点和趋势。《白皮书》在对我国区块链产业趋势进行展望时称：一是区块链成为全球技术发展的前沿阵地，开辟了国际竞争新赛道；二是区块链领域成为创新创业的新热土，技术融合将拓展应用新空间；三是区块链未来3年将在实体经济中广泛落地，成为数字中国建设的重要支撑；四是区块链打造新型平台经济，开启共享经济新时代；五是区块链加速“可信数字化”进程，带动金融“脱虚向实”服务实体经济；六是区块链监管和标准体系将进一步完善，产业发展基础继续夯实。

（4）区块链中国公司成倍增长。

《2018年中国区块链产业白皮书》显示，截至2018年3月底，以区块链业务为主营的中国公司达到了456家。白皮书还显示，2013年及以前年份，中国的区块链公司仅为31家，2014年76家，2015年就达到了120家，2016年则为256家，2017年更是高达434家。另据中商产业研究院统计，截至2018年底，我国有投入或产出的区块链企业达到672家。相较2014年76家区块链企业，数量增长近九倍。可以说，近几年来，区块链公司几乎是以翻倍的速度在增长。最新的研究报告显示，至2019年10月，国内区块链公司已狂涨到27513家。

中国金融认证中心（CFCA）发布的《2018中国电子银行调查报告》也显示，目前全球已有的区块链相关专利申请，超过半数来自中国，截至2017年底，专利申请量超过1200件，反超美国，成为第一。当前三大互联网巨头阿里巴巴、腾讯和百度都在尝试落地区块链技术及涉及较为基础的技术开发，例如百度超级链平台、蚂蚁区块链BaaS平台、腾讯云TBaaS区块链服务平台等。

2019年8月份，工信部赛迪（青岛）区块链研究院发布的2019年上半年中国区块链发展现状与展望研究报告表明，金融业是需求最大也是应用最热门的领域，2019年上半年，供应链金融应用非常活跃，资产管理稳步发展，跨境支付应用落地初现成效，跨境贸易也有了新的进展。另外，在电子政务、司法治理、产权保护、食品药品溯源、公益慈善及医疗等五大领域的场景应用也逐步展开与落地。

（5）一批产业园迅速在全国落地。

与此同时，区块链产业园也迅速在全国各地拔地而起。全国多地纷纷亮出"区块链产业园"的招牌，并出台区块链相关政策，争抢区块链企业入驻。据中商产业研究院统计，截至2018年底，全国区块链产业园26家，形成了长三角、珠三角、环渤海、湘赣渝四大聚集区。从地域来看，长三角和珠三角地区科研实力占绝对优势。不仅有阿里、腾讯、华为、万向等企业巨头，而且拥有涵盖从区块链底层基础设施、基础服务、挖矿、区块链应用以及产业链周边等完整产业链条。长三角和珠三角亦是政策扶持集中区，全国不少于12个省和直辖市发布区块链产业相关政策，针对区块链产业园设立的产业基金总规模超过173.5亿元，其中137亿元来自长三角和珠三角地区，占比达到79%。据互链脉搏与赛迪研究院联合发布的《2019年中国区块链产业园发展报告》显示，国内近70%的区块链产业园区开发与运营系政府主导，30%的产业园区开发均有政府相关政策的大力扶持。

笔者在撰写书稿时，正好传来了娄底产业园区的好消息。2020年2月27日，湖南省工信厅批复同意依托娄底万宝新区设立湖南省区块链产业园（娄底万宝）。其实，该园区是在2018年5月15日揭牌成立的，也是湖南省首个区块链产业区。园区短短几年来，在区块链产业技术创新与应用上取得了一批成果，有多个应用场景相继落地，其中娄底市“不动产区块链信息共享平台”荣获第四届中国“互联网+政务”优秀实践案例50强。该平台是在2018年11月13日正式上线启用的，并发放了全国首张不动产区块链电子凭证。

（6）杭州率先将“区块链”写入地方政府报告。

随着区块链技术的推进及其应用成果的落地，北上广深四个一线城市以及杭州、贵阳、雄安等地方政府均先后出台政策，大力支持区块链行业的发展。其中，杭州率先将“区块链”写入地方政府工作报告。在2018年杭州政府工作报告中称，要“加快培育人工智能、虚拟现实、区块链、量子技术、商用航空航天等未来产业。”这意味着，对杭州未来而言，区块链的地位仅次于“人工智能”和“虚拟现实”，居于“量子技术”之前，位列第三。

截至2020年2月26日，在全国29个已召开两会的省（自治区、直辖市）中，“区块链”一词出现在22个省（自治区、直辖市）的政府工作报告中。从宏观层面分析，大多数省（自治区、直辖市）对区块链的期待在于对当地产业的优化升级提供技术助力，并作为数字经济的新增长点。而从微观层面观察，各地对区块链的期待有所不同，要求也更为明确和细化。具体来看，北京、天津、甘肃、上海、重庆5省市更侧重于加强区块链技术攻关及成果转化；北京、江西、山东、广东、海南、福建、甘肃7省市明确了区块链应用场景方向，其中电子政务成为最大诉求；重庆、山东、海南、陕西4省市则提出区块链相关产业园区建设。

另外，步伐已明显加快的一件重要的国家级大事即央行数字货币是必须要提的。截至2020年2月20日，在数字货币方面，中国的央行数字货币研究所申请了65个专利，央行印制科学技术研究所申请了22个。截至笔者写作此段时，最新一条对外公示的专利名称为“一种数字货币的生成方法及系统”（已于2019月8月29日申请，2020年2月4日公示）。至此，中国央行有关数字货币的发行全流程专利都已经申请完毕，包括生成、流通和回收。中国自己的数字货币已是呼之欲出。数字货币或将凭借区块链技术，以其可追溯性等特点，重构金融体系。区块链巨大的杀手级商业应用或许正在向我们招手。

总体来看，无论是中国还是世界，区块链行业的发展目前仍然处在早期应用探索阶段。当前的中国，呈现着中央积极部署，地方政府加快落实的良好发展态势。放眼全球，除了加密数字币这一巨大场景应用外，我们还没有看到公链治下出现类似比特币这样的杀手级应用。将区块链赋能实体经济，联盟链的发展明显在中国受到重视，但其局限在B端（企业）和G端（政府），而面向C端且具有更大商业价值的杀手级应用仍未浮出水面。尽管如此，区块链赋能实体的正确理念，已渐成国人一大共识。

3.4.4 升至国家战略区块链如沐逢春

新时代下，尤其是在2018年至2019年间，作为新一代信息技术的区块链开始日益进入中国决策层的战略决策视野。下面的这些事实就是最好的例证和体现。

国家“十三五”信息化规划、《中国金融业信息技术“十三五”发展规划》、工信部发布的区块链白皮书及《工业互联网发展行动计划（2018-2020年）》相继亮相。

2019年2月18日，作为中共中央机关报的《人民日报》在头版头条重要位置刊发记者文章《提升科技创新能力——把握我国发展重要战略机遇》。文章指出，“以人工智能、量子信息、移动通信、物联网、区块链为代表的新一代信息技术加速突破应用……新一轮科技革命和产业变革正在重构全球创新版图，重塑全球经济结构”。

期间，还有两件重要大事要强调：一是2018年5月28日，习总书记在中国科学院第十九次院士大会、中国工程院第十四次院士大会上发表重要讲话，明确地将区块链与人工智能、量子信息、移动通信、物联网一道列为新一代信息技术的代表。二是2019年8月18日，中共中央、国务院印发的《关于支持深圳建设中国特色社会主义先行示范区的意见》中明确提出，要支持在深圳开展数字货币研究与移动支付等创新应用。

10月24日，本来是个普通的日子，但从历史上看，又不是普通的一天。10月24日，是每年一度的“联合国日”。同时我们竟然还发现这一天还是一个非常有趣、少有人知、又存在无数“梗”的“程序员节日①”。

2019年的这一天，对中国区块链行业的发展来说，更有了新的时代意义：区块链从这一天开始正式上升为中国的国家战略：区块链成为中国核心技术自主创新的重要突破口。

---

① 1024程序员节（1024 Programmer's Day）别称，“程序猿节（码农节）”

1834年，人称“数字女王”的阿达·洛芙莱斯（Ada Lovelace）的朋友英国数学家、发明家兼机械工程师查尔斯·巴贝其（Chares Babbage）发明了一台分析机；阿达则致力于为该分析机编写算法，并于1842年编写了历史上首款电脑程序。1843 年公布了世界上第一套算法。巴贝其分析机后来被认为是最早期的计算机雏形，而阿达的算法则被认为是最早的计算机程序和软件。运行程序的硬件进制是以1024为基础的。例：1G=1024M；1M=1024KB。

2002年，俄罗斯程序员Valentin Balt收集签名，向俄罗斯联邦政府请愿将9月13日设定为程序员节。2009年9月11日，俄罗斯总统梅德韦杰夫在节日安排方案上签了名，“程序员节”从此成为了俄罗斯的一个正式节日。除了俄罗斯外，其他国家的一些程序员社区也会庆祝这个节日。为什么会选9月13日呢？因为它是每年的第256天（闰年就是9月12日）。256这个数字对程序员来说有着特别的意义，1个字节（等于8位元）最多能表示256个数值，而且在整年中，256是2的最大幂中小于365的值。要提醒的比特币采用的就是SHA-256算法，其使用的哈希值长度是256位。

在中国，有人提议把10月24日定为中国的程序员节，因为1024是2的十次方，二进制计数的基本计量单位之一，而且10月24日这个日期非常直观，也不会在平年和闰年有所变化。2019年这一天将区块链提升至国家战略高度，对链圈的码农们而言，一定是个极大的鼓舞。

当年10月27日，全国首家成立的国家级区块链协会组织即中国通信工业协会区块链专委会（CCIAPCB）联合各界倡议，将中共中央政治局10月24日集体学习区块链习总书记讲话日作为“区块链中国日”。倡议发出当日，就有近50家机构积极响应。该倡议的发出，彰显了该专委会“研究链政经济，落地链改工程，赋能实体，应用民生，走向未来”及“跟党一起创业，为技术发声，为应用鼓掌”的初心。

什么是“链改”？区块链专委会在其中又起着怎样的作用？《证券日报》记者曾专访过中国通信工业协会区块链专业委员会副主任委员高斌先生。（详见本书242页）

10月24日当天，是星期四，下午中共中央政治局就区块链技术发展现状和趋势进行了第十八次集体学习。中共中央总书记习近平在主持学习时强调，区块链技术的集成应用在新的技术革新和产业变革中起着重要作用。我们要把区块链作为核心技术自主创新的重要突破口，明确主攻方向，加大投入力度，着力攻克一批关键核心技术，加快推动区块链技术和产业创新发展。

会上，习近平强调，要强化基础研究，提升原始创新能力，努力让我国在区块链这个新兴领域走在理论最前沿、占据创新制高点、取得产业新优势。总书记在此用“最”“高”“新”三个字向全国人民提出了区块链发展的高标准和严要求。总书记同时还提出了“区块链+”的概念，明确提出三大融合，即加快区块链和人工智能、大数据、物联网等前沿信息技术的深度融合，与实体经济的融合以及与民生领域的融合。习总书记提出的加强基础技术研究、行业应用落地以及与科技、经济和社会深度融合等观点，无疑对中国区块链行业的未来发展和创新突破方向，给出了十分清晰的回答。

此次重要会议上，浙江大学教授、中国工程院院士陈纯，对区块链做了相关讲解。次日即10月25日，新华社发布《加快推动区块链技术和产业创新发展》的重大报道。10月25日晚间，央视将习近平总书记娓娓道来的关于区块链技术产业的高屋建瓴、深刻触及行业本质以及区块链的现状、机遇、突破点的讲话，播报了长达5分29秒[①]。其实，这一点并不奇怪，也不难理解，反而让人如醍醐灌顶，豁然开朗。

春江水暖鸭先知。作为社会先行指标的股市率先做出强烈反应。美国股市的中国概念股一开盘就耐不住寂寞，强势大涨。其中，在新华社消息发布后，处在亏损状态下的迅雷（XNET）在10月25日美国东部时间16：00收盘时，大涨107.76%，收于4.820美元。公司网站显示，这是一家提供智能合约开发、区块链应用落地、区块链商业生态建设等服务，并触达实体产业、人工智能、物联网、生命科学在内的各行各业的公司。其他相关概念股同样涨幅不错，如第九城市等。

国内股市方面，由于10月25日是周五，此消息在刷屏了一个周末的“区块链”后，在10月28日（星期一）迎来了“高潮”。对于当天的A股表现，《证券日报》记者邢萌采写的一篇报道《区块链公司一天涨停百余家多少在“蹭链”？》[②]，被各大网站和业内人士广泛转载和引用。文章称，“10月28日，区块链成为资本市场的当红明星。截至当天收盘，沪深两市各路资本涌入，逾100只区块链概念股涨停。与此同时，投资者互动平台上关于区块链的问题，爆发式增长。仅10月28日一天，深交所互动易平台上，关于区块链的互动问答就超千条，超过上半年总和”。文章还称，区块链概念股数量一夜翻倍，从80余只个股猛然涨到170余只。可惜的是，目前仅有远光软件、精准信息、易见股份等极少数上市公司有区块链项目的实际收入。

2019年11月18日，央视13套《焦点访谈》播出了一档《区块链不是“取款链”》，大体也反映了国内区块链市场的真实情况。在节目中，国家互联网应急中心互联网金融安全技术重点实验室的吴震在接受采访时披露，目前全国与区块链相关的企业有3万多家，但真正拥有区块链技术的企业甚至

① 习近平总书记在中央政治局第十八次集体学习时强调，把区块链作为核心技术自主创新重要突破口 加快推动区块链技术和产业创新发展，有关视频详见：http：//news.cctv.com/2019/10/25/ARTIWOIBvCCUykO9uyfui42j191025.shtml，来源：央视网，2019年10月25日

② 详见http：//www.zqrb.cn/stock/redian/2019-10-29/A1572284943510.html，2019-10-29 01：47，来源：证券日报 邢萌

不足10%，大多数企业仅是借势或者造势，有的甚至实施各种骗术。

此次会议上，虽然大家知道陈纯院士对区块链做了讲解，但是因为没有细节报道，所以基本搞不清他具体讲了什么。于是有人把他当年10月12日在成都举行的2019CCF区块链技术大会上的演讲内容“挖”了出来。毕竟，这次演讲在时间上离10月24日最近。成都大会上，陈纯演讲的题目是“联盟区块链关键技术与区块链的监管挑战”。他说，中国在联盟链底层平台建设上具有全球优势，联盟链是未来区块链发展的主力军。中国区块链技术的研究热点将集中于联盟区块链的关键技术及区块链监管等方面，同时建议将链上链下数据协同的技术作为下一阶段的发展方向。

因此，国内不少人认为，中国有可能只发展联盟链，并推进四类技术的创新发展。对此，国务院发展研究中心研究员李广乾则有自己的独到看法。他说，区块链有很多类型，不同的应用差别很大。联盟链并不复杂，最复杂的是公链。公链的底层架构复杂，要求更高。如果仅仅把技术发展重点定在联盟链上，似乎有很大不足。他进一步解释称，为什么中国国内要强调公链和联盟链技术的路径和方向呢？这可能与一个政策背景有关，即2017年中国人民银行联合几大部委专门发文，限制加密数字币的交易和代币发行业务。由于公链具有“发币”特点，而联盟链可以有币，也可以无币。公链在这种背景下发展受到限制也是可以理解的。

3.4.5 “区金恋”应是天生的一对

相较于去中心化、分布式等特点，区块链作为“信任的机器”，其特点更为突出。为什么我们常说区块链具有“革命性”？这与其“信任”“信用”是密切相关的。正是有了互信，才有了人与人之间的协作。而人类社会的历史，就是一部人与人相互因“信”而协作的共同发展史。信任，已成为价值互联网中最重要的“价值”所在。

算法，凝聚共识的算法，似乎一夜之间就变成了人类社会新的信用体系基石。正是因为算法，区块链完成了对人类社会发展上的一次壮举：第一次单靠技术就完成了信任闭环。而信用共识产生的智能合约，使得区块链可以以更大的力量，支持更广泛的金融应用。区块链天生具有的金融属性，在此背景下必然有更大的彰显和发挥。所以，智能合约的出现，区块链2.0阶段的到来，迭代的“编程金融”不可能再像区块链1.0时代那样只能完成点对点的交易，只能完成简单的编程“货币”，而一定是要引领区块链的“新进化”，走出自己的新征程。

正是这个“新进化”和“新分野”，以智能合约为代表的“区二代”实现了对“区一代”的弯道超车和迅速发展。由于比特币协议的开发团队选择了只作价值储存而非通过扩容等开放手段选择支付工具的技术路线，比特币和其他山寨币、空气币、传销币等只能固守在投机炒作的牢笼之内，难以展翅高飞。另外，大有人在的“囤币族”再加上那些崇尚“一觉醒来，币值大涨”的“睡后收入”族和“赢了会所嫩模，输了下海干活”投机份子等，更加剧了比特币的炒作风气和价格的高波动性，这些显然对比特币整体的生态是不利的。智能合约自然担起了编程金融的重任，产业区块链即“区块链+”开始启程。

如上所述，区块链具有金融属性和金融基因，而且也是银行业必需的一种重塑和迭代金融的“金融科技”，同时，我们也看到，金融行业又是一个比较容易数字化的行业，具有强信用、高成本特征，数字化和去信用、降成本恰是区块链的生存土壤和用武之地。因此，“区块链+金融”的婚恋应该是天生的一对。因此，一旦将金融“输入”到智能合约这部“信任机器”，“输出”的一定是数字金融的美好“钱景”。事实上也是如此，正如前文相关报告表明的那样，当前需求最大也是应用层面最热的领域，非金融业莫属。作为产业区块链，“区块链+金融”先锋号的启航，必然带动金融切实“脱虚向实”，把“水”浇在实体经济之“根”上，最终实现二者的共赢与发展。

要强调的是，数字金融活了，数字经济的“任督”二脉才能更好地打通；而数字金融平稳运行了，数字经济才能更好地行稳致远。有报道称，目前就全球看，超过100家的主流银行在区块链应用领域都开始了布局，探索的领域包括数字票据、跨境汇款、跨境支付、发债、贸易融资、供应链管理、KYC管理、抵押贷款等。美国的纳斯达克市场已开始尝鲜利用区块链技术发行证券，澳大利亚证券交易所也不敢落后，在历经几年的测试后开始采用区块链技术；德勤亦开始了区块链审计。区块链通证经济赋能保险实体的全球范本也已诞生。2020年1月9日，中国香港的《大公报》刊发了香港国际新经济研究院高级研究员付饶先生的文章就提及到了这个项目，即易筹EAS。付饶认为，易筹互助平台主要针对全球持币用户利基市场（Niche Market）中这些年轻体健的年轻人，这批人数量可观并在数字货币的红利当中淘到第一桶金，易筹平台通过数字资产为这批年轻人搭建了刚需应用场景，并创新地将保险这个低频投资的产品变成需高频关注的互助产品。

中国的金融领域亦是当前区块链最主要的应用场景。这可以通过中国金融认证中心（CFCA）发布的《2018中国电子银行调查报告》得以证明。报告称，2018年全球区块链市场份额中，金融业所占份额最大，为60.5%。目前国内包括中农工建等在内的多家银行，已经将区块链技术运用于脱贫基金管理、跨境与跨行、信用证、供应链金融等领域。

现在我们就以中国银行为例加以说明。早在2016年11月，中行就在中国香港建立了区块链物业估值系统，创建了银行和物业评估机构的网络，解决了传统模式下纸质报告存储成本高、“一房多评”等问题，系统只需要几秒钟就可以列出、验证和共享最新的估值。2018年10月，中国银行联合中信银行和中国民生银行设计开发的基于“分布式架构、业务环节全上链、系统衔接全自动”的联盟链福费廷交易平台成功上线，并于当日完成首笔跨行资产交易。这也是继2017年6月国内首个银行间“区块链国内信用证”项目上线后，银行业又一个拓展区块链实际应用的创新项目。目前，该平台已经吸引平安银行、光大银行及多家城商行加入，支持福费廷交易与国内信用证，累计交易额已近200亿元。2019年底，中国银行再次推出国内首个基于区块链技术的债券发行系统，并成功运用于中行200亿小微企业专项金融债的发行。

2020年2月10日，《清华金融评论》刊发了中国银行董事长刘连舸的文章。刘连舸在文章中表示，区块链在金融行业的应用已呈现出百花齐放的良好态势。他还透露说，近年来中国银行的区块链试水探索已取得了较为丰硕的经验与成效。一是，积极储备区块链技术基础研究，并向国家知识产权局提交了数十项区块链专利，聚焦于基础技术研究和应用场景使用；二是，中行应用项目试点已铺开，正在并行推进数十个区块链试点项目。三是，积极推动基础设施建设。中行通过自主研发和技术引入目前已完成了企业级区块链平台第一阶段的建设。四是中行正积极参与行业规范制定。

总的看来，区块链技术对我国商业银行业的改变正从概念认知阶段步入了广泛应用新阶段，而且区块链作为未来金融科技的底层技术也已渐成金融业的一大共识。但我们也要看到，金融做为区块链技术应用的最大场景，目前看并没有出现通用性的解决方案，杀手级的应用更未落地，因此，“区块链＋金融”的探索之路仍有很长的路要走。

可编程金融的特点，让各国央行发行数字货币的兴趣大增，也是金融业对区块链的最大期许。因此，各国政府及中央银行总体上对发行数字货币是非常关注的，而且不少国家政府正在加快国家级区块链战略布局。蓝色巨人IBM和国际货币金融机构论坛（OMFIF）发布的报告指出，目前全球73%的央行表示支持央行数字货币；38%的央行表示正在积极探索和试验区块链技术。央行法定数字货币的推出，会对货币发行、货币政策、支付清算、金融格局、互联网金融发展乃至国际货币体系等方面产生极其深刻的影响。

在中国，自从2019年10月24日中共中央政治局就区块链技术发展现状和趋势进行了第十八次集体学习并将区块链技术及应用上升至国家战略后，各地地方政府相继出台一系列扶持发展政策。截至2020年2月，国家层面共出台40余部区块链相关指导政策，其中，国务院出台13部。从2016年以来的情况看，全国出台的相关政策跨越两个台阶：一次是2016年至2017年，有个小高潮；2018年则是高位中的平淡；另一次是2019年，再上一个大台阶。从政策扶持力度上看，广州的“链十条”2.0版本和海南的“链六条”领跑全国。

在全球央行数字货币（CBDC，Central Bank Digital Currency）的研究中，

中国目前一直走在世界前列。这一观点也是中国人民银行行长易纲在“博鳌亚洲论坛2018年年会分论坛”公开表示过的。事实也是如此。早在2014年，央行就成立了法定数字货币的专门研究小组，研究发行法定数字货币的可行性。3年后的2017年，央行在深圳正式成立数字货币研究所。令人惊喜的是，在2019年5月贵阳举办的大数据博览会上，央行数字货币研究所开发的服务于粤港澳大湾区贸易金融的区块链平台悄然亮相。2019年6月发布的脸书（Facebook）“Libra”（天秤币）至今仍处于与美联储“争吵不止”的状态，与之相比，中国无疑已走到了前面。

值得一提的是，目前正值新冠肺炎疫情肆虐期间，我们有理由相信，此次疫情必然会像2003年“SARS疫情”的结果一样，当年的“SARS疫情”能够推动中国的电子银行、电子商务步入快车道，今年的新冠肺炎疫情同样可推动中国银行业和企业全面数字化转型的进一步提速。面对新疫情，中国互联网金融协会区块链工作组组长、中国银行前行长李礼辉在接受媒体采访时也表示，在当前防控疫情的情况下，应该可以加快数字货币发行。央行副行长范一飞在一场新冠疫情防控新闻发布会上说，为确保老百姓使用现金的安全和卫生，对疫情防控重点地区回笼现金，采取紫外线或者高温等消毒、存放14天以上再投放市场的有效措施。疫情的意外出现，恰恰为数字金融赋予了“零接触”金融的新概念，中国的数字货币发行似乎已经听到迎面走来的脚步声了。

那么，如何给未来中国的数字货币体系画像呢？其实央行数字货币研究所所长穆长春在接受采访时已经画了。他认为，央行数字货币采取的是双层运营体系。单层运营体系，是指中国人民银行直接对公众发行数字货币。而在数字货币发行时，央行首先把数字货币兑换给商业银行或者是其他运营机构，再由这些机构兑换给公众，就属于双层运营体系。他继续说，“央行做上层，商业银行做第二层，这种双重投放体系适合我国的国情。既能利用现有资源调动商业银行积极性，也能够顺利提升数字货币的接受程度。”

对于数字货币，国际货币基金组织前副总裁朱民早在2019年11月22日在北京参加“2019年创新经济论坛”时表示，数字货币是未来。如果不推出，将会面临两种压力：一种是来自市场的压力，比特币等加密币虽然不是主权货币，但实际上正在侵蚀主权货币的地盘；另一种压力是，在考虑发行数字货币时，特别是弱小国家，如果不发数字货币，主权货币将会被边缘化。

朱民的观点无疑是清晰又正确的。对于数字货币，中国人民大学重阳金融研究院研究员刘玉书的阐述更为犀利。他在接受《俄罗斯卫星通讯社》采访时称，“这是彻底重建当前全球金融体系的良好机会。”刘玉书认为，基于区块链的技术，可以创造出能够真正与美元抗衡、重写国际金融秩序的货币体系。因为谁拥有了世界货币的主权，就相当于拥有了影响全球经济的关键。美国之所以不同意脸书发展天秤币，原因就在于这威胁到建立在美元和美联储世界霸权基础上的金融体系。

刘玉书谈到了“世界货币主权”概念，自脸书提出发行“天秤币”以来，以法国为首的五大欧盟成员国（还包括德国、意大利、西班牙、荷兰）就一直计划联手抵抗脸书数字加密币进入欧洲市场，或许这也是一个十分重要的原因之一。

在数字化经济、数字化社会和数字化全球下，人民币的数字化也是必须要走的正确之路，这也是对全球金融治理的重大推动。按照朱民的观点，Libra将开创一个全新金融资产：以区块链为基础的支付系统建设，构建一个全世界金融的新基础设施和新生态，货币与支付叠加，可以延伸到资本市场、跨域银行甚至产权交易等领域，可能会冲击发展中国家的货币政策及资本安全，给传统金融带来的将不是挑战而是颠覆。这一因素，也进一步刺激了中国将区块链上升至国家战略并加速数字货币落地的步伐。

我们同时看到，人民币作为数字化资产区块链化也应该是一条人民币实现国际化的一种较好表现形式，这对“天下苦美元久矣”的带路各国和地区在提高货物贸易结算效率、促进贸易量持续增长方面，都是有益的。另外，这也非常有利于像伊朗、委内瑞拉等金融系统不太稳定的国家，以及用石油结算也难以摆脱美元的束缚且易遭封杀和制裁的国家。实际上，美元霸而不倒，“天下苦美元久矣”的不仅仅是这些带路国家。据报道，目前全球已有24个国家政府投入并建设分布式记账系统，超过90个跨国企业加入到不同的区块链联盟中。欧盟、日本、俄罗斯等国也正在研究建设类似SWIFT的国际加密币支付网络来取代SWIFT，越来越多的金融机构和区块链平台正在通过区块链试水跨境支付。

谈到跨境支付，这应该是各国金融机构面临的一大痛点。还是让大家看一张令人高兴的照片吧：

照片上的男人是谁？估计很多人看一眼就能喊出他的名字：“马爸爸”。是的，一点也没有错，他就是阿里巴巴掌门人马云。那么，这位女士又是谁呢？不看图说还真说不上来。据了解，这张照片是2018年6月25日下午，由支付宝官微“晒”出来的。照片中的女主人公是在港工作22年的菲律宾家政服务员Grace。当天正是她在香港特区用手机完成全球首笔基于区块链的电子钱包跨境汇款。这也是继公益捐款、食品溯源、租房管理之后，蚂蚁金服区块链场景应用的再一次新的探索与尝试。

为什么照片上的“马爸爸”一脸灿烂、如沐春风？或许是因为阿里巴巴旗下的AlipayHK（支付宝HK）重新定义了“跨境汇款”，并在区块链商业化应用上又走在了各大银行的前列，再次践行了自己“如果银行不改变，我们就改变银行”的豪言壮语。对于马云来说，估计早年余额宝总规模历史性地首超“四大行”个人活期存款这些“陈芝麻烂谷子”已经提不起他的兴奋劲了；也或许是他因自证了2018年说过的话而兴奋，因为他曾说过“比特币是泡沫，区块链没有”；还或许

Grace女士与阿里巴巴创始人马云
（图片来源：新浪财经）

是为了“3秒钟到账”，为家政服务员Grace（格雷丝）这次汇款的成功而兴奋。因为格雷丝曾说过，每次汇款心里都不踏实，因为要等好一段时间才会从菲律宾家人那里收到到账的消息，有时甚至会隔一天。

港版支付宝AlipayHK的用户，通过区块链技术向菲律宾钱包Gcash汇款，能做到像本地转账一样，3秒就可实时到账，省钱、省事、安全、透明，谁会不高兴呢？看吧，钱正在把所有人都往区块链里面推，这就是区块链这项“暖科技”的力量。

蚂蚁金服CEO井贤栋在发布会上称，发布会名为“天涯若比邻、千里共婵娟”，寓意就是“技术创新的力量能将信任和美好带给每个人”。他说，作为一家科技企业，蚂蚁金服坚信改变世界的不仅是技术，而是技术背后的使命、梦想和价值观。

正当全中国人民抗“疫”之际，跨境金融服务却传出利好，截至2020年2月3日，国家外汇管理局跨境金融区块链服务平台试点工作范围已扩大至22个省区市，超过170家法人银行自主加入，平台累计完成融资放款159亿美元，服务企业近2500家，其中中小企业占比75%。另外，春节假期以来，平台累计完成融资放款171笔，金额超2亿美元，服务企业87家。特别是2020年1月将湖北纳入平台试点范围，湖北辖内涉外企业，尤其是中小企业，也将在出口贸易融资等金融信贷支持方面，享受更多的优惠便利条件。

因比特币而成为“网红”的区块链，正逐渐独立门户，走出自己的一条温暖向上之路，并越来越成为全球和中国金融科技行业的新任好基友。如果说比特币曾经惊艳过时光，那么正跑在金融和实体赛道上的区块链或许将温柔岁月。

3.4.6 社会治理必须“问计”区块链

人类社会从工业革命到信息革命，再到当前的数字化革命，从蒸汽机到火车、飞机再到移动互联网，时代的车轮正以加速度的方式推动着人类科学技术与文明社会滚滚向前。5G和人工智能、区块链、大数据、云计算等新一代前沿信息技术的快速发展和深度融合，不仅仅为中国经济社会发展带来了新动能，也为数字化中国和网络强国的建设提供了有力支撑。科技作为第一生产力，在促进社会文明进步的前提下，还正在深刻影响着全球发展的大格局，亦在深刻改变着人类的生产与生活方式。

如前面章节所说，2019年10月24日，区块链上升为中国的国家战略。短短4天后召开的中国共产党第十九届中央委员会第四次全体会议上，发出了“中国之治”的最强信号。四中全会公报强调，坚持和完善中国特色社会主义制度，推进国家治理体系和治理能力现代化。同时，我们发现，四中全会首次将“科技支撑”纳入社会治理体系之中，并指出，社会治理是国家治理的重要方面，必须加强和创新社会治理，建设社会治理共同体。这充分体现了国家应用现代科技手段提升治理效能的鲜明导向，开辟了中国之治的新境界。无巧不成书的是，作为刚刚被“人人广而告之”的区块链恰恰在参与社会治理方面有其独特的“疗效”。

（1）“新冠黑天鹅”凸显了社会治理的脆弱。

2020年伊始，正当全中国人民沉浸在一派祥和的节日气氛之中准备欢度新春佳节之际，突然一只叫作“新型冠状病毒（COVID-19）”的“黑天鹅”飞出来了！一场没有硝烟的战斗开始了。

面对此次武汉突发的严重疫情，中国政府的社会动员和管控力量再一次得以显现，无疑对我们战胜“新冠”提振了信心。复旦大学管理学院黄丽华教授则称，“这次突发的疫情是一次非常典型的公共卫生事件，也是我们建设国家治理体系现代化和治理能力智能化的一个最好的剖析案例。”

在这场战“疫”中，作为新一代信息前沿技术的人工智能（AI）、云计算（Cloud computing）和大数据（Data），可以说是大显身手（当然也离不开5G和物联网）。“大数据”联防联控，人们可以通过大数据及时绘制出“疫情态势图”，让百姓防“疫”于未然；云计算，则让医疗信息化稳健高效运行的同时，也让信息化人员有更多的精力响应疫情期间快速变化的业务需求。云服务助力数据可视化、远程信息化，在线问诊、在家办公、在家上学大爆发。人工智能也不示弱，“线下无人值守，线上有人值班”的智能运维模式，大大减少对人工的依赖。人工智能+大数据评估相关疫情结果抢先看。作为“ABCD”四虎的四大前沿科技，只有B即区块链（Blockchain）尚显尴尬。当然，它在中国的“正名”时间还非常短，人们对其的认识也远不如另外三兄弟。不过，它也没有缺席，还小试了一下牛刀。陈纯院士领衔的区块链企业杭州趣链科技开发的慈善捐赠溯源平台“善踪”也是“火线”上岗，效果良好。

众所周知，区块链具有分布式、难篡改、可溯源三大特点。其中，难篡改和可溯源恰恰能够很巧妙地解决慈善捐赠信息的公正、公开和权威等难点。区块链的信任机制为防疫捐赠带来的可信连接，对数据有天然敏感性的慈善捐赠行业来说，无疑是区块链技术绝佳的落地场景之一。“善踪”平台的投入使用不但可以使需求方拥有方便快捷的需求信息发布平台，捐赠方能够顺利完成物资捐赠，更能够让公众监督捐赠的全流程，让每一笔捐赠都能找到落脚点，让全社会对慈善事业的信任度得到不断的巩固与提升。

令人欣喜的是，其他区块链行业及企业也在努力追赶之中。随着“三返”人员和复工高峰的到来，战“疫”进入关键期。社区作为疫情联防联控的第一线，也是外防输入、内防扩散最有效的防线。位于“数字经济第一城”“区块链之都”杭州的区块链企业宇链科技以“火神山精神”加班加点及时地推出了全国首个可以实现全市一码通的区块链防疫应用：即“出入通”智慧防疫平台，并供大家免费使用。同时，我们看到中国人寿财险也在发声并表示说，“国寿i农险”APP在升级改造后，集成了3S、AI、风险预警、水印相机、测长估重、OCR识别等新技术，极大提高了服务效率。疫情期间，它们还上线了“自助服务”功能，支持农户通过线上操作解决服务难题。不仅如此，公司区块链等技术的使用已提上日程，届时，保户在线上也可很方便地进行操作。

另外，疫情期间，像区块链行业中的知名企业如火币中国，办公模式随即发生了新的变化：公司正在以一种去中心化的分布式方式运营，员工们可以在家中开展正常工作。去中心化、分布式，是区块链领域的一大重要思维，因此在家办公，对区块链公司及其员工来说，无论从观念上还是行为上，都是无障碍的。其实，拿火币中国在疫情中分布式办公举例子的正是欧阳默先生（Dr. Omer Ozden，Facebook的法律顾问，深度参与过Libra的两次听证会。清华大学金融科技研究院区块链研究中心曾于2019年10月28日邀请到他就区块链的应用、创新、监管以及Libra的进展为主要内容进行过专题交流）。他在美国国会与一些议员进行闭门会议时强调“即使是去中心化的区块链模型也被证明有效”时举的这个例子。他当时还称，区块链社区中早已形成的工作模式应该可以给其他行业提供良好的借鉴。

人类已有了长达五千年的人类文明史，但直到今天我们才发现，人类又有了一种新的组织管理新范式，即基于算法并借助计算机的分布式管理范式。在此，我们仿佛看到了分布式商业有望取代人类的伟大发明即中心化的“公司”管理范式之曙光，更直接感受到区块链技术对人类生产和生活方式影响的“革命性”的一面。

（2）助力社会治理区块链想象空间大。

近年来，互联网的飞速发展拉近了人与人之间的距离，管理者与被管理者的距离被缩短，民情能够更好更快的上表，高层决策开始变得更接地气，更实事求是，因而也更能及时地化解矛盾，并解决人民群众现实中出现的实际困难与问题。这些都十分有利于社会的和谐与发展。同时，互联网也在无形中悄然改变着人们的生产和生活方式。“马上办，一次办，网上办”的出现，是沟通环节的减少，是互动交互体验的增加，更是社会治理扁平化发展趋势的体现。但是随着科技进步导致的日益海量般潮水式的数据的涌来，随着数字经济的急速发展，如果还是人找信息，就如大海捞针；如果仍需人懂机器，必须强化专业知识短板，社会治理的难度明显在加大，传统的科技“支撑”能力也已经越来越显得力不从心。大数据、云计算、人工智能和区块链等前沿技术的出现和广泛应用正好是如鱼得水的“支撑”接力者。

在这些接力者之中，区块链则带着它的全新共识和全新信任来到了我们的身边，成为了我们这个蓝色星球上的“新球员”。上至国家治理，下到社会治理没有理由不拥抱它，因为这部“信任机器”的重塑信用功能能让国家和社会的治理体系与治理水平智能化和现代化。由于区块链本质上属于一个“社会大账本”，其连接与对应的都是社会各个节点，最后形成的就是一个良好的信用社群生态体系。万链互链后，一定就是一个社会生态体系。因此，区块链事实上就成了一条让广大民众更多地平等地参与社会治理的可信又可行的好路径。

这条路径的打通应该是这样的：即每位公民将可以建立一个加密账本，把有关个人信息及数据（随着科技的进步，比如5G的大规模商用、可穿戴设备及传感器成本的下降以及人类基因测序单位成本的大降，有关个人的信息只会越来越多），可以通过公钥（可公开发行配送，只要有要求即取得）有选择地与他人或机构共享，也可以向有关政府授权使其可以阅读或更改某些信息。如此以来，“你可以为我服务，我也可以为你服务”，一个共建共享共治的社会治理体系就运转起来了。而且在这里，任何节点都是平等交互的，只要上链的“元”信息都是真实的，整个系统就是完全可信且全程留痕、公开透明、不可篡改。精准和精细化管理就变为可能和现实，工作效率自然得到提高，和谐社区、和谐社会终将水到渠成。

2019年10月24日在中共中央政治局第十八次集体学习时，习近平总书记的讲话指出，区块链具有五大作用：即促进数据共享，优化业务流程、降低运营成本、提高协同效率和建设可信体系等。对照上面所讲，共享数据、优化流程、降低成本及可信体系都是比较容易对上号的，似乎“协同”的味道淡了一些。为什么说协同或协作要单独拿出来说说呢？大家知道，各个节点用户是共享链上数据的，大家都是链上的利益攸关者，不是像中心化的公司组织那样，股东要来“多拿”一份。所以，在链上的各个节点用户实质上进行的是群体协作或合作。

想睡觉就有人送枕头。现在笔者在此就借用一下火币中国年轻的CEO帅哥袁煜明送过来的“协同牌枕头”。有关区块链协同，他是用贴切又有趣的“三个和尚没水喝”的故事解释的。

一个和尚打水喝，两个和尚挑水喝，三个和尚呢？因为谁都懒得去从而相互推来推去，无法达成共识与合作，所以只能没水喝。假如是一个和尚，而且配上了人工智能（AI），那么他可能利用自动提醒去打水，这样比以前就会更方便了。或者他用云计算加大数据，通过计算可以挑选出离他最近的水源地，这样他就比以前更省力了。但是区块链不是给一个和尚打水用的，他是给三个和尚用的。

三个和尚争论的焦点就是分工难。如果有了区块链，三个和尚也许可以轮流打水喝，办法是每天记账。因为区块链不可篡改与公开透明，谁也赖不了账。另外，三个和尚还可以建立一套共识机制，比如打水可以交换其他劳动，因为这些也都在账本上写得明明白白，大家都必须遵守，谁如果不遵守还可以施以小惩罚，比如说三天不打水就不可以喝水。如此一来，三个和尚就没有分歧了，就一直有水喝了。

其实，目前运用区块链技术参与社会治理早已不再新鲜，前文中我们也提到了一些实例。不少人甚至还认为，区块链在其中所起的作用是继政府这只"看得见的手"和市场这只"看不见的手"之外的"第三只手"。不过，在参与社会治理中，区块链自身的治理，也是应该引起高度关注的。比如，由于其不可篡改的特点，导致上链的信息不能纠错。一旦链上信息有误或有假，或者智能合约的代码存在问题，都有可能引起不小的社会混乱或危机；由于其公开透明的特点，导致较为敏感的高隐私信息场景，比如个人病历、DNA信息等的应用就会有不小的阻力；由于其交易速度较慢，虽然如"闪电网络""分片处理"等的出现使区块链在技术上得到了一定的优化和提升，但高频级的商业应用要求还是非常难以满足等。

因此，区块链也不是万能的，不必神化它。在如何看待区块链问题上，人民网董事长叶蓁蓁的"三个眼光"还是令人眼前一亮，值得品味，即"要用发展的眼光看区块链技术，不能低估它的明天""要用科学的眼光看区块链标签，不能高估它的今天""区块链技术的集成应用在新的技术革新和产业变革中起着重要作用，要继续用战略的眼光看区块链产业”。2020年2月20日，火币大学校长、中国通信工业协会区块链专委会副主任委员于佳宁投书《证券日报网》称，“产业区块链大时代即将到来”。他还说,2003年，“非典”疫情加速互联网大众化和商业化的进程。那一年，诞生了淘宝、京东等对中国数字经济产生深远影响的产品和企业，网易、搜狐、新浪等互联网企业实现了上市以来的首次全年盈利，股价重新驶向增长的快车道。2020年，新零售、远程办公、在线协作等新业态和新组织方式率先进行大规模运用后，越来越多的人体会到远程在线协作的效率与便捷，为此，许多企业也开始调整流程与组织架构与之适应。从历史视角看，新冠肺炎疫情很可能将是诸多产业变革升级的历史性“拐点”。同时他还指出，在这次抗击疫情的过程中，区块链已经初显身手，特别是在多方协同的复杂场景，区块链+的潜力开始显现。

3.4.7 “区块链+”为什么先要加教育?

3.4.7.1 隐瞒者与撒谎者

先让我们看看《魔幻人间》。它不是一部影视剧，而是一篇文章，来源于《花儿街参考》，撰写者叫林默，刊发时间是2020年3月3日。文中讲了新冠肺炎疫情下“两个隐瞒行踪的男人”。一位是被确诊新冠肺炎的，“回韩国看妈妈”的54岁男士。当韩国的疾病管理部门向其询问回韩国后的详细行程时，他一个字都不肯说。于是官方不得不去调取他的信用卡消费记录，才发现了他逛街逛公园逛酒店的路径。另一位则是浙江省十里丰监狱的一名狱警。他于2020年1月14日至19日前往武汉，并刻意隐瞒实情，照常上班。1月29日，该狱警被确诊，31日该监狱发现有人员被感染。说完这两位，作者又写了“两个假装自己会生病的人”。2020年1月26日，一个从青岛西站出站的55岁男子，对检查人员说，他刚从武汉监狱释放回来，需要隔离。因此，他也“幸福”地度过了吃得好、睡得香的14天。后经查实，他的目的就是想去隔离点蹭吃蹭住。另一位是张家界市疾控中心的李文杰科长。他跟单位撒谎称，其母和武汉有关人员有接触，自己需要在老家自行隔离，然后就带着全家飞到泰国去度假躲疫情去了。李文杰科长成了“范跑跑”。

看到这些“魔幻”之人，我们的心里会有什么的感受？肯定是五味杂全。为什么这些人不像“非典”后再以84岁高龄冲在抗疫第一线的钟南山院士？为什么这些人显得如此虚假与丑陋？有人说，价值观，才是人与人之间最远的距离。此话甚对。疫情面前，尽管这些人是极少数，但是对社会造成的负面影响却一点也不小。这些隐瞒者与撒谎者的诚信跑到哪儿去了呢？而诚信的缺失自然是教育的痛处。教育是做什么的？《说文解字》告诉我们说，“教，上所行，下所效也”；“育，养子使作善也”。这里不难理解，“教”就是言传身教，有上行才会有下效；“育”就是帮助孩子们积极向善。然而，前述的这些隐瞒者与撒谎者们，既没有向钟院士效之，也没有显示出各自哪怕一丁点的善心与善意。

3.4.7.2　区块链：治愈诚信缺失之病的良药。

“人而无信，不知其可也。大车无輗，小车无軏，其何以行之哉？”。

相信大家一定很清楚，这是我国古代大教育家孔子记录在《论语》中的一句经典之语。意思是说，人如果失去了信用或不讲信用，不知道他还可以做什么。这就如同大车没有车辕与轭相连接的木销子，小车没有车杠与横木相衔接的销钉一样，它靠什么行走呢？商鞅变法，他靠的是“以立木取信，一诺千金”。结果变法成功，国富民强。当代中国，如果说第一要务是发展，第一动力是创新，那么，第一资源就是以诚立信之人。而区块链就是当前治愈“诚信缺失病”之良药。

虽然“区块链+”，可以“链”一切，可以“加”天下，但是离开了人这个根本，任何技术都是没有用的，一切都是空的。而人是离不开教育的。因此，“区块链+教育”才是最基础的区块链应用。当然，一个好汉三个帮。“区块链+教育”要想成功落地，同样离不开物联网、人工智能、大数据等“兄弟姐妹们”的加持与帮衬。

科学技术从未像当前这样深刻影响着一个国家的命运，也从未像今天这样与广大人民群众的生活福祉紧密相连。2020年的“新冠”疫情更加印证了这一观点。目前，中央政治局已开展了18次集体学习。其中有关新一代前沿信息技术的主题学习共有三次，分别为大数据、人工智能和区块链。同时，这三项技术及其应用均已升至国家战略高度。

2019年10月24日中共中央政治局进行的第十八次集体学习会上，习近平总书记首次提出了“区块链+”概念。他指出，在民生领域积极推动区块链技术在教育、就业、养老等领域的应用。在此，我们注意到，“区块链+”在民生领域的运用中，总书记是把教育放在了第一的位置，可见中央和总书记对教育的高度重视。此前的2018年10月31日，中共中央政治局举行的第九次集体学习会上，新一代人工智能是主题。总书记谈到“人工智能+民生”时，同样把教育放在了第一的位置。

百年大计，教育为本。早在2016年10月，国家工信部就在颁布的《中国区块链技术和应用发展白皮书》指出，“区块链系统的透明化、数据不可篡改等特征，完全适用于学生征信管理、升学就业、学术、资质证明、产学合作等方面，对教育就业的健康发展具有重要的价值”。欧盟委员会（European Commission）几年前也曾发布过一项名为《教育行业中的区块链》报告。报告探讨了区块链技术在学校和大学应用的可行性、挑战、收益和风险，并认为教育行业的利益相关者可能会着重关注区块链所带来的巨大潜力，即对个人性和学术性学习进行数字认证，从而保护好自己的知识产权并促成数字资产财富交易和转移的潜力。同时，报告还提出了区块链可以应对教育行业中的八项挑战，包括数字认证、多步骤认证、识别和转让学分，以及学生支付交易等。2020年年初，有媒体报道称，美国教育部正在支持区块链研究工作。同时，美国教育委员会还确认说已从教育部获得资金以开展一个旨在探索数字分类账本技术应用以帮助学生，无论他们在哪里受培训和教育。而且该项目将改善教育机构和雇主间的数据流，以及使个人能够将教育成果转化为经济机会。

一份白皮书、一份报告、一个项目，都涉及到了征信与认证；学信、师信、校信和教育可信完全可期；诚信之生、诚信之师、诚信之校与诚信教育等，未来的教育新生态开始萌芽。“区块链+教育”已是全球教育发展与变革之大趋势。

同时，我们欣喜地看到，中国的“区块链+大学”行动已经开始启动。2020年3月，“区块链工程”专业正式走进了成都信息工程大学本科的课堂。这也是中国首个获批设置的本科专业。其他高校如清华大学、浙江大学、中央财经大学、北方工业大学等，此前也开设了相关课程。另外，区块链行业也有专业类的大学如火币大学开展了相关的教育与培训工作。

3.4.7.3 区块链可能取代高考?

毫无疑问，区块链技术及其应用正在改变着我们现在与将来的生产和生活方式。教育作为民生领域区块链应用发力的重要一极，其与区块链的联姻必然重塑我国的教育生态与业态。对此，新东方董事长俞敏洪就曾在一次公开演讲时语出惊人：区块链可以应用到教育之中，它作为不可篡改的分布式的信息储存，未来极有可能取代中国的高考。

连高考也能取代？这话听起来是不是有点耸人听闻？其实，只要真正理解了区块链，一点也不值得大家大惊小怪。

首先，区块链能重新定义教育与教学模式。区块链作为价值互联网的“价值”体现在哪里呢？首先是数据。因为链上数据高度可信，公开透明，不可篡改。因此，区块链+教育，首先营造的就是一个开放而非以往的封闭或相对封闭的体系。这就引出一个重大话题，即“开放教育”。而开放教育的好处则是人人享有终身受教育的权利，从而解决的是传统教育领域内的一系列不公问题，包括衍生出的昂贵的“学区房”怪胎等问题；同时在重建和增进“学校、学生（含家长）与社会”三者信任关系的大前提下，还能够深化社会治理，提升公民素质，和谐我们的社会。

一个不读书的人是没有前途的，一个不读书的民族是没有希望的。而开放教育恰恰为不管老少，不管男女，不管地域的全体公民提供了终身学习的机会。同时，开放教育也体现出了我们教育观念的进化、教育资源的共享和教育行业的可持续性发展等时代特点。开放教育加持区块链，注册即入学，有空即学习，在家可学习，因此学生对学习方式、学习进度、学习时空就有了更大的选择权。入学者的年龄、性别、职业、区域、资历等方方面面的限制和障碍也得到了最大程度的取消和突破。这对帮助那些处在贫困地区的孩子和百姓来说，又有了教育扶贫的社会意义。

众所周知，区块链技术是可以用来创建、确认和转移多种不同类型的数字资产与合约的技术。因此，在教育行业，“共享”不仅可以实现资源的共享，同时也可以实现价值的双赢。对于任何教育机构和教育资源提供商，其实都可将其优质的课程、产品甚至项目和活动等资源数据发至有关的教育应用（公链或联盟链）上，并进一步开发和上线自身的Dapp（即去中心化）应用，以实现教育资源的共享，然后再通过智能合约，以“知识有价”的形式实现与全球各地的教育机构、老师、学生等资源共享的同时完成了“价值”的兑现。

其次，区块链重新构建教育评价体系。“教育教学”与“教育评价”又是“学习强国”的双翼。教育评价不仅仅是评价学习质量的好坏，更是引导教育教学的风向标，也是影响个人健康成长的重要因素。传统的教育模式，之所以让人多有诟病，其根因在于教育评价体系所存在的诸多弊端。

目前中国教育系统的最大问题就是“一考定终身”的应试教育。教学方式“填鸭式”“猛灌式”“分分，成了学生的命根”都是现象级的存在。这就很易导致学生读死书，死读书，高分低能，韭菜麦苗不分，“德智体美劳”无法均衡发展，“小胖子”“小眼镜”遍校园，“精致的利已主义”盛行等等。

学习与个人成长，是水滴石穿细磨功夫的长期工程。因此，教育评价也不能仅仅靠一两次考试就简单地作出决定。传统的高考，正是这样的一种评价体系。在没有更好评价体系的当时历史条件下，高考确实是唯一“公平”的方法，但是随着时代的变迁，高考制度也越来越体现出其“僵化”的特点。例如，个人特质能力的培训、创新思维的培训，或多或少受到了某些

“制约”，时至今日，除出了屠呦呦这位诺奖获得者之外，还没有出过“国产”的科技类诺奖人才。“钱学森之问”令人焦虑。

2019年6–7月间，党中央、国务院顺应时代发展，先后发布《关于新时代推进普通高中育人方式改革的指导意见》《关于深化教育教学改革全面提高义务教育质量的意见》，正式吹响了新时代教育评价体系改革的号角，将综合素质评价作为发展素质教育、转变育人方式的重要制度。无论是高考、中考，学生的平时的学习情况，德智体美劳的全面素质培养，都将是升学招生的重要依据，而不是仅仅看一次过独木桥式的考试。高考未来将不再是一考定终生。但是如果综合素质评价数据可以随意篡改，综合素质评价不仅不能起到科学育人的目的，类似传统高考制度下屡禁不止的“高考移民、暗箱招生”等乱像，仍将无法禁止。

那么，靠什么来保证综合素质评价数据的完整性真实性呢？区块链给出了“解套”方案。如果把学生们的德智体美劳各方面的表现，如平时的成绩、出勤率等表现以及其他非正式的学习、实习、培训和其他社会实践活动等，真实地记录下来并上链，那么就可以凭借区块链所具有的“功夫”，再加持人工智能和大数据技术，对学生们做出真实地综合性的素质教育评价。退一步讲，即使未来不取消高考，那么它也不会是千军万马要过的“独木桥”，至多是学生们成百上千场考试中极普通的一次考试而已。其实，被誉为“数字政府世界领导者”的波罗的海小国爱沙尼亚，在很多年前就通过电子学校来追踪学生们的作业、课程、分数并与教师们协同工作了。美国麻省理工学院和霍伯顿学校以及塞浦路斯尼科西亚大学，也已开始在证书防假方面应用了区块链技术。这些都值得我们借鉴学习。如此，则无疑是对传统教育的再次定义。

同时，随着经济的发展，人口流动不断增强。一个人的学习不再局限于某个学校和某个地区。实现跨校跨区的综合素质评价共享，也是充分发挥综合素质评价的作用的重要保障。借助区块链的多中心、分布式的存证、共识机制，上链的综合素质评价数据，天然地实现了全国范围的共享。

虽然区块链解决了上链的综合评价数据的不可篡改与共享问题，但是并没有从根本上解决“源数据”的真实性问题。该怎么办呢？国家教育部教育管理信息中心可信教育数字身份工作组的何程教授曾有良方。他说，可信教育数字身份就是解决之道。他指出，对综合素质评价的教师、教育管理人员进行实名认证，确保参与综合素质评价的每名教师、教育管理人员的身份的真实性，从而保障综合素质评价“源数据”的真实性。他还介绍说，前期教育部教育管理信息中心已完成了可信教育数字身份（教育卡）相关国家标准的研制，并在广东省开展了应用试点。

因此，建立融合“区块链、可信教育数字身份”的综合素质评价数据体系，使用区块链承载学生的综合素质评价数据，保证评价数据的完整、不被篡改，使用可信教育数字身份承载教师、教育管理人员的身份与认证，以保证生成与上链的评价数据的真实性。这就像神话中的“功德簿”，能够准确、真实、完整地记载学生的学习成长情况，并为实现新时代教育评价机制改革的终极目标奠定良好的基础。

其三，教育诚信体系将得到重塑。如前所述，区块链改革了教育评价体系。利用可查可追溯的区块链特性，综合素质评价数据链真实、准确地记录了学生的成长轨迹与成果，将使“学习成绩、学习经历的造假”失去生存的根基，解决了分数造假、论文造假、学历造假、证书造假等方面的造假以及身体健康方面存在的问题等。同时，这样也给学生们带来了从小就要养成“诚实、诚信”的良好公民意识的习惯，也从根本上重塑教育的诚信体系。

诚信从教育抓起。教育诚信体系的重塑，必将辐射到国民经济的各个方面，促进全社会诚信体系的建立与完善。

其四，区块链在对教育重新定义的同时，也将对学生和老师进行再定义。

俗话说得好，花盆里栽不出万年松。因此，作为未来建设者的学生们，要想成为“万年松”肯定是不能栽在“花盆”里的。而区块链技术的加持，则有可能把他们移出“花盆”。

前面我们已提到了，可以利用区块链的分布式账本存储学生的可信学习数据库，同时，我们可以利用去中心化的技术建立学生们的开放式的学习型“自组织”即学习社群。对于自组织下的教育，前苏联著名教育实践家和教育理论家有句话说得真好：最好的教育是自我教育。同时我们还发现，以区块链的首次应用即比特币区块链为例，其系统组织实际上就是一个完全去中心化的自治组织。它看起来是无序的，但却是有序运作的。因此，经济领域内自组织也被看作是除政府与市场之外的“第三只手”。肖风博士在谈到自组织时曾说过，比特币区块链就是一个分布式商业的最伟大的实验，所有的产权是开源的，所有的组织机构是非盈利的，没有股东，没有董事会，没有管理层，什么都没有，是一个“八无公司”，但是它运行了这么多年，每秒钟都在发生着交易、汇兑、支付，没有出现过坏账，系统没有出现过宕机。其实，自组织就是区块链编程社会下的产物。当然，它的顺利运行离不开一套激励机制，正如比特币离不开矿工的奖励机制一样。

另外，通过智能合约，可以更精准更精细化地把诸如贫困生的扶助者或社会捐赠者们的赞助等管理工作做到极致化，让好钢用在刀刃上。比如扶助者或社会捐赠者们可以实时动态地根据链上提供的精准化的学习效果来分段实施，若达不到合约要求的条件，赞助就会自动停止。这对学生们的学习也是一个极大的促进，也是对社会赞助者的一种高度负责。

如果区块链加持人工智能和大数据，还可以及时对学生进行画像，并对相关的学生尤其是“落后生”及时地有针对性地匹配相应的某些欠缺或仍未弄懂、搞通的学习任务和项目，以达到“因材施教”的教育高境界。

在此，我们要强调的是，学生自组织的建立，打破的是传统教育服务被集中于学校这个单一场所的地域局限，令学生可以跨越时空学习，并获得有效的认证，实现正规学习与非正式学习的有机融合，进一步推动教育环境与教育体系的进化与变革。

当然，对于老师来说上述有关学生的“药方”，甚至完全可以直接“拿来”为其所用。比如教师自组织等等。

对老师来说，教学和科研成果是他们最重要的“财富”。因此，如何体现出教学和科研成果的价值，对老师们来说是一种相当重要的正向激励。区块链恰是解决版权问题的利器。这些成果完全可以通过数字化、确权、上链和交换或交易，实现“知识有价”。其意义在于，把老师自己的聪明才智通过老师或学生的自组织，通过链上交换或交易，达到自己价值的实现。这样，教师就可以将更多的精力放在教学上，避免外出“走穴”赚钱、教学成“副业”的反常现象发生。

前文中我们曾提到过一位优秀女性，即梅拉妮·斯万。塔普斯科特父子在《区块链革命》一书中也提到了她。不过，中文版翻译者将她译作了梅拉妮·斯旺。书中，塔普斯科特父子借斯万之嘴谈到科研成果发表时也给老师们支了一个妙招。书中是这样写的：

“‘这是我们行事方式的一场翻天覆地的变革。学术机构并非实现对区块链这样的新生事物的学术思考的最佳场所’，她说道。例如，在学术期刊上出版论文需要等待18个月才能得到拒绝或出版的回复，而学者们可以像中本聪那样，将论文直接发布给有限范围的同行，实时接收评论，并创建在更大范围的受众群体中出版所需的可信性。评论者们可以像用户在Reddit论坛那样对论文进行投票。论文的获取甚至可以是免费的，但其他科学家可以向作者订阅一份深入分析或经过整理的讨论。她可以公开原始数据或将其放在智能合约上并与其他科学家一起分享。如果这份论文产生了商业机会，她可以预先保护相关的权益，并考虑到为研究提供资助的机构以及它们可能对成果所主张的权利。”

学生在重新定义，教师在重新定义，学校当然也被区块链带来的数据、算法、共识机制等重新定义。新学生、新老师、新学校的到来，对于学生求职而言会变得更顺畅更理想，对于招“才”的雇主来说，则会变得更匹配、更经济适用。所以，作为价值互联网的区块链正改变着人们的组织和协同，教育亦然。而且在教育领域，随着学籍信息、教育数字身份的上链和使用，在大力节约教育大投入和降低成本的同时，教育的评价也带来了深刻甚至是革命性的变革。而这正是社会所期盼的新变化与好结果。

3.4.7.4 “新冠”疫情倒逼在线教育区块链化。

2020年又见庚子年。令人想不到的是，这一年的日历竟被一场无情的疫情撕开。中国经济的高速列车紧急按下了暂停键。不过，事物的逻辑则是，当上帝给你关上了一扇门时，同时也会给你打开一扇窗。“在线”“非接触”一时成了网上热词和行业“热用”行为。包括在线直播课堂、在线辅导、在线家校互动在内的在线教育内容以及在线（家）办公、在线游戏、在线医疗、在线咨询、不见面协作、无接触贷款等数字化商业模式风靡全国。在有着国民经济晴雨表之称的资本市场上，以金山办公、用友软件、三七互娱、在线教育等为代表的公司股票价格更是逆势飘红，屡创新高。

其实，在线教育也好，在家办公也罢，正好凸显的是由区块链属性衍生出的数字经济时代下应有的“去中心、分布式”商业模式。

仅就教育领域来看，在线教育应该是上链性最强、也是最具备生态搭建条件的重要阵地。但就目前的在线教育实践来看，效果不太理想。因为它的发挥是有条件的，是受限的。故有人吐槽称，21世纪号称“网络原住民”的学生似乎又回到了40年前的电视教学时代。唯一变化的是40年前电视里的老师是“坐着讲的专家”，而现在通常是“站着讲的普通老师”。而且许多老师由于没有获得过相关培训，反而成了被动拉上舞台且窘态百出的“演员”。

丘吉尔说：“乐观的人在每个危机里看到机会，悲观的人在每个机会里看见危机。”而“区块链+教育”的到来，却让人们重新看到了在线教育的新春天。

区块链因其分布式的块链存储架构及“自组织”，则可以对在线教育社区自组织内的知识内容制作者、学习者的参与度，推广者的推广效果等进行统一的记录，并通过通证经济发行代币，可以激活各个节点的能动性和积极性，实现各方的皆大欢喜。同时，参与的学生节点也有了更多的兴趣，从而极大的改善“在家”学习者尤其是中小学学生散漫、注意力不集中、无法更好地互动等“失控”行为。

同时，由于老师的授课和学生的听讲都有实录信息，且是全程留痕，不可更改，这反而对老师能做出更客观真实的评价，而师生间的互动、学生间的互动，则可以进一步促进教师教学水平的提高和学生理解和消化问题能力的提高，从而达到教学相长的效果。另外，因为区块链的治理武器是数学，是算法，而不是靠人治。因此，这也进一步提高了学校教育的管理效率，解决了家长们的不少担忧。

虽然区块链教育相比起进展很大的区块链金融来说，还有不小的差距，但是我们还是高兴地看到，教育以及在线教育的区块链化已如小荷一样，露了自己的尖尖角。

自2019年10月中央将区块链升为国家战略后，区块链在教育上的应用迅速“上新”。2019年12月底，广东省广州市白云区平沙培英学校、京溪小学等九所学校的2万多名师生喜获首批可信教育数字身份（教育卡）。

2019年年底，教育部发布了《未来教育链白皮书》，并指出未来教育链是以区块链技术为基础，融合大数据、人工智能等新一代信息技术，以学习者为中心，由社会群体共同参与建设，实现终身学习、数据保全、信息共享、价值流转的开放式教育服务平台。

还要提及的是，早在2018年10月，全国首家大数据教育区块链试验区已在河北廊坊正式启动。据称，以京津冀三地教育年级组为单位，还将建立12个区块，校长、教师和学生都分属在各自的区块内，同时各类区块间又相互连结。同时我们还看到，深圳前海乐寻坊区块链科技有限公司打造的基于区块链的社区“自组织”也已启动；中育科技有限公司、腾讯教育与广东省教育技术中心、可信教育数字身份（中国教育卡）发卡发证中心密切合作，亦开始打造基于教育身份链的广东省在线教育管理，基于教育身份码建立的“分布式可信教育数字档案链”和基于区块链的学信大数据应用体系。

总之，尽管“区块链+教育”之路不会一帆风顺，但只要教育行业和社会各界齐心协力，通过区块链技术实现全国性的教学、课程、学籍、学分等内容的上链共享和可信协同，并从根本上终结“一考定终身”的教育评价体系，构建起新时代开放教育的新生态，是完全可期的。

4 洞见未来 大咖“爱链说”

“我一直深切地关注未来，因为我接下来的人生都将在那里度过”。

——著名商业思想家、颠覆性理论创立者克莱顿·克里斯坦森

4.1 金融·科技·区块链

4.1.1 话说金融革命和金融科技①

——高级经济学家、中国资本市场债券之父、国家开发银行原常务副行长 高坚

精彩观点

● 作为经济学家，我们研究经济学，发现必须找到基础，这个基础就是经济哲学。对人类社会进步，科技不是最重要的，最重要的是法律制度及文

① 此文为中国债券资本市场奠基人、国家开发银行原常务副行长高坚先生在2019年12月5日海南自由港数字经济和区块链国际合作论坛上所作的重要主题演讲稿，文章有删节。本文已经作者审定并授权刊发（原文刊发于公众号《芬客你好》，2019-12-07）

化。在法律制度文化的基础上有金融的进步，然后才有科技的进步与经济的增长。

- 中国的经济发展，其实首先要有金融的革命。金融的创新和发展，必为经济发展奠定基础。
- 比特币出现，并不是一个简单的进步，而是建立在很多进步的基础之上的。区块链比较热，但包含着很多未来泡沫的元素。
- 中国现在经济下行的问题其实是一个金融问题，并不是科技问题甚至也不是经济潜力的问题。金融进一步发展遇到的机遇就是和科技的结合。
- 区块链技术里的算法，算力水平要提升，且在提升过程中要和更广泛的场景应用结合起来。
- 区块链和金融是一种天然的结合，因为它的出发点就在金融。

最近我参加了不少会议，感觉区块链很热，这当然是好事。刚才张来武部长的讲话非常有高度，讲到六个产业，揭示了经济结构发展的未来。作为经济学家，我们研究经济学，发现必须找到基础，这个基础就是经济哲学。人类社会从自然空间到社会空间，到知识空间，再到数字空间，整个过程是由其内在规律决定的。其中，知识扮演最重要的作用，而传统的生产要素不过是知识的载体，它们在不同时代有不同作用。大家都重视科技，科技是生产力，这是毫无疑义的。但从社会发展的历史来看，对人类社会进步，科技不是最重要的，最重要的却是法律制度及文化。在法律制度文化的基础上有金融的进步，然后才有科技的进步与经济的增长。

中国早在1023年的北宋王朝就有了交子，世界最早的纸币。说明以支付为基础的早期金融的概念已经有了，但中国没有自发地演化成为现代金融。现代金融是从中世纪的欧洲发展起来的。在中世纪的意大利，大家知道有西亚那银行，有威尼斯银行、阿马非银行，说明货币经营业已经发展到了银行业。这个时期银行是马克思《资本论》中讲的货币经营业相对成熟的形式。货币经营业从经营金银开始，包括金银的保管、运输、结算和清算。其中沉淀一部分给贷出去，就是早期的银行贷款。运输保管时发的登记证，代保管单，后来就转化成纸币。简单说，银行业是从这里面发展起来。

中国的山西票号是中国版的银行的早期形式。中世纪在意大利出现最有影响的还不是银行，而是股份公司。大家知道美蒂奇家族赞助文艺复兴时期的达芬奇、米开朗基罗和拉菲尔这些艺术大师，因为当时教会最有钱，又是最有信用的。所以老百姓愿意把钱放在教会，教会有钱就宣传宗教知识，早期艺术家画的是宗教故事。文艺复兴出现这么多名家，与这个家族有关。这个家族组织，是世界最早的股份公司。当然这个股份公司和后来有限责任公司等还是有所不同。后来因为有了有限责任的法律以及早期对债务责任的免除等制度，公司形式的企业才得以发展起来。从古希腊开始就有债务免除以解决奴隶反抗的战争问题。英国的个人主义、个人产权以及普通法出现，使民法和商法逐渐成型，这些都为金融发展奠定了基础。西方的科技进步还是有古希腊哲学作基础的，有古希腊最早的自由主义思想，重视事务的因果关系。古希腊人建立了逻辑学，建立了逻辑推理的原则。这些以因果关系为基础的理性主义，推动了实证主义和逻辑实证主义的发展，成为现代科学的方法论基础。公元1033年，在意大利博洛尼亚，建立了世界上第一所大学。在中国这样的学堂距今二千年前也有了，不过讲的都是孔子儒家学说，而不是讲科学。因为我们当时还缺少这种科学思想的元素，即古希腊的哲学思想。

现在的区块链技术是在数学、逻辑学、密码学的基础上发展起来的。数学是人类智慧的共同贡献。欧洲的几何学和阿拉伯人的代数，结合成为解析几何学。“算法”（Algorithm）的英语来自古代阿拉伯数学家的名字。波罗尼亚大学早期有两个系——法律系和解剖系，世界第一个解剖案例就发生在那里，法律系是那些罗马法的法理的学者们建立的。还有一件非常重要的事情，在威尼斯武器库的管理中，有第一次使用的复式记账。没有股份公司，没有早期货币经营业或者银行业，没有记账的方式，没有财务管理的概念，也就不可能有现代的企业。可见，这些悄然无声的发展都为以后的资本主义出现和发展奠定了重要基础。随后金融业从意大利转移到荷兰，当时大家都知道荷兰生产郁金香，荷兰是世界贸易大国，商品经济非常发达，所以有郁金香生产、销售、拍卖以及期货，这些在世界金融史上都是非常有影响的。此后金融向两个方向发展，一个是美国的华尔街，把荷兰人引到美国做金融，华尔街渐渐成为世界金融中心。另一个是中心化的方向，就是金融领域越来越扩大，银行变得越来越大，有一些股份制商业银行变成中央银行。英格兰银行是最早的中央银行，其第一个使命就是发行国债，以国家名义募资。金融发展一定要有信用与文化，还要有法律制度基础。之所以中国的山西票号可以存在五百年，也是因为当时有关公的“忠、信、义”等文化。因为关公在山西，老百姓拜关公，民间有信用文化。有信用文化，早期金融就能发展起来。有人认为资本主义的产生是由于工业革命，工业革命是由于科技进步，这个看法逐渐被现代史学家所否定。英国工业革命的出现并不是资本主义发生最重要的基础。首先因为有了股份公司、国债和殖民战争，以及普通法和民商法的出现。马克思说股份公司是资本主义的强大杠杆。当时出现了工业革命时的蒸汽机，那些技术据说已经存在，只不过是瓦特在这个时候能把它应用起来，变成现实有用的东西。现在我们去亚历山大，会发现很多古代发明，现在的蒸汽机在那时就已出现，更不用说达芬奇在文艺复兴时期发明了好多武器设计，在当时并没有应用。没有获得资助是做不成的，金融革命使资本的积累得以加速。因为有了股票、债券，就可以把零散的储蓄转化为投资，数额超过少数个人的能力。不仅要有资金而且还要有需求，这是一个经济问题。当时的需求就是由于劳动力成本大幅上升，于是就有了如何降低劳动力成本的动机，那就是用机器来代替人。

再说中国，20世纪90年代以前，其实也没有金融市场。我们叫金融压抑。它不是中国特有的，很多国家都有，韩国、日本早期也有。到1990年，我们有了两个股票交易所，有债券市场，1996年国债实现招标发行，无纸化，多品种，一级、二级市场融合以及自营商制度，这些全部建立起来。但国债无纸化确实与科技进步有关系，因为当时交易所已经是在IT革命的基础上，用了电子交易系统，所以国债能够实现无纸化。当年国债发行的时候，发行300亿元，1993年用16辆卡车运到全国各地，那是纸币。现在发3万亿，大概100倍，那就需要1600辆卡车运到全国各地。这就是说当时金融的进步和科技的进步有关系，反过来才能促进金融进步。由于有了国债市场，能够发行十年期国债。长期债券解决什么问题？由于长期国债发行的成功，1998年陈元出任国家开发银行（以下简称“国开行”）行长后开始了市场化发行金融债。国开行金融债又在国债的基础上发行长期债券。2000年以后，国开行做的一件重要的事情就是开发性金融，跟地方政府合作，支持中国基础设施发展。大家看到全国各地的基础设施，很多贷款，特别是2000年以后，都是国开行的贷款，这些钱使中国基础设施大大变样。早先的80年代、90年代为什么没有大量的钱投入基础设施？80年代股票市场都没有，债券市场是90年代后期发展起来的。债券市场的发展，国开行有了长期债券，商业银行没有，所以国开行率先做到了支持基础设施发展。中国的经济发展，其实首先有金融革命。金融的创新和发展，为经济发展奠定基础。80年代我们的投资非常少，因为主要利用的是外资，90年代相对提高一点，但也不是很多。2000年以后，金融市场的发展，特别是90年代的发展才具备了这个条件。

所谓金融革命，大家一般是指从60年代英国开始到美国的，以金融放松管制，金融创新和金融产品多样化为主要内容的一场运动，持续很长时间，一直到美国后来发展VC与创投。大家知道VC和创投推动了美国的硅谷，波士顿，美国的IT革命。但是这里面还是有需求，刚才讲工业革命降低劳动力成本，山西票号也是场景，需求是什么？是北部屯兵，要保护北部边疆，为军队服务。美国IT革命具有冷战背景，美国和苏联之间的竞争，美国要发展科技。苏联人已经上到月球了，美国人要和苏联竞争，所以有现实需求。这一场景是具体的需求，但整体需求肯定是经济需求。

比特币的出现，并不是一个简单的进步，而是建立在很多进步的基础之上的。比特币发明人中本聪究竟是谁，大家还在争论，我估计大概是美国人，正是他看清楚了金融领域中的问题，看到了中心化所带来的交易成本的增加。这是它的需求，它的场景，有了这样的进步。我们中国现在遇到经济下行问题，其实这是一个金融问题，并不是科技问题甚至也不是经济潜力的问题。其本质上是金融问题，而金融问题又和我们经济结构的变化有关，我们现在发展新兴产业，它和传统产业部门一样。新兴产业是哪些人在做？民营企业，中小企业，万众创业、万众创新的企业在做。传统领域大多数是国企，国企有硬资产，有信用。同时国企又在传统行业。所以银行对应的是国企，传统行业，对应有硬资产的企业。

现在要发展的新兴产业，由金融的哪一部分来对应？过去是非银行，转了很多弯，最后通过信托，债券市场，租赁，保险，做成各种产品，资产证券化，最后到了民营企业。这不仅成本高，还导致了资金体内循环。大家对于金融的认识还是非常肤浅的，很多人以为金融就是融资，有钱就行，金融核心是科技，是技术。我不赞成这样的观点，金融是非常复杂的一件事儿。金融市场有其自己的发展规律，我们一方面要金融支持实体经济，不仅仅看到金融融资一面，另一方面大家忘记了金融本身的深化，金融理论要深化，我们金融市场深化不够，我们以银行为主体的金融市场，不适应新的经济结构。也就是说，要从以银行为主发展到以资本市场为主，因为银行相对成本高。资本市场无非是说非标准产品变成标准产品。债券是债权的证券化，股票是股权证券化。期货是远期的证券化，期权是不确定性的证券化。变成证券化、标准化可以方便交易，金融业发展的规律就是降低交易成本。市场中很多机会，有套期，有投机，这是两个重要功能，这不是投机倒把的投机，是发现机会的投机。我们很多称之为创新，但这不是创新，是套利。金融创新是有特定含义的，是我前面提到那些在历史上有影响的，包括区块链，这些是创新。但是很多是套利，也就是找市场机会，取得无成本套利收益。所以我们这个市场不能健全的发展。

现在区块链比较热，但我想提醒大家，这里边包含很多未来泡沫的元素，区块链本身是技术，但是它是为了解决交易成本问题的一个技术。它是要通过分布式记账，大家都留下记录可以溯源，可以去中心，这些可以大大降低交易成本。怎么能够降低交易成本？有很多没有场景的，仅仅纯技术的是不能应用的。到2008年美国次贷危机，从60年代英国开始的金融革命就算告一段落，因为金融本身找不到更好办法来解决自己的问题。金融进一步发展遇到的机遇，就是和科技的结合。这个结合一开始做科技的人找金融的人，金融的人还有很多做IT的人对这些兴趣不大。现在要做金融的人做经济的人，去为他们创造场景，引导做科技的人。这两方面相辅相成。在区块链技术里边，算法、算力比较高深的东西，我们应该说还不是最好的，我们要提升这些东西。提升要和更广泛的场景应用结合起来，区块链技术在中国的应用是非常好的，但是如果我们不提升它的技术含量，不增加它的场景应用，可能在一定时期内也会出现泡沫。美国IT革命到今天也没有完，但是泡沫早就出现了。今天我讲金融的发展有其客观规律。实际上金融和科技的结合，一定按照金融发展规律。金融的出现是为了管理风险，金融本身就是承担风险的部门，金融不能没有风险，因为有风险才有金融。金融通过什么来管理风险？它通过分散风险，通过对冲风险，通过管理风险，严格的内控，通过信用来解决风险问题。现在科技给它增加了新的手段，所以大大降低了交易成本。我觉得区块链和金融是一种天然的结合，因为其出发点就在金融，因为比特币本身就是金融的东西。近些年来，我国区块链行业的发展奠定了很好的基础，最近习总书记的讲话，中央政治局会议提供了更大的推动，我觉得机遇来临了。我们经济的增长，离不开科技，科技离不开金融，金融离不开法律制度、文化和信用基础，需要各个领域的人共同努力。直到这些不可分割的环节建立起来了，中国经济的潜力才能发挥出来。今天就讲这些，谢谢大家！

4.1.2 数字化、数字化金融与新旧动能转换[①]

——银保监会重点金融机构监事会监事 陈伟钢

21世纪最重要的发明是网络技术。网络给社会带来什么呢？现在网络已经发展到第三个阶段，第一个阶段是互联网阶段，第二个阶段是物联网阶段，第三个阶段是区块链。互联网解决的是人与人之间的沟通，解决的最大

① 该文为2019年12月6日，在由海南省工业和信息化厅主办，海南生态软件园、火币中国共同承办的“海南自贸港数字经济和区块链国际合作论坛”活动上，银保监会重点金融机构监事会监事陈伟钢所作的主题演讲。全文有删节，标题为编辑所加。本文已获授权刊发（原文刊发于公众号《芬客你好》，2019-12-07）。

问题是信息沟通，是沟通价值，物联网解决的是人与物或者物与物之间的沟通，体现的是操控价值。就是说一个机器人或者是一个物体，你要叫它干什么就干什么，能听懂人的话，能感觉人的意志，这个叫“操控”。

区块链是什么？它解决的是人与人之间的信任关系，在于信任的价值。所以，区块链解决的是当今社会上最艰难的一件事情，所以区块链技术才被人如此重视。为什么要解决信任问题呢？人类存在几万年，从猿人变成了现代人，进化了那么多年最大的成果是什么？学会了说假话，学会了骗人。这是人进化这么多年最大的“成果”。现在区块链能够解决掉这些问题，这是一个非常伟大的创举。大家想想看，我们现在市面上看到刻假章、卖假证的那么多，还有卖假酒假烟的，学术造假的。为什么造假？人的欲望。区块链是一个非常大的革命，要看到区块链最重大的作用和价值，才会深刻理解习近平总书记为什么要大力倡导和发展区块链。

党的十九届四中全会是2019年10月28日召开的。大会做出的一个重大决定就是，坚持和完善中国特色社会主义制度，推进国家治理体系和治理能力现代化。这个现代化非常重要，治理能力就是要把我们内部治理好，就需要构建诚信社会。所以中央政治局在四中全会前四天组织学习，说明区块链技术和国家的治理层面有联系，区块链不仅仅是我们经济领域的应用，更重要的是在政府管理领域的应用，在人们生活当中的应用，再加上金融系统的应用，才是区块链的核心要义。

今天我讲的主题是数字金融促进新旧动能转换。从第一次工业革命看，蒸汽机的发明带来了机械化。第二次工业革命解决的是电气化，也就是自动化。第三次工业革命是电子技术的应用，计算机的出现，解决的是人们信息化的问题。第四次工业革命是网络基础应用，解决的是智能化问题，通过网络技术改变生活。大家都知道，现在说的是数字化。数字化这个词是一个古老的话题。2500多年前，有一个希腊的科学家、哲学家叫毕达哥拉斯。他说，一切皆为数字。他说“数”的关系可以解释世界，数字是宇宙的统治者，宇宙是由数字组成的。大家见证宇宙科学，完全靠数学运行。他说人也是由数字构成的，描述某一个人，首先要知道这人的个子多高，年龄多大。说这个人的身体怎么样，说这个人的血压多少，脉搏多少，最后血糖血脂等，我们到医院去检查全是数字。人的健康变成数字化了。毕达哥拉斯的预言，正被现代人实现。

数字化对现代生产有什么重要意义呢？大家都知道，我们的地球表面就像一张纸。在这张纸上建立一个三维坐标，地球上的每一个点都能找到坐标系上对应的每一个点，把所有的点连接起来就是一张数字地图。这样一张数字地图需要多少人为它服务呢？以前是GPS，现在有北斗导航，还有云计算，有专门研究数字地图的单位，还有研究导航仪的单位，这就是一个导航仪带来的经济效应。我们现在各行各业都离不开数字，包括我们每一个人身上都带手机，离不开数字。数字化已成为现代经济新的增长点。比如我们最近统计的，在股市中市值前十位的，基本上都是与数字科学有关的一些公司。原来老旧的产业就赶不上这类新科技产业了。

第二是数字化有无限的空间。未来的科学发展都要向数字化发展。如果没有数字化，我们的一些技术就不能应用。我认为数据就是效率，举个例子。有一天我问某银行的行长说，数字化对你们有什么用处？他说数字化就是效率。他把近两年在该支行办业务的人员进行统计，就统计两个数据，一个是性别，第二个是年龄。他用这两个数字统计后得出一个结论：到这个点存钱办业务的，60岁以下至20岁以上年龄段，80%是女同志来办理；60岁以上的，80%是则是男同志来办理。他根据这个现象让业务员推销的时候精准推销，看到社区里年轻的首先找女士，如果年龄大的就找老大爷，结果呢？当年业绩增长了一倍。

数据就是金钱。有一个服装设计师，他说他设计的服装，除了量人的身体所有的几何尺寸，还要问明他的单位、职务、年龄等；再根据这些情况调整西装前后襟的长短，从而做出个性化的工装。他说，一般来说，年轻的员工看到领导往往身体前倾，衣服后襟要稍长点，领导干部一般是挺胸的多，衣服的前襟要长一点。因此，他的生意很好。

数字化可以提高风控水平。大家知道滴滴打车平台，前段时间空姐被人伤害，也发生过司机被乘客抢劫的。如果有足够的数据，就可以对司机和乘客的身份、习惯等进行判断。对每一个打车的人，根据大数据判断这人的姓名、性别、身份证号、长期居住地点等，甚至有没有前科，如果一个深夜，一个住无定所的男性在一个偏僻的地方打车，要到更偏僻的地方去，平台上就可采取措施，如派附近年轻力壮的司机去，或者让另一位司机监控等，把风险控制住。所以风控也需要大数据。

数字化可以兴旺一个产业。比如我们的中医，中医是我们中华文化的瑰宝，但是有很多国家的人不了解或不认可它。为什么？就是因为中医现在没有数字化。我们现在的老中医主要靠望闻问切。一个人身体上的很多特征，尤其是疾病，与他脸上的特征是一一对应的，比如脸色、眼角颜色和舌苔的颜色等，如果说未来我们把这些望闻问切的结果都变成数据，用数据量化，那么每一个数据对证的病情可以解决，这样对诊断病人、用中药治病就会提高准确率。因此，中医一定能够走向世界。这是未来对数据化的期待。

数字化在我们金融领域也大有作为。现在的信息化、网络化、智能化，对银行有很大的冲击。第一个是去物理化，物理网点减少，比如2018年物理网点退出4597家，银行有60%的业务通过网上做。第二个去人工化，截至2018年6月，四大行员工比去年减少了3.2万人。第三个是去中介化，银行本身就是中介，由于有了互联网金融以后，银行的中介作用大大降低了。这些都体现出对银行的冲击。但是，数字化又为银行的转型升级提供了机遇。银行本身的数据是非常珍贵的，是一个优质资产，因为每个通过银行交易的数字，对我们了解这个人非常重要，可以了解这个人家里的资产情况以及平时购物、消费习惯等。第二个是银行的服务对象，也是天然的数据“矿山”。很多中小企业到银行贷款，都要带很多的资料，有很多的数字，如效益、利润、流水等，而这些对银行业是极其有用的。第三个是银行本身的数字化潜力非常大。现在很多银行变成无人银行，或者是用很多现代化的金融科技替代。这里的潜力也非常大。第四个是银行运用数据交换做风控，极大地提高了风控的能力。这跟区块链有密切的联系。

所以，我们要让数字金融助推经济的发展。依靠数字金融推动新旧动能转换。对一些落后的产业或者是利润不好的产业怎么改造呢？首先要对它的转型进行资产的定价，资产评估，这是数字化的金融。第二是设备的改造，前期的融资需要金融。第三是科研开发的投入需要金融，怎么去融资。人才的引留，需要股权激励；对老旧设备的改造，如何使用应收账款、货款等；设备的出售，怎么分期付款，要用金融的租赁等。所有这一切都离不开金融的数字化。数字金融对新旧动能转换有非常重要的意义。

当前，尤其是国企和央企遇到一些困难，有的是因为国有资产难以出表，有的是债务居高不下，有的是科研投入不足，这些都能够通过数字金融解决。所以数字金融盘活企业、转换动能是很重要的良方。

我们现在说大数据实际上起到了生产资料的作用，是一个新兴的生产资料。人工智能是新兴的生产力，区块链是新兴的生产关系。数据是数字经济的基础，谁拥有数据，谁用好数据，谁就拥有美好的未来。

4.1.3 区块链与账户革命①

——万向区块链 肖风

4.1.3.1 一套新记账方法的诞生

人和人之间最基本、最核心的一个经济关系就是交易。人们之所以能够处理复杂的交易活动，依赖的是一套记账方法和账户体系。

在现实经济当中，我们每个人基于最基本的账户体系都是银行账户体系。在这样的账户体系基础之上，又衍生出像养老金账户、保险账户、证券账户，甚至包括互联网钱包等，但这些仍然是基于银行的账户体系建立起来的。从2009年1月份，有一套新的记账方法，它基于新的账户体系，上面跑着新的记账单位，那就是数字货币、分布式账本和加密账户。

我们发现这些改变是颠覆性、革命性的。在这个改变之上，我们相信会有很多以前所完全不熟悉，甚至不知道的新的金融交易模式、经济交易模式

① 本文为万向区块链肖风博士于2018年4月17日在全区普惠区块链峰会上发表的题为《区块链与账户革命》的演讲。文字有删节，标题为编辑所加，经授权刊载。

会产生。这就是我今天想要讲的看法。

人类社会记账方法的改变，是最近的事情，过去500多年基本上用的都是一套叫作复式记账法的记账体系。复式记账诞生于1494年，是由一位意大利的数学家在威尼斯创建的。如果看过莎士比亚的戏剧《威尼斯商人》，我们就知道，文艺复兴时期，意大利因其地理位置在地中海的东岸，所以成为了全球的贸易中心。它们通过地中海，在中东和亚洲进行了很多跨国、跨洲贸易。金融又给这样的复杂贸易提供自己越来越好的服务，满足贸易对金融服务的需求。首先，金融家、银行家就要问：你的这笔贸易、你的财务状况是怎样、现金流是什么样、你是否是盈利的，否则没有人敢借很多钱给你，这就是非常简单的基本道理。这位意大利数学家，依据文艺复兴时期威尼斯商人在记账方法上的不断创新，最后总结出了一套复式记账法。我们知道，第一家现代意义上的银行诞生在威尼斯，它有一个非常大的背景，就是基于威尼斯在全球贸易当中的角色，以及复式记账法在威尼斯被创造出来。没有一整套数字化的管理技术，很难想象银行业能够诞生在威尼斯。到今天为止，我们依然没有脱离复式记账法的框架。我们观察中国，到清朝末年，我们用的依然还是流水账。流水账记什么呢？记贸易的收入和支出，不记负债。所以，到2018年有好几家大型的民营企业发生问题。当然它们发生问题的原因有很多种，其中在它们眼里没有负债和权益的区别，是很重要的一种原因。他们认为只要钱进了公司账，这钱就是它的，所以它有很高的杠杆，甚至很吓人的杠杆。

对没有复式记账，没有资产方、负债方概念的人来说，他不知道已处于很高的风险中了。这就是为什么现代商业或者现代金融服务，不会产生在中国的原因。现代银行业引进到中国以后，这些很大的财富一夜间就丧失了竞争力，很重要的原因是他们只能靠收入和支出的简单的流水账。

复式记账法最大的特点是，用借方、贷方、资产、负债、收入和支出，把一笔钱做了平衡的记录，其发生的背景就是文艺复兴时期。分布式账本相对于复式记账法，为什么说是革命性的变化呢？首先，分布式账本是基于分布式数据库，记录的是一些数据包，不再是简单的一串数字。第二，记账的方法，属于第三方记账。我们知道复式记账法是各自记各自的账。第三，共享记账。所有人在一个账本上各自记自己的账，大家共享了很多账目信息。第四，它是一个全信息的账本，不仅仅记录资金的流动，也记录了信息，有资金流、信息流，等于其他东西都可以共同记在一个账本上，记在一个数据库里面。

4.1.3.2 分布式账本诞生缘起数字化迁徙

我们知道复式记账法诞生在文艺复兴时期，发生于意大利的跨洋、跨洲、跨国的贸易。分布式账本诞生的背景，我把它叫做数字化迁徙，就是人类社会正在从工业社会走向信息社会，从物理空间走到信息空间、走到数字空间，重建一个数字世界。我们从原子状态走向比特状态，从低维走到高维。

关于低维走向高维，我举两个发生在中国的案例，一个是外卖，所谓的互联网生活服务。中国外卖非常方便，可以在家里面通过手机叫到任何美食，而且在30分钟之内这些美食会送到家里的餐桌。中国网上流传一句话，打败康师傅方便面的不是统一方便面，而是外卖。因为当你在家可以很方便地叫到各国各地的美食之后，你就不会在家里从早到晚吃方便面，因此方便面的销量大幅下降了。但是创造互联网外卖的这些人，并不是为了和方便面竞争，他们在更高的维度，在一个三维的空间，他在五维的空间创造他的事情。当他的视野创造出来以后，三维的一些东西自然就消失了。

有句话说得好，“打败小偷的不是强大的公安，而是手机支付”。我们的钱已经不怎么装在衣兜里了，因此小偷的“生意”就下滑，小偷的“营生”就受到了很大的冲击。可是支付宝和微信支付的创办时并不是为了“为难”小偷，它不会有公安的职责。但是在更高的维度建好商业模式以后，旧世界的很多东西自然就要被淘汰、被消灭。所以中国很著名的科幻小说作家，在其小说里面就写到：“消灭你，与你无关”。我在一个更高的维度，并不是为了消灭你，但是你确实没有生存之力。

这是分布式账本的大背景，我们在数字世界里，重建了这样一个数字经济体，我们需要有新的记账方法，需要有新的账户体系，甚至我们也需要有新的记账单位。现有的体系、现有的账户、现有的记账单位，比如我们的法币，美元也好、欧元也好、人民币也好，已经不足以完成数字世界里面重建的一整套新的、在更高维度建立起来的经济体。

4.1.3.3 新经济需要新的信息规则

从工业社会向信息社会的转移迁移，导致经济出现了一些什么新的规律和规则呢？其实过去十几年、二十年前，在美国已经有不少的互联网行业的观察家或者经济学家，他们有过一些总结。比如谷歌首席经济学家，他在十多年以前写过一本书叫《信息规则》，凯文凯利也写过叫《新经济新规则》，我借用了他的这句话，在这里做简单的总结。

首先，在数字空间里面，从交易成本来说，边际成本是零。我们知道交易成本理论是经济学研究领域非常大的一门学问，同时，现代企业制度是建立在交易成本理论之上的。因为我们需要用公司这种方式，把某一部分市场部门内化成为企业内部的流程，来降低交易成本，所以企业才有存在的必要。企业存在的便捷，就是内部的成本必须低于市场成本，如果超过市场成本，企业就没有必要存在，这是一个公理。当边际成本为零的时候，我们就要问一个问题，公司这种形式还需要吗？有可能不需要。

前几年流行一本书叫《零边际社会》，零边际只有在数字世界才可以实现。在过去分享一首歌曲，要刻成1万个CD，分享给1万个人。只要涉及到原子，涉及到物理状态，边际成本一定要增加的。但是通过互联网分享1首歌给1万个人的边际成本是零，你给1个人听和1万个人听，不会增加成本。零边际成本直接导致了企业这种组织形式的存在价值被质疑。在区块链世界里面几乎没有看见过中心化的商业组织，以比特币区块链为例，比特币区块链所有的知识产权是开源的，你在这里找不到谁是股东，因此它是没有股东会、没有董事会、没有管理层、没有员工、没有办公场地、没有营运收入、没有营运资金、没有服务器。这样一个非常纯粹的去中心化的商业系统，你知道谁是它的员工吗？谁在运营这个系统吗？你能找到这个人吗？你找不到。他在哪个国家、在哪个主权区域注册呢？我们不知道，它没有在任何地方注册。它只是中本聪把系统写完之后放到互联网上。

即使在2009年1月份的时候，我们都不知道创始人是男是女，是年轻人还是老头，是一个人还是一个组织，是亚洲人还是欧洲人。在传统的经济体当中，你敢去投资一个创始人是谁都不知道的创业项目吗？在传统基金里面你不敢这么做，所以自主组织、自主治理将来在数字世界会成为数字经济常见的经济组织状态，在这个状态里面没有股权，因此你无法用股票的方式来融资，因此你开始用Token（代币），用代表某种使用权的凭证去融资，这就是ICO的来源。如果没有股票，你不可能用股份去融资，你一定用另外一个凭证，这个凭证目前就是Coin或者Token。整个数字经济体靠算法来驱动，它不再是靠董事会、股东会来表决、做决定，然后中层干部来具体完成任务，它也没有人事部门，没有财务部门，没有办公室。但是它总要有一套规则来运行，它金字塔、层级式的管理制度，但它还要有别的东西，这个别的东西是什么？算法。

所以不仅是比特币区块链，整个区块链实际上是一整套的算法来构成的。从非对称加密算法，从哈希、从零知识证明、从共识算法，不同的目的，有不同的算法。在这点上我观察到，人工智能最后也是一套算法驱动的，人工智能的结果是依靠数据算法加计算能力，最后输出人工智能的结果。就是人工智能的核心，也是一套算法，区块链的核心也是一套算法，当然它们是不同的算法。区块链是加密算法多一些，人工智能是深度学习、自然语言的算法。所以数字世界规则就是由算法驱动的，不管是人工智能还是区块链，这是非常核心的关键点。没有公司的情况下，用什么规则来规范数字世界的经济活动？

它有网络效应，一个网络的价值是随着节点数的增加而增加，但它不是一个算数的增加，不是加法式的增加。当一个电话网络只有一台电话的时候，整个网络哪怕是投资500亿美元，它一分钱不值。当如果有两台电话加入这个网络，至少可以完成两对通讯，甲可以打给乙，乙可以打给甲。但是如果有四台电话加入网络，是不是只会增加四个呢？不是，4乘4是16，会有16个，所以网络效应带来的是指数级的增长，而不是简单的加法的算数增长。所以最近五年以来很多互联网的创业公司，尤其是平台型的互联网创业公司，它们的市值可以在一年之内从零到100亿美元，而这正是在工业经济时代无法想象的事。为什么一个公司可以在一两年之内市值变成一两百亿美元？这是因为网络效应。网络效应带来的价值，指的就是指数级的增长。

在这个新的世界里面，一切都被重新定义，被什么重新定义呢？被数据重新定义。分布式记账是在为这些新经济新规则来提供一套记账方法和账户体系，来帮助这个新的经济更好地运行、更高效地运行、更低成本地运行。记账方法是一整套方法体系，记账方法要落地，需要落在账户上面。所以账户是记账方法的基础，在分布式账本上，账户发生了完全崭新的变化。区块链的账户和现在所熟悉的每个人都有的银行账户体系有很大的不同。它的开户不再是我们去银行柜台，去提供个人的很多资料，经过银行反洗钱等等，最后才决定我在这家银行开账户。在区块链开账户不需要任何人的许可，我们只需要用非对称的加密算法生成一对公钥或者私钥，这个账户就算开完了。我想开一个还是一万个，这是我的事情，这是一个不同点。

第二个不同点，加密账户体系实际上它是计算机程序，是一串代码，对这个账户可以进行编程，使得它可以智能化，可以跟智能合约结合在一起做很多事情。

第三个不同点，这个账户已经法人化了，唯一能够证明我们持有加密币的权属就是这把私钥，没有任何第三方中介结构来帮助我们确认我们的数字币的权利，也就是我们的产权。就是这把私钥负所有的法律责任。

在加密账户体系上不仅人可以开账户，机构可以开账户，未来互联网上千亿、上万亿台传感器，这些设备也可以在上面开自己的账户，这是和银行账户巨大的不同。将来更多的账户、更多的交易是机器和机器之间完成，而不是人和人之间。现在发展非常快的物联网上的边缘计算就是上百亿、上千亿台机器要在本地计算，它们不可能把一千亿计的数据，不可能把每分每秒的数据传到中心化的数据中心，并由中心处理以后再把结果传回到物联网设备。比如无人驾驶汽车，无法想像无人驾驶汽车在路上的时候，会把所有的影像传回一个中心化的服务器，再发出指令，比如前面有个人，你要刹车。有很多交易会在机器和机器之间发生，那么区块链上的账户是由机器去设立。

所谓的开户无需许可，确实有一个问题要问到，如果不做反洗钱，除了合格、不合格之外，怎么辨别一个人好坏，怎么给他信用评估，怎么样决定提供什么样的金融服务给他？一个信用高的人，当然要提供更好更宽泛的金融服务给他。可是在区块链上不做KYC（know-your-customer，了解客户），怎么知道这个人信用怎么样？另外要搞一套方法来确保一个坏人即使开立了区块链账户，也不能在区块链上作恶。这就像比特币一样，确实没有对客户做过KYC，都是有一套数学算法，确保一个坏人在区块链上没有办法作恶，或者它的作恶成本和收益不成正比，导致他不能去做或者不想去作恶，这是数字世界的一套新的治理规则，和现实世界确实有很大的不同。

这种加密账户的记账方法和我们所熟悉的以银行账户为核心的一整套体系也有很大的区别，它是无中心化的记账。我们现有的体系当然有记账的确认者，在区块链这里则没有，是多方共同记账、共同维护，信息完全对等透明。完全对等透明就使得我们可以通过算法博弈论，使得大家得出最好、最优的结果。如果在一个信息不透明的环境里面，两个人去博弈，往往会出来最坏的结果，叫“囚徒困境”。当两个囚徒关在两个牢房的时候，当信息不对称的时候，最后的结果是两个人都选择提前招供。如果他们两个人信息对称，比如关在一个牢房里面，他们可以抗拒不坦白。为什么一套数学规则在区块链上，能够用数学规则取代现在的很多东西呢？就因为它是信息完全对等的。在对等的情况下，所有人会做最优的选择，所以我们可以用一套数学规则让大家在区块链上进行博弈，我们相信他们会选择一个好的结果，而不是像囚徒困境，信息不对称的情况下，选的是差的结果。

还有多种事务在一个账户上记账，使得维度有很多，除了有资金流，可以有信息流，可以有物流，也可以有社会关系，也可以是社交网络的信息。这样可以用另外一套办法做风险管理。在中国很多互联网公司，利用互联网上的数据，用创新的风险管理模式，在互联网上以所谓的“310”的方式来发放信用贷款，坏账率只有1‰、2‰。310是什么？ 3分钟申贷，1秒钟放款，全程0人工干预。这就是数字经济。我不久前看过蚂蚁金服网上贷款的系统，也看过腾讯的微众银行的网络贷款系统，我也申请过微众银行的信用贷款，5秒钟他告诉我你有20万，信用贷款最高额度是20万，你如果要的话，几秒钟就可以给你。区块链就是这样的，通过区块链要的就是秒级别的响应，而不是我去申请一笔贷款需要两个星期才能拿到这个贷款，我希望在10秒钟之内，现在互联网确实能够做到这一点。这是因为它有另外的身份数据，银行只有身份证号码如此而已，但是一个互联网公司，它对你的身份数据的累计可能是七个维度或者17个维度，当然它给你的信用等级评估比银行要好。

区块链的账户体系真正实现了穿透原则的账户体系，银行都希望能够穿透，可是有谁能够穿透得像区块链账户那样呢？最原始的数据、最原始的资料、最原始的信息都可以掌握穿透到，而且不可篡改，永久保存，可以追溯，它是完全不同的世界。算账依靠共识算法，交易、清算、结算是同时完成的。因为是同步完成的，所以区块链上记账的时间单位是秒，不是天，不是日。我们现有记账账户体系是以每天作为记账单位，可能在分布式账本是以秒为记账单位的，所以能够做到"7×24"小时这个系统可以交易，因为我们没有必要把系统停下来做清算、结算。

4.1.3.4 是区块链，一定有币

在这样一个崭新的账户里面，它所运用的记账单位是数字币，不可能是别的东西。所以有人说能不能创造一个没有币的区块链呢？你当然可以。但是它和现在的系统有本质的差别吗？一个没有币的区块链，没有数字币作为记账单位的区块链，它已经不是区块链了，它只是对你现有系统边际效应有所改善、有所提升的一个新的工具，你可以用，但它不是区块链。是区块链，一定有币。

我们了解到在新加坡金管局的推动下，做联盟链，对贸易金融做过很多尝试。我个人观点是，即使贸易金融在银行、港口、船运公司、货主等多方参与的联盟链环境下，如果使用一个结算币一定会比接受法币这个系统效率更高，成本更低，更智能化、自动化。当然它不是使用比特币或者其他币，它的币市值是很稳定的。它具备了数字货币的一些特性，它是可编程的货币，我们无法对美元、新加坡元、人民币，把它变成智能合约。但是我们可以对一个数字货币进行编程，能够编程才可以省去大量的中后台的清算、结算人员，使得结算和交易确认同步。在联盟链上有币会更有效率，没有

币，跟现在的IT改进计划没有本质上的差别，不会有数量级以上的改善。我认为，数字币最大的特点是它可编程，它本身不是一串数字，是一段计算机程序，是一段代码，所以我们可以对它进行编程。因为可以编程，它就是智能化的“货币”，因为是智能化的“货币”，所以结算确认，清算交易就完成了。一切从可编程货币，就变成了可编程的金融，从可编程的金融就进化到了可编程的经济。这个前景才是区块链带给我们最有价值的东西，否则它和其他计算机技术的进步就没有区别了。

数字币的发行流通有几个特点：

一去中心化发行，属于私人货币中的“无主货币”。比如Q币，它只能用法币换成Q币，Q币不能倒换成法币，这是人民银行对Q币的要求。Q币只能在腾讯的生态圈里面使用，不能超出腾讯之外，不能用Q币去商场买东西，它属于私人货币的一类。

二它属于去中介化发行。数字币在发行和流通环节当中，取消了“货币”创造的环节。央行发行基础货币，银行和其他整个金融体系来进行货币创造，把一个基础货币变成三个或者五个货币乘数的效应。

三基于区块链的发行，没有假钞、伪钞、残钞。

四交易无摩擦，效率高，成本几乎为零。它必须用这种货币才能配合上数字经济的零边际成本、零交易成本的商业模式。如果你的货币流通用的是其他方式，有中介、有货币创造的过程，就必然会有摩擦，会有成本，它不足以支持零边际成本、零交易成本的数字经济的模式。

五智能化、自动化、适合数字化的场景。

分布式账本、密码学账户体系和数字币带来的就是这样一个新世界。

4.1.4 中国发展区块链产业有很大优势①

——国务院发展研究中心研究员 李广乾

① 本文根据《证券日报》记者马方业、张志伟就“国内外区块链发展现状、趋势与政策”对李广乾研究员的专访整理而成，并获授权刊载（原文刊发于《证券日报》，2019-11-29）。

国务院发展研究中心研究员李广乾，无疑是区块链热点中的热点专家。其关于如何理解任正非“区块链在量子计算面前一钱不值”的观点，备受市场各方关注。李广乾认为，已经有越来越多的国家和地区将区块链作为战略发展方向，如果还要说区块链没有任何作用和价值，显然是无法解释的。但从区块链的计算效能，量子技术条件下，其加密算法构建区块链的保密作用将失去价值。从这一方面看，任正非说得也没错。李广乾的阐述让市场各方对区块链又有了深入的认识。

4.1.4.1 业界对区块链有不同认知

现在业界对区块链有不同的认识，李广乾在整合近年的7种白皮书报告后认为，目前为止比较标准的区块链定义，可以总结为以下四点：第一，区块链是一项应用的协议，推动互联网从“信息”向“价值”的转变；第二，区块链是一种记录方式，区块链是一种按照时间顺序将数据区块以顺序相连的方式组合的一种链式数据结构；第三，区块链是一种技术方案，区块链并不是单一信息技术，而是依托于现有技术加以独创性组合及创新，从而实现以前未实现的功能；第四，区块链是一种管理范式，区块链技术是一种去中心化、无需信任积累的信用建立范式，对社会的管理模式、法律等都是颠覆性的，区块链带来的变革是值得研究，对人与人的交往方式具有重要的影响。

此外，李广乾进一步表示，“区块链的特征有四个：多方写入，共同维护；公开账本；去中心化；不可篡改。”

4.1.4.2 区块链不等于比特币

对于区块链的认知，市场中存在不少误区。因区块链最早的应用就是比特币，而比特币的大涨大跌让一些投资者亏损惨重，所以人们认为区块链等于比特币，把比特币等同于区块链，区块链就是炒作，没有实际价值，只能带来金融诈骗、非法集资、跑路这些不好的东西。

李广乾认为，这是大家的误解，实际上比特币和区块链是两回事。技术是中性的，就看怎么用，用得好，造福于发展；用得不好，可以带来灾难。李广乾举例称，“原子能技术既可以用来造原子弹，也可以建造核电站，来服务于电力的使用。他还认为区块链大于互联网。其实区块链是以互联网为基础的，离不开互联网，区块链是优化了互联网的价值。”

4.1.4.3 区块链是社会治理思维方式

区块链目前变成了产学研各界的讨论对象，区块链技术为何如此重要？未来发展前景如何？对这些问题，李广乾表示，“区块链不仅是一种技术，也是一种社会治理的思维方式。区块链服务实体经济正日益成为社会共识，区块链引进国内以来，形成了把区块链跟比特币相区隔的基本共识。同时区块链在服务于国内的一些产业发展方面，也有很多成功的案例，例如腾讯跟深圳国税局做的第一张区块链发票，百度推出了BaaS平台。BAT和华为、京东这些大企业，都在加速进入区块链行业。

李广乾进一步阐述称，中国发展区块链产业有很大的优势，中国的区块链专利申请量占全世界专利的80%以上，因此中国在区块链的创新发展方面是有基础的。并且国内的区块链发展方向，仍然以赋能实体经济发展为主。区块链技术和产业的进步让人们看到了未来的发展前景，众多的互联网企业不断加入区块链技术应用行列。区块链日益进入战略决策视野和国家发展规划。

谈到当前区块链产业现状与趋势，李广乾表示未来将有这几个方面的发展趋势：区块链将成为全球技术发展的前沿阵地，开辟国际竞争新赛道；区块链成为创新创业的新热土，技术融合将拓展应用新空间；区块链未来三年将在实体经济中广泛落地，成为数字中国建设的重要支撑；区块链打造新型平台经济，开启共享经济新时代；区块链加速“可信数字化”进程，带动金融脱虚向实服务实体经济；区块链监管和标准体系将进一步完善，产业发展基础继续夯实。

4.1.5 用跨境交易和冷链物流理解区块链的去中心化[①]

——中国电子技术标准化研究院区块链研究室主任 李鸣

① 本文根据《证券日报》记者马方业、李冰对中国电子技术标准化研究院区块链研究室主任 李鸣的专访整理而成，并获授权刊载（原文刊发于《证券日报》，2019-11-30）。

导读：作为区块链技术的主要特征之一，“去中心化”被提及的最为频繁，也被认为最具颠覆性。应当如何正确理解去中心化？区块链技术是否一定要追求绝对的去中心化？

4.1.5.1 去中心化的程度由区块链技术承载的应用来决定

其实，无论是去中心、多中心化或者去中介化，在我们看来就是一个技术的多个表述。确切地说，去中心化只是一种分布式的网络形式，不应带有其他色彩。区块链技术采用了分布式网络为点对点的协同提供技术支撑。而是否去中心化不应依赖于技术的要求，应该依赖于技术承载的应用需求。因为技术如果没有应用场景，只能是实验室或者技术极客的“玩具”而已。

具体来说，在跨境交易领域，任何国家都不可能把跨境交易的应用完全去中心化，都需要在一定程度上进行监管。形成对比的是，在冷链物流领域，比如我们从内蒙古买头羊拉到北京，每分钟记录一次温度数据上链，以此证明这头羊一直是在冷冻之中，这个场景则没有必要进行强监管。

所以说，是否去中心化或者去中心化的程度应该是由区块链技术承载的应用决定的，而不应为了去中心化而去中心化。简单而言，如果去中心化是0，中心化是1，某一种应用场景对于去中心化的要求可能处于0到1中间某一个位置，未必一定是非0即1。

4.1.5.2 区块链技术有诸多好处也面临不少挑战

从长远发展来看，区块链与智能合约和人工智能的结合会产生难以预料的结果，甚至是科幻小说的场景也可能变为现实。可以说，区块链有很多好处，但也面临不少挑战。

具体来讲，首先是监管层面。比如ICO等相关活动对金融秩序造成了很大的影响。最近，上海、北京等地相关部门也对虚拟币交易重拳出击。其次是不良信息层面。区块链的技术特点是上链信息不能更改，而不良信息上链会引发一些不良影响，因此上链前要过滤掉不良信息以消除风险。最后是数据的跨境流动。区块链是点对点通信，就像比特币或以太坊，很多数据可以流到境外。而数据已经成为生产要素，数据流动也要进行监管。同样，区块链也是软件形态，和其他软件面临的风险是一样的，如网络层、平台层、应用层的安全威胁。另外，区块链因其技术特点还有其自身的安全问题，像算力攻击、智能合约漏洞等。

4.1.5.3 区块链产业应用在四个方面可为

关于区块链产业，其实有很多种说法，比如哲学家讲生产关系，社会学家讲协作、经济学家讲通证经济。为什么会有这么多种说法？我理解这里面基本的逻辑是，从技术视角来看，因为区块链是通过一系列技术手段对数据进行“封装”，形成可信、共识、防篡改的技术体系，从而为应用提供信任的支撑。信任的增加，使传递价值成为可能，从而在社会层面促进大规模协作，进而可能会引起生产关系的变化。但是，如果脱离开技术支撑和应用实践，其他的想像都是空洞的。我们希望大家能从客观的视角来看待区块链技术。

利用区块链技术的时候需要科学的方法来指引，需要工程化和体系化的思想。比如，在选择价值上，区块链或有四个方面可用，存证和确权、交易和交换、溯源、信用服务。如果是做供应链的企业，溯源可能是个好的选择；如果是金融企业，交易或交换可能是好的选择。到底从哪下手，不是拿来区块链技术就用，总要选一个合适的、有价值的方向。现如今，常听人说区块链的伟大、颠覆和创新，但是很少有人讲区块链的工程化和体系化的思想。对此，我们也正在积极思考，希望用标准化的方法引导产业快速发展。

4.1.6 区块链是金融与科技的完美结合，巴菲特错在他对需求的定义①

——中物联区块链协会首席科学家 曹锋

导读：近期，区块链行业热门话题之一是Facebook联合多家机构推出Libra，很多人认为Libra将会极大地影响现在的国际经济秩序，也可能会对

① 本文根据《证券日报》记者徐天晓对曹锋的专访整理而成，并获授权刊载（原文刊发于公众号《金融1号院》，2019-7-16）。

我们国家未来的一些金融政策产生很重要的影响。

4.1.6.1 为什么Libra引起全球如此大的轰动？

从技术角度说，早在2016年，有一个组织联合了全球46家主要的银行等金融机构做这件事，声势一点都不比Libra要小。当时这46家金融机构联合的市值已经超过2400亿美金，并且60%是全球重要金融机构，对国际金融稳定和安全起到至关重要的作用。这在当时是轰动了整个区块链界的事儿。

区块链从诞生的第一天开始，就是金融的基础设施这样的一个定位。从我们整个人类的发展状况看，不管是哪一个产业，我们现在讲金融科技也好或者科技金融也罢，实际上你会发现任何一个产业都面临两个趋势：第一个就是采用更丰富的金融手段来提高流动性，另一方面是采用更先进的科技来做信息化改造和升级。而区块链恰恰就是金融与科技的完美结合。所以这是一个从更广阔的逻辑来看，Facebook发行Libra的原因。

为什么Libra引起全球如此大的轰动？其实，Facebook联合的巨头并不多，只有20多个，但是它本身拥有全球近30亿用户，它太贴近每个人的生活了。它只要做任何一件事情，可能第一时间全球一半以上的人口就立刻看到、用到了。所以这个是让每个人都会非常紧张的一个重要原因。

实际上，区块链技术是从2017年到2018年这样一直普及过来的。从2016年开始，我们就认为中国的区块链已经进入到了元年，而那时社会各方对区块链，或者说关于技术本身的风险的质疑一直就没断过。但是这跟技术本身没有关系。就好像一把刀，你可以用它来造福人类，当然也可以用来做坏事。但是你不能因为出现一些负面的情况就诋毁科技本身。随着近几年的发展，不管是从人们对于区块链的认识也好，还是区块链本身的从业者也好，或者说项目也好，我个人感觉越来越靠谱了。举一个例子，我们很多时候没有感受到金融机构对于我们的一些金融行为所耗费的额外的成本，但是一跨境就很麻烦，比如说要往全球做汇款就很麻烦。

汇款只是金融活动中间非常基础的一个例子，但实际上随着未来全球化的发展，人和人之间的沟通不光是信息层面上的沟通，更多的可能是经济层面上的沟通。区块链让跟资产资金相关的事务形成了一个全球的基础架构，而脸书的推出让人们往这个方向的梦想又进了一步。同时它不可避免地对现有的金融体系造成一些恐慌，但是说颠覆还为时尚早。现有的金融体系经过了很多年的发展，依然会存在很长时间，所以说大家不用过于担心，但整个趋势就是向这个方向发展的。

4.1.6.2 为什么区块链还未大规模商用？

我觉得是大家太心急了。现在区块链或者从事区块链行业的公司，已有成百上千家，甚至上万家都有可能。但是在2016年区块链公司是数得过来的，全中国可能也就那么几十家不到一百家。懂区块链、知道区块链这个名词，知道其深刻含义的人，全中国不超过一百个。但是现在你发现，其实很多的IT企业，随便找一个人，他都可以说出区块链是什么，都能聊两句了。所以不管是从行业目前进展，还是进入这个行业的从业者的数量，我觉得相对于2016年都已经是呈几何级增长的。从这个行业所扩展的领域来看，它有一点像互联网早期纯线上的时候，老百姓是感受不到的，互联网是线上、线下结合的时候才进入大众的生活。

现在区块链更多是一个纯链上的东西，就算是链上，你会发现它也已经经过了好几代了。从最开始的区块链本身，到以太坊，再到现在的区块链3.0。这就好像一座摩天大楼一样，大家看到摩天大楼很高，有一百多层，但是可能在前两三年，地面上都看不到什么。因为它一直在打基础设施，然后接下来一年你会发现它开始“生长”了，然后又过了几个月突然一下封顶了，感觉好像就是一夜之间形成的。像区块链这些比较基础性的技术，同样是这样的。

4.1.6.3 巴菲特的逻辑没有错，错的是他对需求的定义

曹锋：你刚才讲的这些现象，其实不光是对区块链，对任何一项新技术来说，一开始时都会面临所谓的泡沫问题。任何一个行业，没有泡沫肯定是发展不起来的。互联网就是这样一路走过来的。我认为各地地方政府做得非常好，他们看到了这个机会，就开始有了一些扶持。可能在全世界范围内，目前来说能够与中国相比的也就是美国。从投资人角度来说，基本上按照巴

菲特讲的：第一，你做的这个东西是否刚需；第二，护城河是否足够宽。这也是投资的基本逻辑。

讲到巴菲特，其实也有很多有意思的话题。巴菲特公然反对比特币，他不认为区块链、比特币有价值，他认为这就是“老鼠屎”。对此，我个人有个小观点，就是说其实巴菲特的逻辑和投资理念一直都没有错，甚至可以说是永远会正确下去。但是为什么有这么高明的理论，有这么正确理念的一个人，对于区块链的看法会是如此的负面呢？我原来想不明白，后来有一天我终于想明白了。很简单，他的逻辑没错，错的是他对需求的定义。当前的这一代人跟未来的一代人是不一样的。他还停留在他那个年代的所谓的刚需，如衣食住行等。随着社会的发展，这类刚需已不再是最核心的矛盾了，反而你会发现一些电子产品和信息的消费，目前已成刚需。谁能把握这代人的刚需，把握下代人的刚需，谁就能挣到钱。这就是投资的逻辑。我们看到区块链未来也会成为所有人的刚需，因为它会成为整个金融的基础设施。有一天当你用区块链，当你基于智能合约来与人发生经济联系的时候，整个的金融的效率肯定是有大幅度被改善，被提高的可能性，而这个才是区块链的核心价值。

4.1.7 怎样正确认识“链改”？[①]

——中国通信工业协会区块链专业委员会副主任委员 高斌

导读：对于区块链如何赋能实体经济，社会涌现出多个实践路径，中国通信工业协会区块链专业委员会发起的“链改”行动则是一股重要的力量。

4.1.7.1 “链改”重点布局——无币区块链与非金融区块链

中国通信工业协会区块链专业委员会于2018年8月份发起了“链改”行

① 本文根据《证券日报》记者邢萌对中国通信工业协会区块链专业委员会副主任委员高斌的访谈整理而成，并获授权刊载。（原题为《“产业区块链化”为必由之路 数字资产领域将产生超级企业》，刊发于《证券日报》，2019-12-4）。

动，主要起到发起、组织与协调的作用。一般来说，“链改”是区块链改革的简称，是运用区块链技术与思想，融合新一代信息技术赋能实体经济，提高效率降低成本的过程。

“链改”的宗旨为，依托主权区块链互联网技术与应用创新，以实体产业、数字经济改造实验与示范，重点布局无币区块链与非金融区块链，助力产业升级与动能转换，维护金融稳定与安全，保护投资者利益。“链改”的目标为，赋能实体经济转型升级；动能转换，链接价值；产融共识，建设生态；互联互通，命运共体。

目前“链改”主要有四大发展方向：即在商业模式上，打通企业内部（股东、员工）和企业外部（渠道、使用者），使之成为利益共同体，打造一个不缺资金、不缺客户、不缺员工的趋于完美的组织与生态；在技术层面上，打造信任的机器，让协同协作成本为零的技术基础得以实施；在金融层面上，依托可信的基础、去中介化，实现使用价值零成本的快速流动；在经济上，打通各个价值孤岛，形成价值生态。

“链改”正本清源，解决了区块链在具体落地过程中共识的最大公约数，尤其是推进的过程中形成了“链证”思想、“链证”体系。区别于通证逻辑，“链改”是基于共生价值的新体系，那些打着“链改”旗号发币的人和我们不是一回事。在这样的情况下，需要一个鲜明的基于创新链、一个应用链、价值链的区块链思想，即“链证”思想。

目前，我们已经推动了煤炭贸易、能源交易、港口航运贸易、文创等领域区块链技术标准与检测工作，推动了“链改”试验区建设，推进了13个地方产业园区建设，筹备助力北京顺义13万平方米区块链大厦建设。同时，我们正在大力挖掘，加速推广一批可落地带来价值的区块链项目，在全国联合企业设定链改运营中心，融合5G推进分布式存储作为数字经济基础设施工作。

4.1.7.2 数字资产领域将诞生超级企业

我理解的区块链赋能实体经济，即通过区块链技术与思想，结合新技术（人工智能、大数据、云计算等）升级改造实体经济与数字经济来提高效率、降低成本的过程。

实体经济需要被赋能，本质上来说是工业时代模式的升维，工业时代强调做大的经济模式，通过单一产品的规模扩大，产品的平均成本下降，但是由于个性化时代的到来，我们的矛盾不是生产能力不足，而是供给需求与信息的不对等，大规模批量化的生产满足不了碎片化的需求，数字经济可以通过信息的获取和处理应对“多样性”的挑战，从分工与合作、供给与需求、经济结构的复杂性、思想文化以至时代变革等角度发挥作用，从而降低成本、提高效益。

“产业区块链化”是必由之路，并且区块链不仅要赋能实体经济，也要赋能数字经济。对于整个产业生态来说，最好的情况是企业与企业之间横向、纵向地形成生态，对企业成本最低、效率最高。但是当前并不能形成生态或是共同体，核心原因有两个，即信任问题和协作问题，区块链技术的出现完美地解决了以上两个问题。

区块链应用的价值体系，应该是基于价值共生生态，重点在于赋能，区块链技术是生产关系的技术，简单而言就是解决现在生产力难以解决的问题。

数字资产是区块链改造现有物理世界价值共生生态的第一步，是原点和未来。实体经济是价值锚定载体，有了数字资产，企业内部股东、员工、外部渠道、消费者、生态支撑伙伴等才能完整地表达在价值共生生态过程的所有权、收益权。实体企业资产数字化将会实现其核心价值观表达、客户价值、社会价值的统一，这种企业经营模式，将诞生比肩BATJ的超级企业，在这个企业中，也许我们自己也是有股东利益的。总之，我认为，未来数字资产领域将会出现超级企业。

4.1.8 比特币等代币不应被称为“货币”①

——宝新金融首席经济学家、全球金融科技实验室专家顾问郑磊

① 本文根据《证券日报》记者邢萌对郑磊博士的专访整理而成，并获授权刊载（原文刊发于《证券日报》，2019-12-6）。

导读：郑磊博士在《区块链+时代：从区块链1.0到3.0》一书中提出，关于“数字货币”或“加密数字货币”的通俗称谓均不准确，应叫做“数字币”或“加密数字币”。连月来，北京、上海等多地对加密数字币交易平台重拳出击，打击不法行为。比特币等加密数字币到底有何价值？未来监管趋势如何？

4.1.8.1 比特币等只是数字资产，不具有货币属性

我之所以这么说（“数字币”或“加密数字币”），是基于经济学有关货币的理论。比特币这类所谓的“加密数字货币”，根本不具备货币的基本功能和特征，这其实也是翻译成中文过程中的误译。这些币，在英文里用的是“COIN”，硬币可以是“COIN”，但是“COIN”本身的意思并不仅仅局限于硬币。中文将其理解为货币，可能是由此产生的误会。

比如，以贵金属货币和贵金属纪念牌为例。中国印钞造币总公司既生产有面值的纪念币，也生产无面值的纪念牌，材质均可用黄金或白银、甚至铂金，但是前者是货币，后者只是纪念品。纪念牌就类似COIN（币），由于贵金属本身有价值，所以这种币是有价值的，却无法当做一般货币进入流通交易领域。比特币等加密数字币可以具有劳动价值和某种使用价值，但是不具有货币一般等价物特征，因此它们不是货币，而是数字化资产。国内媒体一直在误用，将“加密数字币”说成是“加密数字货币”，从严格意义来讲，这种称谓并不准确。我一直坚持正本清源，还其本来面目。

比特币具有数量上限，耗电量大（这个耗电量指的是比特币挖币时耗费的电力），不够环保，而且难以监管，实际主要用于洗钱、暗网、逃避外汇监管等不合法的交易领域。这就决定了它投机性过强，易受操控，价格波动剧烈，而且具有通缩经济属性。从货币经济学角度看，这种东西类似黄金，而黄金本位制早已被时代淘汰。

其中，尤其突出的问题是比特币用于洗钱、资助恐怖活动等非法用途，是全球各国联手治理的对象，这就表明它的应用十分有限。如果各国联手共同打击比特币的非法使用，它的命运将会终结。

4.1.8.2 虚拟币监管将以不影响创新为前提

我认为，我们不能因为目前加密数字币是区块链公有链应用，就彻底否定加密数字币的所有潜在的使用场景。从更广的角度来看，加密数字币属于通证范畴，我一直在研究通证经济，发现有很多公链应用场景必须用到通证，但是这些通证不会成为类似货币的东西，有些可能只作为一种结算记账工具，所以也不会对已有货币金融体系造成冲击，那么，这样的公有链应用并没有问题。

另外，我们在应用公有链时，需要注意的是“去中心化”理念的实现，要结合应用场景和社会实际情况，不要过于理想化地去中心化，比如有人夸张地宣称人人都可以自由发币，这是错觉，稍有历史、政治和经济常识的人，都知道这并不具可行性。当然，也有人与我的观点相左，这种认知差距不容易弥合，大家可以多听听、多想想，自己找出答案。

2019年11月份以来，北京、上海等多地监管机构重拳出击加密数字币交易及平台。据央行发布的《中国金融稳定报告（2019）》显示，2018年以来，国内173家加密数字币交易及代币发行融资平台已经全部实现无风险退出。需要注意的是，在当前阶段，完全“去中心化”不具有稳定存在的社会文化和政治基础，因此公有链产品的开发应该慎重，政府应该严格监管，严防投机者肆无忌惮地欺骗蒙蔽普通民众、造成严重的负面社会影响。

我们应该清醒地看到，这种类比特币的应用非常混乱，国家一开始就做了多次风险提示。但是由于清理不够彻底，导致很多人只是将服务器和技术维护人员转移到了境外以逃避法律制裁，实际上他们仍在国内十分活跃地发展不明真相的客户，以至于大量民众上当受骗。现在国家采取了更彻底的清理手段，我认为非常必要且非常正确。

我认为，资产数字化是大势所趋，这个概念也非常清晰，即被数字化的一定是有价值的，或者是会持续产生价值的资产。这可以是收益权或是可见、不可见的财富（比如数据、知识），只要数字币是与这样的有价值的资产结合的，就应该加以引导和支持，将其纳入一个常规化的监管体系之中，这是监管趋势。这就迫切地需要国家极大地提高监管科技水平。

金融科技的健康发展，需要明确两个维度，即创新与监管。这是一个硬币的两个面，要在法律和伦理框架下有序发展，这样才能减少风险、少走弯路，利国利民。我相信未来监管趋势是在以不影响创新为前提下的从严治理。

4.1.9 区块链的“一二三”①

——清华x-lab青藤链盟研究院院长 钟宏

导读：区块链在国内被熟知，源自以比特币为代表的加密数字币。但在喧嚣的币圈之外，有不少低调的区块链从业者由数据结识区块链，并不断溯溪而上，求解数字经济的区块链解决方案。2018年，清华x-lab青藤链盟研究院与中国电子商会区块链专委会共同发布了区块链3.0共识蓝皮书，正式提出了数权世界的概念。

清华x-lab是清华大学科技创新转化平台，我们在过去6年孵化了清华1500多个创新项目。2014年至2015年，最热的技术项目是大数据、人工智能等，当时清华x-lab孵化了一批优秀的人工智能企业。其中有一部分是专注做医疗人工智能的核心企业，他们拿到了很多融资，但比较头疼的问题是：算法要优化，但数据在哪里呢？医疗数据一般在医院和卫生管理部门手里，但是医院和卫生管理部门不敢也不愿意共享未经授权的医疗数据。因此，人工智能企业很难获得优质的医疗数据，也就没有办法对算法进行优化，没有办法产生基于中国本土医疗数据的医疗智能解决方案。

因此，这不得不让我们思考：医疗数据是属于个人、医院科室专家，还是卫生管理部门呢？数据存在医院大数据平台、地方政府的健康信息管理平台，那么，谁对健康数据、医疗数据的安全隐私保护、共享机制、权益分配机制进行有效管理呢？在当时数据权属不清晰，缺乏有效的数据可信共享技术解决方案，阻碍了人工智能产业的发展。互联网技术可以让信息灵活流动，

① 本文根据《证券日报》记者马方业、徐天晓对清华x-lab青藤链盟研究院院长钟宏的专访整理而成，并获授权刊载（原文刊发于《证券日报》，2019-11-21）。

但没办法保障可信数据安全的价值传递和交易。所以从那时候起我们开始关注区块链技术，关注区块链技术如何在人工智能大数据时代，提供一种有效的安全的数据共享模式。这就是我们从2016年开始研究区块链的本源。也就是说，我们研究区块链不是从比特币开始的，而是从研究区块链如何建立为人工智能科技服务的大数据共享平台、从扶持科技产业创新角度起步的。

4.1.9.1 区块链国家战略一二三

大家对区块链概念更容易理解为是加密数字币、虚拟资产等，可以说，有不同的认知甚至是误解。

我的理解是这样的：它可以用“区块链国家战略一二三”来概括：一就是一个基础，也就是区块链技术和产业发展的根基，即“规范引导安全管理”。二是两个发展，即区块链技术自主创新发展，区块链应用治理融合发展，区块链技术不仅仅是大家理解的溯源、民生等应用，其最大的应用场景应该是服务国家治理体系和治理能力现代化建设方面。也就是说，区块链是国家治理体系和治理能力现代化的最核心的科技手段和科技武器。三是指三个目标，即建设网络强国、发展数字经济、助力经济社会的发展。

近年来中国经济发展由高速增长向高质量增长转化，数字经济肩负起了同时保证高质量发展和高速增长的重任。过去五年时间，基于上一代互联网技术，数字经济的平均增幅是21%到22%。随着区块链融合人工智能等新一代信息技术的发展，我们相信数字经济将迎来超高速发展的机遇。有媒体记者曾经问我这个问题，可以达到多高，我说至少100%，甚至300%，不排除500%的增长速度。

4.1.9.2 如何理解“数权世界”这个概念

2018年我们跟中国电子商会区块链专委会共同发布了区块链3.0共识蓝皮书，正式提出了数权世界这个概念。

我们认为，2019年就是数权经济元年。基于区块链技术初步具备大规模商用的条件，我们的社会正步入数字经济3.0时代。从Gartner技术创新曲线图上看，区块链技术历经十年发展进入到了3.0阶段，即与5G、大数据、人工智能融合创新应用的阶段。这也是2019年年初做数权经济理论体系研究的时候，多方专家共同提出的观点。区块链3.0技术到来，数权世界概念得以诞生。数权世界，万物上链，一切权益可数字化。今天我们正处于原子世界到比特世界，即物理世界到数字世界的新阶段。基于区块链技术，真实世界的一切权益，包括国家主权、人权、物权，这些权力和权益上链以数据的形式存储和确权。所以我们提出了数字主权、数字物权和数字人权所组成的数权世界。

4.1.10　区块链：一次巨大的“诚信社会”再造①

——《证券日报》副总编辑、区块链产业智库专家 马方业

秋末冬初的北京，寒意已经来袭。与自然节气不同的是，区块链技术及其应用领域却是温暖如春。会前我就了解到，本次研讨会报名者的人数远远超出了主办方预期，就是一个极好的例证。我今天就区块链谈谈自己的几点粗浅看法，不妥之处还请各位专家老师指正。

4.1.10.1　未来已来，万物互联的新世界已来

当今社会，万物开始互联，一切都在移动互联化、数字化、智能化；积木式创新、指数级增长已不新鲜。一系列“颠覆”“迭代”“重新定义”变为“新常识”。未来，实际上早就已来！面对这样的社会，已知已远比未知渺小得多。而未知恰是未来的发展与变革之所在。

未来已来的万物互联，就是连接一切+天下。加什么？首要的就是要+A，+B，+C，+D，+E，即加人工智能、加区块链、加云计算、加大数据、加边缘计算。

---

① 本文为《证券日报》副总编辑、区块链产业智库专家马方业在2019年11月17日由国研智库创新科学园数权经济创新发展中心、区块链产业人才研究所（工信部人才交流中心联合行业知名机构发起）和清华x-lab共同发起的《学习“习总书记区块链技术重要讲话”系列高级研讨活动》首期活动上，发表的致辞。全文有删节。原文刊于《芬客你好》公众号，2019年11月22日）

4.1.10.2 国家战略将催生“区块链”和“区块链+”的新春天

2019年10月24日下午，中共中央政治局就区块链技术发展现状和趋势进行第十八次集体学习。中共中央总书记习近平在主持学习时强调，要把区块链作为核心技术自主创新的重要突破口，加快推动区块链技术和产业创新发展。总书记在讲话中十分明确地指出，要“努力让我国在这个新兴领域走在理论最前沿，占据创新制高点，取得产业新优势”，而且还指出了区块链具体发展的方向：即强化基础研究，提升原始创新能力；推动协同攻关，加快核心技术突破；加强区块链标准化研究，提升国际话语权和规则制定权；加快产业发展，发挥好市场优势，打通创新链、应用链、价值链；加快区块链和人工智能、大数据、物联网等前沿信息技术的深度融合；加强人才队伍建设，建立完善的人才培养体系。

同时，讲话还指明了区块链技术的作用、区块链可深化应用的场景以及对未来区块链技术发展的引导和风险防范。总书记的重要讲话将区块链提升到了新的国家战略高度，这对区块链技术及其产业发展而言，无论是理论上还是实践上，意义重大。

在此基础之上，区块链应用即“区块链+”也必将迎来自己的美好新春天。事实上，今年可以说是区块链的商用元年。因为我们发现当前它在银证保等金融业以及版权保护、法务存证、商品塑源、艺术、公益等方面的商用，已是热火朝天，如火如荼。

4.1.10.3 一场巨大的“诚信社会”再造将启动

我们知道，区块链具有分布式账本、真实不可改、加密算法、共识机制、智能合约等技术特征。因此，这对我们个人信用的重塑、对社会经济活动及其人产行为方式的重塑，现实意义重大。做好人，做老实人、做好企业，做诚信企业、建最适合市场经济的诚信社会变成可能。诚信有价，诚信受敬，社会必然更和谐，经济秩序必然更公平。因此，从这个角度来讲，区块链对社会带来的不单单是技术上的一种创新，也是社会制度上一场深刻变革，是适应更高生产力的一次生产关系的调整。

当然，区块链及其应用还处于比较初级的阶段，还需要对产业进行必要的顶层设计，还缺少大量的人才队伍等。希望大家尤其是参加今天交流互动的各位，以此次系列研讨会作为平台，把区块链作为信仰，相互学习，激发创新，同时充分了解区块链技术的发展历史、现状及未来趋势，把握好区块链国家战略机遇，为实现中国经济的高质量发展、为实现中国人民高质量的美好生活，作出自己的贡献。

4.1.11 科技赋能、场景落地，芬客的天一定是晴朗的天！①

——《证券日报》副总编辑、区块链产业智库专家 马方业

唐宋八大家之一的豪放派主要代表苏轼曾把酒问青天，“不知天上宫阙，今夕是何年”。其实，当下又到了发问“今夕是何年”的时候了。

如果要说一年是一年，那肯定是200年前；如果说一月是一年，这一定属于20年前。已步入新时代的当下中国或许用“一天就是一年”来打比方，比较贴切。

新时代下，从“互联网+”到“大数据×”，万物间开始互联，一切的一切都在移动互联化、数字化与智能化；积木式创新，指数级增长已不新鲜。一系列“颠覆”“迭代”“重新定义”变为“新常识”。

未来已来！面对这样的社会，大家的已知已远比未知渺小的多。而未知可以说，恰是未来的发展与变革之所在。就金融而言，芬客（即金融科技，Financial Technology）的未来可以说是金融新世界的曙光！

作为金融与信息科学技术高度融合的结晶，作为迎接一个现代金融文明新时代的助产师，芬客已成为社会现象级的热词。我们完全有理由拥抱好她、接纳好她，并对她友好地打声招呼：“芬客你好”！

如上所言，当今社会是一个万物互联的世界，是连接一切+天下的时代。对芬客来说，就是+A，+B，+C，+D的时代。这里的ABCD，分别指向的是人工智能、区块链、云计算和大数据。

当前，随着大数据、云计算、人工智能以及区块链等新一代信息技术的发展和赋能应用，无人银行、智能支付、智能投顾、智能营销、智能客服、智能风控等如雨后春笋般发展起来。无论是BATJ等互联网巨头还是传统的金

① 本文是《证券日报》副总编辑马方业为微信公众号《芬客你好》所作的发刊词，2018-10-15

融机构，都不约而同地将目光瞄准了金融科技。

同时，我们也发现，就在芬客驱动传统金融业数字化升级智能化升级的同时，也催生出了更多的金融新业态。

最新的报道称，中国已超过美国，成为金融科技行业内的头号玩家。其中，世界前五位的金融科技公司中，中国有三家，在前十名中中国占据五席。据Forrester Research报告统计，中国作为全世界最大的数字支付市场，2017年移动支付总额达55000亿美元。目前，中国在线借贷总额达到全球总数的四分之三。毫无疑问，中国已步入了芬客时代。

当然，我们也要清醒地看到，在金融科技发展的大潮之中，也出现了不少问题。比如一些网络信贷非法集资多发，部分平台将风险从投资端转移到借款端，导致卷款跑路，实则是以普惠金融之名行庞氏骗局之实。

再比如，区块链应用金融领域过程中，以"比特币分叉"为代表的虚拟货币已脱离交易属性演变成投机媒介。虚拟货币"挖矿"产业的部分企业打着"金融创新""大数据产业"的幌子享受地方电价、土地、税收等优惠政策，本身耗能巨大的同时还对当地实体经济实体企业产生了不良的挤出效应。另外，对金融科技的监管远未到位。

不过，这些问题只是金融科技方兴未艾发展过程中的一种必然存在，日后也必将得以纠正。

笔者深信，只要大数据、云计算、人工智能以及区块链等新一代信息技术持续可劲地赋能金融，并构建好场景，应用好场景，芬客未来的天一定是晴朗的天！

4.2 数字货币·区块链

4.2.1 央行数字货币助力全球性普惠金融①

——浙江大学互联网金融研究院院长 贲圣林

① 本文根据《证券日报》副总编辑马方业、见习记者余俊毅对浙江大学教授、互联网金融研究院和国际联合商学院院长、中国人民大学国际货币研究所联席所长贲圣林的采访写作而成，并获授权刊载（原文刊发于《证券日报》2020-2-10）。

导读：当今世界正处在“百年未有之大变局”时期，数字化与数字经济已成大势所趋。货币的数字化也是必然伴随的一个结果。2014年5月份，贲圣林来到中国互联网金融发源地——杭州，全职加入浙江大学，积极组建团队、搭建平台，先后创建浙江大学互联网金融研究院、浙江互联网金融联合会、浙江大学国际联合商学院，积极构建一个跨学科、政产学研创一体化的金融科技生态系统。

4.2.1.1 Libra的研究需关注六大矛盾，人才培养需“政产学研创”五位一体

Libra的出现可以被看作是科技公司进军金融领域的一个标志性事件，也反映了现有的国际货币体系和金融制度在很多方面还存在非常多的不足以及薄弱环节，如普惠金融发展、跨境支付便利性等。目前来看，Libra还处于比较早期的阶段，技术、规则等不尽完善和成熟。但它切入的高度与愿景以及有众多优秀企业作为生态共同体参与等都应该得到我们高度的关注和重视。

关于Libra的研究，我认为需要特别关注六大矛盾与竞争问题：第一是货币发行领域中政府主权与民间的竞争关系；第二是主权国家之间的竞争；第三是虚拟世界的全球化和现实世界的国家主权之间的矛盾；第四是生产力与生产关系的问题，特别是在全球金融治理层面；第五是企业之间，特别是技术企业之间的竞争；最后，需要高度关注共同体或生态系统之间的竞争。

中国人民银行在2020年工作会议中指出将继续稳步推进法定数字货币研发，我也非常期待在央行信用背书下的数字货币能够进一步完善我国金融体系建设、提升货币支付便捷性和安全性，优化货币支付功能，也进一步推动人民币国际化、提高人民币在数字化等一系列新发展形势下的货币地位，为普惠金融在世界范围内的实现做出应有的贡献。

技术的创新和重大变革，会加快促进未来人才需求面临更为深刻的结构性调整，人才培养也亟需“政产学研创”五位一体、联动发力。政府应是夯实金融科技智力发展的“设计师”和“店小二”，需要不断加强顶层设计，组织、领导和保障好人才培养与引进中的各项工作，营造人才吸引良好

环境，服务人才发展新需求，打造引才新名片；高等院校和科研院所应建设成为金融科技人才培养的"黄埔军校"，坚持复合型人才培养理念，打通学科壁垒，促进人才融合型创新发展。企业是夯实金融科技智力发展的"践行者"，可以协力多元化的人才培养与评价体系的设置，引领人才培养的市场化、深度化、精干化发展，助力金融科技产业新型人才体系的构建；一些行业组织和协会也应成为夯实金融科技人才与智力发展的"调节器"，要协助优质企业将人才"引进来"，也要推动智力资源"走出去"，拓展国际视野与全球影响力。

4.2.1.2 新基建发展空间大，夯实中国金融科技的领导地位

我认为，金融与科技的协同发展包含两个方面：一是金融科技（FinTech），也就是现有的金融机构利用科技降低成本、增加收入并减少金融市场摩擦，为客户提供更好的产品服务和客户体验，传统金融机构比如招商银行、华泰证券、中国平安等就是这方面的优秀代表。

二是科技金融（TechFin），指的是新兴科技公司依托新技术开发出更好的金融产品、服务及场景，将业务边界延伸和拓展到金融领域，例如阿里系的蚂蚁金服、腾讯金融科技，立足技术而衍生金融。我认为金融科技与科技金融这两股力量应该是协同一致、相向而行的，即金融科技发展需要我们金融机构更加专业化、生态化、数字化，而科技公司做金融时也需要更加规范化、持牌化、严谨化，只有两者共同聚力，最终才能够行稳致远，共同服务金融未来发展。

所谓"新基建"，我认为既包括高铁、公路、交通等物理基础设施，也包括如5G、区块链、人工智能、物联网等技术基础设施，还包括相关经济金融制度如信用体系、市场体系等软性要素的合理构建，包括监管能力、监管手段的持续提升。这需要政府部门、行业组织、参与企业、中介机构、科研院校等的协同努力。

新基建的应用场景，目前已经有了相当大的规模，比如5G基站的建设以及5G商用的开发。未来，仍具有巨大的发展空间。新基建也为新金融、数字经济等快速发展开拓了更为广阔的渠道和可能；借力新基建，金融产品与服

务的设计、运营、监管等各个环节的诸多问题都将得到有效的解决，经济乃至社会运行的效率、稳定性也将得到显著的提升。

4.2.2 加快数字货币开发进程，助推人民币国际化①

——北京互联网金融协会研究院院长 易欢欢

导读：当下火热的区块链技术已成为驱动创新，促进经济社会发展，惠及人类的重要推动力，它的出现使得原本已与金融结合的各类科技得到了全面的整合与更高效的利用，同时也为金融体系带来了特殊的转型即数字金融。那么中国如何加快数字货币进程步伐，同时力助人民币国际化呢？

4.2.2.1 应发挥数字货币技术优势

“从英国和美国货币全球化的历史经验中我们可以看出，既有好的可吸取的经验，也有一定的不足。”易欢欢说，同时他又指出，英国通过挂钩黄金并凭借庞大的殖民体系，实现了英镑的国际化。但由于黄金的增长远不及货物总量的增长，叠加二战后英国的殖民体系和贸易体系也分崩离析，最终导致英镑逐步退出了国际舞台的中央。而在美元国际化的制度设计中，相较于英国要更系统更市场化；通过锚定石油和挂钩国债，美元逐步占据了全球贸易和各国储备货币的主要位置，而完善的美元回流机制和交易结算体系，又使得美元拥有了很强的稳定性和生命力。不过，随着美国国债的超发以及美国近年的长期赤字，美元作为强势货币的地位也出现了动摇趋势。

在梳理了世界两大主流国际货币的兴衰与得失之后，易欢欢告诉《证券日报》记者说，在当前中国积极推进人民币国际化的同时，央行数字货币能给人民币的国际化之路提供正向的推动力和弯道超车的机会。他认为，在当前中国综合国力不断抬升、经济体量不断扩大的过程中，人民币的国际化之路有着历史的必然性。近年来，随着分布式账簿技术、数字加密等计算机、互

① 本文根据《证券日报》记者马方业、王宁对北京互联网金融协会研究院院长、易股天下公司董事长易欢欢的采访整理而成，并获授权刊载（原文刊发于《证券日报》，2019-12-9）

联网等技术的不断进步，基于中央银行发行数字货币的相关技术已十分成熟。

事实上，在当前人民币不断国际化的进程中，政府如何充分地发挥人民银行发行数字货币的优势，有效助力人民币国际化，无疑成了非常重要的议题。易欢欢对此提出了如下几点建议：

一是要“立得住”，夯实数字货币全球化的根基。所谓“立得住”，是要找到数字货币的压舱石；要找到数字货币应用的关键节点。

对央行数字货币而言，想要在全球流通中提升市场份额，一方面应积极地推动石油与央行数字货币的结算机制，另一方面，也要寻找其他的关键交易节点，通过对这些关键交易节点的努力攻克，最终达到以点连线、以线代面的效果。

二是要“出得去”，形成完善的央行数字货币推广体系。

对于央行数字货币的国际化而言，一方面，是要主导建立类似亚投行的等国际化组织、动员一批具有国际化能力的本土金融机构、匹配一批重点参与海外经营与国际贸易的中国企业，让他们成为央行数字货币国际化的重要抓手；另一方面，在当前Libra（Facebook新推出的虚拟加密货币）呼之欲出的背景下，也要加速推进基于央行数字货币的各项基础设施建设，并把握好数字货币在国际上推行的层次和节奏，从而有效实现央行数字货币的“走出去”的目的。

三是“回得来”，建立基于央行数字货币的全球生态大循环。

所谓“回得来”，就是要不断完善央行数字货币的回流体系，形成数字货币的生态循环。对于央行数字货币而言，要想实现数字货币的国际化，并增强数字货币在全球范围内的流动性、稳定性和持续性，那么建立一套围绕央行数字货币所展开的生态系统，有效实现数字货币“出海——回流”的生态循环，无疑成为了数字货币能否成功推行和长久维系的重点所在。

4.2.2.2 数字货币国际化首要找“锚”

当前，Facebook所倡导的Libra数字货币呼之欲出，对于拥有23亿活跃用户群体的企业而言，Libra这种超主权货币的推出，必将对传统的全球货币体系产生一定的冲击。易欢欢认为，对于中国而言，一旦Libra率先推出并将人民币排除在挂钩对象之外，那么，在新一轮全球货币体系重构的过程中，人民币也很有可能错失布局的先机。因此，央行数字货币的推出，既有着应对外部竞争的必要性，又有人民币国际化之路的现实战略意义。

对于央行数字货币的国际化之路这个重要议题，易欢欢提出了三点建议：

一是抓住“关键节点”，寻找数字货币国际化的锚。首先，应建立起基于中央政府信用的央行数字货币；其次，政府可以积极寻找和布局可以用央行数字货币来进行交易的关键节点。在这个过程中，一方面，应积极争取原有关键交易节点的替代；另一方面，也要积极布局其他关键性交易节点，如铁矿石或锂矿、天然气等新能源相关的全球大宗商品市场，从而在法定数字货币结算环节提前布局卡位。

二是完善“推广机制”，推动数字货币的生根落地。完善央行数字货币全球化的各项基础设置建设，是央行数字货币国际化的前提条件；这其中，最为重要的就是全球性的支付清算体系；在体系建立后，通过尽可能地快速、大量地积累签约成员，争取在全球货币体系出现变革时抢占先机。

三是建立“生态循环”，完善数字货币的回流机制。首先，在我国央行创设数字货币的同时，海外国家也同样在跟进数字货币的建设。其次，应不断完善我国的资本市场建设，并完善针对央行数字货币的回流渠道和回流机制。此外，某些大型金融机构也应充分发挥自身优势，积极地为各个国家的法定数字货币展开做市交易，从而增强央行数字货币以及其他国家数字法币的流动性和稳定性，从而保证央行数字货币能够持续、稳定地成为他国的核心储备数字货币。

4.2.2.3 应打造全球“C端”支付新生态

有专家指出，数字货币与支付既存在正向关系亦存在反向关系，即数字货币的发展将为中央银行的支付体系带来新的机遇和挑战。

易欢欢进一步指出说，在当前全球逐步进入数字经济的时代，作为一种电子化的货币，应重视“入口”的重要性，更应在全球法定数字货币兴起的初期，率先布局数字货币的入口端，从而抢占未来流量的战略高地。尽管目前，中国以外地区的电子支付业务还不像中国市场如此发达，但作为未来的趋势，全球C端市场的商品和服务交易全面转向电子化乃是大势所趋，在这样的大背景下，央行数字货币要想把握住未来海外C端市场的支付业务风口，率先完成从电子硬件到应用软件的整体布局就十分关键。

他表示，海外的C端市场，在日常交易中直接使用央行数字货币的可能性较小，但只要央行数字货币支付系统在海外落地，央行就可以通过DCEP兼容该国的法定数字货币交易和清算体系来有效绑定该国用户，从而实现央行数字货币在海外市场的推广。

对此，易欢欢建议应当再造一个“支付宝”：围绕基础支付体系，打造全球数字货币新生态。

“对于央行数字货币的国际化而言，支付宝的成功经验无疑值得借鉴。”他说，在实际推进数字货币国际化的过程中，应该重视“支付”这一业务的重要性和延展性，在积极布局入口端的同时，逐步完善相关应用的落地，从而进一步增强央行数字货币支付系统在海外的适用性和生命力。

易欢欢表示，尽管当前央行数字货币仍在酝酿之中，但全球货币进入数字货币时代已是大势所趋。在这样的大背景下，应牢牢抓住此前在数字货币研究领域的先发优势，积极摸索央行数字货币的国际化之路，提前卡位布局，尽全力把握住在国际货币体系重构过程中的主动权。

4.2.3 金融业区块链首个标准将成打造可靠区块链技术与应用的“基础图纸”①

——京东数科副总裁 曹鹏

导读：2020年2月5日，《金融分布式账本技术安全规范》（JR/T 0184—2020）金融行业标准由中国人民银行正式发布（以下简称《规范》）。标准经过广泛征求意见和论证，并通过了全国金融标准化技术委员会审查。京东数

① 本文根据《证券日报》记者李冰对京东数科副总裁曹鹏的采访整理而成，并获授权刊载（原文刊发于《证券日报》，2020-2-29）

科副总裁曹鹏是相关标准的主要起草人之一。

4.2.3.1 为什么国内金融行业首个区块链标准全文并没有“区块链”等相关字眼?

事实上，我国在区块链领域本身也有过一些标准，国内的区块链标准化工作于2016年就开始布局，比如《中国区块链技术和应用发展白皮书（2016）》提出了我国区块链标准体系框架；2017年，中国电子技术标准化研究院也发布《区块链参考架构》标准等。

区块链和分布式账本这两者在技术维度基本可以等同看待，某种程度上可以将区块链看作是分布式账本技术的一种。此次央行首次将分布式记账技术结合金融领域，制定了全面的规范，对指导行业发展有重要意义，故被业内称为是“国内金融行业首个区块链标准”。

4.2.3.2 《规范》是打造可靠区块链技术与应用的“基础图纸”

《规范》将成为打造可靠区块链技术与应用的“基础图纸”，于行业的良性发展起到很好的引导方向作用。对整个区块链行业而言也是里程碑式事件，无论是国内区块链技术与应用的规范方面，还是国外标准影响力塑造方面，都将产生深远的影响。

《规范》的发布，将促使区块链行业告别野蛮生长，实现更多的共识和协作基础，这对于区块链进一步连接数字化世界、并实现彼此互联互通，具有重要的指导意义。在京东数科看来，目前区块链技术正处于产业创新融合的初级阶段，区块链是不同产业主体间的连接器，尤其是还需要与AI等智能技术组合应用，以区块链+AI在产业数字化的实践搭建起数字世界与实体经济的桥梁。

具体到对区块链金融业务而言，《规范》对行业更是有积极利好，能进一步规范市场，促进行业发展，这也是国内金融行业、区块链行业从业者们的新机遇。

在参与《规范》制定的过程中，我们充分参考和借鉴标准要求，开展自身区块链金融业务的设计和改造。比如在区块链的关键技术方面还需要进一步攻克完善，如大规模节点下的共识协议、可监管签名算法、跨链融合、抗量子密码、多语言合约引擎等方面，这些层面，京东数科也都在持续推进底层核心技术的突破和自主创新。

在产业应用层面，我们认为，区块链在金融领域的应用仍会不断拓展广度和深度。以ABS（资产证券化）区块链标准方案为代表的一批应用案例已经成功开启了“区块链+金融”的技术业务深度融合之路。区块链技术保障了金融资产流转的安全、可信、高效，而金融方面的实践又充分验证了区块链的技术稳定性、成熟度，和可信机制，相得益彰。这也是京东数科2020年区块链战略的核心方向所在——“从可信供应链到数字金融创新”。当然，金融其他方面还会涉及清结算系统、跨境支付、金融保险、企业融资等，在标准的引领下，区块链将更快更好发挥其应用优势。

只有标准得到更稳固搭建和运行之后，才能谈上层的区块链产品应用，技术标准是产品应用的根基和土壤，是底层建筑。而这个落脚点在于如何高效连接数字化世界，在产业数字化涉及的各行各业中找到技术应用的价值点，快速去跟业务做结合，推进落地应用。比如数字存证领域，京东的“氢舟”数字资产产权服务平台能用区块链、时间戳等数字存证技术来确权，形成对商家的版权保护；与互联网法院的数据打通和多方存证，能帮助维权调取证据的过程更加便捷等。

总之，区块链技术的真正作用，是在产业数字化过程中破解各方协同的痛点，利用自身的技术特性助力效率提升，促进信任经济发展。

4.3 通证经济 · 区块链①

4.3.1 区块链通证经济不会出现劣币驱逐良币现象

——宝新金融首席经济学家 郑磊博士

① 本文根据《证券日报》金融机构中心记者王思文对宝新金融首席经济学家，香港国际新经济研究院副院长、数字经济研究中心主任郑磊博士的采访整理而成，并获授权刊载（原文刊发于微信公众号《金融1号院》，2019-12-23）

导读： 区块链（Blockchain）和通证（Token）正在以前所未有的速度，进入经济和社会的主流话语当中。但在很多人眼中，通证经济还是个“新鲜体”，关于“通证经济”目前还没有一个标准化的定义。郑磊博士曾在其著作中从组织、过程、激励、治理、生态等角度勾勒了通证经济的整体轮廓，并用博弈论、产权制度理论和货币理论对区块链的应用做了分析解释。

通证经济将会是未来数字经济中的一种主要模式，随着区块链技术的日益成熟，在各行业的应用更加多样和广泛，通证将会在联盟链和部分公有链架构中发挥重要和关键作用。尽管比特币是通证的一种形式，但是通证并不只能以比特币等加密数字币的形式出现。简单地说，只要在区块链应用中存在“记账”或激励方面的需要，无论是否体现为货币形式，都可能用到通证。通证将随着区块链赋能实体经济，而展现出丰富多彩的创新形式。

4.3.1.1 区块链通证经济不会出现劣币驱逐良币现象

我认为，区块链通证经济不会出现劣币驱逐良币现象，这是区块链这种技术的特质赋予的。区块链的如实记录和信息共享会使造假者或作恶者得不偿失。因为一旦被发现，这类行为的主体将失去继续参与经济活动的资格，这种损失具有足够大的威慑力，使得所有参与者不敢做坏事，不能做坏事，也不愿做坏事，这样就形成了“良币驱逐劣币”的格局，对所有人都是有益的。

通证经济需要一个合适的成长环境，这涉及到组织文化和管理架构方面的改变，将会是一个渐进的过程，在形成一个适合通证应用的经济生态的过程中，就会自然出现各种应用通证的商业场景和商业模式。通证可以作为一种有效的激励工具，促进参与各方积极协作。参与者在经济项目中的贡献越大，得到的通证越多。而随着项目发展成熟，得到市场越来越大的认可，通证的价值也将水涨船高。换言之，如果区块链通证与某种更为积极正面的经济行为结合在一起，其社会经济价值会更大，也更容易被接受，对中国经济脱虚向实的发展目标更有助益。

4.3.1.2 Libra最大的争议在于其对国际货币体系的冲击

脸书对Libra白皮书的修订，修改的内容不是很多。Libra从广义上看，也属于通证范畴，开始时也将以联盟链的架构存在，Libra作为线上支付工具，是这个应用的核心要件。但是，Libra最大的争议不是通证本身，而是可能对国际货币体系的冲击，它更类似IMF的特别提款权SDR，也就是超主权货币。另外，当Libra从线上支付扩展到线下支付时，无疑也会对当地法币形成一种替代作用，这些因素都可能影响其推出的进度。

4.3.1.3 通证如何赋能实体经济

通证不仅承担了资产数字化载体和内部结算媒介的职能，作为一种获取共识的证件，让持有者形成利益共同体，合作共赢，同时也作为奖惩的载体，通过奖励和扣除，实现对参与者信用度的计量，从而使通证的内在价值不断上升。通过在实体经济活动中设计合理的激励机制，调动参与者的积极性，就能形成良性经济循环。

4.3.2 通证经济的模型与实践

——区块链与通证经济研究者、火币大学顾问合伙人 方军

在人类经济生活中，有多种多样的价值凭证：有明确的金融类凭证比如现金、存款、外汇、上市公司股票、债券、期货等；有流通性不那么强的凭证如房产证、未上市公司股份、收藏品等；有消费类的凭证如过去的粮票、现在的演唱会门票、提货券、优惠券、消费积分等；还有其他凭证如个人的学历证书、病历、行为数据、会员资格或企业的商业秘密、知识产权等。在经济生活中，一个人持有凭证即表示其是财产的所有者。

当我们进入数字化时代，这些凭证如何数字化变成了新难题。这包括三方面的问题：如何以某种数字化的方式将之表示出来？数字化凭证如何与它的所有者形成对应？以及如何形成有效的数字化凭证的市场，以决定其价格及便利地交易？

随比特币系统出现的区块链技术给出了近乎完美的答案。在数字空间，基于区块链可以生成独一无二的数字化凭证——链上的价值表示物通证

（Token），所有者可以用公钥/私钥组合确定地拥有这一凭证，各个区块链网络连接在一起并加上一些市场机制后可形成统一的、通用的市场，各种凭证可以方便地兑换。它的完美在于，以一致的方式实现了几乎所有价值凭证的数字化；它的完美在于，以极其简洁又安全的方式实现了凭证的数字化、所有权和交易，便于我们在其上构建复杂的应用；它的完美还在于，一些设计与治理良好的区块链网络可以是完全去中心化的，即在这个网络中无人能剥夺他人的财产所有权。

简言之，人类社会中的各种价值凭证均可基于区块链技术用通证来表示，实现全面数字化。到目前为止，通证仅在区块链技术本身所在的加密数字币、加密资产交易等极小范围内得到应用，当然亦在票据、央行数字货币、发票与消费积分等有研究与试点。但接下来，我们可以乐观预期它必将像信息互联网一样逐步地但快速地铺展开，最终形成一个繁荣的价值互联网。

4.3.2.1 广义的通证经济：基于通证的价值互联网

在技术底层，区块链是由交易明细形成的数据存储记录，它的数据记录是通过共识机制在众多参与者中进行确认并分布式地存储的。基于去中心网络和分布式账本，区块链有三个功能：去中心化的价值转移功能、去中心化的价值表示功能及它之上的价值表示物——通证。

最初，区块链上的价值表示物仅是以所谓的未被使用的交易输出（UTXO）形式表示的没有价值的数字。但经过几轮演变之后，它逐渐地扩展到可以用来表示各种类型的凭证，并有了对之进行操作的图灵完备的编程语言。

仅观察比特币与以太坊这两个区块链网络我们即可以完整地看到通证的演变过程。

区块链从无到有生成新的原生代币（Coin）给成功挖矿的矿工（即分布式网络的运行者）作为奖励，这些交易也被称为币基（Coinbase）交易。之后，这两个区块链网络中的账本上所记录的就是地址与地址之间的原生代币转账交易。

从比特币到以太坊有两大转变：第一，比特币系统用UTXO表示其原生代币，一个人拥有的原生代币是所有以他为交易收款人的UTXO的数量总和。而以太坊则引入了账户（Account）这种高层次概念，一个人所拥有的原生代币被表示为做了汇总的账户余额数字。当然，这两者的变化并没有初看上去那么大，它们仅是抽象程度的不同，UTXO更接近于纸币与硬币的逻辑，而账户则更接近于个人银行账户的逻辑。第二，以太坊区块链引入了较比特币脚本更为高级的智能合约编程语言。以太坊创始人维塔利克·布特林在《以太坊白皮书》中说，比特币脚本有四大不足即缺少图灵完备性、价值盲、缺少状态、区块链盲，而以太坊的智能合约语言改变了这些。另外，在其网络中，比特币没有特定的用途，而以太币则用来支付执行计算需要支付的所谓燃料费（gas）。

有了智能合约编程语言之后，我们可以对以太币进行复杂的计算与操作。但变化没有停在这里，进一步的变化带来了与原生代币不同的链上通证。在以太坊上通过编写智能合约，我们可以理论上创建无数种通证，而非像之前一个区块链网络仅有一个原生代币。其实正如这里的用法，我们已经将通证作为更大的概念，它已涵盖了原生代币。

在以太坊上，通过编写智能合约，我们可生成两大类通证——可互换（Fungible Token）通证与不可互换通证（Non-Fungible Token）。现在，业界已经形成了这两大类通证对应的编程接口标准，即它的参数、函数与消息等行为定义，虽然它们较为技术性，但仍值得了解：

可互换通证ERC20：用一个内部表格来记录每个持有人的通证数量。通证与持有人之间的关系是：ERC20：mapping（address=>uint256）balances，每个地址（即持有人）有其对应的代币数量。

不可互换通证ERC721：用一个内部表格来记录每个不可互换通证对应的持有人。通证与持有人之间的关系是：REC721：mapping（uint256=>address）deedOwner，每个不可互换通证的ID有与其对应的一个地址（即持有人）。

在由Consensys、埃森哲、IBM、安永、企业以太坊协会等支持的通证分类标准（Token Taxonomy Framework）中，它的主分类亦是以可否互换来区分的，分成可互换、不可互换、混合三大类。

至此，用区块链上的价值表示物（即通证）来表示经济生活中的凭证的核心功能就已经完成了演化。原生代币在链上天然地有价值，而智能合约产生的通证则靠链外赋予价值。当然，随着2017年的预挖等情况的出现，原生代币和通证之间的这种差别已经消失了。2017年之前，在中文里Token有代币、数字代币等说法，孟岩等人后将之翻译为通证并被广泛接受，现在，我们则以通证指代区块链上的各种价值表示物。

广义的通证有如下几个主要特点：第一，区块链上的通证可以用来表示各种各样有价值的事物①，区块链上的通证即是数字时代的财产所有权。随着区块链从技术阶段进入商业阶段，通证将会被主要用来表示链外的资产。第二，参与者相信区块链账本是安全的，也相信它能让参与者在链上的行为是可信任的，这带来的结果是，区块链上的通证在链上参与者之间处于一个“信任特区”之中，也称为去信任的信任（Trustless Trust）。第三，区块链上的通证是可编程的，通过编程亦可以实现多链之间的中心化或去中心化兑换。因此，未来的景象不是一个个孤立的区块链网络，而是众多区块链网络相互连接，组成一个更大的价值互联网。

我们要特别强调，通证是不是有价值是由链外决定的。通证的价值是区块链网络之外的世界所赋予的，我们通常也需要有实体世界的规则来保障能够实际执行链外财产的所有权。一个通证值得留存还是只是无用的数字，取

---

① 在Andreas M. Antonopoulos所著《精通以太坊》中，他对通证可表示的事物有如下列举：货币、资源（一个共享经济体或资源分享社区所产出或获取的资源）、资产（链上或链下、有形或无形的资产，如黄金、房地产、汽车、石油、能源等）、访问权限（代表一种针对物理资产或数字资产的访问权限，如登录一个聊天室、访问专用的网站、入住一家酒店或租车等）、权益（代表一个数字化组织，如DAO去中心化自治组织的股东权益，也可以代表传统公司的股东权益）、投票权（代表数字系统或传统组织中的投票权）、收藏品（代表数字化的收藏品，如加密猫，或真实的收藏品，如油画）、身份（代表一个数字化的身份，或者一个法律意义上的身份）、证言（代表针对某个事实的认证或证言）、实用型通证（用于使用或支付某种服务）。

决于持有者是否认为它有价值及价格，也取决于持有者认为自己的所有权是否能得到保护。链外决定通证价值是讨论通证在实体经济中的应用的大前提。

总的来说，区块链提供了一整套新工具，它用通证把广义的价值凭证带入了数字空间，并让我们可以在数字空间中确权、交换、交易。未来围绕区块链技术与通证将会形成所谓的“价值互联网”，也即进入数字经济的新阶段。

4.3.2.2 狭义的通证经济：通证经济激励

在了解了通证对于数字经济的意义之后，我们来接着讨论通证在实体经济中的应用，这通常被称为“通证经济激励”，即用链上的通证来奖励、惩罚以协调商业活动中参与者的行为。

通证经济激励是各类区块链应用中主要的一种。我们常用四个词来回答“区块链是什么”这个问题：区块链是世界账本或分布式账本；区块链是事实机器；区块链是信任协议；区块链是结算平台。“区块链有什么用”这个问题的答案对应地也被分成四个层次：区块链可以做确权工具；区块链可以做存证平台；区块链可以做通证经济激励；区块链可用作金融网络。

通证经济激励有两重作用。第一重作用是，利用区块链上通证的可信度来扩大参与者的范围。阻碍人们合作的重要因素之一是信任难以建立，区块链的信任建立功能被用来让众多利益有所冲突的主体也能合作与交易。通证可以扩大信任的范围，从而我们更容易将产业上下游和众多其他利益相关者带入一个繁荣的产业生态中，这样的产业生态可称为一个“数字经济体”。第二重作用是，在一个交易市场、一个产业联盟中，我们可用作为价值表示物的通证去激励参与者的行为，通过通证的协调让每个人出于自己的利益而行动，最终效果是整体经济福利的最大化。

让我们以优步、滴滴等打车平台为例来进行讨论，它既是一个车辆与打车人的交易市场，又是一个包括打车平台、车辆出租方、司机、乘客、金融机构、汽车制造商等的产业生态。在一个打车平台中，可以应用多种通证来激励与协调：给管理者与员工的通证，激励其为了平台公司市值的增长努力工作；给司机的通证，激励其更好地服务顾客；给顾客的通证，激励其更多地利用平台等。所有的通证综合起来促成一个优质服务和长期繁荣的打车服务生态。

在一个数字经济体中通常有多种通证，适用于其内部的特定场景与不同人群，这些通证既可以是可互换通证也可以是不可互换通证。现在，在一个打车平台中，通常已经有了多种价值表示物，如APP钱包余额、会员资格、司机可提现的收入、司机的资格与服务评分、员工期权等。随着区块链与通证应用的发展，我们可逐步用通证取代，其带来的一种效果是，以一种被证明可信的、统一的技术取代了多种复杂的技术系统。并且，在各种价值表示物均用通证表示后，它们可以更便利地进行兑换，也可以进行复杂编程及自动化处理，如可编程实现一个主体的多种通证进行原子性的操作，即要么均完成、要么均被撤销恢复原状。

以上讨论的是一个数字经济体中应用通证所带来的价值。如果站在多个数字经济体的视角看，我们也会看到通证带来的整体性的市场效率提升。我们用通证经济实践模型（Token Economy Practical Model）来描述这种现象。

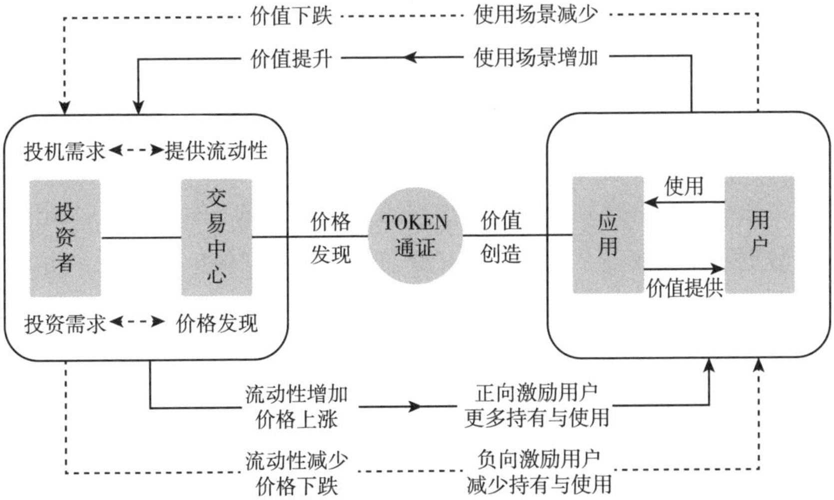

图：通证经济实践模型

通证是有明确的或隐藏的市场价格的，自由交易形成的价格信号将使得市场更为有效。通证经济实践模型认为，通证的作用是支持各类用户与应用之间的互动，它的价格信号与应用场景之间的大循环会进一步促进优胜劣汰，使市场更有效率。通证经济实践模型由方军、郭强等人于2018年在《通证经济的模型与实践：区块链赋能实体经济的商业落地》报告中绘制，试图总结形成一个通证经济激励在商业实践中应用的通用逻辑。

通证经济实践模型包括正向循环与逆向循环两种循环。假定价格发现机制是健康的。用户使用通证越多，通证价格将会上涨，这会促使用户愿意持有与使用通证，这是强者愈强的正向循环。相反，如果用户使用意愿降低，通证价格将下跌，这从而进一步降低用户意愿，推动逆向循环开始运转，劣质应用及其通证被淘汰出局。正向循环与逆向循环均提升了市场效率。

总的来说，在一个数字经济体的内部，通证经济激励的应用扩大了信任的范围、提高了内部的协调性；在一个数字经济体的外部，通证经济激励的应用会提升整体市场的运转效率。两种情况下，它均会大幅度降低交易成本，消除商业中的各种摩擦。

4.3.2.3 通证经济激励在一个数字经济体中的应用场景

通证具体落地应用时，它跟现实商业紧密结合，会遇到如何遵守各国现行法规要求的问题。比如，如果一个通证是证券型的，那么在美国它就要受到《1933年证券法》《1934年证券交易法》的规范，面向不同的人群发行又有Reg D、Reg A、Reg S等注册或豁免条款。如果一个通证是客户预存的预付款，那么在中国则会受到相关法律法规的规范。又如，如果一个通证代表的是用户数据及相关权益，那么要遵守欧盟《通用数据保护条例》（GDPR）的要求。数字空间的商业与金融行为会受到相应的法律规范，接下来我们将在不考虑相关限制的条件下进行一般性探讨。

在一个商业经济体中采用通证经济激励，通常有如下三种类别①，这里仍以一个互联网打车平台为例进行说明：

---

① 按瑞士金融市场监管局的分类，通证一般分为支付型通证（Payment Token）、资产型通证（Asset Token）、功能型通证（Utility Token）。在通证经济激励中使用的通常主要是资产型与功能型两种，它们的价格具有波动性，用到支付型通证时，这类通证通常相对实体世界保持价值稳定、价格稳定。

第一类，通证所代表的是打车平台公司的股权或员工期权，投资者获得股权，员工获得期权。这一类通证通常表示的是平台公司的估值。

第二类，通证所代表的是普通用户使用的通用积分，以吸引和保留用户。称之为“通用”，表明它涵盖了用户会用到的多种类型票券：

用户的预储值金额。如充100返150等优惠形成的打车APP钱包余额，如用户所存入的押金等性质的钱。

用户的消费积分。用户因消费或其他行为累积积分，积分可在一定条件下使用与消耗。

徽章、评分、等级、会员资格。用户因打车行为而获得的徽章、会员资格等，它们通常对应着优先权、折扣权等特定福利。

用户获得的优惠券。这些优惠券可以是平台提供的、第三方服务商提供的或司机提供的，优惠券通常有着特定的限制条件，用户可以在消费时按条件使用。

通过区块链技术，我们可以创建多种类的用户通证，由于采用统一的技术基础，这些通证可方便地进行相互兑换等操作。在一个有着多种通证、采用统一技术的数字经济中，第三方也可以自行为用户提供相应的交换服务。

总体而言，第二类通证对应的是数字经济体中的用户功能。

第三类，通证所代表的是司机等服务提供者的权益，其作用通常是让服务商能共享网络效应增长带来的价值。互联网平台经济发展的特点是其价值因网络效应而呈现指数级增长，但仅有平台公司能享受其增长红利。现在，这类通证为让司机等利益攸关者共享成长提供了路径。

这类通证可能是司机通过服务获得的奖励，也可能是通过类似投资的行为获得的，如每日将一定比例的现金收入换成这类通证。区块链引入的创新用途主要是这一类，以比特币网络为例，矿工通过挖矿而支持比特币网络的运转，对应地他们获得了币基交易而凭空产生的新比特币奖励。

在应用这类通证时，我们要以某种方式来捕获价值、分配价值。在分配价值方面可以采取的方案有：像传统公司一样分红；像高科技公司一样注重股价增长而不分红；当下区块链行业摸索出来的独特思路则是采取烧毁模式，通过缩量来将价值平均分配给所有这类通证的持有者。

这一类通证的价值是随着其数字经济体的增长而升值，但也可能随着其数字经济体的停滞、衰退而跌价。

一般来说，在一个数字经济体中可能有多种通证，但其中通常有一个主通证，它表示的是整个数字经济体的总价值，而非仅是消费积分或平台公司的估值。我们认为，在理想情况下，一个数字经济体的主通证应是第三类；我们也认为，运用通证经济激励主要调节的将是类似打车平台中司机、比特币网络中的矿工等服务提供者的行为。

在一个商业经济体中应用通证经济时，我们可以分步、分阶段地逐步应用，比如从消费积分开始，而终极的状态是将以上三种类型融合起来，纳入通证经济实践模型所描述的统一激励模型之中去。

总的来说，通证经济激励是将通证用于一个数字经济体运行的多个方面，运用经典经济学、博弈论、行为经济学来激励其中参与者的行为，而区块链、通证及智能合约编程已为通证经济激励准备好了完备的技术基础。

5 区块链+案例篇①

5.1 司法上链"一键立案"，智慧法院的"北京样板"②

——北京互联网法院院长 张雯

导读：在北京互联网法院的电梯里，有块显眼的小屏幕滚动播放着宣传片，片头一直亮着"不可思议的法院"，"法院"特意加大字体突出。诉讼服务大厅鲜有人至，庭审不用专门跑过来，当事人在家里就能参与庭审……这家互联网思维的法院塑造了一个个具有颠覆性的司法场景，"不可思议"牢牢印在每个到访者的脑海里，不断放大，留下极深刻的印象。

当科技与司法相结合，许多具有未来感的场景已扎扎实实地在民众身边落地，实实在在地提供便利，这家具有互联网基因的年轻法院正与科技共舞，推进司法审判与信息技术的深度融合，进一步释放司法红利，为司法治理的现代化贡献智慧。

---

① 本章第2篇及4~7篇案例均由《证券日报》金融机构中心张志伟编辑整理

② 本文根据《证券日报》记者马方业、邢萌对北京互联网法院院长张雯的采访整理而成，并获授权刊载（原文刊发于微信公众号《金融1号院》2019-12-22-，区块链头部媒体《金色财经》转发当天，阅读量达10万+）

5.1.1 “不可思议的法院”

“这是北京互联网法院的诉讼服务大厅，你们看着感觉怎么样？”张雯随口问道。北京互联网法院诉讼服务大厅明亮而空旷，就是显得冷清、仅见1个办事人在咨询立案，与记者此前走访传统法院时诉讼服务大厅里熙熙攘攘的人流形成了鲜明的对比。

张雯接着说道：“我们的办事大厅非常空荡，一天也没几个当事人。”“根据我们每天统计的来法院进行线下咨询以及线上立案的公众人数，从2018年9月9日成立到2019年12月9日，15个月间线下来访1995人，算下来，每天来法院的人数不足5人，这是一个不可思议之处。”张雯谈到此时，脸上洋溢着自豪感。

“实际上，我们线上电子诉讼平台上提交立案申请材料的公众人数，有时一天就达1000多人”，张雯向记者解惑道，这是由于基于互联网法院的审判模式，北京互联网法院实现了立案、调解、开庭、审判、执行等全流程在网上运行，实现诉讼流程从“线下”到“线上”的转变。这也能看出，这是一个用司法技术赋能互联网审判模式的全新法院。

依托于科技赋能，这家“线上”法院的多项审判质效指标已居北京市首位。据了解，截至2019年11月底，北京互联网法院审判质效位列全市法院第一，平均审理时长为35分钟，平均审理周期为51天，一审服判息诉率为97.6%，一审简易程序适用率为92.6%，在裁判自动履行率为97.2%。

审判质效提高的同时，北京互联网法院的审判模式也在打破空间限制，实现“24小时不打烊”的全流程在线诉讼，当事人不用再跑法院，用手机就能完成立案、庭审等诉讼流程。“中国拥有庞大的移动互联网人群，2019年9月中国互联网络信息中心发布的《中国互联网络发展状况统计报告》显示，我国网民规模有8.54亿，手机网民规模有8.47亿，这是一个非常庞大的数字，我们手机端的用户能享受到随时开庭”，说到这里，张雯举了一个简单的例子，有的当事人在家里就能参与庭审，甚至有人在咖啡馆里进行，这就是互联网法院的开庭场景，也是一个不可思议之处。

5.1.2 “天平链”的由来

北京互联网法院在探索司法与科技的结合中，落地了众多的应用场景，基于区块链技术的电子证据平台“天平链”则是最有代表性的应用之一。据了解，北京互联网法院主导建立的“天平链”电子证据平台通过“全流程记录、全链路可信、全节点见证”，解决了涉网案件存证难、取证难、验证难等问题。

至于为何取名叫“天平链”？因为“天平链”解决的是司法审判中核心环节，即电子证据存证的安全性和可信度问题，上链后可以实现最大化的解决，张雯表示，区块链技术应用能使案件审判更加客观和公平。“‘天平链’运行已超一年，实践证明，我们没有走错路，没有踏错方向，我们在做一件了不起的事情，一件伟大的小事。”张雯进一步说道。

谈到“天平链”的由来，张雯有感而发，向记者道出了背后不为人知的故事。

“那是在一个平台建设期间的交流会上，现场我们与30多家技术公司交流，逐一听每家技术如何与法院场景耦合”，当时的场景，张雯仍历历在目：“我当时听了4个多小时，最后一位百度的年轻架构师对我讲，您一定要听听区块链技术，从那时起，区块链真正进入了我的脑海中。”

张雯回忆道，“后来我们决定要做区块链，需要一家区块链技术企业的共建单位，但当时响应不多，因为很多人难以想象区块链技术在司法场景的应用。”

5.1.3 全国首例区块链智能合约技术“一键立案”

自2018年9月9日上线至今，“天平链”运行超过一年，取得不俗成果。

“天平链”有两大应用场景，一是指“存证、取证、验证的场景应用”。据介绍，截至2019年11月30日，作为中央网信办首批备案的区块链单位之一，“天平链”跨链接入区块链节点19个，完成版权、著作权、互联网金融等9类25个应用节点数据对接，上链电子数据超过1000余万条，案件审理过程中跨链验证数据3557条，涉案670件。值得注意的是，在涉及的670件案件中，当事人均对上链证据的真实性均予以认可。

二是指“智能合约一键执行立案的场景应用”。2019年10月23日，北京互联网法院率先将区块链智能合约技术应用于调解书的执行立案，实现全国首例区块链智能合约技术“一键立案”。

记者了解到，该案系一起网络侵权纠纷，原、被告经法院主持调解，达成调解协议。调解协议内容为：被告于2019年10月16日之前支付原告赔偿金33000元。法院在谈话中告知原、被告双方，如被告在履行期内未履行义务，将通过区块链智能合约技术实行自动执行。调解书生效后，该案的当事人端、法官端均出现“智能合约”字样以区别于普通案件。

10月17日，被告仍有赔偿金20000元未履行。原告点击“未履行完毕”按键，该案件直接进入北京互联网法院立案庭执行立案中。通过立案庭审核后，立案成功进入执行系统。当事人信息、执行申请书、执行依据不需要人工填写、上传，均通过区块链智能合约技术自动抓取，成功实现“一键点击”，完成执行立案。

张雯解释道，此案首次通过区块链智能合约技术实现自动执行，不仅标志着司法区块链智能合约应用的切实落地，更意味着链上数据与链下司法信息系统的深度融合利用，有利于打破信息孤岛，进一步释放司法红利，巩固并深化“基本解决执行难”成果。

5.1.4 “天平链”2.0版努力探索三链合一新模式

谈到下一步将如何拓展区块链应用时，张雯透露道，“明年我们主要做‘天平链’2.0版本的工作，将创新互联网执行模式，探索区块链更多的具体应用场景，将打造‘业务链，管理链，生态链’三链合一的新模式。”

首先，在“天平链”规则前置的原则和基础上，探索将规则以可视化方式呈现，实现电子证据可视、可管、可控，帮助当事人更轻松地管理证据、随时查看证据状态，增强证据的可信度、权威性，为当事人提供便捷高效、低成本的诉讼服务；其次，探索实现更安全、透明、可控的互联网审判模式，将司法审判全流程、全节点上链，从当事人诉讼材料扩展到整个诉讼卷宗、诉讼行为，提升司法便捷度、权威度、透明度，推进阳光司法机制建设。

“另外，我们想通过上链来做诉源治理，版权上链是重要方向。通过上链锚定证据，有了证据，不争的证据就是不争的事实。如果能在上链前锚定证据，我们法院甚至有可能通过AI虚拟法官，促进双方当事人在‘天平链’上甚至是法院之外解决纠纷，而不是一定要立案。我觉得这可能也是一个颠覆性的打法，通过上链来促进诚信诉讼，从源头上化解纠纷，这是我们想做的事情。”张雯进一步补充道。

除此之外，推动区块链电子数据的标准化研究和制定，也是明年的重点工作。张雯介绍道，北京互联网法院联合国家工业信息安全发展研究中心、中国信息通信研究院、国家信息中心、公安部第一研究所、中国电子技术标准化研究院等多家专业机构组成司法工作组，邀请信息安全、标准制定、司法鉴定、信息通讯及区块链等方面的技术专家，四次组织接入应用测评标准会，形成90条修改意见，最终形成《天平链接入与管理规范细则》及《天平链接入测评规范》，将司法审判规则前置，防范电子证据认定不当，提高审判效率。

“上述两个规范从系统安全性、电子数据合规性、区块链安全性上对接入的第三方平台进行测评，规范了‘天平链’接入方的资质要求、电子数据的存证规则、接入平台的管理机制、电子数据的使用方式、链上单位的监督审查与退出机制，通过对存证源进行多维度、标准化的审查，有效保护了‘天平链’的上链数据安全与当事人隐私，也将努力为全国司法区块链建设和司法区块链国家技术标准的制定提供可复制可借鉴的北京样本。”张雯说道。

5.2 可信教育身份链

近年来，“教育可信区块链”作为区块链热词不断升温。2019年11月，教育部教育管理信息中心教育卡工作组副组长何程教授在广州的一次区块链应用研讨会上的发言，让“教育可信区块链”再次受到高度关注。他在发言中指出，国家十分重视可信教育数字身份（教育卡）的推进，将推出基于可信教育数字身份体系的“可信教育立方链”，并以安全、可信与高效保障教育评价的公开、公平与公正，促进教育诚信体系建设。

5.2.1 教育卡广州首发

2019年12月25日，可信教育数字身份（教育卡）在广州白云首发与应用研讨，主管部委和广东省主管厅局悉数到场，阵容豪华。教育部、国家密码管理局、广东省委办公厅、广东省教育厅、广东省政务数据管理局等单位负责人出席会议，中国银联、中国电子技术标准化研究院、工信部五所等相关单位的专家参加；白云区人民政府和白云区教育局、中国邮政储蓄银行作为首家发卡机构参与了此次应用试点发卡与应用工作。国家密码管理局副局长何良生研究员、教育部教育管理信息中心石凌副主任分别作了“国家密码法与教育卡”“可信教育数字身份应用”的主题报告。

广州市白云区，作为全国首个应用试点区域，2万余名师生领取首批教育卡。值得关注的是，“教育卡”是国家区块链战略在教育行业的应用“上新”：将区块链、大数据等技术注入运用，是我国建立教育信用的一个里程碑。同时，这也标志着可信教育数字身份的发行与应用迈上了新台阶。

可信教育数字身份首发与应用研讨仪式

5.2.2 细说可信教育数字身份

可信教育数字身份，是指遵照国家电子签名法、国家网络安全法、国家密码法等法律法规和国家政策，遵循《教育卡应用规范》国家标准，以教育卡作为基础载体，采用密码、区块链等技术。面向全国在校学生、教师、应届毕业生等教育人员，由教育行业统一规划与建设、统一签发与管理、具有法律效力的“可信教育数字身份”标识信息。

从可信教育数字身份界定中，不难总结其核心要素：法定身份、教育身份、网络身份。

遵循教育卡国家标准，为满足“云计算、移动计算、边缘计算”等不同计算环境下的不同实际应用的需求，特别是疫情防控期间加速的各种在线业务平台，现实地提出了对可信教育数字身份应用功能的不同需求。为此，为适应在线业务的实际需要，“可信教育数字身份”在技术上细分为“教育身份码、网络教育卡、实体芯片教育卡”等三应用层次体系。

教育身份码示意图

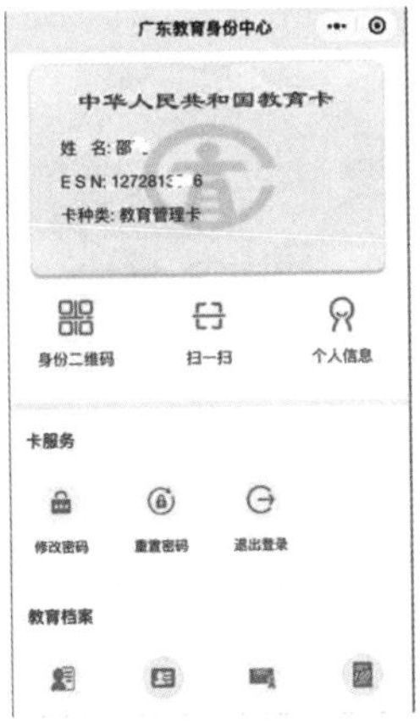

网络教育卡

实体教育卡

5.2.3 国家大力支持可信教育数字身份应用

2018年7月，中共中央办公厅 国务院办公厅在《金融和重要领域密码应用与创新发展工作规划》中，将“教育卡”作为密码在教育行业应用的重要内容。

2019年11月，教育部在《教育行业密码应用与创新发展实施方案》中，将“教育卡证的应用”作为教育行业密码普及应用的六大任务之一。

2019年6月，广东省委办公厅 省政府办公厅在《广东省密码应用与创新发展实施方案》中，明确要求"加快规划建设覆盖全省各级教育机构不同教育阶段的可信教育数字身份（教育卡）密码应用支撑服务体系"。

5.2.4 走近可信教育数字身份链

在区块链的民生应用领域中，"区块链+教育"是排头兵。习总书记在"10月24日的重要讲话"中，将其排在了"区块链+民生应用"的第一位。其实，"区块链+教育"应用场景非常广泛，比如学籍、学历、证照、档案、考试、录取、资助、转学、版权等教育管理与服务业务需求旺盛。

从整体上看，"区块链+教育"由两大区块链体系组成"中国教育立方链"：一是为教育行业的"人、机构、物"服务的可信教育数字身份链体系（即"教育数字身份链"）。它是由中育至诚联合安信数科和腾讯云等团队联合研发；二是基于可信教育数字身份链的各类应用业务链（统称为"教育应用链"）。"教育数字身份链"与"教育应用链"为各类"在线教育与在线管理"提供所面临的"实名认证、记录可信、数据共享、隐私保护、数据安全"等服务。因此，可信教育数字身份链也称为"教育身份链""教育身

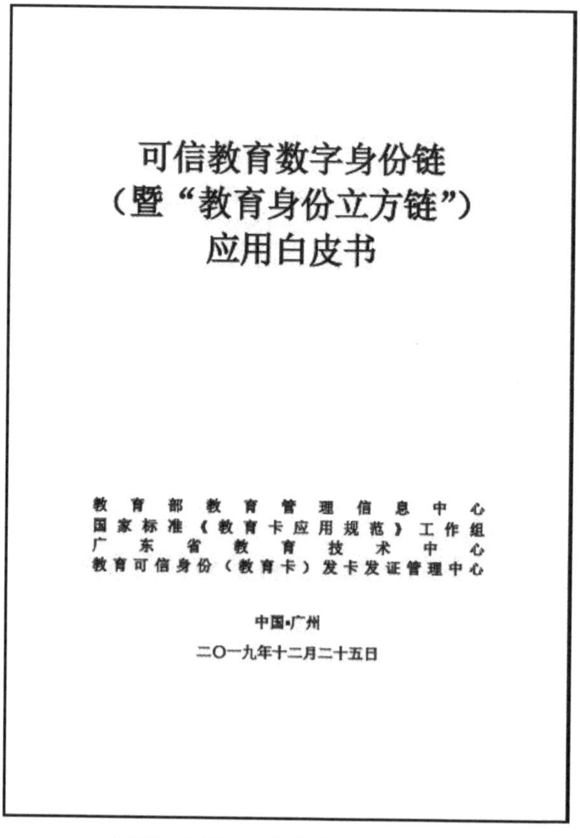

可信教育数字身份链
（暨"教育身份立方链"）
应用白皮书

教育部教育管理信息中心
国家标准《教育卡应用规范》工作组
广东省教育技术中心
教育可信身份（教育卡）发卡发证管理中心

中国·广州
二〇一九年十二月二十五日

《可信教育数字身份链应用白皮书》

份基础链”或“教育身份主链”。

2019年12月25日教育部教育管理信息中心正式发布的《可信教育数字身份链应用白皮书》明确提出，可信教育数字身份（基础）链，是以国产密码技术和区块链技术为基础，依托教育行业统一建设的可信教育数字身份发行管理与应用支撑基础设施，为全国教育行业的百花齐放”的教育应用链的“上链存证、可信共享、个人隐私保护”提供最基础的可信身份服务，实现终身学习、数据保全、信息共享、价值流转的开放式可信教育服务。

《可信教育数字身份链应用白皮书》发布会现场

《可信教育数字身份链应用白皮书》的发布，标志着可信教育数字身份链正式走向教育信息化应用与服务。2019年12月26日，《人民日报》还作了“‘区块链+教育’上新啦全国首批教育卡在广州发出”的新闻报道。该报道称，可信教育数字身份融合采用国产密码、区块链等核心技术，创新签发“云计算、边缘计算、移动计算”网络环境下的一体化数字身份，实现一体化密钥管理，构建“可信教育数字身份链”，也是广东省和教育行业贯彻习近平总书记10月24日关于“探索建立适应区块链技术机制的安全保障体系”与“积极推动区块链技术在教育等领域的应用”的指示精神的重要实践。

5.2.5 可信教育数字身份与教育现代化2035

为贯彻“教育现代化2035、建设学习型社会”的重要精神，教育行业在党中央的坚强领导下，一直在积极探索与开展新时代的教育综合改革。2019年6月，国务院印发《关于新时代推进普通高中育人方式改革的指导意见》，该文件传递了一个非常重要的信息：“中国教育体制改革将全面启动，传统的教学育人模式将被彻底变革”。文件明确指出：“把综合素质评价作为招生录取的重要参考”。

各项工作紧锣密鼓：在2019年7月，中共中央国务院《关于深化教育教学改革全面提高义务教育质量的意见》，文件规定：“高中阶段学校实行基于初中学业水平考试成绩、结合综合素质评价的招生录取模式。”综合素质评价将逐步取代传统的“高考一考定终生”的教育育人模式。如何保障综合素质评价的公正、真实、可信，在信息化时代，成为“推进普通高中育人方式改革、全面提高义务教育质量”的重要课题。

综合素质评价是教师或教育管理者对学生的评价，既有量化的客观评价，也有人为的主观评价，都离不开人的参与与执行。我们知道，只有在身份真实、可信的基础上，所有的行为与活动才有可能实现“公正、真实、可信”。因此，综合素质评价体系的建设，离不开一个真实的“教育身份体系”（暨可信教育数字身份体系）。可信教育数字身份是“综合素质评价体系”的重要基础设施。

5.2.6 可信教育数字身份链与教育数字档案链

综合素质评价体系的建设是教育现代化2035的重要内容。综合素质评价体系的建设，离不开“人、数据”这两个基本要素。人是评价者与被评价者，数据则是评价的依据与结果。人的“真实、可信”，是综合素质评价“真实、可信”的基础，“数据”的“真实、可信”同样重要，不可或缺。基于可信教育数字身份链的“可信教育数字档案链”，则是解决综合素质评价的数据的“真实、可信”。

广东省教育技术中心联合中育数据（广州）科技有限公司落地建设的“可信教育数字档案链”平台，采用“区块链、密码、大数据、AI”等核心技术，实现综合素质评价档案等教育数字档案大数据，从“建档、生成、发布、共享、验证、归档”等全生命周期的可信管理与服务，实现教育数字档案在全国范围内的“跨学校、跨系统、跨地区、跨行业”的可信共享，打破传统教育档案的信息孤岛瓶颈，是中国教育立方链的核心基础应用链之一。

可信教育数字档案链，依托可信教育数字身份链，为上链前的“综合素质评价等教育数字档案数据”的“公正、真实、可信”的安全保障提供支撑，采用区块链技术，解决上链后的“综合素质评价等教数字档案数据”的“公正、真实、可信”。可信教育数字档案链，从链下链上的全流程解决综合素质评价的“公正、真实、可信”，是区块链重新定义学生、教师的具体体现，具有“隐私保护、法律效力、可信共享、安全流通”等应用特点。

据了解，可信教育数字档案链已经在广东省可信教育数字身份应用试点中同步启动了试点建设。

5.2.7 疫情防控下的可信教育数字身份码应用

2020年新年伊始，因新冠肺炎疫情的爆发，全国各地的教育管理部门与学校，都陆续通过“直播课堂、在线辅导、在线家校互动、在线办公”等在线教育与在线管理方式组织复学。为有效解决在线教育、在线管理所面临的个人隐私保护、系统安全防护等安全风险，“可信教育数字身份”的在线版“教育身份码”应运而生，满足“在线签发、在线管理、在线验证”的迫切服务需求。

为此，在疫情期间，面向广东省可信教育数字身份（教育卡）应用试点的实际需求，在教育部教育管理信息中心的指导下，中育至诚联合安信数科和腾讯云等技术支持机构升级开发的在线教育身份码平台系统，实现了“在线申请、在线签发、在线激活”，并为“在线教育、可信教育健康数据在线申报”等应用，提供教育身份码在线应用与服务。

（1）教育身份码的在线申请。

广东省教育厅专门建设开通的“广东教育身份小程序”，面向全省学生、教师提供教育身份码的在线申请与在线激活，以快速推动教育身份码的申请。

（2）教育身份码在广州白云区教育局“云课堂”的应用。

中育数据与腾讯教育团队、白云区教育局密切合作，应用教育身份码，在广州白云区教育局“云课堂”中实现“可信认证、可信记录、可信评价、可信证书、可信档案”的“新网络课堂与学习空间模式”，可为新时代教育综合改革的学生综合素质评价与教育成长终身学习档案提供可信依据。

（3）教育身份码在可信教育健康数据在线申报平台。

中育数据与腾讯教育团队、东莞市教育局信息中心密切合作，采用教育身份码，打通了“可信教育数字身份与微信小程序”，为东莞市的师生提供“快速可信上报自己的健康信息”，方便教育主管部门快速、全面、准确、可信地掌握师生的疫情防控期间的健康信息，为教育战“疫”提供有力的技术支撑。

5.3 腾讯的区块链场景应用是如何发力的？①

——腾讯区块链业务负责人 卢洋

导读：迎着新技术的风口，如今“区块链+”成果频现。作为新一轮技术变革的中坚力量之一，区块链及其所构筑的价值互联网正在重塑行业格局。

如果说区块链曾因“炒币”一度火爆异常，投机者的出现也曾使得行业一度“蒙尘”。那么这一次，人们开始关注区块链技术本身、关注场景应用落地、也更关注深耕区块链场景应用落地的企业。

作为在行业较早投入区块链基础技术创新研究的企业，起步于2015年的腾讯区块链，在区块链电子发票、供应链金融、司法存证和城商行银行汇票等领域均取得一定的成果。

---

① 本文根据《证券日报》记者李冰对腾讯区块链业务负责人卢洋的采访整理而成，并获授权刊载（原文刊发于《证券日报》，2019-12-05，标题有改动）

5.3.1 腾讯区块链在行业实现场景落地

腾讯针对区块链场景的适配做了非常多的尝试，最早腾讯在公益寻人场景运用了区块链技术，之后在黄金红包、游戏、智慧医疗等方面都有很多实践，如今，大众对区块链技术切实体验最多的落地应用场景，应是腾讯跟深圳市税务局合作的区块链电子发票。此后我们发现，司法存证也是非常好的场景。因为区块链技术在司法存证领域有两大价值，第一是建立从电子数据到电子证据的可信通道，构建社会诚信。第二是组织多方生态协同互信，打通信任数据的最后一公里，促进产业升级，构建价值互联网。

举个例子，对于内容创作者来说，经常会有一个非常苦恼的问题，就是刚发的内容可能第二天就被人洗稿盗用，用户的知识产权很难得到保护。今年腾讯对外发布的创新产品至信链，通过存证上链，在版权保护、司法存证方面做出了创新的解决方案。

其实，除了版权场景，我们发现金融领域也有很强的存证需求，在线信用贷款场景下至信链在借贷发生时就可以将相关的借款合同等证据自动上链存证，利用区块链不可篡改的特性，在发生诉讼纠纷时，司法机构可以很快确认关键证据有没有被修改过。

同时，腾讯金融科技在供应链金融方面也做了非常好的尝试，腾讯与联易融共同搭建了解决中小企业融资难融资贵问题的供应链金融平台——微企链。最近微企链在可信区块链优秀实践案例评测中获得高价值案例的首名推荐。

5.3.2 区块链电子发票解决了什么问题

2018年8月10日，全球第一张区块链电子发票在深圳市落地。上线一年来，区块链电子发票陆续在交通、餐饮、停车服务、零售、互联网服务、金融保险、新能源车充电等行业场景上线，目前深圳地区已开出区块链电子发票1000万张，极大减轻了实体经济负担。未来随着金融企业的辐射效应，区块链电子发票将逐步扩展至更多与社会民生息息相关的其他行业。

区块链电子发票具有全流程完整追溯、信息不可篡改等特性，与发票逻辑吻合，能够有效规避假发票，完善发票监管流程。同时，还具有降低成本、简化流程、保障数据安全和隐私的优势。同时，通过采用区块链电子发票，减少纸质发票的使用，带来的环保效益是惊人的。以2015年为例，全球共计发行了5000亿张发票，若区块链发票渗透率达到100%，所带来的结果是每年节省近10000吨纸张，每年可拯救多达5000万棵树木。

分享两个例子，以前大家使用乘车码搭乘深圳市地铁，领取发票需要到服务窗口排队。深圳市地铁乘车码接入区块链电子发票功能之后，使用“乘车码”小程序搭乘深圳市地铁，出站后微信会自动推送开发票入口，随时都能线上开票，不必再为了开票在地铁站跑来跑去。

其次，沃尔玛是全球零售巨头之一，2018年全深圳市的沃尔玛门店全面覆盖了区块链电子发票。在上线区块链电子发票后，发票按需使用，无需定期往返税务局领购发票，大大降低了公司办税人员的工作负担，提升了工作效率；免费用票，也让企业降低了额外的财务成本。

5.3.3 区块链为信息互联网向价值互联网转型提供了重要通路

我认为区块链技术确实可以优化整个社会的资产配置和效率，未来在每个行业，区块链都可能存在可优化的空间。其实际的结合点需要从我们现在的系统出发，客观地分析自身综合条件，合理利用区块链的优势。每家企业和机构的能力不一样，最早期是简单的信息化到数字化，再慢慢拥有一个平台化的能力，结合云计算技术后实现非常大的融合，在此基础上可能还会产生新的生态化。比如腾讯推出的至信链，通过存证上链把它放到云上，信息公开透明，慢慢协助产业形成数字化到平台化、再到生态化的能力建设。

理性看待区块链的发展趋势以及在传统产业中的价值，充分发挥新动能对旧动能的推动作用和旧动能对新动能的积极影响，从而加速推进区块链生态产业发展。

区块链的核心技术有5类：P2P网络、共识算法、密码学、智能合约、块链存储，这几个技术单独来看都发展了很多年，但是区块链把这五大类技术做了组合式创新，创新之后达到非常好的效果，类似于信任的能力，使得我们很多信任机制通过机器来实现。例如，2008年之前，已经有功能手机、个人计算机、互联网、浏览器、MP3等成熟技术，但是苹果公司把几大技术做了组合，形成了iPhone。iPhone是一个颠覆式创新，改变了很多产业。区块链也是一个组合性创新，能够创造信任，但如何找到更多适合应用的场景，需要从业者持续思考摸索。

现在区块链遇到的另一个困难是相关人才太少了。一方面，因为这还是一个非常新的技术，钻研核心技术的人才较少，多方共识机制、共识算法是区块链技术的重要发展方向，但从国内外情况看，这个能力近两年处于缓慢发展状态，大家已经到了一个瓶颈期，需要更多的集体攻坚；另一方面，现在缺乏既懂技术又懂产业的跨界复合型人才，使得场景适配的效率偏低。

区块链为信息互联网向价值互联网转型提供了重要通路，是新旧动能接续转换的重要动力，技术创新推动模式创新，进而引领产业变革。通过“区块链+”模式，赋能金融和实体产业，推动区块链与产业融合，加速推进产业区块链建设，将是未来3年至5年区块链行业发展的主旋律。

未来，腾讯区块链会继续秉持“科技向善”“开放共享”“自主创新”等发展理念，加速区块链技术创新，夯实区块链底层开发平台的建设，推进行业应用的落地。

5.4 航运巨头马士基区块链之路

马士基（MAERSK），世界航运老大。1924年3月，“萨莉马士基”轮第一次靠泊上海，这是马士基第一次和中国的亲密接触。

马士基成立于1904年，总部位于丹麦哥本哈根，20世纪40年代，马士基集团借机迅速崛起，凭借雄厚的海运业务实力，成长为全球最大的集装箱承运公司之一。近年来，航运业正在经历前所未有的巨大挑战。2016年，马士基果断进行战略重组，并致力于为客户提供端到端的供应链管理解决方案。在这些重大变革中，区块链技术的应用成为马士基脱胎换骨的重要力量，并因此成为了区块链技术应用中的标杆企业。

在跨境贸易领域，特别是大宗商品贸易领域，存在量大、总价高，运输经过多个节点，物流、资金流、信息流的传输存在不顺畅、不透明等等问题，现实的痛点颇为突出。

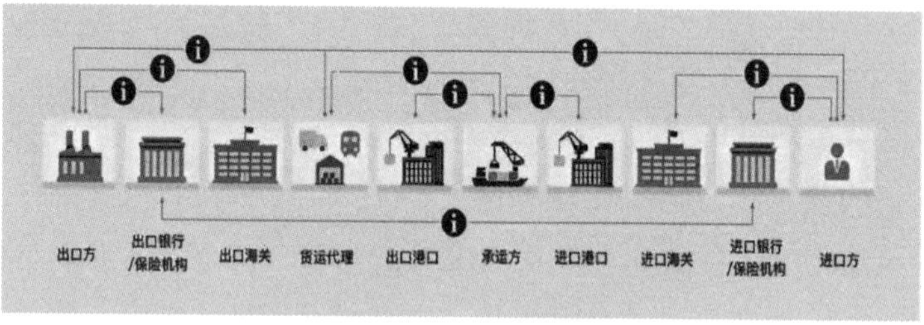

传统航运所涉及节点示意图

多年来，集装箱运输流程一直复杂繁琐。在运输过程中，不仅仅是马士基，传统航运公司最大的头疼事不是对集装箱追踪，而是伴随集装箱而来的堆积成山的各样文书。马士基在2014年进行过专门研究，其结果显示，使用集装箱装运货物的每30人和团体之间，会产生超过200个有关联的点，这些点之间存在很多交叉点，而每个点都需要一套新的文件，这些文件中一大部分仍为纸质，其余的虽为电子文档，但每个关联点并无法自动共享相关数据。订舱流程需要人工录入、效率较低，并且运价往往有很多的不确定因素。

事实上，每年全球贸易中，海运量巨大，有90%的商品通过海运方式运输，据估计，仅仅是贸易文件处理和管理方面的相关成本就占到了实际运输成本的1/5。并且那些支持证明文件还可能出现延迟、丢失、错放，导致缺少证明文件，海关不予放行等类似的问题，这样的不可抗力成为了贸易进程的极大阻碍。

为解决客户痛点，马士基开始了极富勇气的数字化变革。一是推出全新数字化订舱产品Maersk Spot，通过Maersk Spot，客户可以随时随地在线搜索并获得有竞争力的价格，订舱确认即可锁定运费价格和舱位。二是大力构建区块链服务，马士基联手IBM共同开发Tradelens项目。

5.4.1 开启区块链之路

2016年，马士基航运与哥本哈根信息技术大学区块链专家一起进行了一次区块链测试。测试结果显示：从肯尼亚到鹿特丹的一批玫瑰鲜花的信息流管理生成了25厘米厚的纸质文件。利用区块链技术之后，与集装箱海运相关的参与方可以将此前的纸质工作转移到智能合约系统，消除了大量的繁琐的纸质工作。在2016年夏天，亚马逊与马士基最初在区块链技术方面展开了合作。在经过数次实验之后，马士基认识到了区块链技术的潜力。

2017年3月，马士基发布2月份开始的更具实际意义的测试结果。该次测试是从鹿特丹港到新泽西州纽瓦克港，经历了2个星期，期间还经过了美国海关和沿途其他机构。该次测试中，只有马士基和IBM管理着这些节点，其他参与方使用他们的凭证通过移动设备或网页应用来查看数据。

2018年，马士基又进行了多次跨境贸易供应链中的区块链尝试，测试之后的马士基加快了改革的步伐，并与联手IBM成立了一家区块链相关的合资公司，合资公司中马士基占比51%股份，IBM占比49%。新合资公司的总部位于纽约。新合资企业CEO迈克尔·J·怀特任总裁，怀特之前在马士基公司担任北美部门总裁一职。2018年初，合资公司从马士基分离出来，起名为TradeLens。

（图片来源：搜狐网）

可以说，IBM在区块链方面有较深厚的技术储备，此前IBM曾与沃尔玛、雀巢以及联合利华等企业进行过合作，利用区块链技术监测食品安全与供应链条。2018年8月，马士基和IBM推出区块链运输解决方案TradeLens平台。该平台是建立在Hyperledger Fabric 1.0（超级账本）之上。

Tradelens是基于区块链技术的数字运输解决方案，平台成员在其全球运输货物的过程中可以实时访问运输数据和运输单证文件，对数据总体把握，并能通过平台进行数字化合作，从而协助构建透明、安全、不可篡改的交易记录。

5.4.2 Tradelens扩张策略

Tradelens诞生时，市场并非一片空白，当时已有COSCO和CMA CGM计划推出新区块链。供应链支付平台TradeShi已经连接了全球190多个国家和150万家公司；还有银行巨头花旗集团也处于“隐身”状态，不仅使用了分布式账本技术，还探索了物联网和人工智能技术。

Tradelens也面临中远牵头的区块链联盟GSBN的竞争。中远、长荣、东方海外和阳明等主要竞争对手已经组建了一个类似的开放平台，五家主要的班轮公司和几家码头运营商已与Cargosmart Limited公司签署了一份意向书，成立联盟，以全球商业网络的名义建立一个开放平台。而看好该平台并已入驻的企业超过了100家。

从市场竞争格局角度而言，TradeLens想要获得优势并不是一件容易的事情。2018年11月，马士基集团首席执行官SrenSkou“大声疾呼”，称马士基和IBM的数字平台Tradelens比COSCO和CMA CGM推出的新区块链处于“更为先进的阶段”。

为了让TradeLens成为一个开放的中立性平台，IBM和马士基及时调整了相关营销策略，不再强调“合资企业”的方式，而是将TradeLens描述为双方的一个“联合协作”项目，拒绝打上有IBM或马士基标记的解决方案。怀特强调说，TradeLens平台对整个生态系统参与者都是开放的。TradeLens是使用了区块链联盟超级账本的Hyperledger Fabric区块链技术开发，而且能和其他IBM项目和超级账本项目交互。怀特表示，TradeLends以独立实体运营的，不涉及马士基的航运业务。而且平台本身具有隐私保护功能，运营商的敏感信息都保存在不同节点上，因此运营商A绝对不会看到运营商B或运营商C的信息。

根据领导IBM 1600名员工区块链工作的Marie Wieck称，通过TradeLens，结果是运输时间平均下降了40%。区块链使每个参与者更容易获得提单、卫生证书、海关发布、发票和其他必要文件，将文书处理麻烦减少了10倍。

TradeLens实际带来的改变，以及平台的开放性赢得了行业尊重。TradeLens2018年8月正式推出时，约有100家全球性组织参与。2019年1月，西班牙阿尔赫西拉斯湾港口管理局（APBA）宣布运行平台Tradelens。

2019年5月，两家全球领先的航运公司，地中海航运公司（MSC）和CMA CGM已加入区块链运输平台TradeLens。马士基执行副总裁Vincent Clerc认为MSC和CMA CGM是“游戏规则改变者”。同月，马士基与俄罗斯交通运输部签署谅解备忘录（MoU），马士基与IBM共同开发的区块链供应链平台TradeLens得以在俄罗斯落地。根据上述MoU，圣彼得堡市成为TradeLens在俄罗斯推出试点的所在地。作为俄罗斯主要集装箱流通门户，圣彼得堡的港口加入TradeLens的企业与组织机构生态系统。

自此，TradeLens市场优势局面形成。

5.5 娄底：全国首张不动产区块链电子凭证诞生地

娄底，听上去像一个小村庄的名字。但它做到的一件事，却连号称中国“数谷”的贵阳都没做到。

“碧水融春田似画，青山醉晓锦如诗。”这就是美丽的地级市湖南娄底。据了解，娄底一年四季几乎都是在默默地美丽着，很少有因为上了“头条”而引起轰动的事件发生。但是2018年11月13日似乎特别不一样，娄底“突然”宣布娄底市不动产区块链信息共享平台正式上线启用，市民朱鹏涛乐呵呵地取得了全国首张不动产区块链电子凭证。

在这之前，还有人故意冷嘲热讽娄底，说这么小一个城市，“小屁孩”，还想搞区块链，还想搞国家创新，荒诞不经，不知道半斤八两。但娄底在区块链上的率先作为，令它一跃成为全国首个在不动产管理系统中使用区块链技术的城市。这确实让业内惊诧不已，娄底是怎么做到的？

拿到全国首张不动产区块链电子凭证的娄底居民朱鹏涛（左）（图片来源：央广网）

其实娄底是早起的鸟儿有虫吃，并且这个“早起”也有点被动的成分。2018年3月，全国两会期间，全国人大代表、娄底市委副书记、市长杨懿文接受媒体采访时谈到了娄底的“历史伤疤”。“2016年和2017年，娄底出现民间融资等问题，房价受了影响，城市信用体系受到损伤。娄底一些人还把存款存在长沙。”正是这个困扰娄底的“历史的伤疤”，让娄底下了决心，并在2016年开始布局区块链产业的引进和应用。可谓是看准了闷声就干。

2016年底，一个偶然的机会，区块链的分布式记账、不可更改等原理引起娄底市委、市政府主要领导的浓厚兴趣。通过深入研究发现了区块链可为恢复城市信用提供帮助。如何让银行对娄底增加信心，如何解决资金问题，解决信用问题……区块链对娄底的意义，不言而喻。

看准了就干，娄底表现出了极强的行动力。2017年5月，娄底市专门召开项目对接洽谈会，出台了《娄底市打造国家级区块链研究和应用示范区的方案》。确定牵头主体，由娄底万宝新区和娄底市国有资本投资运营有限公司为主，负责对区块链论证调研，远赴中关村寻找区块链研究和应用方面领先的企业。中关村金股链创始人兼CEO曾强生曾对媒体称，“从2016年第一次与娄底的领导见面和洽谈，到2017年的多次会面会谈，让他铁下心来，因为娄底的领导观念很新，对区块链的认识非常前沿和到位。各参与单位观念更新快，对创新发展的热情高，这让他对区块链在娄底的应用信心倍增。”

2017年10月16日，娄底市市委副书记、市长杨懿文召开市长办公会部署政务区块链工作，明确要求在全省率先开展区块链技术研究与应用，坚持先行先试，助推产业结构转型升级，催生经济倍增新亮点。会议同意由娄底万宝新区、娄底市国有资本投资运营有限公司与北京金股链科技有限公司在娄底成立合资企业，尽快让区块链技术在娄底先行先试。

2018年1月19日，杨懿文市再次召开专题会议，研究项目对接情况。会议要求着手“国家级区块链研究和应用试验区”在娄底创建，培育和发展区块链应用产业。正式成立娄底市区块链研究和应用示范推动领导小组，市长杨懿文挂帅任组长，副市长甘跃华、市政协副主席苏旻任副组长。

3月7日，由新成立的资本投资运营有限公司、娄底市地税局、北京金股链科技有限公司召开“区块链四网互通”方案沟通会。“四网互通”涉企内容包括：经营企业备案，计算机信息网络联网备案，经营者变更名称、地址、法定代表人等备案，不动产登记备案，房地产经营企业备案证明，出租企业或者其他单位等。一个由税务、工商、国土、房产等部门联合打造的娄底区块链“智慧政府”平台紧锣密鼓地进行着。娄底将充分利用区块链信用验证、真实性检验两大特点，让曾因个人信用、个人资产的透明性混沌，致使民间融资失控导致的社会“信用”危机不复存在。

6月6日，娄底市区块链不动产登记四网互通项目协调会召开。市政协副主席苏旻，市人民政府副秘书长杨建军，市财政局、市国税局、市地税局、市国土局、市房管局、万宝新区、市国投、北京金股链科技有限公司、湖南智慧政务区块链科技有限公司负责人出席会议。

会议对要将区块链不动产登记四网互通项目作为我市先行先试的切入点，力争打造成“全国首创、娄底独创”的区块链政务应用项目等议题，普遍达成共识。打通了信息共享和管理协同“最后一公里”。

2018年11月13日，娄底市不动产登记中心、市住房公积金管理中心、招商银行娄底分行、湖南智慧政务区块链科技中心签署四网互通协议，同时娄底市不动产区块链信息共享平台正式上线启用，首张不动产区块链电子凭证诞生。

娄底市不动产区块链信息共享平台四方签约仪式（图片来源：央广网）

从资产占比看，全球不动产总值已经超过217万亿美元，占全球主流资产的60%，不动产投资是居民资产配置的主要方式。但是，不动产行业痛点一直存在。比如：不动产分拆界定不清、交易资质确认难、链条冗长拖沓、不透明度高、溢价率高等。近年来，不动产新玩法是层出不穷，信息电子化、资产证券化、房地产信托投资基金（REITs）模式等，不一而足，均是为解决这些痛点的尝试。区块链技术出现之后，成为新的方向，被多个国家运用来改造传统不动产。

自2017年开始，巴西、瑞典、日本等国家已纷纷利用区块链技术，尝试在购买房地产、托管房地产、记录房地产所有权转让环节中加以应用，以及研究如何进一步将不动产数据库整合成可视的数据记录。

全球不动产交易平台主要有两家，分别是：Cybereits、i-house token。他们主要通过区块链技术，开发垂直于不动产行业的不动产拆分智能合约，将全球不动产信息“上链”，并且给予用户小额资金投资并获益的不动产投资机会，以此使投资门槛降低。“国际比特币房地产协会”主席Ragnar Lifthrasir也曾表示，落地的主要障碍是如何构建系统，并让人们来使用它。

娄底不动产登记凭证证照已实现与国土、税务、房产机构等部门互认。从2018年11月15日起，到这些单位办理房产等不动产相关业务，可以通过在网上提交或通过银行就近直接办理。市民如有特殊情况，仍旧可以申领纸质证书、证明。实现了“一窗受理、一站办结”，极大地方便了群众办事。

不动产区块链电子凭证，是不动产证书的电子形式。可通过电子凭证，了解房屋登记信息和实时状态如抵押、查封等。有了它，子女上学、房产抵押等，不再需要到不动产登记中心开具查询证明。通过电子凭证，还可以了解房屋的地理位置信息及周边环境，查看小区二维、三维图形，实时了解房价变化。在税收管理方面，先税后证，严格从计算机操作活动系统上先纳税后备案，进行技术性的锁定。

娄底市不动产区块链信息共享平台拓展性强，搭建数据共享的通用性平台，2018年11月上线时是四网，未来几乎所有政府的网都会上链，为未来区块链在更多政务平台上应用提供了经验。

5.6 远光软件：“区块链＋能源”领航者

新生事物的出现往往会引来嗅觉最灵敏的先行者。先行者A股上市公司远光软件是有深厚技术基因的。其控股股东为国家电网全资子公司国网电商公司，拥有1个博士后科研工作站。公司扎根能源行业，在行业企业管理软件领域长期处于领先地位。

远光软件的技术基因在2015年找到了另外一个方向。2015年，国内股市大起大落，上市公司的股价在激荡中飘摇。彼时，上市公司远光软件开始将目光投向初露头角的一种新的信息技术——区块链。埋头于科研，几年后这家公司在传统电力行业趟出一条新路，国内能源行业涌现出一批领先的区块链应用，先行者变为领航者。

5.6.1 区块链应用服务平台诞生

2015年，远光软件设立区块链技术研究实验室，这是它全面推进区块链在技术、应用、合作、资本等方面布局的开端。2017年，在实验室基础上成立区块链应用事业部，区块链成为远光软件独立出来的战略业务板块。2018

年8月，基于多年的技术积累，远光软件正式向外界推出远光区块链应用服务平台。

远光区块链应用服务平台采用面向服务的分布式架构，作为区块链产品的支撑平台，不仅提供了区块链应用开发的底层环境，同时也为分布式集团管理产品的使用提供了技术支持。

应用范围不仅涵盖分布式能源交易、分布式光伏结算、微电网、电动汽车、供应链金融、电子资产证券化、资金管理、物资供应链、资产全寿命周期管理等集团管理及能源互联领域，还提供了基于区块链技术的可信电子证照、电子合同、电子票据、电子档案、公益资源交易、爱心互助、精准扶贫等数据存证服务和社会互联服务。

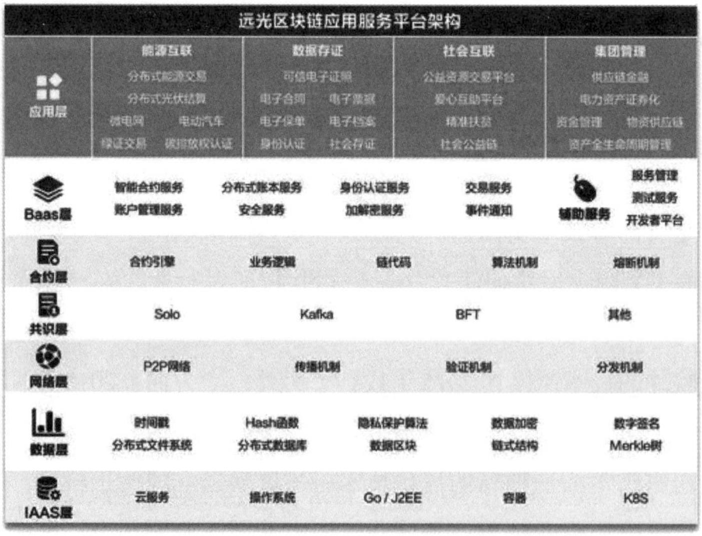

远光区块链应用服务平台架构图

不难看出，远光区块链的眼光之长远、布局之广泛。目前，远光软件基于自主研发的区块链企业应用服务平台有：供应链金融平台、分布式光伏结算、分布式能源交易、集中式购电费结算、区块链电子学历、区块链电子合同及商品溯源等产品，现已在供应链金融、能源交易、数据存证、食品溯源、数据存证、能源区块链等领域开始应用。其中“供应链金融平台”“远光区块链商品溯源”“区块链企业应用服务平台”已获国家网信办区块链信息服务备案。

目前，远光软件已与国网上海市电力公司、国网湖南省电力公司等展开合作，试点区块链技术在数据存证、能源交易、食品溯源、供应链金融等领域的应用，实现了多个项目的成功落地。

从资本市场看，远光软件是资本市场少有的实现区块链营收的公司。据了解，2018年远光软件与国网河南省电力公司、国网冀北电力有限公司技能培训中心分别落实了“基于区块链的数据安全共享技术研究”及“基于区块链的能源互联网信息基础架构关键技术研究”两大项目，一举打破区块链业内科研项目无营收、营收难的困局。远光软件相关公告显示，2018年“区块链及人工智能”收入2823.86万元，较上年同期增长262.06%；2019年上半年“区块链及人工智能”收入1625.98万元，较上年同期增长393.61%。

远光软件的区块链实力也得到国内外资本市场的认可。公开资料显示，2018年6月，远光软件在睿识纳斯达克区块链中国指数评比中位居中国区块链上市企业榜首。2019年12月底，深圳证券交易所和深圳证券信息有限公司共同发布深证区块链50指数，远光软件与平安银行、美的集团、苏宁易购、顺丰控股等50家企业入选。

关于发布深证区块链50指数的公告

时间：2019-12-24

为反映深圳证券市场区块链产业相关公司的表现，为投资者提供更丰富的指数化投资工具，深圳证券交易所和深圳证券信息有限公司定于2019年12月24日发布深证区块链50指数。

指数代码	指数名称	指数简称	指数基日	基日点位
399286	深证区块链50指数	区块链50	2012年12月31日	1000

深证区块链50指数以深交所上市公司中，业务领域涉及区块链产业上中下游的公司为选样空间，按近半年日均总市值从高到低排序，筛选排名前50名的股票构成样本股。指数采用自由流通市值加权，于每年6月、12月的第二个星期五的下一个交易日进行样本股定期调整。

上述指数均包括纯价格指数和全收益指数，纯价格指数通过深交所行情系统发布实时行情数据，全收益指数通过国证指数网发布收盘行情数据。

有关深证区块链50指数的详细资料可参见国证指数网（http://www.cnindex.com.cn）。

特此公告。

深圳证券交易所
深圳证券信息有限公司
2019年12月24日

“深证区块链50指数”发布公告

实际上，不错的业绩背后的支撑是过硬的技术。据了解，远光软件在“区块链电子证照”“区块链电力交易方法”等方面已申请专利70余项，在“2019上半年全球区块链企业发明专利排行榜（TOP100）”中位列53名。

5.6.2 聚焦能源区块链平台

能源互联网是信息技术与能源技术融合发展的必然趋势。区块链技术以其去中心化、开放性、自治性、信息不可篡改等特性有望支撑能源互联网的进一步发展壮大。

“区块链+能源”是远光软件区块链布局的重要战略方向。这与远光软件深厚的电力行业背景有关，远光软件已服务电力行业企业信息化逾30年，是国家电网“三型两网”战略的重要平台，控股股东为国家电网全资子公司国网电商公司。

2018年，远光软件最初提出的是“基于区块链技术的能源交易平台”即“能源互联平台”的概念，定位为能源领域的“天猫”，致力于让售电主体和电力用户通过该交易平台进行市场化的能源交易。根据远光软件的构想，该交易平台可通过区块链与互联网的协同，力求实现能源流、信息流和资金流“三流”合一，“未来将广泛应用于分布式能源交易、碳排放权交易、车联网应用、需求侧相应、多能协同、能源金融、能源激励、绿色证书等8大业务场景。”

现在看来，当年的设想正逐步走进现实。以分布式能源交易为例，据远光软件相关公告，2018年分布式能源云服务营业收入1721.33万元，同比增长186.46%；2019年上半年分布式能源云服务收入920.77万元，同比增长50.17%。此外，也有“区块链分布式能源交易系统v1.0”“分布式光伏交易”等产品和项目落地。

如今，远光区块链的能源区块链战略更为清晰和完善。“能源区块链平台”被定义为构建以区块链技术为基础的面向能源互联网内各种数字资产交易体系，以市场化机制刺激可再生能源消费和就地消纳，增强供需两端信息融合和实时、可信、高效互动。

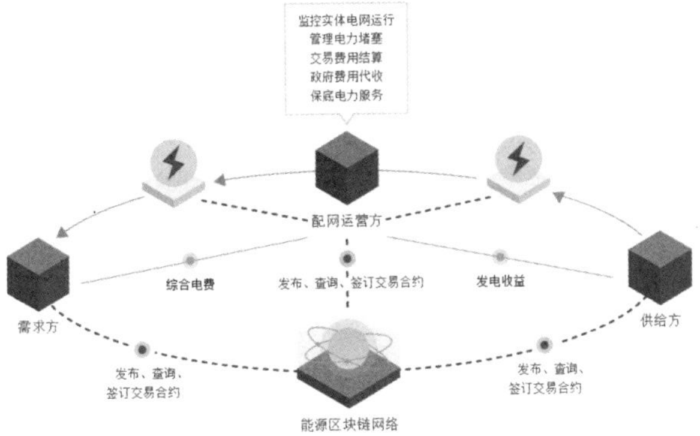

“能源区块链平台”方案介绍

整体看来，远光软件的能源区块链有四大优势：一是深度运用区块链技术。将现有的多层系统结构进行优化，通过区块链网络直接将生产者与消费者紧密联系在各个层次进行交易。二是重点关注需求侧问题。专注于解决能源需求侧的实际问题。三是促进资产流通交易。能源领域大量的实体资产在数字化后，可通过平台提供的交易功能，使资产流通更加便捷、交易更加透明。四是实现价值再分配。凭借透明的交易、可信的结算，进一步还原能源的商品属性，形成由市场力驱动能源价格再优化。

5.6.3 上海分布式光伏项目

区块链项目落地难制约着行业发展。不过，对于身处先发优势的远光软件，基于多年研发，区块链落地成为水到渠成的事。从2018年至今，远光区块链在电力行业收获颇丰，落地的项目越来越多，涵盖领域也越来越广，渐成行业典范。

最新信息显示，远光软件已上线完成“链联供应链金融项目”“上海分布式光伏项目”；中标山东两个科技项目“基于区块链的厂网购售电费结算优化”、“分布式光伏结算”以及“河南数据安全共享项目”；完成“上海电益链项目”“湖南区块链内模市场项目”“好彩头溯源项目”的立项，现处于平台搭建阶段。

其中，远光软件“上海分布式光伏项目”即“基于区块链技术的分布式光伏结算项目”则是备受关注的明星项目，曾获评“2019可信区块链高价值案例”等大奖。该项目是一款采用区块链技术打造的便捷、易用、轻量化的分布式光伏补贴结算应用，已于2019年5月在国网上海市电力公司部署实施。

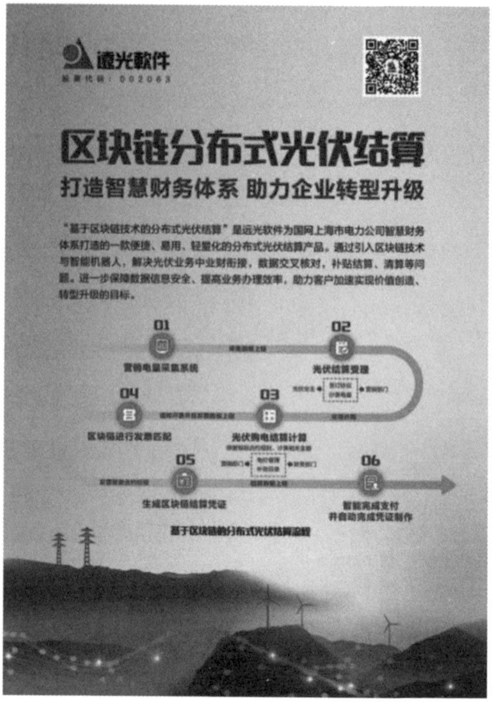

基于区块链的分布式光伏结算流程图

随着国家对分布式光伏能源的扶持，分布式光伏客户数量呈高速增长态势，电网营销、财务工作量剧增；加之各部门间数据流通不畅、结算工作量巨大等问题，如何解决财务工作流程繁琐、效率低下等问题成为光伏业务稳定发展的关键。

光伏发电设施图

远光软件针对国网上海市电力公司光伏结算业务研发了“基于区块链技术的分布式光伏结算系统”，通过引入区块链、人工智能、大数据等技术，解决光伏业务业财衔接、数据交叉核对、补贴结算、清算等问题，助力国网上海市电力公司“智财务”建设。

该项目主要通过在光伏结算的申请、计量、采集环节，电费计算环节引入区块链技术，一方面将电价标准、业主信息、电量数据等信息上链，在多主体间进行数据共享，消除数据交叉核对；另一方面将财务计费、计税等规则形成的智能合约上链，实现计费、计税自动完成，降低人为失误，提高工作效率。同时项目还引入了发票机器人，将用户、业务和财务三大主体紧密联系，构建一个以智能机器人为载体的发票数据网络，进一步降低人力工作量，提升数据流转效率。例如：以前需10分钟的发票确认工作，现在仅需10秒；以前需要数天才能完成的数据核对、业务合规等检查，现在可即时完成。

通过创新运用区块链技术，光伏业务管理最终可实现以下好处：其一，数据防篡改，这是区块链的技术特点之一。其二，增加业务透明度。通过将业务流程中的各方纳入区块链中组成联盟链，增加了各方对业务流程的了解程度。其三，增加数据安全性。通过区块链分布式多点储存技术保障了数据的安全性。其四，提升工作效率。通过区块链智能合约技术的应用，实现了在电力市场环境下现存的补贴审核周期滞后，不同类型供应商的结算周期无法自定义的问题。

5.7 度小满：共建数字金融生态

巨头的每一步都备受关注。

百度金融业务始于2013年，在2015年12月整合组成金融服务事业群组（FSG），并上升至百度战略级位置。度小满金融，原百度金融，2018年4月，百度宣布旗下金融服务事业群组正式完成拆分，拆分后百度金融启用全新品牌“度小满金融”，实现独立运营。

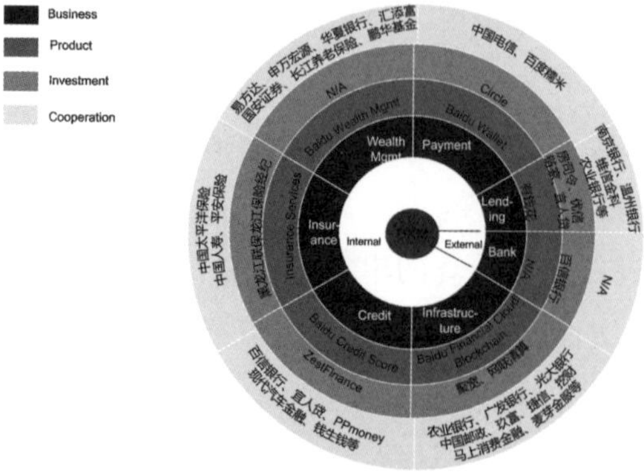

度小满金融框架

从上图不难看出，其业务架构主要包括金融科技、消费金融、支付、互联网理财、互联网保险等多个板块，基本覆盖金融服务的各个领域，区块链是金融科技中的一部分。

度小满区块链实验室是度小满区块链的大脑、也是技术设计中心，主要进行区块链核心技术研究与创新、区块链应用落地探索、特别是在未来数字化金融场景的落地等，承担共建数字金融生态使命。度小满金融区块链团队，前身为百度金融区块链团队，正式成立于2016年。

一站式区块链服务和整体解决方案为度小满金融区块链两大核心能力。一站式区块链服务主要包括四部分内容：10分钟接入；一键资源申请；一键部署节点；一站式运维管理。

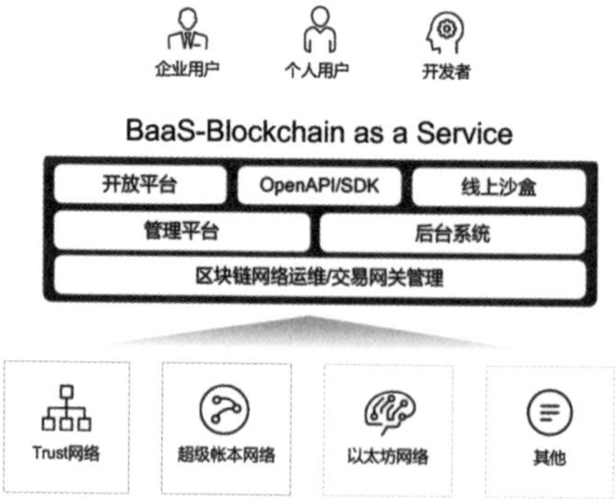

一站式金融服务平台

整体解决方案，全方位区块链解决方案，主要指应用&合约市场+一站式服务平台应用+金融云，三者协同。

全方位区块链解决方案示意图

从过往业绩看，度小满金融区块链不但在区块链核心技术方面申请了几十项发明专利，而且在具体金融应用中，在应用场景的探索中，成绩也是有目共睹。其中有：中国第一单应用区块链技术的交易所ABS；“百度-长安新生-天风2017年第一期资产支持专项计划”；中国第一单应用区块链技术的私募ABS；与佰仟租赁、华能信托等联合发行；国内最知名的区块链游戏“莱茨狗”。

但巨人亦有烦恼，行业仍处于发展初期，区块链的前路仍然艰辛。在北大光华-度小满金融科技联合实验室联合发布的《分布式金融技术白皮书（2019）》中称，虽然行业发展前景广阔，但毫无疑问，市场发展仍存在不少曲折、艰辛。在这样的特殊时期，做基础研究更需要勇气和毅力，作为行业从业者以及技术研究者，度小满区块链实验室同样也起起伏伏，修正调整。坚定分布式科技（Decentralized Technology）在数字化时代、资产化时代的基础性应用和巨大前景，坚定分布式科技在新金融时代的作用。

分布式金融（DeFi）概念，从2019年上半年开始热度迅速升温，成为整年区块链行业的首要热点。仿佛在炒作之外，在已有区块链基础设施之上，终于能够构建出有价值的区块链应用，区块链的真正落地已经首先从金融开始了。但是如果逐一审视现有DeFi应用和场景，总体来说，北大光华-度小满金融科技联合实验室认为今天的DeFi更大的意义在于概念的明确提出和方向指定，现有的应用则更多的是已有一些数字货币相关应用的升级和概念包装，即所谓“新瓶旧酒”。

5.7.1 区块链落地ABS

资产证券化（ABS），通常是以流动性较差的基础资产未来所产生的现金流为基础，通过结构重组、信用增级，发行资产支持证券的过程。其一般流程是：发行人将特殊资产出售给一家机构，这家机构将特殊资产包装成资产池，以该资产池的未来现金流为支撑发行的有价证券融资。整个过程都对风险控制、定价、评级、监管等提出了高要求。

传统的ABS通常存在着以下问题：资产信息不对称，缺乏必要的透明性，资产的真实性无法保证，发行方只负责资产背书，深藏在资产背后的风险不容易挖掘；容易造成融资成本高、融资周期长；因为成本高，就要求提高收益，从而加剧了企业融资成本；非标资产信息披露太少；评级的信息依据相对缺乏；中心化的管理模式造成可信度打折。

2017年7月，基于区块链的资产证券化，百度金融长安新生上线，并发布百仟私募ABS，8月，上交所批准通过“百度-长安新生-天风”场内首单基于区块链的ABS。这是一个典型的联盟链，发行总规模4亿元，联合天风证券共同发布。

整体方案是使用度小满Trust构建联盟链网络ABS项目，将区块链技术应用到资产筛选、尽职调查、组合设计、监管审批、终端销售等全流程环节，提供透明、真实、高效的链上服务。方案采用联盟链的架构，允许各个参与方均可参与记账、存储和传输。（1）资产方：写入底层资产信息，掌握的信息更加全面，甄别、评级更加准确，劣质资产、泡沫资产将得到遏制；（2）信托机构：写入信托计划信息；（3）发行机构：写入发行计划书，资产估值，资产风险评级；（4）律所、会计师事务所：审计链上数据，并写入分析评估报告；（5）评级机构：写入资产评级报告，数据公开，分析有理有据，更为客观可信；（6）投资人：实时获取资产变动明细，全面了解资产的来源、评级等方面信息，进而进行理性投资，无须再花费巨额学习成本；（7）监管机构：全生命周期、穿透式的监控资产。

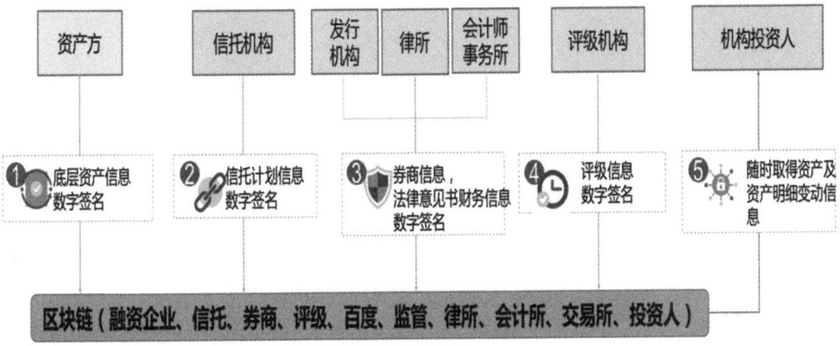

ABS区块链设计方案

方案优势主要有：信息公开上链；客观评级、有效风控、真实监督：提升业务效率，降低运营成本。

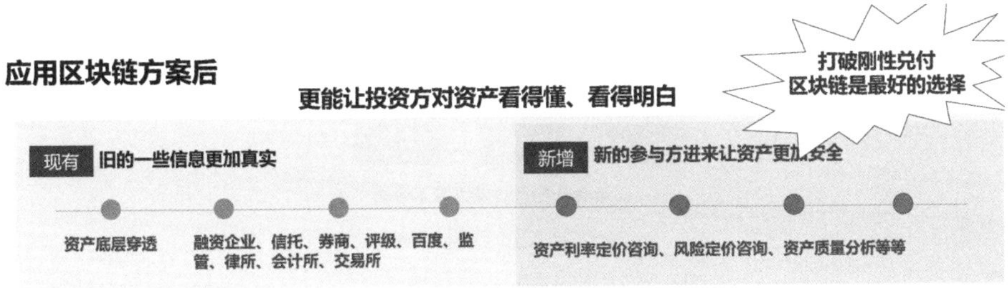

应用区块链后

5.7.2　区块链落地消费信贷

消费信贷是消费金融最重要的业务之一，消费信贷是指银行或者其他金融机构，采用信用、质押、抵押或者担保的方式，向个人消费者提供授信，促进消费行为完成的一种贷款。传统消费信贷业务，在工作效率、数据安全、风控等方面存在如下挑战：信贷平台与合作企业交换的信息有限，出借方难以掌握资金去向和还款情况，借款人也无法了解资金来源，而且传输方式也给信贷平台带来了额外的、冗余的、易错的工作；征信体系尚不成熟，提高了信贷的成本；对风控、审计难度较大，缺少必要的数据支撑；传统的消费信贷模式逐渐显得力不从心。

根据这些痛点，度小满提出了区块链解决方案，主要涵盖如下内容：一是数据标准化，对信贷工作中的数据采取标准化，信贷平台方与合作企业直接采用标准化的账务制式和文件格式，降低对账的复杂度。二是融资、放贷信息全上链：对消费信贷过程中，平台的融资、放贷信息全上链，包括投资明细、放款时间、金额、借款对象信息等必要信息。三是数据分布式存储，近实时同步：数据分布式存储，保证了数据不会丢失。平台与合作企业均将数据写入链中，通过区块的同步实现近实时的数据同步。

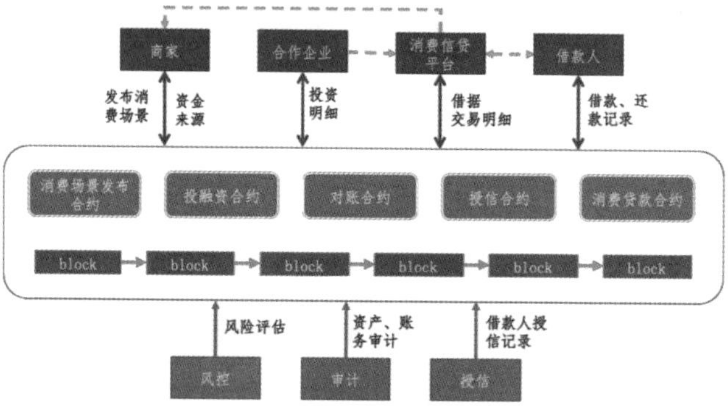

消费信贷区块链方案示意图

消费信贷区块链方案

方案要求对消费信贷中的关键流程信息上链。（1）平台方：平台负责统筹完成消费场景发布、合作企业的投资，放贷与还款，平台会在链上记录下借据和交易发生的时间和相关人员等关键信息，并对其中敏感信息进行脱敏或加密。（2）合作企业的资金去向与还款明细：合作企业向平台方提供资金后，资金的支取以及资金的还款信息都上链，这为理清法定责任与义务提供了依据，并且为风控提供了可信的数据。（3）商家信息发布：合作商家可于平台发布消费场景合约，诸如医疗、美容、教育等，借款人可通过合约完成消费。（4）借款人信贷行为：借款人获得资金、还款信息也都上链，这为风控、审计提供了监管数据。

基于消费信贷的区块链解决方案，针对教育场景，推出区块链技术赋能的“安心付”产品。

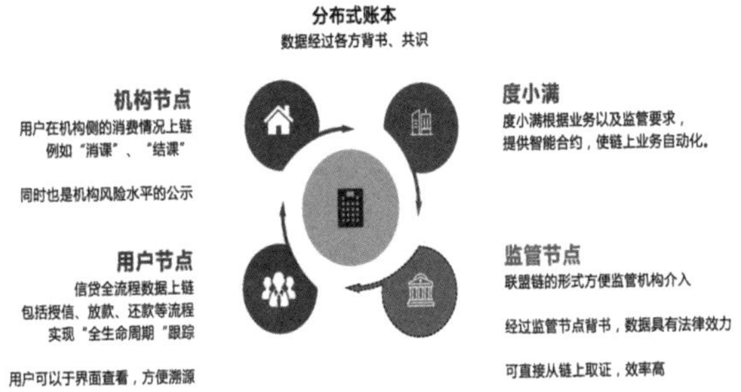

安心付流程及特点

安心付创新性地将区块链技术与分期贷款进行结合，采用区块链技术构建包括资金方、用户以及机构间的多方信任，同时基于区块链技术实现了业务的透明协作与相互监督。

安心付具有如下优势：（1）数据标准化：将交易信息、借据明细打包进区块链，合作企业能方便、安全、并以统一的形式拿到信贷明细，整个业务链变得更加高效、安全。信贷平台、借款方和出借方均能看到完整信息。（2）数据隐私：针对业务对数据隐私和安全的要求，对上链信息进行安全处理，采用泛化、加密等隐私保护手段，保证了敏感信息的有限可见性。（3）去中心化：去中心化避免了由于中心化造成的数据篡改，确保了链上数据的真实可信。并且分布式的存储和共同管理，最大限度地保证了数据的安全，不会丢失。智能合约技术：通过智能合约，可以由代码跟踪企业的资金和借款人的资金来往。基于智能合约的风控模型，数据更真实，更具时效性。

5.8 蚂蚁金服区块链落地场景达到40多个[①]

——蚂蚁金服区块链技术总监 闫莺

导读：数字化工具的普及重构了商业价值链，极大地提高了供给侧的效

① 本文根据《证券日报》记者李冰对蚂蚁金服区块链技术总监闫莺的采访整理而成，并获授权刊载（原文刊发于《证券日报》，2019-12-03，标题有改动）。

能。随着金融科技发展，一个被科技赋能的金融时代已悄然来临。区块链作为其中的热门之一备受关注。2014年10月16日，起步于支付宝的蚂蚁金融服务集团（以下称“蚂蚁金服”）正式宣告成立。随后在2015年，蚂蚁金服成立了区块链小组；2016年，蚂蚁金服开发的第一个区块链应用落地。由此，蚂蚁金服区块链团队组织架构由虚转实。此后，其在2017年到2019年连续三年稳居全球区块链专利数量排行榜第一，并在共识机制、智能合约、可信计算、隐私保护、跨链交互等核心技术上取得了突破。

就像马云所说，区块链不可能也不应该用来一夜暴富，区块链是用来解决社会问题的。5年间，蚂蚁金服区块链走出了“一条上扬的行情”，建成了可供10亿账户和10亿日交易量的“双十亿”金融级区块链底层平台，在超40个应用场景实现落地。根据财报信息显示，阿里巴巴区块链专利申请量已经达到1005件，且主要来自蚂蚁金服区块链团队。2019年11月份，蚂蚁区块链技术首次全面应用到天猫“双11”。从2018年首次试水，到2019年全面应用“双11”商业场景。蚂蚁金服在区块链上面的场景应用落地可谓是迅速的。

那么到底是什么契机让蚂蚁金服开始关注到区块链技术？蚂蚁金服区块链探索之路到底如何？它又能给中国其他区块链技术企业带来哪些启示？

5.8.1 区块链真正的价值，在于用技术的方式建立信任

闫莺：在蚂蚁金服，区块链技术发展的萌芽源于公司内部一次“黑客马拉松”，几名工程师48小时不眠不休，验证了一个应用的可行性，用区块链追溯公益善款。当时的DEMO模拟了一个公益机构、数位捐款者和受捐人，链路并不长，但能整个跑通，实现了捐款信息流的步步追踪，记录完全公开、透明、不可篡改、不被中心控制。

同一时间，除了自下而上的实验。战略层面也开始自上而下地关注区块链。支付宝成立15年来，一直专注于解决信任的问题。而区块链真正的价值，就是用技术的方式建立信任。

天时地利人和。蚂蚁金服区块链第一个真正落地的应用即“听障儿童重

获新声”公益善款追踪项目，在2016年8月份落地。我们很快就为10名听障儿童筹到了19.8万元，近5万人参加了捐款。此后陆续落地的区块链公益项目，平均筹款时间要比普通项目快1倍，这更验证了区块链技术在建立信任上的价值。

5.8.2 蚂蚁金服区块链落地场景已达40多个

蚂蚁金服区块链的落地场景已达到40多个，主要集中在民生和服务实体领域。我们认为，区块链一定要解决实实在在的社会问题，才能实现价值。蚂蚁金服董事长兼CEO井贤栋也曾多次在公开场合强调，区块链要为真实世界带来真实价值。

在覆盖场景上，主要有几个方面，比如，将区块链用于奶粉、钻石等跨境商品的原产地溯源，让每个商品的生产物流情况真实可见。2019年“双11”期间，4亿商品在蚂蚁区块链上获得了不可篡改的“身份证”。同时，我们也在浙江舟山等地区合作探索疫苗溯源等民生痛点的解决方案。

在支持实体经济方面，蚂蚁金服的区块链应用主要落在供应链金融上，从而实现了应收账款灵活可靠的拆分流转，而且能够解决供应链末端小微企业融资难、融资贵的问题。更多的小微企业因此获得了平等高效的普惠金融服务。

而在跨境支付领域，蚂蚁金服区块链选择了全球最大的劳务输出国菲律宾作为试点，以解决出国务工者的最大刚需：让每笔跨境汇款成本更低，且实时到账。全球首个基于区块链的电子钱包跨境汇款服务已于2018年6月25日在中国香港上线。第一笔区块链汇款由在中国香港工作22年的菲律宾人Grace完成，耗时3秒，而在以前需要10分钟到几天不等。今年1月8日，蚂蚁金服区块链技术又打通了从马来西亚到巴基斯坦的区块链跨境汇款通路。

5.8.3 区块链让小微企业的融资时间成本从3个月变成1秒钟

在服务小微领域，将区块链技术应用于供应链金融，能有效解决企业与企业之间、企业与金融机构之间的协作问题，缓解小企业贷款难题。

在支持实体经济方面，蚂蚁金服区块链目前专注于应收账款的流转和融资，通过实现应收账款灵活可靠的拆分流转，重点解决供应链末端小微企业融资难、融资贵问题。

区块链如何做到让小微企业的融资时间成本从3个月变成1秒？一方面提升了供应链上下游交易的透明度，交易状态也变得更实时和可靠，金融机构可以基于区块链应收凭证对中小微企业进行融资，建立起可靠和稳定的供应链金融生态系统。

也就是说，区块链分布式记账和不可篡改的技术特征，将整个商业体系中的信用变得可传导和可追溯，为大量原本无法融资的中小微企业提供了融资机会。

据统计，过去传统的供应链金融服务大约仅能为15%的供应链上的供应商们（中小微企业）提供融资服务，而采用区块链技术以后，85%的供应商们都能享受融资便利。

举个例子，江苏有一家小企业，给汽车生产商供应螺丝钉，这家企业非常小，以前贷款融资会遇到很多问题，因为没人敢相信一个注册资本才10万元、只有10个人的小工厂。通过蚂蚁金服区块链的供应链金融体系，我们能知道核心企业跟它采购了螺丝钉，那么我们就可以给它放贷，这个小工厂现在几秒钟之间就可以拿到几万元的贷款，很好地解决了小微企业融资难的问题。

供应链金融的核心在于能够告诉你钱从哪里来、到哪里去，这样的流通机制很好地解决了小微企业的数据缺失问题，能够帮助银行机构看清你背后融资的原因，证明了融资目的和生产相关，这样风险就会降低，对银行来说某种程度上解决了信任和风控的问题。

区块链增加了企业之间沟通的效率，但前提是隐私保护，这非常重要。不能仅仅为了效率，把所有的信息都公布于众。然而区块链的隐私保护在技术上非常有挑战，要求可验不可见。区块链作为一项“基础设施”，隐私方案需要性能、通用性兼顾，这也使得这项技术难上加难。目前行业内常见的解决方案包括硬件方案和软件方案。

在蚂蚁金服，我们既有软件方案也有硬件方案。软件如同态加密，蚂蚁区块链有业界6倍的性能加速；硬件是做通用CPU芯片级别的，基于可信计算技术，使得隐私交易和合约在硬件环境中被执行验证，以保证性能和通用性，提供全链路的交易强隐私保护。

5.8.4 蚂蚁金服区块链的“三做、三不做”

首先我们会思考相关技术可以解决社会上哪些根本问题、能不能产生一些新的商业机会。对于区块链，蚂蚁金服有自己的原则——三做三不做。三做：一是用区块链来解决实际问题，让金融和商业变得可信、透明和高效；二是不断攻克区块链通向大规模实际应用的技术障碍；三是与合作伙伴一起共建开放的区块链生态。三不做：一是无论是现在还是将来，蚂蚁金服绝不碰没有任何真实价值的“空气币”；二是不做违反法律法规的技术应用；三是不做任何伤害用户数据安全和隐私的行为。蚂蚁区块链目前的尝试比较创新，但肯定要符合国家的监管和规定，包括数据隐私问题。

其实，区块链商用的前景虽然非常广泛，但总体来讲，今天我们仍然处于起跑阶段。在今天，产业协同为区块链制造了很多机会。区块链的本质是构建信任机制，所以未来的应用也会是泛行业的。在数据和价值需要流转的地方，在效率比较低、流程特别长的地方，发展速度尤其快。未来，区块链会像移动支付一样，改变人们的生产和生活，成为数字经济的基础设施。

5.9 通过“步步鸡”的溯源过程理解区块链的价值①

——中国电子技术标准化研究院主任 李鸣

导读：近日，全国掀起了学习区块链知识、研讨区块链技术及其应用的

① 本文根据《证券日报》记者马方业、邢萌对中国电子技术标准化研究院主任李鸣的采访整理而成，并获授权刊载（原文刊发于《证券日报》，2019-12-23）。

热潮。中国电子技术标准化研究院区块链研究室主任李鸣，还担任工业和信息化部电子工业标准化研究院区块链研究室主任，以及IEEE计算机协会区块链和分布式记账技术委员会主席、IEEE P2418.2区块链数据格式国际标准项目组主席、IEEE P2841人工智能深度学习评估框架与过程国际标准项目主席，长期跟踪研究全球区块链产业发展以及区块链标准化制定。

5.9.1 如何理解区块链的价值

区块链其实只是一个通俗说法，按标准来说应该叫区块链和分布式记账技术，ISO 22739国际标准中定义，区块链是使用密码技术将共识确认的区块按照顺序追加形成的分布式账本。在技术层面，区块链是利用加密算法将块链式的数据按时间序列排起来形成的数据结构，分布式账本是把块链式的数据存储在网络的不同节点中形成分布式的共识机制。区块链用块链式的数据结构对数据进行了“封装”，分布式记账是利用分布式网络存储相同的账本来作为机制保障。因此，可以理解为区块链和分布式记账技术是利用一系列技术手段对数据进行“封装”，形成了可信、共识防篡改的技术体系，从而为最大化数据价值提供支持。

在应用层面，通过对数据的“封装”，为存证和确权、交易和交换、溯源提供了技术保障。现在我结合一个溯源场景分析什么是区块链及其价值。有家保险公司做了一个“步步鸡”项目，它把产业链里的养殖基地、分销方、物流方、超市连在一起，通过区块链技术将“步步鸡”的生活数据“封装”上链，老百姓可以扫描相关装置了解鸡的全生命过程。这就是将供应链相关方作为区块链的分布式节点，去共同了解或者分享鸡的真实数据，以便完成供应链所有相关方的共识，最后让百姓真正吃到有保证的鸡。

同时，该项目把银行和保险公司接入到区块链网络中，让银行和保险公司实时掌握鸡的健康和活动数据，这样银行就不用去山里调查，降低了尽职调查的成本，从而可以以很低的成本把钱贷给农民，农民可以扩大养殖规模。同样，保险公司也有鸡的健康数据，比如系统记录鸡每天可以走一万步，鸡的健康状况可以保障，保险公司也愿意把保险卖给鸡农。如果有问题的话，接入网络的农科院专家也可根据实际情况为养殖户提出建议。这样就在生态上就把所有的相关方引入到区块链网络中，形成生态共识。

这个例子可以充分体现区块链的技术价值。首先是存证，把鸡的活动数据上链，存证后在供应链和生态环境中分享，从而打通了供应链和生态中的信任通道，降低了信任成本和商业摩擦，提升了价值交换的效率。这个案例创造了一个新的商业模式，原来养殖户没有信用保障，需要用人来调查、靠协议保障，现在可以通过区块链技术实现了信用支持，从而构建了一个新的商业模式。通过我们的分析发现，区块链可以用在存证和确权、交易和交换、溯源和信用服务四个方面，后面三种应用方式的前提都是存证和确权，没有存证则无法进行交换、溯源和信用服务。现在大部分溯源、积分、供应链管理、司法存证的项目都在范畴之内。通过这种分析避免了在金融、教育、医疗等多种场景里面的穷举现象，可以基于区块链的技术特征提炼出相关的应用逻辑，为所有行业提供指导。

5.9.2 数字经济将无限放大数据的价值空间

从科技视角来看，数字经济的核心要素是数据，区块链等新一代信息技术是加工数据的工具，主要是为了最大化数据的价值，新一代信息技术加工数据过程产生的活动和现象或许是数字经济组成要素。当前，在数字化转型过程中就要最大化数据的价值，这个过程有两个方面，第一是数字产业化，第二是产业数字化。数字产业化，即加快形成新一代信息技术的产业生态。产业数字化是在产业中使用数字科技，其中包括金融科技、监管科技、工业互联网、法律科技和内容科技等。

数字经济的核心要素是数据，这与传统的工业经济有很大区别。假设使用一度电，消耗一定量煤，电用完了，煤也没了。但是数据不一样，一经采集，在合规合法的前提下可以无限次使用，甚至可以将数据的采集和获取边际成本降为零。除了边际成本递减外，就是数据的价值空间可以无限放大。比如身高加体重的数据是一个价值，身高、体重、家庭住址是另一个价值，再增加工作地址，又是形成新的价值空间。每一个数据项和其他数据项两两组合都可以形成新的价值空间，当数据量无限大的时候会形成巨大的价值空间。这也是为何如Facebook、蚂蚁金服等头部互联网企业定义自己是数据公司，原因是它们在数据中获得了巨大的商业价值。

最后，基于数据的服务已经成为主要的服务形态，最直接的就是征信服务，在征信领域数据即业务。数据很重要，但是不合规的直接交易和交换存在法律风险。基于数据的服务已经变成非常好的商业模式。以前传统环境下，买一个自行车属于基于商品的服务。在数字经济环境下，有了大量数据，基于商品的服务向基于数据的服务转变，共享模式则在此背景下应运而生。人们不需要买自行车，只要基于地理位置和手机支付，就可以完成基于共享单车的数据服务，消费1元便可享受到服务。共享单车已经不是商品，它已经成为数据服务的载体。数据的边际成本、空间无限大、数据驱动服务，形成了新的商业模式或者值得思考的创新模式。

5.10 未来区块链在融资等领域或出“爆款”场景[①]

——马上消费金融CTO 蒋宁

导读：随着科技进步、市场环境的变化，区块链技术逐步应用到多种领域，在金融行业的作用也日渐显著。马上消费金融有自主研发全新的应用平台“马上金融区块链平台”。

5.10.1 区块链技术的“刚需”领域在哪里

“马上金融区块链平台”是马上消费金融结合自身及业务生态合作方的实际业务需求及区块链应用的内在特点、工程方法，基于马上消费金融云技术和BaaS理念筹建的一个提供可信计算环境、可信数据存储、可信身份认证

① 本文根据《证券日报》记者李冰对马上消费金融CTO蒋宁的采访整理而成，并获授权刊载（原文刊发于《证券日报》，2020-1-10）。

和可信时间戳服务的区块链即服务平台，目前该平台正在网信办落实备案。为公司内部、合作方、商户方和行业组织的区块链应用场景——例如资产证券化需求，提供一站式开箱即用的服务能力。该平台采用多链并行架构以提升性能，初步设计目标TPS5000+，解决分布式共识时效率不高的问题，以便潜在应用场景中彻底替代中心化系统。针对场景实际，聚焦于提供网络安全性和可扩展性，提供多通道、模块化、组件可插拔式的架构；通过隔离链码运行、交易共识来优化网络扩展性和性能；为企业提供一个可信区块链网络，当中的成员身份和交易账目可由授权机构进行审计。

另外，信息大规模互联互通的场景下，保证信息数据安全、有序、高效的流动，是区块链技术最核心的内在价值，也即所谓“刚需”领域。以这个特点为衡量标准，如果某个领域内参与方之间信任基础较低、强烈需求信息流动与发布的公信力，那就尤其适合满足零知识证明协议要求的区块链应用。比如政务数据跨部门、跨区域的协同利用；金融场景的贷款融资、机构风控、部门监管；贸易领域的跨境清结算、支付、票据；民生领域的教育、医疗、公益等等。将区块链结合云计算、物联网、人工智能等信息技术，应用互联网运营手段，都可能升级出新形态的爆款业务场景。不远的将来，也许这些领域的问题就不再是为什么要用区块链，而是为何不用区块链了。

5.10.2 区块链：金融领域大规模商用路在何方

区块链技术的本质是在无信任基础的多方之间，通过共同见证的方式达成不可篡改的一致共识。我们认为，其商用思路也要以这一技术特质为基础。马上消费金融在区块链应用的实践中，主要有以下几类问题和总结。

一是技术方面。分布式系统共识效率低、时间长，相对传统中心化系统单位时间处理能力不占优势——这个问题的解决有一定技术门槛，传统通过系统弹性横向扩展的解决思路在这里不适用。因此，如何合理设计并行结构提升吞吐量，且满足金融场景的数据一致性要求是一个挑战。

其次是成本方面。虽然总体上看区块链系统相对中心化系统在维护、保障、运营等功能方面的人、财、物力成本有优势，但现有中心化系统仍可满足正常业务需要，使用区块链技术替换它本身也会带来额外支出。因此，需要深刻理解实施区块链系统带来的业务价值，正确估计其带来的成本变化，合理安排系统迭代的生命周期才能克服阻力、安全有序地建设好去中心化信息系统。

三是理念方面。区块链本身的特点和当前相对成功的实际应用使人们对它的认识容易陷入一个“误区”——总是容易将它与数字资产发行、数字货币交易联系到一起，而忽略其本身在“促进数据共享、优化业务流程、降低运营成本、提升协同效率、建设可信体系”等方面的作用——这些才是政府积极倡导的使用该技术的业务场景。所以在筹划区块链应用时，要用正确观念引导业务创新，最好制定一些普适原则与规范，从概念、方法、实践上积极探索、加深理解，才能更快走出认知误区，促进业务开展。

马上消费金融目前已落地和落地中的区块链应用场景分别是：联盟链-ABS资产穿透——引入区块链技术的根本原因是资产池信用增级。增级后的直接影响是可以显著降低发行成本，增加资产质押率，也为结构化等内部增信措施拓展了操作空间。记账过程在联盟CA机构认可的链上虚拟机进行，共识结果保证多方一致，以利于资金方落实KYC（了解客户）措施，满足监管要求。

私有链/联盟链-清结算/系统对账——对于合作方、商户、自营业务系统不断增多的场景，孤立系统架构会导致清结算工作量和成本的显著增加、清算逻辑变庞杂、业务连续性难保证。我们尝试使用区块链技术减少中间环节，提供一致流程以降低复杂度。

联盟链-电子存证——短期内我们还将在全业务存证场景布局区块链应用，也是以联盟链形式解决传统单方或三方存证方式在互联网案件审理过程中取证、示证、举证时需求量大、真实性认定困难及关联方篡改等难点问题。筹备公司业务全场景中涉及的合同、交易、平台公示等电子数据和确权数据上链。

目前，马上消费金融已完成区块链基础平台的建设，随后的资产包发行将支持投资人作为联盟方入链，多方协作安全共享数据，解决ABS场景的两个痛点问题：一是提升资产透明度，充分披露交易信息。利于投资方在资产存续期实时考察流动性表现，及时进行资管风控，满足监管部门KYC要求。除了保持数据不可篡改特性之外，还利用可信时间戳技术为账目数据提供完整性保证，适配对数据“不可否认”特性有高需求的金融场景；二是解决可信执行环境的问题。在我们之前的实际发行过程中，确实有投资方提出对运行环境的质疑，甚至要求评审系统代码。使用区块链技术后，记账过程在联盟CA机构认可的链上虚拟机进行，通过智能合约代码完成，符合多方一致性。可有效打消资金疑虑，提升资产信用。

我们的最终目标是消除ABS项目中的信息不对称壁垒，助力其应用过程中对资产方主体的评级与资产池信用的分离，为中小机构低成本融资创造条件，践行普惠金融的使命。

5.10.3 区块链技术在消费金融领域的主要价值体现

对于消费金融领域，核心业务是审、贷、管、催。而区块链提供的是满足公平、时限要求的不可否认协议。结合区块链技术可以为行业核心业务流程的改善提升提供巨大价值。

以风控应用为例。风控数据合作方基于区块链技术进行数据存根交换，可以发挥链上数据不可伪造等优势，打造风控数据共享平台。对于失信覆盖、逾期、疑似套现、疑似欺诈等多种数据类型，可有效解决黑名单数据不公开、数据不集中、获取难度大等行业痛点，且成本低廉，有助于降低金融机构的运营成本，提升消费信贷审批模型的查准率。同时，由于仅有数据指纹上链，恶意使用方无法通过碰撞手段非法获取数据，能有效保护客户数据隐私。

其次，监管部门当前也在不断强调个人信息保护、密码法、消费者权益保护等法律法规，规范行业经营行为。基于区块链数据不可篡改、不可否认特性，使用区块链技术的存证平台可以提供电子证据生产、传输、存储中全程留痕、全员见证、全链可信的存证服务；电子数据生成时就固定要素信息，链上分布式保存、多方共识一致，可在未来任意时刻验证数据原始性、完整性；使用智能合约及链上虚拟机处理上链信息，以一致性、自动化代码方式实现既定业务存证、取证及示证逻辑。如此一来，申请、合同、交易凭证、资管记录、短信、通话等数据摘要都可以上链，增强全流程透明度、规范化，将大大降低司法程序执行成本，减少客户纠纷。

此外，虽然在融资、风控、KYC、清分结算、资产管理、客户体验等行业内方向都是区块链技术的用武之地。但根本上来讲，金融业务本质上极为依赖信任与信心。所以区块链技术对行业带来的变化主要还是改进提升而不是根本变革。另外，区块链技术从出现到现在已经十年了，但是多方安全计算领域技术应用还不是非常成熟，实现难度较大，某些依赖这些技术基石的业务设计落地成本高昂。若前沿信息科技能在产业界开花结果，也许会给消费金融行业带来技术驱动的变革。

5.11 区块链+农业保险的"金刚主张"①

——量观网络创始人兼CEO 范金刚

导读：近年来，区块链技术及其应用的相关政策不断完善，中国区块链迎来政策大风口。"中央一号文件"连续多年聚焦三农，其中多次提及农业保险的发展，这为农业保险的创新提供了机会。基于区块链技术的内涵与特点，区块链为农业保险的发展、为农业保险的转型升级提供了新思路、新模式。量观网络创始人兼CEO范金刚将从农业保险的痛点出发，寻找区块链的技术特点与农业保险的适应性，进而提出一种"区块链+农业保险"的新模式，进一步促进农业保险的发展，推动农业经济的发展。

5.11.1 农业保险的痛点

目前农业保险的产品种类尚不能满足一半农户的需求，保险公司在农业保险的创新方面投入较少；政策性农业保险起步晚，发展还不成熟，一直

① 本文刊发于微信公众号《金融1号院》，2020-3-12。

以来，农业保险的经营成本居高不下；某些政策性农业保险在保障水平和保险责任范围设计上与农户的预期有很大的落差。现有保险仅能够为农户弥补20%–40%的损失，农户认为保障水平低，大部分农户表示愿意缴纳更多一点的保费以获得更大的保障；农业灾情出现后不能及时地进行查勘定损，或者由于受损区域不易观察，使得查勘定损不精确，从立案到理赔阶段程序烦琐、耗时耗力，查勘定损和保险金赔偿结果与农户的预期有着较大的差距，同时也降低了农户的资金周转速度，从而降低了农户对保险公司的信任感。

“逆向选择”与“道德风险”是保险业难以回避的痛点问题，一方面，信息的不对称性使得客户骗保的事件经常发生；另一方面，索赔缓慢、流程较为烦琐，为犯罪分子创造了机会，他们可以虚构保险损失，或者制造更大的保险事故，以骗取较高的赔偿。

5.11.2 区块链的技术特点

区块链通过P2P自组织网络、时间有序的分布式账本、共识机制、加密算法、智能合约等关键技术，降低了信任成本，主要具有以下特点：

（1）分布式去中心化。在传统的中心化网络中，对一个中心节点实行有效攻击即可破坏整个系统，而对于去中心化的区块链网络，攻击单独一个节点是无法控制或破坏整个网络的。

（2）基于共识建立信任。区块链网络里所有交易通过全网节点进行记账，实现共同见证，通过共识算法维护网络安全可信及数据一致性。这种方式不依赖第三方信任，能够实现价值的点对点传输，降低抵赖风险和信任成本，减少第三方公证和对账耗费的时间。

（3）不可篡改一本账。所有区块的形成是按照时间先后顺序进行链接，从而形成时间有序、不可篡改的账本，提高了可审计性，账务透明且可追踪。而且区块链的数据一致性和可靠性极高。

（4）智能合约。智能合约原意为可智能化、自动化实现的一套合同规范，实则是在区块链分布式网络中的一种统一编程机制。多方参与的情况下，约定统一的业务规则，以智能合约的形式进行发布并运行，实现交易流程的自动化，降低人为操作风险，并极大降低维护成本，提高效率。

（5）开放易拓展。传统保险业的信息体系一般比较封闭，当需要与外部企业进行合作时，通过开放接口的方式对外提供服务，效率较低，且经常出现数据标准不一、对接出错的问题。通过采用区块链技术，在确定统一的智能合约规则之后，企业可直接通过P2P方式接入网络，只需要对智能合约进行访问即可实现在预定规则范围内参与，为企业之间开展合作提供极大便利。

5.11.3 探索“区块链+农业保险”新模式

以区块链技术为支撑，针对解决农业保险存在的“痛点”，为促进农业经济健康快速发展尝试提出的一种“区块链+农业保险”新模式。

（1）保险公司数据上链。区块链的去中心化、公开性、保密性能够让各个机构共享信息数据，从而形成共赢互惠的效果，普惠大众。运用区块链的去中心化与共识机制，农户可以轻松地在平台上直接下定单，保险公司不再需要雇佣大量销售人员进行离线促销，智能合约可将纸质合同转变为可编程代码，不需再对纸质合同进行客户管理，后期数据都会实现自动更新，无须投入大量人力物力对数据进行维护，这极大地节省了人力与材料成本。根据相关机构估计，保险公司将农业保险运营的相关数据上链后，大约可以节省15%~20%的运营费用。

（2）农户选择投保产品。区块链可以刺激保险公司产品研发创新，进而促使保险公司能够更为有效地满足农户的保险需求。区块链技术能将用户信息、保险标的等信息收集起来，通过区块链的计算技术探索数据价值，开发新型农业保险产品。同时，区块链技术保证了各行业数据信息的公开共享，由此保险公司便可以依据买方需求创新出更多定制化产品，实现有效供给。

（3）保险标的实时监控。以农牧业为例，保险在农牧业生产领域是保护农牧户资产和降低生产风险的有效手段。传统的养殖保险在农牧户投保之后就不再与农牧户有任何的联系，直至发生保险事故，被保险人请求保险赔偿。养殖过程监管的缺失，使得保险公司难以确定事故究竟出现在哪个环节。区块链的应用将在去中心化条件下，为农牧户和保险公司提供全流程的家禽、牲畜养殖数据，完整记录整个保险交易过程，不需要中央或第三方的背书就能形成一个智能化的保险合同，提高理赔效率，减少道德风险的发生。

（4）自动核损和理赔流程。以农牧业为例，一直以来，核定小型家禽、牲畜的死亡出险数量难度较大、成本较高，保险公司往往根据保险合同，通过与农户协商的方式来厘定赔付比例和金额。协商过程中，存在着保险公司和农牧户信息提供不对等的现象，理赔结果不合理不公平情况时有发生。若农牧户遭遇大的自然灾害，其获得的理赔周期会较长，为农牧户再生产造成负担。基于区块链技术的保险系统允许智能合约自动识别被保险人、保险人和受益人，一旦家禽、牲畜死亡原因在保险责任范围内，系统将会自动触发智能理赔合约。由于前期家禽、牲畜死亡数量和活动信息均有完整的数据记录，同时各方数据可以相互印证，从而大大简化了核定程序，增强了保险公司和农牧户之间的互信度，赔付效率更高，为农牧户和企业提供了双重保障，既增强了养殖信心，不增加其额外负担，还为其饲养提供了切实有效的风险保障。

鉴于农业保险的保险标的特殊性，因此积极分析区块链技术与农业保险的适用性，探索“区块链+农业保险”的具体应用场景，走出一条为农民脱贫致富保驾护航，并适合现代农业保险发展的新模式已是当务之急。

5.12 区块链最大的应用场景是创造新场景①

——中国电子商会区块链专委会副理事长兼秘书长 李银科

导读：现阶段区块链迎来历史性机遇的同时，也面临阶段性发展带来的挑战，可以说机遇、挑战并存。为此，《证券日报》记者专访了中国电子商

① 本文根据《证券日报》记者邢萌对中国电子商会区块链专委会副理事长兼秘书长李银科的采访整理而成，并获授权刊载（原文刊发于《证券日报》，2019-12-25，标题有改动）

会区块链专委会副理事长兼秘书长李银科。李银科从事电信运营服务、互联网20余年，他曾说过，区块链只是一种技术手段，不能过度迷信它，也不能为落地而落地。

5.12.1 中心化网络和分布式网络共生共存，相辅相成

由于多年的行业经验沉淀，积累了大量的用户数据和消费数据，当我和最早期的一些区块链从业者和专家研讨这些数据时，马上就感觉到区块链技术是未来数据治理的基础设施，而且它还是价值互联网的趋势所在，很有挑战性。就这样，我义无反顾地进入了这个区块链行业。

我认为，互联网本身就包涵中心化网络和分布式网络，区块链技术也是互联网技术的一种，在未来不存在谁颠覆谁的问题，中心化网络和分布式网络会根据人们的需要共生共存，相辅相成。比如公共设施建设，中心化网络管理就更有效率、解决机器互联的物联网要实现价值交换可能就得用到区块链技术。

互联网技术对传统行业的改良与颠覆基于全球全方位覆盖和极低的信息传递成本，区块链也会是这样。当区块链逐步实现各种场景的大覆盖，其中的价值传递边际成本趋近于零，同时也会爆发出极大的动能，会对人类社会新型生产关系的组织形态发挥核心作用。当然这一切的建立基础，是在行业标准规范设立后才有可能实现。

就技术而言，区块链是一个去中心化的分布式账本，也可以理解为数据库。若不和大数据、人工智能、物联网、云计算等技术融合应用，单一解决问题的能力非常有限。所谓“落地”，就是赋能实体。在现有互联网和传统经济场景中适合区块链应用的很多。但目前由于技术上基于高并发商用的缺陷，区块链并没有比互联网技术做得更好，即便是作为信任机器也并不比中心化设施更有号召力和吸引力。所以，我认为，落地不能一哄而上，落地在现有场景充其量叫做改良或优化，区块链最大的应用场景是结合自身技术特点去创造新场景，在那里才有革命性的颠覆。

5.12.2 区块链虽然肩负重任但也面临诸多挑战

区块链发展面临以下几个方面的问题：一是技术缺陷。需要推动协同攻关，实现核心技术的突破；二是技术融合。区块链与大数据、人工智能、物联网、云计算等前沿信息技术的融合应用则需要政府相关部门和行业组织发挥职能作用把相关行业企业组织起来交流研讨，促进区块链企业发展；三是人才体系建设问题。目前区块链企业大多数都是非区块链人员在主导，蹭行业热度和风口的居多，这也导致整个行业鱼龙混杂，干了许多借区块链名义在做和区块链应用发展无关的事，究其原因还是对区块链学习不够，曲解了区块链，区块链相关人才亟待大量培养，专业和道德水平也需要提高。

2020年是区块链的转折之年。当一项技术上升到国家战略层面，充分说明了区块链在未来信息技术领域的重要性，但机遇和挑战并存，区块链的从业者应找准自身的角色定位。近年来打着区块链名号的风险事件比较多，在金融领域尤其要注意。区块链从业者可以在供应链金融领域或是数据资产治理领域开拓业务。

5.13 解决慈善活动信任问题区块链大有可为①

——宝新金融首席经济学家 郑磊

导读：随着社会不断发展进步，公众慈善意识进一步加强，对慈善活动的需求越来越大。目前，中国人民在抗击新冠肺炎疫情中取得了很大的成绩，同时也暴露出一些问题，对公众的捐款积极性有一定程度上的挫伤。健全完善信任机制已是慈善事业发展中亟待解决的问题。

① 本文根据《证券日报》记者邢萌对宝新金融首席经济学家郑磊博士的采访整理而成，（原文刊于公众号《芬客你好》，2020- 2-11）

5.13.1　慈善事业发展需要透明度的提升

慈善本是鼓励善行，倡导美德，扶贫救困，缓解社会矛盾，构建和谐社会的重要途径，是一个公益性、不以盈利为目的的事业。然而，由于我国的慈善事业法规仍不完善、制度不健全，监管仍待加强，这就使我国慈善组织发展受到一定程度的制约，影响了其社会功能的发挥。慈善机构要获得持续支持，就必须具有公信力。信息透明是获得公信力的大前提，公益透明度影响了公信力，公信力决定了社会公益的发展速度。信息披露所需的人工成本，又是掣肘公益机构提升透明度的重要因素。

目前慈善平台存在的问题集中表现在善款使用的透明化上。普遍存在的问题是捐款人知道自己捐了多少钱，但不知道有多少钱在什么时间达到了被捐助对象手中，也不知道捐助产生了多大的效果。而受捐助的对象也出现了信息不对称。。

这主要是由于慈善链条的关键三个节点（捐款人、慈善平台以及受款人）是无法相互验证的，对于他们的善款管控，慈善平台难以落实。即便每个节点都有详实准确的记录，仍难以核对每一笔善款的来龙去脉。

5.13.2　区块链在解决善款透明化问题方面大有可为

可以说，在解决善款透明化问题上，区块链技术可以发挥关键作用。首先，捐款人、慈善平台和受款人这三类节点都可以数据上链，将整个流程彻底公开。不管是捐赠者、公众还是需求方，都能清楚看见每笔善款的流向，让每笔善款都能落到实处。其次，区块链技术可以将前中后端的数据打通，使捐赠数据和分配数据都公开，无论捐赠还是调拨、分配和使用，都有一个时间戳记录，而且每笔资金可以快速匹配验证。另外，在这个区块链应用中，还可以采用智能合约技术，对于定向捐赠，由智能合约自动执行，不再需要慈善平台的人为干预，但是各方仍可以随时监督和验证定向捐赠的执行情况。

社会慈善，其参与者通过慈善活动就能获得心理满足感，获得社会声誉和认可，这些动力本身就能够起到足够大的驱动力。这时候，可以引入

Token，比如作为慈善行为对社会贡献的一种量度工具，其作用类似勋章、奖状和贡献证明等，而不必计价和进入交易环节。可以理解成通过参与公有链会得到正收益的过程。

事实上，区块链技术要实现融合性发展，需要其他新一代信息技术的支持。对于慈善物资捐赠，由于涉及实体物品的流转和存储，需要将这些环节的数据上链，这就需要借助物联网技术的支持，同时会大量增加数据量，也需要借力云计算、大数据和人工智能技术。

随着技术的发展，社会公益的规模、场景、辐射范围及影响力得到空前扩大，“互联网+公益”、普众慈善、指尖公益等概念逐步进入公益主流。这些模式不仅解构了传统慈善的捐赠方式，同时推动公众的公益行为向碎片化、小额化、常态化方向发展。

在慈善活动中，区块链技术将每个交易方变成网络中的一个节点，各个机构的各项资产、产品以数字化的形式在网络中体现，并解决机构互信问题，形成统一的联盟，实现资金流向可追溯，信息公开透明，全网信息共享；同时，基于分布式账簿，防篡改，流程透明可追溯，规避了内部作弊风险。

具体来看，基于区块链的解决思路如下：其一，区块链利用分布式技术和共识算法重新构造的一种信任机制，链上存储的数据可靠且不可篡改，天然适合用在社会公益场景。公益流程中的相关信息，如捐赠项目、募集明细、资金流向、受助人反馈等，均可以存放于区块链上，在满足项目参与者隐私保护及其他相关法律法规要求的前提下，有条件地进行公开公示。其二，公益组织、支付机构、审计机构等均可加入进来作为区块链系统中的节点以联盟的形式运转，方便公众和社会监督，让区块链真正成为“信任的机器”，助力社会公益的快速健康发展；其三，区块链中智能合约技术在社会公益场景也可以发挥作用。在对于一些更加复杂的公益场景，比如定向捐赠、分批捐赠、有条件捐赠等，就非常适合用智能合约来进行管理。使得公益行为完全遵从于预先设定的条件，更加客观、透明、可信，杜绝过程中的猫腻行为。

5.14 政务“上链”成区块链试验田，多方“施肥”才能让“庄稼”长得更高[①]

——福建省区块链协会会长、区块链人才专家智库专家 陈意斌

导读：区块链为数字经济的基础设施之一，作为首批“国家数字经济创新发展试验区”，福建省一直鼓励发展区块链技术，加快数字经济建设。

5.14.1 “政务上链”现成果，贸易融资、电子发票等纷纷落地

福建省在发展区块链上的主要优势体现在城市战略政策和传统产业聚群两个方面。在战略政策上，福建省有良好的政策土壤。比如，福州市在“数字福州”建设三年行动计划（2018—2020年）中，明确提出要加快培育区块链新兴产业；2019年3月份，福建省人民政府印发《2019年数字福建工作要点》，提出支持福州创建区块链经济综合试验区。5月份，福州市人民政府出台《关于加快福州市区块链产业发展的三条措施》；最近福建省数字福建建设领导小组办公室召开了研讨会，拟制定《福建省加快区块链技术和产业发展实施意见》。这些战略政策非常有利于区块链行业初期的发展。

另一方面，福建省有丰富的特色产业集群。每个地级市都有自己的特色产业，并形成了产业规模效应。比如：茶产业，武夷山的岩茶，安溪铁观音，福鼎白茶等；纺织业，闽南地区有安踏、特步、七匹狼等鞋服品牌；莆田的红木家具；德化白瓷；福州寿山石等。每个城市都形成了自己的产业名片，这是城市的竞争力。区块链技术的应用和发展离不开实体产业基础，福建产业资源都为区块链技术提供了很好的适用场景。

政务领域是区块链很好的落地场景，“政府上链”既加强了地方政府执政能力，又提升了政策制度执行过程中的透明度，也有利于协调好政府与市场及社会的关系。

---

① 本文根据《证券日报》记者邢萌对福建省区块链协会会长、区块链人才专家智库专家陈意斌的采访整理而成，并获授权刊载（原文刊发于《证券日报》，2019-11-15）

目前，福建省的区块链应用主要分布于贸易融资、供应链金融、电子发票、社保等领域。举例来说，国家外汇管理局厦门市分局参与外管总局的跨境金融区块链服务平台试点；国家税务总局福建省税务局正在上线应用区块链社保缴费记录，凭手机可便利获取电子缴费凭证，首份区块链社会保险缴费记录在福州鼓楼区开具生成；“票链”区块链电子发票平台上线，福建省首张区块链电子发票在平潭综合实验区税务局办税服务厅开出。总体来说，福建省的政务大门已敞开，政府上链还将系列推进中。

5.14.2 推进区块链产业发展，“金木水火土”应群策群力

区块链行业初期，政府的政策推动至关重要，政府率先给区块链技术提供了更多的政务应用场景，让区块链技术有良好的试验田。通俗来讲，有人愿意掏钱买技术和服务，这就让先行的区块链公司能吃上饭。但是要吃得有营养、吃得长久，还需要多方的力量。

我认为，除了政府，区块链行业发展还需要企业方、高校方、资本方、社会组织等多方参与。

如果用五行的“木火土金水”来比喻，企业方相当于“金”，企业具备丰富产业资源，为淘金的源泉；高校方相当于“木”，承载着更多的产业人才培训与孵化职能；资本方相当于“火”，需要资金力量助燃行业发展；社会组织相当于“水”，搭建平台，提供润物般的服务；政府相当于“土”，一切行业发展均要取决于土壤的肥沃程度。多方参与，这样区块链试验田上的“庄稼”才能长得高、长得好。

5.15 区块链跨链和隐私保护亟待解决①

——微众银行区块链资深专家 赵振华

导读：近年来，以互联网、金融行业为代表的头部公司纷纷布局区块

① 本文根据《证券日报》记者邢萌对微众银行区块链资深专家赵振华采访整理而成，并获授权刊载（原文刊发于《证券日报》，2019-11-26，标题有改动）

链，开发企业级区块链技术平台成为主要竞争领域。据悉，微众银行布局区块链已有四年左右，在联盟链领域有相当扎实的基础。越来越多的机构在使用微众银行的开源技术。

没有十全十美的技术，只有精益求精的技术。业内有声音认为，发展区块链技术面临安全性如何保障问题。为了让区块链技术更加可信，智能合约做出“不得修改”的规则，而这是一把双刃剑，造成区块链一旦出现错误就不能“打补丁”修复。

5.15.1 区块链企业级应用为角力重心，联盟链为最优选

数字经济时代已经到来。随着数字化程度的不断提高，企业的产品及服务可以通过数字化成为有价值的数字资产。同时，企业间的往来更加密切，协作更加深入，交互中会形成一个个分布式商业网络。区块链是分布式网络中相互协作的理想平台。区块链使分布式商业网络中的企业协作更加紧密。企业间的价值几乎可以实时地进行交换，相互获取回报。

企业级区块链是指联盟链，与之对应的为公有链。公有链是匿名的，任何人都可以参与，不同的用户互不认识；公有链数据是全网公开的，任何人都可以查看；然而，由于采取“挖矿”激励方式，公有链往往用来发行虚拟币。

我认为，公有链的特点并不适应企业级应用，联盟链才是最优选择。首先，企业之间发生业务相互都是认识的，身份可以识别，比如均为合法登记的企业，发生的业务是企业的经营范围，所以联盟链需要准入机制，在组成链之前相互身份经过验证，在链上通过数字证书识别身份；其次，企业的业务数据通常包含企业的敏感信息，企业客户的隐私信息等，这些数据是不可能公开共享，而只能和业务相关方共用；最后，企业借助于联盟链，协作会更加紧密，所以有助于企业快速把自己的产品和服务销售出去转化成收益，这才是正确的激励方式。

区块链是一个比较新的行业，针对区块链的教育和培训市场较为空缺。目前，大部分从业者都是从其他的计算机行业相关岗位转过来，可见，“大

厂”需要的区块链人才既有与传统的IT人才相似之处，又有区块链行业自己特色。

我认为，具体来讲，“大厂”主要从四个方面来考察人才：一是综合能力，这部分和传统的IT岗位比较类似，主要是对从业的基本素养、基本技能的要求；二是专业知识储备，特别是和区块链相关的专业知识储备，比如密码学相关知识、共识算法、数据结构等；三是专业技能，主要是对时下流行的区块链平台的了解，以及本岗位需要使用的工具、平台等熟练程度；四是工程实践能力，主要考核相关工作经验。

5.15.2 智能合约“不可修改”规则为权宜之计

虽然区块链已经出现十多年了，但是对于一个给社会带来巨大变革的技术来说，十年其实非常短暂，区块链仍然处于早期发展阶段。它本身还存在很多不成熟的地方，同时我们还要认识到区块链技术的发展比以往更快，甚至比我们想像得更快。

我们可以回顾一下最近数年区块链技术的发展：2016年主要问题是区块链能不能用的问题，当时很多人对区块链持有强烈的怀疑态度，这个问题在2017年基本上已经解决了；随后的技术难题是易用性太差，技术门槛太高，2018年这个问题也被解决了；再次是性能问题，现如今这个问题也基本解决了，比如以FISCO BCOS为代表的联盟链单链TPS已经突破两万。目前亟待解决的问题有两个，一个是跨链，另一个是隐私保护，我相信半年内也会有很好的解决方案。

我认为，Bug是不可避免的，经过严格审核的代码仍然有可能存在错误或漏洞，甚至是正确的代码也会出现不能满足新业务的情况。从这个角度而言，修改代码、更新程序是必要流程。

我们知道区块链的数据是不能篡改的，区块链数据是根据发起交易业务，然后由处理业务逻辑的智能合约对区块链上的数据进行变更。如果智能合约发生变化，那么数据是没办法经过验证和重现，会导致数据错乱。对于区块链而言，智能合约“不得修改”的规则是当前的权宜之计。

5.16 区块链经济将成数字经济的重要组成部分①

——北京邮电大学国家大学科技园金融科技研究所所长、
首席区块链经济专家 陈晓华

导读：当今社会，全球各国空前重视新一代信息技术。区块链技术被国家层面空前重视，区块链肩负重任下也将面临诸多挑战。随着5G时代的到来，区块链在5G时代发挥着怎样的作用？新一代信息技术将给现有经济社会带来怎样的变化？

5.16.1 区块链与5G相互依存

5G以更快的传输速度、超低的时延、更低的功耗及海量的链接开启万物互联新时代。5G将催生和推动各行各业的数字化发展，将率先在交通、能源、制造、教育、医疗、消费、休闲娱乐等行业落地应用，促进传统商业模式演进、实现巨大的经济价值，这种价值是一场颠覆性的革命。区块链可以打通数据孤岛，对数据隐私等进行保护与确权，区块链与5G是相互依存、密不可分的关系。

我认为，未来经济模式是：5G+新一代信息技术（区块链+大数据+人工智能等技术横向融合发展）+产业+金融=数字经济。区块链经济将成为数字经济的重要组成部分。区块链技术能够解决传统金融领域中的痛点问题，如供应链金融、资产证券化、大宗交易、保险等场景具有参与节点多、征信成本高、交易流程长、效率低等问题，区块链技术可以有针对性地解决上述问题。另外，区块链能有效解决我国在教育、精准脱贫、医疗健康、商品防伪、食品安全、公益、社会救助等领域存在的相关问题，比如，扶贫款落实不到位等民生领域为区块链发展提供了基础土壤。

随着技术不断向前，区块链应用将逐步落地，各行各业也将得到进一

① 本文根据《证券日报》记者邢萌对北京邮电大学国家大学科技园金融科技研究所所长、首席区块链经济专家陈晓华的采访整理而成，并获授权刊载（原文刊发于《证券日报》，2019-11-27，标题有所改动）。

步发展。从政策层面来看，各部委或将出台相关区块链扶持政策，鼓励产业发展，同时也将联合高校打造国家级实验室，另外，各级地方政府也会着力打造区块链应用标杆；从金融层面来看，央行的数字货币或将加速推出，构建新的金融体系，加快人民币国际化；在民生领域，区块链将广泛地用于社会治理，重构信用体系，区块链技术在电子政务、溯源、慈善等领域的应用将会加速；在资本领域，区块链相关的资本市场将持续向好，技术企业将迎来投资高峰期，重量级的数字资产交易平台、数字资产管理公司等将会出现。

5.16.2 区块链人才培训应注重实际操作经验

区块链肩负重任，同时其发展也面临多方面的困难：首先，区块链专业人才稀缺，人才标准体系建设需要加强；其次，区块链各种相关国家标准仍在制定中；再次，区块链相关法律法规仍不完善；第四，区块链模式创新不够清晰、难以落地；最后，区块链技术安全隐患依然存在。

区块链行业人才体系建设的基础是岗位需求，区块链作为一种新的技术同时又具有天然的金融属性，我认为，区块链人才应该从两个方面进行培养，即区块链技术开发工程师和区块链金融管理师。就培养方式而言，应是理论结合实际操作，既要学习基础理论知识，还需要进行项目实训。

高校是培育人才的重要基地。从高校角度而言，这些年我们也一直在推动产教融合，但面临很大困难。主要原因在于产业和教育的出发点不一致，企业是以生产、质量、营收为考核指标，学校则以基础教学、就业率为考核指标。由于二者之间目标不一致，因此这些年才有很多民办培训机构的出现。另外，就区块链培训市场而言，也是鱼龙混杂，很多缺乏实操经验。

我认为，培训后首要考虑产业落地问题，应扶持示范企业，研究出适合市场的商业模式，既能为中小企业赋能，还能解决中小企业融资难、获客成本高的问题。

5.17 创作即确权、使用即授权、发现即维权①

——安妮股份CTO、版权区块链联盟秘书长 郝汉

导读：科技在进步，电子设备在不断更新，原先只有靠专业设备和团队才能制作的内容现在普通人也能制作，快手、抖音的火爆让视频制作下沉至每一个普通用户，让其达到空前繁荣。这也推动了版权保护的需求。

根据《2017年中国版权产业的经济贡献》（2019年发布）数据统计，我国版权产业的增加值已经突破了6万亿元人民币，占整体GDP的比重为7.35%，而同期发布的《中国网络版权产业发展报告（2018）》的数据显示，2018年中国数字版权产业市场规模达7423亿元人民币，2013年至2018年复合增长率为28%。

假设版权服务在产业总值中的占比为10%，按照28%的复合增长率估计，2020年至2022年，版权服务的市场规模将分别达到1200亿元、1500亿元和2000亿元。

而在目前的版权服务领域尚未产生规模型企业，产业集中度低，存在市场整合的机会。

从产业的角度理解，文化娱乐、艺术收藏、设计等相关产业将逐渐繁荣，为这些行业保驾护航的版权服务产业，也必将迎来高速发展的窗口期。而5G、AI、区块链等技术的不断成熟和加速应用，更是助推了这一窗口期的到来。

5.17.1 数字版权行业面临三大痛点

人人都是创作者，人人都是版权人的时代已经来临，随手拍的照片、抖音快手、短视频都有版权，数字内容在不断进化，整个市场正空前繁荣。全

① 本文根据《证券日报》记者王思文对安妮股份CTO、版权区块链联盟秘书长郝汉的采访整理而成，并获授权刊载（原文刊发于微信公众号《金融一号院》，2020-3-14）

民的版权意识也在提升，付费消费数字内容正在普遍化，数字作品正在趋向小额快速结算等方式。

而侵权跟作品的产生是共生的。因此，目前的版权保护领域，主要存在以下问题：

（1）数字内容爆发式增长，侵权现象层出不穷；

（2）传统版权保护贵且慢，无法应对海量作品；

（3）侵权方式推陈出新，洗稿、模仿主流化；

（4）海外内容乾坤大挪移；

（5）品类繁多，缺乏标准，未能形成有效市场。

这也造成了目前数字版权行业的三大痛点：确权难、授权难、维权难。

5.17.2 区块链在版权保护上的解决方案

传统版权保护方式主要是申请版权登记和司法鉴定。在数字版权领域，版权保护需要和数字科技相结合，利用区块链进行版权保护是非常高效的一种手段。

首先要区分在版权保护区块链上的不同节点，即三类不同角色：版权业务相关方、司法服务第三方和其他可信第三方。

版权业务相关方包括：版权存证企业、侵权取证企业、授权合同备案企业、数字内容创作企业；司法服务第三方包括：司法鉴定中心、公证处、监管机构；其他可信第三方包括：学术研究机构、技术服务方、国家授时中心可信时间服务、CA认证中心等。

作为版权区块链网络的发起单位之一，2017年8月18日，在中国反侵权假冒创新战略联盟（CAASA）指导下正式成立版权区块链联盟。版权区块链网络根据业务的不同，在区块链上还会产生不同的子链，如新媒体链、音乐链、视频链、设计链等。

利用区块链和大数据、AI等技术，可以做到创作即确权、使用即授权、发现即维权，而司法和区块链的应用落地，更能让行业产生正向推动效果。

那么，区块链在版权保护上到底给出了怎样的解决方案？

第一，创作即确权。区块链可信存证，授时中心授时，CA身份签名，记录在区块链，可在创作完成时立即证明权属。在创作过程中，区块链可以记录作品每个版本、每个过程、每个步骤，实时存入区块链。原创过程的记录是版权归属的最强证据。同时，原创版本记录能在权威第三方区块链公示页面予以核验。

第二，使用即授权。区块链的使用即授权是为著作权人的作品提供写在链上的DNA，版权使用人通过电子签名和智能合约来实现电子合同授权，通过可信存储系统来实现版权授权交易。

版权的授权问题主要在于：（1）版权所属难定；（2）假授权；（3）重复授权。通过智能合约的方式，可以把这些可能性降至最低。

第三，发现即维权。版权的维权分线上、线下两种方式。线下侵权主要是人工取证，线上可以通过大数据监测技术来取证，通过大数据技术进行关键信息监测，相似度匹配确认后，即侵权证据固定至区块链。

侵权监测可以监测电商平台、视频平台、图片平台以及自媒体平台，取证方式包括网页取证、录屏取证、拍照取证、录像取证、录音取证等方式，所有取证结果，会第一时间同步至互联网法院区块链系统，后续可依据以上证据实现快速维权。

此外，通过区块链的确权、授权和维权，可以衍生至文化资产领域。

目前，在海外很多机构正在使用区块链技术进行文化资产收益通证化的尝试，将文化资产直接授权、衍生授权和维权收益这些能形成未来收益权的作为抵押，发行标准数字资产、通证化，并形成数字资产在交易平台上交易。

对于这种资产的交易，通过区块链，可以非常简单方便。同时，这也是一个较大的市场。还可以和人工智能结合，给出定级和估值的系统，包括基础评估系统、标样库的建设以及智能评估系统。

总体来讲，就是让资产的权属确认及资产的评估上链，然后把资产数字化，还可以生成衍生品，把标准的数字资产和非标的数字资产按照不同的方式进行交易。交易方式包括招拍挂，包括数字资产集中式的交易，最后再结算和资产交付。

5.17.3 全面解析“区块链存证第一案”

区块链应用场景涉及多个行业，在目前区块链的落地应用中，第一是金融领域，第二是司法存证，第三是数字版权。

数字版权由于确权、维权环节的需要一般与司法存证结合在一起，各环节与司法机构都有很强的关联性。

比如北京互联网法院“天平链”，安妮股份版权综合服务平台也接入其中，连接线上版权平台、存证平台与司法鉴定所、公证处、互联网法院等司法单位。规范各类互联网应用存证行为，降低当事人举证维权成本，提升法院对电子证据的采信效率。

2019年4月9日，北京互联网法院首个采用“天平链”证据的判决出炉，其中的存证、监测和维权是通过安妮股份版权区块链和天平链的跨链提供司法存证的。

该案件中有3个环节涉及“天平链”：

（1）A公司在版权家申请侵权电子数据存证，并获得版权家电子数据存证证书，经版权家可信存证系统保管。版权链通过信息跨链将版权链区块摘要数据同步至“天平链”，“天平链”返回版权链存证编号，随后版权链返回用户该存证编号以及对应在版权链上存证编号的文件。

（2）通过版权大数据监测，发现本案中原告在其平台上存证的电子数据被侵权，即收集相关侵权图片线索，将侵权线索存证上版权链，版权链通过信息跨链将版权链区块摘要数据同步至“天平链”，“天平链”返回版权链存证编号，随后版权链返回用户该存证编号以及对应在版权链上存证编号的文件。

（3）在诉讼过程中，原告A公司通过北京互联网法院电子诉讼平台进行网上立案，同时提交起诉状、用户身份验证信息、确权存证原文件、侵权线索原文件及包含区块链存证编号的文件。北京互联网法院电子诉讼平台调取

“天平链”进行自动验证，验证结果显示涉案证据自存证到“天平链”上后，未被篡改过，得出区块链存证“验证成功”的结果。

通过以上诉讼过程可以发现，以往此类案件从受理到庭审需要1至3个月的时间，接入天平链之后，从提交材料到庭审只需1至2周的时间。

效率体现在两方面：一是当事人采用视频庭审，大大节省社会成本，二是司法过程前置，帮助法官、律师提升诉讼效率，同时，对于被告当事人而言，通过区块链的方式记录的侵权证据会更大可能地促进控辩双方庭前和解，从而降低法院的工作量。

从司法角度看，北京互联网法院给业界树立了标杆，从底层建设、技术论证到接入测评、审理宣判，整个操作流程非常严谨。

从区块链角度看，此类基于区块链技术的司法模式是非常好的尝试和突破。这样一个由官方发起的司法区块链应用出现，对区块链行业在司法领域的落地也起到了促进与推动作用。同时，此类模式也为联盟链的各方提供了信息跨链的实践经验，北京互联网法院带头研究讨论后，找到了一条适合司法界基于联盟链的跨链方式，取得了非常好的实践效果。

区块链技术被誉为是构建信任的机器，是人类下一代价值互联网的基础技术。在审计、监管、多方参与的业务场景方面都有很好的应用前景，可以帮助业务参与方降低成本、提高效率、增加信任。目前，其应用正在由最初金融行业向各个行业扩展，体现出强大的生命力，也为其他行业、企业以及广大开发者提供了良好的参考和示范。

安妮股份是A股上市公司中首家将区块链业务应用到版权保护领域的公司，目前公司可以准确洞察到消费者的个性化商品和服务需求，结合区块链底层技术，为版权人解决了海量版权数据权属确认的问题。从版权保护到版权交易、版权运营，为版权人提供一站式的版权服务。未来安妮股份将持续致力于研究数字版权业务与区块链技术的结合，继续研究推进区块链技术的商业应用，正确引导区块链技术与实体经济深度融合，携手合作伙伴和广大开发者推动区块链产业的健康生态发展、为行业构建安全可信、稳定可靠的区块链平台和解决方案，打造信任的数字环境而努力。

5.18 恒久科技1.4亿元入股闽保股份，布局区块链+保密软硬件

——《证券日报》记者 曹卫新

导读：区块链正在以前所未有的速度发展。根据IDC数据，2018年中国区块链市场支出规模达1.6亿美元，到2022年有望达到14.2亿美元，复合增速达到72.6%。在A股市场上，已有不少上市公司在区块链领域有所布局。

据悉，为快速切入区块链应用赛道，恒久科技以外延并购形式收购福建省闽保信息技术股份有限公司（以下简称闽保股份）71.26%股权，在公司原有激光打印机、数码复印机的核心部件——激光有机光导鼓系列产品研发、生产与销售主营业务的基础上，加速“区块链＋保密软硬件”布局。

5.18.1 战略控股闽保股份

公开资料显示，2000年，我国引进了第一条OPC鼓（OPC鼓是有机照片导体的缩写）涂布生产线，开始了我国OPC鼓的产业化进程。在国家政策的支持下，经过国内企业的不断努力与创新，我国激光OPC鼓产业取得了长足的发展和显著的成就。

随着市场的发展，行业内原装配套厂商与通用耗材企业之间、各通用耗材企业之间的竞争也在不断加剧，行业已发展至充分竞争阶段，不具有自主研发能力与技术创新能力的企业将被淘汰，行业优秀资源将向有显著成本、品质及技术优势的企业集中。2003年，恒久科技在国内率先以自有技术建成了一条高度自动化的高分辨力激光OPC鼓生产线，并成为国内第一家掌握高分辨力激光OPC鼓生产工艺和生产线集成技术的厂家，摆脱了过去激光OPC鼓生产只能依赖国外设备这一局面的同时，也为我国激光有机光导鼓的发展掀开了新的篇章。

经过多年的技术积累和生产经营，恒久科技发展成为在国内激光OPC鼓行业具备显著的技术和研发优势，也是目前世界上少数完整掌握激光OPC鼓核心技术并具备专用设备系统集成能力的企业之一，公司核心业务为激光有

机光导鼓（Organic Photo-Conductor Drum，简称“激光OPC鼓”）系列产品的研发、生产和销售，该业务为公司的传统业务，也是公司营业收入与利润的主要来源。为了更好地开拓市场与服务客户，公司也经营碳粉、硒鼓以及其他打复印耗材的国际与国内贸易业务。

为提高产品品质、延伸产品使用领域，近日恒久科技与闽保股份实际控制人林章威签署了《股权收购协议》，恒久科技以支付现金的方式出资约1.4亿元购买林章威所持有的标的公司2289.7万股股份，实现对闽保股份的控股。交易完成后，公司将依托闽保股份多年来在信息安全和系统集成领域的技术成果以及较强的软件开发能力，进一步加强公司产品的保密性和安全性，增强公司在打印机、复印机和数码快印以及云共享等影像产业领域的综合竞争力。

提及本次与恒久科技的合作，闽保股份方面在接受《证券日报》记者采访时表示，双方的合作是一次优势互补的过程，恒久科技是一家生产打印机耗材的公司，借力恒久科技的优势，闽保股份将投入研发打印机和增强型安全打印机，同时结合公司自身保密特点，研发保密会议室系统和保密手机系统。

采访中，记者了解到，本次股权转让第一阶段已完成。依据协议约定，2019年11月4日，交易对手方林章威已将572.42万股标的公司股份转让至上市公司名下，恒久科技公司按照《股权收购协议》的约定将4379.87万元支付至林章威账户。

5.18.2 抢占区块链技术“风口”

区块链热度急速升温，市场上对部分上市公司“蹭热点”现象提出质疑。

苏宁金融研究院特约研究员江瀚在接受《证券日报》记者采访时表示，A股布局区块链，要看哪些公司是潜下心来研究业务，哪些是专门来蹭热度的，研究技术的公司是可取的。

谈及区块链技术的优势，江瀚表示，区块链技术的优势已经很明确，其核心价值在于增信。“区块链其实核心价值在于能够通过一种‘共识机制’

把我们现在各种白噪音充斥的互联网环境，变成一个真正可信的市场，只要有区块链的存在就可以形成真正的互信，信任互联网的出现将有可能彻底改变我们当前的互联网格局。”在江瀚看来，借助区块链“不可篡改”的特点，只要上链的信息我们可以确认是真实可靠的话，那么区块链就可以解决存证难题，无论是司法、金融、信息、医疗、版权都可以通过区块链来实现自己的变革，一个全新的场景将会出现。

“我们闽保股份专注于信息安全及保密技术与产品的研发、生产及销售，拥有涉密信息系统集成乙级等多项信息安全及保密业务相关资质，核心产品包括涉密计算机及移动存储介质保密管理系统、移动数据安全防护系统、网络存储安全增强系统、互联网出口检测系统等。”在接受记者采访时闽保股份方面透露，近期公司取得了建筑智能化一级（承接全国智能化业务）资质，准备申请涉密甲级（承接全国涉密集成业务）等，这些所带动的产业机会，将为公司迎来业绩的巨大增长。

据了解，总体来看，我国信息安全产业投入占IT总投入比重相对较小、行业成长空间大。数据显示，2018年我国信息安全市场规模超500亿元。初步预计随着信息安全的进一步普及、应用，未来市场规模将不断扩大，预计2019年中国信息安全市场规模将近620亿元。“未来3–5年公司将利用上市公司的多种资源，不断扩大在区块链技术与实体经济融合领域中的参与度。”闽保股份方面表示下一步公司将在加快对办公软件加密技术传输、计算机及移动存储介质保密管理系统、移动数据安全防护系统、网络存储安全增强系统方面发力。

5.19 李国庆入股区块链公司幂度，专家称“从故事到现实”至少5年

——《证券日报》记者 何文英

导读：在发行代币CSO后，近日当当创始人李国庆又通过旗下公司布局区块链搜索引擎。

区块链资深专家、西安交通大学经济与金融学院博士后王娟在接受《证券日报》记者采访时表示：“李国庆的代币场景还是自己熟悉的图书领域，图书领域区块链在应用中确实有搜索需求，从设计上是有科学性的，但是因为还是概念，这些预设的想法只是猜测。”

在王娟看来，对于很多区块链创业企业而言，投资时的故事和实现落地之间距离至少还有5年。

5.19.1 标的隐现顶尖投资人阵容

据天眼查显示，2019年11月12日，长沙幂度智慧信息科技有限公司（以下简称“长沙幂度”）发生工商变更，新增股东长沙湘江启赋弘泰私募股权基金企业、上海利升网络科技有限公司、宿迁国略企业管理咨询合伙企业和深圳市澳银华宝创业投资企业。同时，幂度注册资本由原来的100万元新增至约106万元。

据天眼查进一步股权穿透显示，宿迁国略企业管理咨询合伙企业的大股东为李国庆，持股比例99.9%；俞渝持股0.1%，为第二大股东。

资料显示，幂度2019年4月份刚成立，法定代表人为秦华原，深圳幂度信息科技有限公司持股96%。幂度号称是全球首个区块链搜索引擎公司，主要产品功能囊括：基于公链上交易、区块、哈希、交易所、指数、钱包地址、实施行情、行业资讯聚合等数据的一站式搜索服务。

据悉，幂度不但拥有豪华的创始团队，还有顶尖的投资人阵容。其创始团队为追梦者基金暨创新谷创始人朱波，以及联合创始人清科集团董事长、CEO倪正东。其投资人阵容包括：美图董事长蔡文胜、紫辉创投董事长郑刚、德同资本创始合伙人邵俊、启明创投创始合伙人邝子平、达晨创投总裁肖冰、小村资本董事长冯华伟、柯罗尼新扬子基金创始合伙人王知新等知名互联网公司与风险投资的掌门人。

2018年10月份，幂度宣布完成超级天使轮融资。发布会上，蔡文胜表示非常看好幂度未来的发展。他认为，如果说互联网搜索对于互联网行业的生态起到了巨大的助推作用，那么在新的区块链搜索时代幂度将具有更大的想象空间。

5.19.2 水晶区块链公司已清算

事实上，幂度并非李国庆投资的首个区块链公司。2018年12月份，水晶区块链科技（海南）有限公司（简称“水晶区块链”）成立，大股东为马铭泽，持股60%，李国庆持股25%，缪凯持股15%。

据称，该公司旗下的CRYSTO是一个为全球无形资产提供服务的垂直公链，为无形资产产业提供版权确权、版权保护、分法定价、权益证券化、商业化等多项服务。

2019年8月份，CRYSTO获得TAOBI Capital、Coco Labs、币备资本、大圣资本、币成资本的战略投资，估值6000万美元。据公开报道，五家机构将与CRYSTO建立战略协作伙伴关系，深度支持水晶CSO文创赋能计划。

公开消息显示，CRYSTO已对外公开发售代币CSO。据其官网显示，CSO发行共计10亿枚。其中，3亿枚为私募投资，1.5亿枚为发起团队，1亿枚为基金会管理，3亿枚为行为挖矿，1.5亿枚为生态孵化。

王娟表示：“CSO就是用户在李国庆做的早晚阅读APP中消费获得的积分，不过这只是计划，现在是水晶币在交易所运行，但还没有应用场景对应CSO与水晶币的关系。按照水晶币目前的价格，市值应该是1亿多人民币，但实际上可能在流通的不到三成。”

“目前很多代币都不具备基础场景，发币应该是有了用户才能有市场去认筹，现在完全反了，这也是目前区块链行业空气币的普遍现象。”王娟说道。

值得关注的是，今年5月份，水晶区块链已进行简易注销。天眼查显示，马铭泽、缪凯、李国庆在该公司的简易注销全体投资人承诺书上签了字。该承诺书显示，水晶区块链的清算工作已全面完结。

附录

附录1 区块链大事记

【1991年】

● S. Haber，W.S. Stornetta发表了论文“How to time-stamp a digital document”(《怎样为电子文件添加时间戳》)。

【1998年】

● Wei Dai（戴伟）发表了论文“a scheme for a group of untraceable digital pseudonyms to pay each other with money and to enforce contracts amongst themselves without outside help”(《一种能够借助电子假名在群体内部相互支付并迫使个体遵守规则且不需要外界协助的电子现金机制》)。

【1999年】

● H. Massias et al.发表了论文“Design of a secure timestamping service with minimal trust requirements”(《在最小化信任的基础上设计一种时间戳服务器》)。

【2002年】

● A. Back发表了论文“Hashcash - a denial of service counter-measure”(《哈希现金——对拒绝服务式攻击的一种克制方法》)。

【2008年】

● 10月31日，中本聪发表了一篇名为《Bitcoin：A Peer-to-Peer Electronic Cash System》（比特币：一种点对点的电子现金系统）的论文。

【2009年】

● 中本聪发布了首个比特币软件，并正式启动了比特币金融系统。1月3日，比特币创始区块诞生，第一批比特币被挖出。

【2010年】

● 5月22日，历史性地实现了世界第一笔比特币交易，由Laszlo Hanyecz用10000个比特币买了两块比萨。此日随即成为比特币披萨节日。7月17日，全球公认的第一个成功实现商业运行的比特币交易平台MT.GOX成立。

【2011年】

● 2月，比特币首次与美元等价，每个比特币价格达到1美元。在之后的两个月内，比特币与英镑、巴西币、波兰币的互兑交易平台先后开启。

● 3月，比特币全网计算速度达900G Hash/s，但很快又下跌了40%，显卡"挖矿"开始流行。

● 6月，比特币获得《时代》周刊和《福布斯》的关注，开始吸引主流媒体目光。

● 6月9日，中国第一个比特币交易网站"比特币中国"上线。

● 8月，MyBitcoin（常用的比特币交易处理中心之一）遭到黑客攻击，并导致关机。波及49%的客户存款、超过78000个比特币（约相当于80万美元）下落不明。

● 8月20日，第一次比特币会议和世博会在纽约召开。在谷歌趋势（Google Trends）中，比特币的关注度创新高。当时每个比特币的价格为11美元。

● 当年底，时任投资经理的吴忌寒首次接触比特币，并对它产生了极大的兴趣。他通过淘宝网和交易所等途径买入比特币，并首次翻译了中本聪的比特币白皮书，被视为比特币的"布道者"。至今，他的译本仍是流传最广的版本。

【2012年】

● 11月25日，欧洲第一次比特币会议在捷克布拉格召开。

● 当年比特币产量第一次减半。

● 12月6日，世界上首家被官方认可的比特币交易所——法国比特币中央交易所诞生，此时比特币价格为每个13.69美元。

【2013年】

● 5月14日，美国国土安全部获得法院许可，冻结了全球最大的比特币交易所Mt.Gox的两个账户。

● 5月28日，位于哥斯达黎加的汇兑公司 Liberty Reserve的虚拟货币服务被美国国土安全部以涉嫌洗钱和无证经营资金汇划业务的理由取缔了，美国检察官称这将成为历史上最大的国际洗钱诉讼案，洗钱规模达到60亿美元，包括中国在内的大量用户血本无归。

● 7月30日，泰国中央银行禁止比特币的流通交易，当地相关企业暂停业务。

● 8月19日，德国联邦财政部承认比特币为“记账单位”，和外汇一样可具有结算功能，但不具备充当法定支付手段功能。

● 9月1日，李林的比特币交易平台火币网上线。同年，徐明星的比特币交易平台OKCoin问世。

● 10月，世界首台比特币自动提款机在加拿大启用。

● 11月29日，比特币价格达到历史上的新高——每个1242美元，首超黄金价格（当时其价格是每盎司1240美元）。

● 12月5日，中国人民银行联合工信部、银监会、证监会和保监会等五部委印发了《关于防范比特币风险的通知》，明确了比特币为“网络虚拟商品”，而不是货币。同时规定，金融机构与支付机构不得开展与比特币相关的业务。

● 12月，淘宝网宣布其支付平台支付宝停止接受比特币付款。

【2014年】

● 1月22日，巨蟹（刘嘉陵）和咕噜（鲁斌）在分布式资本创始人沈波盛邀下，花费一个多月联合译出以太坊白皮书的中文版，并于当日分享在巴比特论坛上。

● 2月，全球最大的比特币交易平台Mt.Gox宣称85万个比特币被盗，随后破产。

● 当年中国央行成立发行法定数字货币的专门研究小组。

● 3月，中国香港地区首台比特币自动提款机被授权给一家咖啡厅使用。

● 5月-12月间，美国多家公司宣布支持比特币支付，包括Dish Network、Dell、ebay公司宣布旗下的支付子公司Braintree及Microsoft公司。盖茨认为这令人兴奋。

● 6月，美国加州通过AB-129法案，允许使用比特币等加密数字币在加州消费。

【2015年】

● 当年阿里巴巴系蚂蚁金服成立区块链小组。

● 1月，Coinbase成为美国售价持牌比特币交易所。

● 5月，高盛在其报告中称数字币成为市场“大势所趋”，将参与革新金钱流动方式。同时，高盛联手其他投资公司向比特币公司Circle注资5000万美元，开展区块链技术的技术储备和探索。

● 6月，桑坦德银行宣布通过金融技术投资基金InnoVentures进行区块链试验。同时，纽约州金融服务商（NYDFS）宣布BitLicense许可证正式生效，纽约成为美国第一个正式推出定制比特币和数字币监管的州。美国Overstock公司宣布用区块链技术发行了加密数字债券。

● 7月，德勤推出软件平台Rubix，允许客户基于区块链的基础设施创建各种应用，最主要的应用还是财务审计。

● 8月，以太坊（Ethereum）平台发布了新版本，在理论上可以实现任意基于区块链的应用。

● 9月，分布式账本初创公司R3CEV、LLC公司宣布和高盛、摩根大通、瑞士银行等9家银行结成联盟，共享数据、研究、想法和技术，旨在为金融行业找出基于区块链的解决方案。当月底，R3CEV宣布，该公司已增加了13家新的银行合作伙伴，这使得参与其区块链项目的银行总数达到了22家。

【2016年】

● 1月5日，全球共享金融100人论坛（GSF100）宣布成立“中国区块链研究联盟”。

● 1月，中国人民银行召开数字货币研讨会。本次会议被认为是中国对于区块链及数字货币价值的认可。

● 1月，以太坊总市值为7000万美元，短短2个月后，其市值最高上涨到11.5亿美元，涨幅高达1600%。

● 4月19日，由中证机构间报价系统股份有限公司等11家机构共同发起成立中国分布式总账基础协议联盟（China Ledger联盟）。上交所前工程师白硕出任技术委员会主任，联盟秘书处设在万向集团旗下万向区块链实验室。

● 4月30日“The DAO”项目开启众筹，在短短28天时间里，累计筹集了超过价值1.5亿美元的以太币，成为历史上最大的众筹项目。6月18日，黑客盗取了360万枚以太币，价值超过5000万美元。

● 5月14日，中国香港数字币交易所Gatecoin被黑客攻击，价值超过200万美元的以太坊相关资产被盗。

● 5月，日本首次批准加密数字币监管法案，并定义比特币为“财产”。

● 5月，中国金融区块链深圳联盟启动，31个成员加入。

● 7月20日，区块链世界第二大市值的加密币——以太坊硬分叉完成。

● 7月25日，全球最大的ETH交易所Poloniex（P网）宣布上线ETC交易。

● 7月份，比特币产量第二次减半。

● 8月，蚂蚁金服区块链首个应用“听障儿童重获新声”公益善款追踪项目落地。

● 8月4日，全球最大比特币对美元交易平台 Bitfinex 被黑客攻击，12 万枚比特币被偷走，价值超7200万美元。

● 9月19日，由万向区块链实验室主办的区块链峰会在上海召开，同时进行的还有第二届以太坊开发者大会。

● 12月，贵阳市人民政府新闻办公室出版了《贵阳区块链发展和应用》白皮书。白皮书由时任贵阳市市委书记陈刚领衔编辑，共计86页，行业从业者称其“字字金玉，值得揣摩”。白皮书中，出现了一个新词汇，名为“主权区块链”。

【2017年】

● 当年，中国人民银行旗下的数字货币研究所正式挂牌成立。

● 3月，比特币交易量持续增大。Github上与比特币有关项目已超10000个。

● 2017年4月1日新华社发布消息表示，日前，中共中央、国务院印发通知，决定设立河北雄安新区。2017年5月，时任贵阳市委书记陈刚调任河北，任河北省委常委，雄安新区临时党委书记，当年6月兼任雄安新区党工委书记、管委会主任。陈刚在任贵阳市委书记期间，曾大力推动贵阳市区块链产业发展。2016年12月底，贵阳市人民政府发布《贵阳区块链发展和应用》白皮书，描述了贵阳区块链发展的总体架构，而白皮书的编委会主任之一即为陈刚，同时他还专门为白皮书作序。

● 4月，日本承认比特币等虚拟币是法定支付方式。

● 4月，腾讯发布区块链方案白皮书，旨在打造区块链生态。

● 4月25日，首个“区块链大农场”推介会在上海举办。这是全球第一区块链大农场，主要用于农业物联网、农业大数据及区块链技术，提出了“平台+基地+农户”的管理模式。

● 8月1日，比特币产生硬分叉，出现新的电子加密币比特币现金（Bitcoin Cash）。

● 8月18日，“百度-长安新生-天风2017年第一期资产支持专项计划”获得上海证券交易所出具的无异议函，该项目预计将成为国内首单运用区块链技术的交易所资产证券化产品。

● 2017年8月，比特币实施了SegWit（隔离证人）协议升级，意味着比特币可以在不改变区块大小的情况下处理更大的吞吐量。

● 9月4日，中国多部委联合发布《关于防范代币发行融资风险的公告》，启动了对ICO活动的整顿，禁止ICO。

● 10月底，比特币中国、火币网、OKcoin等三大数字币交易平台相继宣布停止人民币交易，转战海外。

● 10月份，百度正式加入了Linux基金会旗下Hyperledger开源项目，成为该项目核心董事会成员，着手推动全球区块链技术开源规范和标准的建立。

● 10月，比特币价格首次超过5000美元。

● 11月，比特币价格首次超过10000美元。

● 12月17日，比特币疯狂继续。这一天成为比特币历史上又一个“奇迹日”，价格历史性地达到20000美元之上，最高报价为20089美元，合人民币超过14万元。

● 12月18日，全球最大的期货交易所——芝加哥商品交易所（CME）推出了自己的比特币期货合约，并以“BTC”为代码进行交易。

● 12月19日，韩国著名数字币交易所Youbit受到黑客袭击，最终宣布破产。

【2018年】

● 1月份，中国互联网金融协会发布《关于防范境外ICO与“虚拟货币”交易风险的提示》。

● 1–3月间，包括Facebook、Google、Twitter均宣布禁止所有与加密币有关的广告。

● 当年，金融壹账通正式推出区块链解决方案“壹账链”。

● 2月4日，百度金融区块链实验室推出莱茨狗，并上线繁殖功能。

● 2月11日，玉红创立“3点钟无眠区块链”群。当年春节期间的讨论，引发各界广泛关注。

● 2月20日，委内瑞拉正式预售该国发行的石油币（Petro）。9个月后，石油币被委内瑞拉的行政、立法与司法部门正式承认为“法定货币”。

● 3月19日，美国众议院通过了“Reg A+条例修订法案“，将企业进行证券发行的上限增加了50%，达到7500万美元，并可应用于首次代币发行。

● 3月22日，京东发布区块链技术实践白皮书。

● 3月28日，国家工信部电子标准区块链研究室主任李鸣透露，今年工信部将发布区块链应用案例汇编。

● 4月2日，国家工信部下属信通院联合京东金融研究院发布《区块链金融应用白皮书》，为行业提供了重要借鉴。

● 4月中旬，国家工业和信息化部信软司透露，2018年将从组织建设、标准体系、重点标准等七个方面推进信息化和软件服务业标准化工作。

● 4月17日，华为云BU总裁郑叶来在云专场发布《华为区块链白皮书》。

● 5月12日，2018“区块链+”百人峰会乌镇论坛暨2018 CIFC普众（乌镇）全球区块链大赛启动仪式在乌镇举行。

● 5月末，360以高调的漏洞指认事件在区块链行业出道。360公司宣布发现了区块链平台EOS的一系列高危安全漏洞。经验证，其中部分漏洞可以在EOS节点上远程执行任意代码，即可以通过远程攻击，直接控制和接管EOS上运行的所有节点。该漏洞的重要性在于，这是在智能合约虚拟机中发现的新型安全漏洞，360团队称：“360发现区块链史诗级漏洞。”由于时差原因，360官方发布消息时，EOS技术团队无法及时回复，事件在不确定性当中继续发酵。

● 6月15日，EOS主网正式上线，然而在上个月底，360却发现其即将上线的区块链主网存在史诗级漏洞，部分漏洞可以通过远程攻击，完全控制虚拟货币交易效果，最终以EOS大跌近7%收场。

● 6月25日，蚂蚁金服全球首个基于区块链的电子钱包跨境汇款服务在中国香港上线。首笔汇款是由在中国香港特别行政区工作了22年的菲律宾人Grace女士完成的，仅耗时3秒。

● 6月27日，《区块链 + 赋能数字经济》在贵阳中国国际大数据产业博览会举行正式对外首次发布。

● 6月28日，杭州互联网法院对一起侵害作品信息网络传播权纠纷案进行公开宣判，首次对采用区块链技术存证的电子数据的法律效力予以确认，并明确了区块链电子存证的审查判断方法。

● 7月4日，币安 API 被攻击，当天有11个名为SYS的Token在币安交易所内以 450 万人民币（96 个比特币）的价格被成交，相对之前价格瞬间暴涨 320 万倍。

● 8月1日，中国农业银行总行上线了基于区块链的涉农互联网电商融资系统，并于当日完成了首笔线上订单支付贷款。

● 8月，银保监会、中央网信办、公安部、人民银行、市场监管总局联合发布《关于防范以“虚拟货币”“区块链”名义进行非法集资的风险提示提示》，其中指出，一些不法分子打着“金融创新”“区块链”的旗号，通过发行所谓“虚拟货币”“虚拟资产”“数字资产”等方式吸收资金，侵害公众合法权益。此类活动并非真正基于区块链技术，而是炒作区块链概念行非法集资、传销、诈骗之实。

● 8月10日，全国首张区块链电子发票在深圳率先落地应用。

● 8月起，区块链信息利箭行动，众多ICO项目破发，腾讯、百度、阿里联手封杀不良币圈媒体及信息平台，大量区块链自媒体被封。

● 9月，比特大陆向港交所递交招股书。同月，中国香港金管局正式上线区块链贸易融资平台，金融壹账通作为该平台的技术合作商，为其提供生产部署的服务。

● 9月，成都发布规划，将制定区块链领域安全产业发展专项政策，打造西部领先、国内一流的网络信息安全产业高地。

● 9月，根据中国信息通信研究院可信区块链推进计划发布的《区块链白皮书》中显示，中国区块链企业数量仅次于美国。目前全球共有 1242 家公司活跃在区块链产业生态中，美国、中国、英国的企业数量分列前三位。截至 2018 年 6 月中国区块链企业数量排名前五的城市依次为北京、上海、深圳、杭州、广州，其中北京以175家排名第一。

● 9月，阿里达摩院官网正式上线，区块链实验室有七大研究方向，四个应用领域（即商品溯源，互助保险，慈善公益，房屋租赁），张辉出任达摩院区块链实验室负责人。

● 9月，杭州互联网法院率先引入蚂蚁区块链技术，成为全球首个推出区块链司法存证平台的法院。上链半年，其知识产权纠纷案件的调撤率上升至95.3%。在诉前调解结案的案件中，47%的案件当天就达成了调解协议。

● 10月，国家工信部直属科研机构中国信通院（工信部电信研究院）推出“可信区块链推进计划”。它由中国信通院牵头，百度、阿里、腾讯、京东金融、微软、Intel、乐信等159家单位联手参与组建的区块链行业发展项目，旨在推动区块链基础核心技术研究和行业应用落地，加快可信区块链标准的更新迭代，支撑政府决策。

● 10月8日，中国正式授牌的首个区块链试验区“海南自贸区区块链试验区”正式设立，将积极推进制度创新和产业创新，推动区块链技术应用。以百度为代表的互联网知名企业，也纷纷将其区块链项目入驻海南。中国发展区块链等数字产业揭开新篇章。

● 10月19日，国家互联网信息办公室发布关于《区块链信息服务管理规定（征求意见稿）》公开征求意见的通知。

● 11月13日，娄底市不动产区块链信息共享平台正式上线启用。国内首张不动产区块链电子凭证诞生。

● 12月，央行货币金银局局长王信称：中国法定数字货币的研发已提上日程。

● 12月1日，北京监管当局宣布在北京搞STO将视为非法金融活动予以驱离，国内STO草草收场。

● 12月1日，由蚂蚁金服主导区块链技术在地铁领域的首次应用。第一张长三角地铁“通票”在上海、杭州、宁波三地诞生的，此后，长三角交通一体化的大图逐渐展开。

【2019年】

● 1月，国家互联网信息办公室发布《区块链信息服务管理规定》

● 2月，摩根大通宣布发行加密数字币摩根币（JPMCoin）。

● 2月15日，《区块链信息服务管理规定》正式实施。

● 2月25日，中新网报道称，近日，河北省委常委、副省长，雄安新区党工委书记、管委会主任陈刚主持座谈会表示，雄安新区从一开始就坚持数字城市和现实城市同步规划、同步建设，积极布局传感设备、5G网络、超算、块数据等智能基础设施，加快推动区块链、大数据、云计算、人工智能、无人驾驶等前沿科技集成应用和落地。

● 3月18日，全国首张轨道交通区块链电子发票在深圳地铁福田站开出，正式宣告深圳市地铁乘车码上线区块链电子发票功能。由深圳市税务局指导，腾讯联合深圳地铁集团、港铁深圳集团、高灯科技、广电运通公司等多家单位企业共同推进。

● 3月30日，国家网信办公开发布第一批共197个区块链信息服务名称及备案编号。包含来自百度、阿里、腾讯、京东、陆金所、中国平安、浙商银行、海尔集团、易见股份等互联网巨头、金融机构旗下的区块链信息服务项目。

● 5月，百度首次对外发布区块链品牌——Xuper，并宣布这项国人自研的底层区块链技术正式开源。

● 5月22日，上海、浙江、江苏、安徽四地法院引入支付宝的蚂蚁区块链技术，成立长三角司法链，推动长三角司法一体化。首批签约法院包括上海一中院，杭州互联网法院、苏州中院和合肥中院。此次长三角司法链建立后，将在全国首次实现审判执行全程上链，起诉、调解、立案、送达、举证质证、庭审、判决、执行、档案管理等影响审判质量效率、影响司法公信力的关键环节全都被盖上区块链的“戳印”。

● 6月，山东省烟台市下发文件，推进数字政府建设，指出要构建“司法行政+区块链”等在内的业务及平台，全面打造烟台法律服务“淘宝网”。

● 6月1日，EOS召开了20分钟的发布会，虽然发布会没有预期的惊艳，但上线 Coinbase，发布EOS VM、YubiKey 、区块链社交媒体VOICE这些事情对于公链世界，意义重大。

● 6月18日，Facebook向全球发布了Libra白皮书；7月17日，美国众议院金融服务委员会举行有关Facebook虚拟数字币的听证会；随后有消息称，法国和德国已经同意抵制Libra；10月5日，PayPal宣布放弃参与Libra；此后，以法国为首的欧盟五国正联手抵制Libra进入欧洲市场。

● 8月，腾讯微企链与渣打银行合作的首笔区块链供应链金融业务成功落地。

● 8月18日，新华社受权发布《中共中央国务院关于支持深圳建设中国特色社会主义先行示范区的意见》，其中表示“支持在深圳开展数字货币研究与移动支付等创新应用”。

● 8月21日，中国人民银行官方微信发布中国人民银行副行长范一飞2018年刊载在媒体上的文章《关于央行数字货币的几点考虑》。文章提出，中国央行数字货币应采用双层运营体系，同时现阶段的央行数字货币设计应注重M0替代，而不是M1、M2替代。

● 9月，Bakkt以实物交割的比特币期货正式上线。

● 9月，北京互联网法院执行局创新公证机构深度参与执行模式，完成首例“公证机构+区块链”委托现场调查。

● 9月24日，中国人民银行行长易纲在新闻发布会上表示，中国人民银行研究数字货币“目前取得了积极进展”，而在何时能够推出来的问题上，现在“没有时间表”。中国人民银行原行长周小川曾表示，中国人民银行用的研发的名字叫“DC/EP”，DC，digitalcurrency，是数字货币；EP，electronicpayment，是电子支付。周小川认为，支付的东西实际上也就是通过移动通信或者是其他的网络系统传输的数字的东西，并不是纸面的货币，所以电子支付本身也是有数字货币的属性。

● 10月24日，中央政治局集体学习。会议要求“要把区块链作为核心技术自主创新的重要突破口，加快推动区块链技术和产业创新发展”。区块链上升为中国国家战略高度。

● 10月28日，星期一，受政策利好刺激，中国股市当天超100只区块链概念个股涨停；29日，涨停股骤减至20余只；30日涨停股继续有所减少，不足20只。

● 10月29日，全球三大比特币矿机生产商嘉楠耘智正式向美国证监会（SEC）递交招股说明书，正式迈出美股IPO第一步，11月21日，嘉楠耘智CEO张楠赓按响敲钟铃，嘉楠耘智正式在纳斯达克挂牌。这是中国首个成功上市的矿机企业，嘉楠耘智也因此被贴上“区块链第一股”的标签。

● 11月份，雄安新区区块链创新发展研讨会在雄安市民服务中心举行。雄安新区党工委书记、管委会主任陈刚表示，区块链是雄安新区城市孕育生长的新土壤，我们要力争成为理论开创者、技术创新者、产业引领者和场景管理者，围绕建设北京非首都功能疏解集中承载地的初心使命，强化顶层设计和政府引导，形成良性循环生态，使“区块链思维”融入城市基因，为国家区块链健康发展作贡献。切实把握区块链技术与产业迭代升级的大势，推动区块链与经济社会深度融合发展，着力构建社会可信体系，有机融入城市建设、管理和服务等各环节流程，在多领域、多产业打造发力点和增长极。全面强化区块链发展治理思维，既要守住技术创新和应用的安全底线，又要允许探索、允许试错，为新事物发展创造良好条件，以此提升政府治理体系和治理能力现代化水平，为人民群众提供更加智能、更加便捷、更加优质的公共服务。

● 11月，蚂蚁区块链技术首次全面应用到天猫“双11”。同月，网商银行首次运用区块链技术完成资产流转。

● 11月20日，支付宝首次将区块链技术应用于“时间银行”。所谓时间银行，广意上是指志愿者将参与公益服务的时间存进时间银行，当自己遭遇困难时就可以从中支取“被服务时间”。

● 11月28日，中国人民银行副行长范一飞出席“第八届中国支付清算论坛”时表示，目前央行DCEP基本完成顶层设计、标准制定、功能研发、联调测试等工作，下一步将合理选择试点验证地区、场景和服务范围，稳妥推进数字化形态法定货币出台应用。

● 12月9日，《财经》杂志封面文章报道称，DCEP近期有望在深圳、苏州等地展开试点。

● 12月，海南国际离岸创新创业（三亚）试验区揭牌设立。同月，深交所发布首个区块链指数“区块链50”。

● 12月19日，中国软件行业协会区块链分会数据权益实验室于北京正式成立。

● 12月25日，可信教育数字身份（教育卡）在广州白云首发与应用研讨，有关主管部委和广东省有关主管厅局悉数到场，阵容豪华。

【2020年】

● 1月，中国人民银行工作会议于1月2日至3日在北京召开。会议特别强调，要继续推进法定数字货币研发。

● 2月，《金融分布式账本技术安全规范》（JR/T 0184—2020）金融行业标准由中国人民银行正式发布。

● 3月3日，中国教育部下发《教育部关于公布2019年度普通高等学校本科专业备案和审批结果的通知》。据此，“区块链工程”正式作为本科开设课程进入大学课堂。首批开设区块链工程本科课程大学被成都信息工程大学摘取。

● 3月12日，加密资产市场的整体市值由2200亿美元下降至最低1190亿美元，最大跌幅接近50%。火币数据显示，比特币价格在3月12日–3月13日从最高8000美元左右跌至最低3800美元，跌幅超过52%。24小时内如此的跌幅，创下了比特币市场成熟以来的最大记录。

● 3月19日，国内首个地产“测评链”正式上线。这是易居中国首次将区块链技术应用于不动产行业测评领域。

（李冰根据银保监会官网、证券日报、新华社、新华网、人民网、中国网、中新网、阿里达摩院官网、万向区块链实验室、《区块链2.0》、金色财经、一本区块链、比特币资讯网、稀牛数据、币讯、币圈网、金融时报、以太坊世界新闻、链向财经、互链脉搏、巴比特资讯、Bitool、封面、全天候科技、新财经、OK区块链商学院等公开资料综合整理）

附录2 中国人民银行数字货币与Libra大事对照表

2016年1月20日

中国人民银行举办数字货币研讨会。会议要求，人民银行数字货币研究团队要积极吸收国内外数字货币研究的重要成果和实践经验，争取早日推出央行发行的数字货币。

2016年2月

周小川接受《财新周刊》专访表示，数字货币作为法定货币必须由央行来发行，区块链是可选的技术。

2017年7月

央行正式成立数字货币研究所，负责开展数字货币研究，为央行发行法定数字货币做准备。中国人民银行数字货币研究所筹备组组长姚前担任所长。

2018年3月

周小川公布央行数字货币名称"DC/EP"。DC指Digital currency，即“数字货币”；EP指Electronic payment，即“电子支付”。

2018年3月28日

人民银行召开2018年全国货币金银工作电视电话会议，范一飞表示，2018年要扎实推进央行数字货币研发。

2018年3月9日

2018年两会期间，周小川在回答记者提问时表示数字货币是大势所趋 未来纸币硬币可能不存在，最近在和业界共同组织分布式研发，依靠与市场共同合作的方式来研发数字货币。

2019 年 1 月 15 日

人民银行 2019 年全国货币金银工作会议上，范一飞表示要深入推进央行数字货币研发。

2019 年 6 月 18 日

Facebook 酝酿已久的加密货币项目 Libra 白皮书发布，同时公布了 28 个创始成员。白皮书计划于 2020 年推出该加密货币 Libra，使命是致力于为数十亿人提供一套简单的全球化货币和金融基建服务。

2019 年 7 月 17 日

Libra 项目负责人 David Marcus 出席美国参议院、众议院举办的两场听证会，针对各界对 Libra 项目的疑问及议员们的质询进行了一系列回应。David Marcus 称除非监管同意，否则不会推出 Libra。

2019 年 8 月 10 日

穆长春称，从 2014 年开始，央行数字货币（DC/EP）的研究已进行五年，现在呼之欲出，央行数字货币采取的是双层运营体系，在这个过程中坚持中心化的管理模式。

2019 年 9 月 11 日

Libra 向瑞士金融市场监管机构(FINMA)申请支付系统牌照。

2019 年 9 月 20 日

Facebook 公布 Libra 储备金法币构成，（美元 50%，欧元 18%，日元 14%，英镑 11%，新加坡元 7%）。

2019 年 9 月 24 日

易纲表示，央行发行数字货币现在没有时间表，还会有一系列的研究、测试、试点、评估和风险防范，特别是数字货币如果跨境使用，这里面还有反洗钱、反恐融资、反避税天堂和“知道你的客户”等一系列的监管要求。

2019年10月5日

PayPal 宣布放弃参与 Libra 项目的成员企业，成为首家退出 Libra 协会的创始成员，随后又有多家创始成员退出。

2019年10月23日

美国众议院金融服务委员会就 Facebook 推出的天秤币（Libra）进行听证会，就 Libra 项目的潜在风险、政策监管等进行讨论。

2019年11月13日

央行对发行数字货币相关情况进行辟谣：一是人民银行未发行法定数字货币（DC/EP），也未授权任何资产交易平台进行交易。人民银行从 2014 年开始研究法定数字货币，目前仍处于研究测试过程中。市场上交易“DC/EP”或“DCEP”均非法定数字货币，网传法定数字货币推出时间均为不准确信息。二是目前网传所谓法定数字货币发行，以及个别机构冒用人民银行名义推出“DC/EP”或“DCEP”在资产交易平台上进行交易的行为，可能涉及诈骗和传销，请广大公众提高风险意识，不偏信轻信，防范利益受损。

2019年11月20日

央行旗下长三角金融科技有限公司发布招聘信息，公开招聘区块链技术总监、区块链架构师、区块链研发工程师等多个岗位。长三角金融科技有有限公司由中国人民银行数字货币研究所联合苏州市有关单位设立。主要承接中国人民银行数字货币研究任务，开展金融科领域研究与应用，建设与运营法定数字货币基础设施等。

2019年12月20日

Libra 协会官方发布了支持 Libra 网络的 Libra Core 的第二版路线图。

2019 年 12 月 30 日

瑞士总统 Ueli Maurer 表示,Facebook 的 Libra 项目以其当前形式而言是失败的,需要重新修改才能获得批准

2020 年 1 月 10 日

央行公众号发文表示，2019 年在坚持双层运营、M0 替代、可控匿名的前提下，基本完成法定数字货币顶层设计、标准制定、功能研发、联调测试等工作。

数据来源：依据公开信息整理；制表：徐天晓

附录3 “拜占庭将军问题”和“双花问题”

张博

比特币的区块链技术解决了“拜占庭将军问题”和“双花问题”，其重大意义在于这为加密数字币的流通扫清了道路，并为价值互联网时代的开启奠定了坚实的基础。

“拜占庭将军问题”因带有博弈论色彩，大家看起来或者思考起来都比较费劲，但又是一个不能绕过的话题，毕竟它是整个区块链技术核心思想的真正根源。相较而言，对“双花问题”，大家则比较容易理解，说的是如何杜绝双重支付。在区块链系统中，只要引入了盖有时间戳的电子签名就可以轻易解决这个难题。

一听到“拜占庭”这个词，大家头脑里可能会想起欧洲史上最悠久的君主制国家——拜占庭帝国，但事实上这个问题与这个强大帝国“半毛钱”关系也没有，它只是一个计算机专家假想出的问题。这个计算机专家名叫莱斯利·兰伯特（Leslie Lamport），是美国国家工程院和科学院院士，微软研究院首席研究员，也是2013年图灵奖得主。兰伯特非常喜欢用故事来描述假设的问题，所以他在研究分布式系统容错性的时候就编出了这样一个有趣的拜占庭将军问题。

传统上，解决“拜占庭将军问题”的算法是BFT（Byzantine Fault Tolerant）算法，其中最著名的是PBFT，该算法是基于消息传递的一致性算法，在弱同步网络下，算法经过三个阶段可以达成一致性。在无法达成一致时，这些阶段会重复进行，直到超时。而区块链技术与BFT算法不同，它通过引入经济激励和惩罚机制，来解决“拜占庭将军问题”。如果要做“叛徒”就要付出相应的成本，而付出的成本远不如因诚实地维护系统获得的利益来得大。

其实，拜占庭将军问题实质上就是要解决去中心化的共识机制问题，而这个共识问题也是比特币中区块链网络所需要解决的。因为全网中可能会有多个人提出打包区块的请求，甚至有伪造的区块，因此只能靠分布式共识算法来解决。

拜占庭帝国想要去进攻一个强大的敌人，为此派出了10支军队包围了这个敌人，但这个敌人能抵御5支常规拜占庭军队的同时袭击。基于某些原因，拜占庭帝国的10支军队不能集合在一起突破，必须在分开的包围状态下同时进攻。他们任一支军队单独进攻都毫无胜算，除非有至少6支军队同时袭击才能攻下敌国。他们分散在敌国的四周，依靠通信兵相互通信来协商进攻意向及进攻时间。问题的难点在于将军们不确定他们当中是否有叛徒，叛徒可能擅自更改进攻意向和进攻时间，在这种不信任的状态下，将军们能否找到一种分布式的协议来让他们能够远程达成共识，取得战争的胜利呢？当然，拜占庭将军问题的场景，是建立在通信兵可以正确的传达信息的基础上。

我们将这个问题进行提炼并抽象化表达，就是在一个没有中心化的分布式系统中，如何让多个平等的节点针对某一问题达成统一的共识。此问题自1982年被兰伯特提出后，历经几十年，没有人找出答案，直到中本聪在2009年给出了一个完美的答案，那就是比特币。比特币和拜占庭将军问题的共性都是决定由谁发送信息，以及如何在一个没有中心化的分布式系统中达成共识的问题。中本聪通过“比特币协议”解决了这一问题，他引入了“工作量证明”（POW）机制，即在发送信息中加入了成本，降低了信息传递的速度，只有计算出比特币网络出的工作量证明的迷题，节点才有权限发送信息，而其他节点却只需极少的时间就能证明信息的真伪，大大减少了假消息的传播。他同时也引入了非对称加密算法，为信息传递提供签名技术支持，每个节点都有属于自己的公钥私钥，私钥用于签名，公钥用于认证，这保证了消息传递的私密性、不可篡改且不可抵赖。在拜占庭将军问题中，运用区块链技术相当于因为发送信息的成本问题，一段时间内只有一位将军能够发送进攻的信息，而不会出现多位将军同时发送消息的混乱情况。一位将军向其他将军发送了进攻的信息，同时附上了自己的签名，其他将军接收到信息后，经过验证后就会同意并达成进攻共识，除非发现错误，否则不会发送新的进攻信息。就这样，区块链技术将拜占庭将军这个共识问题完美解决了。

既然拜占庭将军与那个强大的帝国没有一点儿关系，那么“双花”自然也就跟两朵娇嫩的鲜花儿不沾边了。双花问题其实是“双重花费”（Double Spending）问题的简称，指的是在数字货币系统中，由于数据的可复制性，使得系统可能存在同一笔数字资产因不当操作被重复使用的情况。一般来讲，双花问题分为两种情况，一种是记账前的双花，例如你用支付宝支付了100块钱，但支付宝出现了BUG，没有将这笔钱同步到银行系统，余额里显示仍有这100块钱，那么这时你拿着同样的100块钱又支付了一笔交易，这就属于记账前的双花；另一种双花是记账后的双花，例如你用支付宝支付成功，这笔钱已经同步到银行系统，但这时如果你是一个超级超级厉害的黑客，你就可以攻击银行系统，从银行账本上删除这笔钱的交易信息，那么你就可以再花一次这笔钱，这也是双花。我们日常的数字资产使用依赖于第三方信任机构进行，如微信、支付宝这类机构会对数据进行管理并通过实时修改账户余额的方法来防止双花问题。但比特币（区块链）不同于这类机构，它是一个去中心化的点对点的价值传输系统，于是中本聪巧妙地通过引入UTXO账户模型、时间戳等技术来解决双花问题。

UTXO（未花费交易输出）账户模型本质上是一种流水记账，它会记录整个交易过程包括账户资金、交易地址、转账资金、资金来源等信息，并且可以追溯每笔资金的源头。当一笔交易被广播到区块链网络中，接收到交易的节点首先会通过UTXO账户模型进行验证，检验交易资金是否存在、追溯交易的源头，确认没有问题后就会通过共识机制进行全网广播，记录到链上。如果有人想用同一笔钱支付两次，区块链只会确认先接受的那一笔钱，之后那笔钱，节点会在查询UTXO时发现，资金已经被交易，从而拒绝这笔交易。同时为了防止双花问题，区块链也会给每一个形成的区块里的交易信息自动加上时间戳，时间戳就是表示一份数据在某个特定时间之前已经完整存在，并且是可以验证的，可以简单理解为数据的生产日期。区块链通过时间戳，把每个区块按照时间顺序相连，这样区块链上的每一笔数据都有时间标记，其实就是为了告诉大家在什么时间发生了哪些事。时间戳使得越早的数据越难被更改，区块链运行越久，篡改难度越高，因为要篡改一个区块的数据的话，就必须改动该区块后面的所有区块的数据信息。比如在比特币网络中，大约每十分钟就会产生一个新的区块，并且加上时间戳，广播给全网各个节点，这样每个节点都有区块的全部信息包括时间戳，黑客很难去篡改。

中本聪正是通过UTXO模型和时间戳的技术解决了比特币（区块链）中的双花问题，但比特币（区块链）中也不是绝对不可能出现双花现象的，比如遭受“51%算力攻击”的时候，但这种攻击比较少见且消耗巨大。

参考文献

1. （加）唐塔普斯科特，（加）亚力克斯·塔普斯科特著. 区块链革命. 凯尔，孙铭，周沁园译. 北京：中信出版集团，2016
2. 郑磊、蒋榕烽等. 区块链＋时代：从区块链1.0到3.0. 北京：化学工业出版社，2018
3. 熙代. 区块链经济学：激励、监管与分布式赋能. 北京：机械工业出版社，2019
4. 任仲文. 区块链——领导干部读本（修订版）. 北京：人民日报出版社，2019
5. （以色列）尤瓦尔·赫拉利著. 未来简史：从智人到神人. 林俊宏译. 北京：中信出版集团，2017
6. 徐明星，田颖，李霁月. 图说区块链：神一样的金融科技与未来社会. 北京：中信出版集团出版，2018
7. 巴比特. 区块链十年：看见怎样的未来. 北京：中国友谊出版公司，2019
8. 王彬生. 未来财富之路——老韭菜区块链心得. 北京：中国大百科全书出版社，2019
9. 长铗、韩锋等. 区块链：从数字货币到信用社会. 北京：中信出版集团，2016
10. （美）梅兰妮·斯万. 区块链：新经济蓝图及导读. 北京：新星出版社，2015
11. 《商用密码知识与政策干部读本》编委会. 商用密码知识与政策干部读本. 北京：人民出版社，2017
12. 邬贺铨. 数据之道：从技术到应用. 北京：科学普及出版社，2019

后记

把区块链送进我们的生命里

海浪、阳光、沙滩……一起拥抱区块链。

如此浪漫又性感的场景，竟然和区块链这么抽象的主题为伍？是的，这是一个真实的故事，而且发生在2016年。

谁讲的呢？并购界大佬、中国金融博物馆理事长王巍。他说到，“2016年夏天我参加了加勒比海内克岛的区块链三天恳谈会。著名嬉皮士企业家理查德·布兰森（Richard·Branson）邀请了十几个国家不同领域的人士在海浪和阳光沙滩的环抱中讨论区块链的应用”。他接着说，30多位与会者彼此互不熟悉，没有一位是技术专家，没有一位是比特币挖矿者，没有一位懂哈希算法和双花理论，但大家都信心满满地讨论区块链，并组织了十几场讨论会，涉及抓捕逃犯、防范洗钱、保护艺术产权、确认交易真实性、防止贪污腐败、社会选举、地震救援和濒危生物保护等。最后一天的晚会上，有人居然用歌声和Rap（说唱）来表达了区块链有关“信任”“认证”和“价值转移”的意义。在感受到这些领域鲜活的具体成就的同时，也在体会一个共同的应用逻辑：建立在大数据分析基础上自发组织、彼此交叉合作的成果，而且没有一个权威机构或企业在组织这个系统和过程。按在场的一个年轻人，即与其父共同撰写《区块链革命》一书的亚历克斯·塔普斯科特的话来说就是，我们正在创造一个全新的信任协议，所有参与者都在编写制约我们行为的程序。

30多位“不懂”技术与专业的人士，竟然兴趣满满地组织了十几场研讨会？会议竟然没有一个权威机构来组织？实在是不可思议，难以置信。也许，区块链早已走进了他们的生命里。难道正如刘慈欣公开演讲时所称的那样，“区块链是人类的下一个节点”？或许是吧。毕竟，区块链解决了与人类一样古老的信任问题，并在这个信任体系下，把价值传递十分安全地搬上了互联网。与原子世界映射的比特世界下的数字经济社会，从此可以建立起来了。自此，原子世界与比特世界合二为一的数字经济社会得以融合。在这里，人们可以把数字化的信息通过加密、封装、打包、盖时间戳，上链，明晰信息的产权，编程我们的未来。

美国诗人惠特曼有诗云：“有一个孩子每天向前走去，他看见最初的东西，他就变成那东西，那东西就变成了他的一部分……”

区块链也是一个孩子。它最初看见的却是背后一股神秘的推手，看到的却是惊世骇俗、泡沫连连并涨到天上去的比特币，看到的却是一个险象环生的乱世界。人类对新事物，尤其是对新兴科技一开始总是抱有极高期望，这或许就是“泡沫”的根源。不可否认的是，好奇心是人类的本能，更是人类不断超越自我的动力。在由乱到治的过程中，我们高兴地发现，在上升为国家战略后，区块链开始看到的则是实体、看到的是民生，看到的是经济社会变革的顶层设计。而这些正变成区块链新的生命组成部分。有灵有肉的区块链，正在悄悄融化着此前百姓无感的尴尬。

如果没有皮肤，怎样能得到少女般妩媚的容貌？如果皮肤不会发痒，怎样能够享受挠痒时那种无上的满足？如果没有鼻子，怎样能够嗅到清晨的新鲜空气？如果没有眼睛，怎样看到世间的美景？区块链的这次“新看见”，就是要长上这样的“皮肤”，这样的“鼻子”和这样的“眼睛”。

而如何为区块链添上皮肤，画上眼睛，安上鼻子，并变成天使的样子，需要社会各方和你我共同且长期的艰苦努力。

作为一位区块链的探讨者、学习者和传播者，在此斗胆主编了《与未来“链爱”——走进区块链王国》一书，也算是对区块链进行科普的一次尝试，旨在把区块链送进我们的生命里。本书共分五章，对比特币、区块链及其两者的关系、对区块链的生态，区块链技术的发展及其应用作了较为全面地介绍和探讨！由于撰稿时间较为仓促，水平也有限，书中难免有不少错误，敬请读者朋友批评指正。

古语云：一个好汉三个帮。在本书酝酿和写作过程中，作为编著者的我们同样得到了来自方方面面的帮助和指导，没有各位的鼎力相助，本书也不可能面世。在此，我代表所有编著者一并表示感谢，他们分别是：中国“债券之父”高坚博士，浙江大学国际联合商学院院长、互联网金融研究院院长及管理学院贲圣林教授，香港国际新经济研究院副院长、宝新金融首席经济学家郑磊博士，财政部综合司原司长、全国预算与会计研究会常务副会长王光坤先生，原中国银监会党校副校长、国有重点金融机构监事会正局级监事陈伟钢先生，中国电子技术标准化研究院区块链研究室主任李鸣先生，华南理工大学计算机系统研究所所长、广东省可信数字身份与密码区块链应用联盟理事长齐德昱教授，国家标准《教育卡应用规范》工作组副组长、粤港澳可信数字身份密码区块链应用智库联合组长、教育卡应用大数据湖南省工程研究中心首席专家何程教授，万向控股副董事长、万向区块链实验室创始人肖风先生，中央民族大学经济学院陶春生教授，火币大学于佳宁校长及方军老师，中国电子商会区块链专委副理事长、秘书长李银科先生，国家信息中心信息化和产业发展部副处长、中国智慧城市发展研究中心副主任唐斯斯博士，国家信息安全标准化技术委员会委员、国家密码行业标准化技术委员会委员颜星高级工程师，广东省可信数字身份与密码区块链应用联盟执行秘书长、广州市区块链协会可信教育专业委员会主任邵飞先生，宇链科技创始人CEO罗骁先生，中国首个区块链国际专利发明人、派链科技CEO曹锋博士，中国通信工业协会区块链专业委员会副主任委员、旗点区块链生态创始人高斌先生，工信区块链产业人才研究所负责人、区块链产业人才智库秘书长张晓媛女士，中国电子学会常务副秘书长范金刚先生，清华x-Lab青藤联盟研究院钟宏院长，北京互联网法院张雯院长，北京互联网金融协会研究院易欢欢院长，北京文金所网络信息服务有限公司张友升董事长，北京德和衡律师事务所合伙人陈爽爽律师，国泰元鑫资产公共关系助理总监李玲玲女士，中国社科院研究生院金融专业特聘导师、区块链联合发展组织执委、天使投资人王彬生博士，国投信达首席经济学家何晓宇，广发证券首席经济学家沈明高，证券日报社陈剑夫社长及田米亚副社长与其他编委同事，以张志伟、黄晓琴、李文和徐天晓领衔的证券日报社金融机构中心全体记者、赵学毅主任、汪世军编辑以及北方工业大学的张博同学，中央民族大学的王培丽同学等等。最后还要特别感谢中国财政经济出版社商业出版中心主任尉敏和他的同事们以及我的夫人和家人的全力支持。同时，本书出版之际，恰逢母亲孟现华女士与岳母马淑英女士仙逝三周年；三年来，笔者全家一刻也没有停止过对二老的绵绵思念；在此，对她们的养育和教育之恩，深表特别的感谢，并祝二老在天堂一切安好。

英国作家斯蒂文生笔下有个人物叫李利，他每天傍晚都搬上梯子提上灯，在每家房上点上灯，以照亮路人前行的路。但愿本书就是这样的一盏灯，哪怕发出的亮光就那么一点点。“区”动信任，“块”用数据，“链”向未来。问，都是问题；行动，才是答案。“伟大”总是源于一个勇敢的开始，让我们一起进入区块链这个富饶的新大陆、新王国吧。

马方业

2020年于北京家中